Jacqueline Goebel | Benedict Wermter

DIE
PLASTIK
SUCHT

Bibliografische Information der Deutschen Nationalbibliothek:
Die Deutsche Nationalbibliothek verzeichnet diese Publikation in der Deutschen National-
bibliografie. Detaillierte bibliografische Daten sind im Internet über http://dnb.d-nb.de abrufbar.

Für Fragen und Anregungen:
info@finanzbuchverlag.de

Wichtiger Hinweis
Ausschließlich zum Zweck der besseren Lesbarkeit wurde auf eine genderspezifische Schreibweise sowie
eine Mehrfachbezeichnung verzichtet. Alle personenbezogenen Bezeichnungen sind somit geschlechts-
neutral zu verstehen.

Originalausgabe, 1. Auflage 2023

© 2023 by FinanzBuch Verlag, ein Imprint der Münchner Verlagsgruppe GmbH,
Türkenstraße 89
80799 München
Tel.: 089 651285-0
Fax: 089 652096

Sämtliche Inhalte dieses Buchs wurden – auf Basis von Quellen, die die Autoren für vertrauenswürdig
erachten – nach bestem Wissen und Gewissen recherchiert und sorgfältig geprüft. Der Verlag haftet
für keine nachteiligen Auswirkungen, die in einem direkten oder indirekten Zusammenhang mit den
Informationen stehen, die in diesem Buch enthalten sind. Textstellen, die direkt oder indirekt Zitate
wiedergeben und nicht anderweitig belegt sind, stammen aus persönlichen Gesprächen, E-Mails oder
sonstiger schriftlicher Kommunikation der Autoren mit den betreffenden Personen.

Projektleitung: Tobias Schudok
Redaktion: Petra Sparrer
Korrektorat: Manuela Kahle
Umschlaggestaltung: Karina Braun
Umschlagabbildung: Art Kovalenco/shutterstock.com
Illustrationen: Müjde Puzziferri
Recycling-Symbol am Kapitelanfang: TotemArt/Shutterstock.com
Satz: Daniel Förster
Druck: GGP Media GmbH, Pößneck
Printed in Germany

ISBN Print 978-3-95972-697-9
ISBN E-Book (PDF) 978-3-98609-339-6
ISBN E-Book (EPUB, Mobi) 978-3-98609-340-2

Weitere Informationen zum Verlag finden Sie unter:

www.finanzbuchverlag.de

Beachten Sie auch unsere weiteren Verlage unter www.m-vg.de.

Jacqueline Goebel | Benedict Wermter

DIE PLASTIK SUCHT

Wie Konzerne Milliarden
verdienen und uns
abhängig machen

FBV

INHALT

VORWORT

AUFGEWACHSEN IM PLASTIKZEITALTER

In unserem Blut schwimmen höchstwahrscheinlich Plastikpartikel. Diese Partikel sind sehr winzig, deshalb bemerken wir sie nicht. Wie lange sie bereits in unserem Blut schwimmen, wie sie dorthin gelangt sind, was sie in unserem Körper anrichten, auch das wissen wir nicht.

Erst im Jahr 2022 ist es einem Forschungsteam gelungen, Mikroplastik im menschlichen Blut nachzuweisen. Wissenschaftler der Freien Universität Amsterdam mussten erst eine Methode finden, um kleinste Plastikpartikel chemisch erkennen zu können – die Plastikteilchen in der Studie waren bis zu 0,0007 Millimeter klein. Die Forschenden fanden in 17 von 22 Blutproben Plastikpartikel.[1] Eine Trefferquote von 77 Prozent, gleich beim ersten Versuch.

Das Forschungsteam konnte verschiedene Plastiksorten bestimmen und untersuchen, wie häufig sie im Blut einer Testperson vorkamen. Im Durchschnitt fand es in allen Proben 1,6 Mikrogramm auf einem Milliliter Blut. Wäre das Blut ein Glas voller Murmeln, dann wären gut eineinhalb von hundert Murmeln aus Plastik. Am häufigsten bestanden diese Plastikpartikel aus Polyethylenterephthalat (oder kurz PET). Die Hälfte der freiwilligen Testpersonen hatte diesen Kunststoff in ihrer Blutbahn.

Es ist nicht nur in unserem Blut. Mikroplastik ist überall auf der Welt zu finden, selbst an Orten, die für Menschen nicht zu erreichen sind. Im Jahr 2019 fand ein Forschungsteam der britischen Newcastle Universität eine bis dahin unbekannte Gattung von Flohkrebsen in der tiefsten Schlucht der Erde, dem Marianengraben. Sie tauften die frisch entdeckten Tierchen mit dem glatten, borstenlosen Panzer auf den Namen Eurythenes Plasticus. Der Flohkrebs hatte Mikroplastik in seinem Körper, obwohl er beinahe 7 Kilometer unter der Meeresoberfläche lebte. In seinem Darm fanden die Forscher eine Plastikfaser von 0,65 Millimetern, ebenfalls aus PET.[2]

Dieser Kunststoff ist einer der wichtigsten Werkstoffe der Welt. Wir kleiden uns in Pullovern aus diesem Kunststoff, schnallen uns mit Sicherheitsgurten aus PET an, verpacken Erdbeeren und Steaks in Schalen und trinken Wasser aus PET-Wegwerfverpackungen. PET macht etwa 6 Prozent der weltweiten Kunststoffproduktion aus.[3] Ist es da ein Wunder, dass wir dieses Plastik im Blut und in Därmen von Lebewesen aus den tiefsten Schluchten der Erde finden? Wahrscheinlich nicht.

Wir unterscheiden heute die frühen Epochen der Menschheitsgeschichte in Steinzeit, Bronzezeit und Eisenzeit. Wir haben diese Epochen nach den wichtigsten Werkstoffen benannt, aus denen die Menschen damals ihre Werkzeuge formten. So gesehen leben wir heute im Plastikzeitalter.

Kunststoffe bringen der Menschheit technischen Fortschritt und Wohlstand. Kein Windrad dreht sich heute ohne Plastik, kein Elektroauto fährt ohne Kunststoffe, keine Blutkonserve käme ohne Kunststoff in die Operationssäle, es gibt kaum einen Supermarkteinkauf, von dem wir nicht mit Plastik in der Einkaufstasche zurückkehren. Plastik ist ein Treibstoff, der unsere Wirtschaft und unseren Konsum befeuert. Das hat uns abhängig gemacht. Unsere Gesellschaft hat sich an den einfachen, billigen, überall verfügbaren Konsum gewöhnt, den Einwegprodukte und Plastikverpackungen ermöglichen. Viele Konzerne haben ihre Geschäftsmodelle und ihre Zukunft auf Kunststoff aufgebaut – und kommen nun nicht mehr davon ab. Wie Suchtkranke kämpfen sie um ein Mittel, das ihnen vielleicht mehr schadet als hilft.

Selbst wenn Plastik einer der wichtigsten Werkstoffe der Menschheit ist, müssen wir bedenken, dass wir Plastik nicht nur als Werkzeug für spätere Gesellschaften hinterlassen. Im vergangenen Jahrhundert sind rund 5 Milliarden Tonnen Plastik in der Umwelt und auf Deponien gelandet, schätzte ein

Forschungsteam bereits vor einigen Jahren.[4] Diese Abfälle könnten sich als Sedimente auf dem Meeresgrund ablagern und eine Plastikschicht bilden, die selbst in Jahrmillionen noch auffindbar wäre.[5]

Das wäre ein trauriges Zeugnis der Moderne. Denn Plastik ist einer der größten Treiber der Erderwärmung. Die Kunststoffe werden aufwändig aus Öl gewonnen, dann mit hohem Energieaufwand in gigantischen Raffinerien verarbeitet, in Spaltöfen chemisch zerlegt und neu zusammengesetzt, in Produkte gepresst und geformt und um die Welt geschickt. Jeder dieser Schritte erzeugt Treibhausgase. Plastikabfälle können das Grundwasser kontaminieren, wenn sie in der Umwelt abgeladen werden. Plastikmüll kann krebserregende Stoffe bilden, wenn Menschen die Abfälle in ihren Gärten verbrennen oder in Müllverbrennungsanlagen und Zementwerken verfeuern. Fische, Robben und Wale schlucken Plastik statt Plankton und sterben daran. Und wir Menschen verzehren diesen Müll mit dem Fisch. Lange bevor Forschungsteams Mikroplastik in unserem Blut fanden, entdeckten sie die Partikel schon in Darm und Kot.

Wir – die Autorin und der Autor dieses Buchs – sind beide in Deutschland aufgewachsen, einem Land, in dem man Mülltrennung schon in Kindergarten und Schule kennenlernt. Die Deutschen gelten als Recyclingweltmeister, in kaum einem anderen Land haben Umweltschützer, Politiker und die Entsorgungswirtschaft so lange und hartnäckig versucht, Plastikmüll in einen Rohstoff zu verwandeln. Gelungen ist das nur begrenzt. Die Tausenden Plastikarten in der Welt sind auch für die Recycler eine Herausforderung. Recycling rechnet sich nicht. Es birgt Umweltrisiken, vor allem kann das Recyclingsystem nur einen Teil des Plastikabfalls auffangen.

Plastik ist weltweit ein Problem. Die Lieferkette der Kunststoffe streckt sich häufig über mehrere Kontinente. Das Öl wird in einem Land gefördert, in einem anderen zu Plastik verarbeitet, im dritten zu einem Produkt geschmolzen, im vierten verkauft und im fünften Land als Müll entsorgt. Plastikmüll kennt keine Grenzen, wenn er von Flüssen ins Meer und bis in internationale Gewässer getragen wird. Deshalb wollen wir in diesem Buch die globale Perspektive der Plastiksucht darstellen. Wir haben deshalb nicht nur in Europa recherchiert, sondern waren häufig in Asien unterwegs, haben mit

Menschen aus Nordamerika und aus Afrika gesprochen, um die globale Dimension der Plastikkrise darstellen zu können.

Bei unseren Recherchen haben wir Konsumenten kennengelernt, die diese Auswirkungen jeden Tag zu spüren bekommen. Wir verwenden in diesem Buch das generische Maskulinum. Wir stellen an dieser Stelle klar, dass wir ausdrücklich alle Geschlechtsidentitäten einbeziehen. Die Umweltverschmutzung und Klimabelastung durch Plastik machen kaum Unterschiede zwischen Geschlechtern. Sie kennt aber einen Unterschied zwischen der Herkunft.

Viele der Menschen, die unter der Plastikkrise am meisten leiden, leben in Ländern, die nicht als wohlhabend gelten. Vor ihren Häusern leert keine Müllabfuhr Mülltonnen, es gibt keine geregelte Recyclingindustrie. Einige von diesen Menschen stellen wir in diesem Buch vor. Wir können nicht immer ihre wahren Namen nennen. Wer sich öffentlich gegen jene stellt, die in ihren Ländern Geld mit Plastik verdienen, lebt gefährlich. In anderen Fällen haben wir Quellen anonymisiert, weil es sich um Insider aus der Industrie handelt, die auf diese Weise offener und ehrlicher über die Verhältnisse und über kriminelle Machenschaften in der Branche sprechen können. Wenn wir Namen geändert haben, stellen wir das transparent dar.

Wir haben für dieses Buch mit Aktivisten und Gegnern der Plastikindustrie gesprochen. Wir haben auch mit jenen gesprochen, die Plastik produzieren, Produkte in Plastik verkaufen oder auf andere Weise finanziell von Plastik abhängig sind, wenn wir die Möglichkeit dazu hatten. Einige Unternehmen beantworteten unsere Fragen nur schriftlich oder reagierten gar nicht. Auch das legen wir offen.

Wer dieses Buch liest, soll danach verstehen, warum wir so süchtig nach Plastik sind und wo die wirtschaftlichen Ursachen dieser Abhängigkeit liegen. Wir wollen dafür den gesamten Lebenszyklus von Plastik nachzeichnen.

Im ersten Kapitel zeigen wir auf, wie Öl zu Plastik wird – und wer davon finanziell profitiert. Auch wenn wir schon lange darüber sprechen, wie wir weniger Plastik verbrauchen können: Die Industrie wettet weiter auf Wachstum des Plastikkonsums und kündigt neue Plastikfabriken an. Wir haben diese Baustellen besucht und erklären an ihrem Beispiel, wieso vielleicht nicht der Müll, sondern die Produktion die größte Herausforderung der Plastikkrise ist.

In Kapitel zwei gehen wir der Frage nach, wie Plastik uns als Gesellschaft geprägt hat. Unsere Konsumgesellschaft baut heute auf einer Infrastruktur auf, die ohne Plastik kaum möglich wäre. Das gilt insbesondere für die Plastikverpackung, das wichtigste Produkt der Plastikindustrie. Wir erklären deshalb, wie eine Verpackung entsteht und wann sie zu einem Problem wird.

In Kapitel drei beschäftigen wir uns mit dem Traum vom Recycling-Kreislauf – und warum dieser Traum bis heute nie vollständig Realität werden konnte. Wir zeigen auf, wie heute mit moderner Technik und harter Arbeit Müll sortiert wird, um Plastikabfälle wieder in einen Rohstoff zu verwandeln. Wir erklären, was Plastikrecycling zu einer Herausforderung macht und wieso das Recycling nach über 30 Jahren Müllsammeln noch immer nur einen Teil der Abfälle auffangen kann.

Das vierte Kapitel beleuchtet die Mechanismen des weltweiten Handels mit Plastikmüll. Die wohlhabenden Staaten und größten Müllverursacher haben über Jahrzehnte davon profitiert, die Abfälle in jene Länder zu schicken, in denen Arbeitskraft billig und Umweltstandards niedrig sind. Aber diese Exporte sind zu einem internationalen Problem geworden. Denn in den Importländern führt die Abfallflut aus dem Ausland immer wieder zu Umweltskandalen. Das liegt auch daran, dass viele das Geschäft mit betrügerischen und kriminellen Methoden unterwandern. Wir haben eine Scheinfirma gegründet und undercover recherchiert, um die Methoden der unseriösen Abfallhändler offenzulegen und an die Öffentlichkeit zu bringen.

Kapitel fünf stellt die Abwehrbewegung der Süchtigen dar. In dem Kapitel zeichnen wir auf, wie Big Oil und Big Plastic mit Lobbyismus für Plastik kämpfen. Die Industrie will ihr Image und ihr Geschäft verteidigen. Sie startet Ablenkungsmanöver und präsentiert Politik und Öffentlichkeit vermeintliche Lösungen für die Plastikkrise.

Kapitel sechs heißt deshalb »Schlechte Lösungen und falsche Versprechen«. In diesem Kapitel zeigen wir auf, wieso viele Ansätze der Industrie im Kampf gegen die Plastiksucht fehlgeleitet sind. Die Unternehmen hängen finanziell am billigen Werkstoff Plastik – und kommen davon kaum los.

Diese Plastiksucht ist nicht schön. Ihre Auswirkungen sind nicht schön. Und auch Kapitel sieben ist nicht schön. Wir wagen ein Zukunftsexperiment: Was passiert, wenn wir den Plastikkonsum auf der Welt nicht eindämmen können? Was passiert, wenn weiterhin so viel Plastik in der Umwelt landet, wenn wir keine neuen Methoden und Ansätze finden, um diese Abhängigkeit zu durchbrechen? Wie würde sich das Leben im Jahr 2050 dann anfühlen? Dieses Szenario ist eine Dystopie. Doch diese Dystopie ist unwahrscheinlich. Denn die gute Nachricht ist: Wir stehen an einem Wendepunkt.

In Kapitel acht stellen wir dar, warum wir Hoffnung haben, dass diese Wende gelingt. Denn es gibt sie: gute Ideen und echte Lösungen für die Probleme der Plastikkrise. Es gibt Methoden wie Pfand und Mehrwegsysteme, die sich bewährt haben. Es gibt neue Ideen, wie wir Konsum und Verpackungen verändern können. Rund um die Welt erlassen Regierungen zudem Gesetze, Verbote und Gebühren, um die Sucht nach Plastik zu durchbrechen. Unternehmen zeigen Veränderungsbereitschaft, wenn sie nur die nötige Unterstützung bekommen.

Wir haben aus diesen verschiedenen Ideen die Maßnahmen identifiziert, mit denen wir die Abhängigkeit von Plastik reduzieren können. Dieses Maßnahmenkonzept steht auf vier Säulen: Es beschreibt, wie wir Plastik vermeiden können, wie wir unsere Abhängigkeit mit neuen Mehrwegkonzepten therapieren können, wie wir den Schaden durch Plastik an der Umwelt und an unserer Gesundheit minimieren und wie ein weltweites Regelwerk aussehen muss. Denn die größte Hoffnung ist vielleicht Folgende: Während wir dieses Buch schreiben, verhandelt die internationale Staatengemeinschaft über einen bindenden Vertrag gegen die Plastikverschmutzung.

Aber wenn wir einen Ausweg aus dem Plastikzeitalter finden wollen, dann brauchen wir Ehrlichkeit. Wir müssen uns ehrlich eingestehen, inwiefern wir von Plastik als Werkstoff abhängig sind, ehrlich darüber informieren, wie Plastikmüll entsteht, ehrlich damit umgehen, dass nicht alle propagierten Lösungen uns künftig voranbringen. Wir müssen als Gesellschaft darüber diskutieren, wie wir unseren Konsum verändern können. Dazu wollen wir beitragen. Und deshalb schreiben wir dieses Buch.

DIE KUNSTSTOFFKÜCHE

Dieses Kapitel erklärt:
- wie Erfinder Plastik entdeckten und die Menschheit damit bis auf den Mond brachten,
- warum die Plastikindustrie ein großer Treiber für den Klimawandel ist,
- wieso die Plastikproduktion auch gefährlich für die Menschen sein kann,
- wie die Ölindustrie auf weiteres Plastik-Wachstum wettet.

Wenn Kamon Bunmi sein Haus verlässt, hat er zwei Möglichkeiten: Wenn er mit seinem Pickup links abbiegt, fährt er durch eine friedliche Landschaft, in der er sich zuhause fühlt. Über einen kleinen, in der Mitte bewachsenen Sandweg gelangt er auf die Hauptstraße, die vorbei an der örtlichen Grundschule führt, vorbei an den Häusern von Familie und Bekannten. Er könnte zu den Fischrestaurants oder zur Tankstelle weiterfahren, um einen Eiskaffee zu trinken. Er könnte noch weiterfahren, zu den Farmen und Feldern. Hier, in der thailändischen Provinz Rayong, drei Autostunden von Bangkok entfernt, leben viele Bauern. Ihre Gegend bringe die besten Mangos im Königreich hervor, sagen sie. Wenn Kamon Bunmi von seinem Haus aus links abbiegt, ist der Anfang 60-Jährige ein ganz normaler Pensionär, der sich die Zeit vertreibt und niemanden stört.

Biegt Bunmi rechts ab, fährt er nicht über den Sandweg, sondern an einem 3 Meter hohen Zaun entlang, dahinter Dickicht. Nach ein paar Minuten Fahrt lichtet sich das Gestrüpp. Hinter dem Zaun erscheint eine Landschaft aus Edelstahl, Hunderte Rohre sind zu sehen, manche so dick, dass man darin laufen könnte. Sie sind alle miteinander verbunden, laufen in gigantische Tanks, so hoch wie Plattenbauten im Ostblock. Dutzende Schornsteine ragen weit über den Zaun empor, einige pumpen dunkle Wolken in die Luft, auf anderen brennt eine helle Flamme. Die Kunststoffküche. Wenn Bunmi nach rechts abbiegt, ist er ein Eindringling, ein Störfaktor. Es dauert nicht lange, bis ein grauer Pick-up mit dunklen Scheiben hinter Bunmi auftaucht und seinem Wagen folgt.

Was Bunmi hinter dem Zaun sieht, sind Ausschnitte eines der größten Industriegebiete, das Menschen je erschaffen haben. Hunderte Firmen raffinieren an der Küste von Thailand Öl, destillieren es zu Treibstoffen für Autos und Flugzeuge. Sie kochen Kunststoffe für Verpackungen, synthetischen Kautschuk für Autoreifen, sie ziehen Kunstfasern als Garne für die Textilindustrie. Sie produzieren Zusatzstoffe für Plastik. Im Tiefseehafen Map Ta Phut können Öltanker mit über 300 Metern Länge anlegen. Kohlekraftwerke produzieren Strom für die Ölindustrie und die Plastikküchen.

In der Region befinden sich gleich drei Industriegebiete. Dort angesiedelt sind unter anderem der US-Chemiekonzern Dow Chemicals, der hier Kunststoff herstellt, der wohl weltgrößte Hersteller von Plastikflaschen Indorama Ventures produziert hier Plastikbausteine und der Ölkonzern Total betreibt eine Anlage für Bioplastik. Die Flächen erstrecken sich über 100 Hektar. Damit gehören die Industriegebiete in der thailändischen Provinz Rayong wohl zu den größten Petrochemie-Komplexen der Welt.

Kamon Bunmi ist nicht nur Anwohner eines dieser Komplexe, er ist auch ein Beobachter, der die Bewegung besorgter Nachbarn in der Region leitet. Die Runde entlang des Zauns eines dieser Industriegebiete fährt er häufig. Er schaut dann, ob sich hinter dem Zaun etwas verändert hat, ob sich etwas Merkwürdiges tut, und informiert seine Dorfgemeinschaft per WhatsApp.

Die Betreiber der Fabriken mögen es nicht, wenn Bunmi oder seine Nachbarn dem Zaun zu nahekommen und hier herumschnüffeln. Deshalb folgt ihm der graue Pick-up, erzählt Bunmi. Aus diesem Grund heißt er hier anders als in der Realität, auch seine äußerliche Erscheinung haben wir leicht verfremdet.

Nach einer Viertelstunde hat Bunmi das Gelände halbwegs umfahren, er ist jetzt an der Stelle, wo der Industriekomplex an die Küste grenzt. Bunmi hält an einem Strand. Der graue Pick-up stoppt ebenfalls ab, am Zaun, noch in Sichtweite. Nicht weit entfernt fahren Schiffe vorbei, die Teile eines Ölteppichs bergen, indem sie Ölfetzen in sich aufsaugen. Die Wellen führen schwarze Brocken im Wasser. Erst vor kurzem hat es einen Zwischenfall gegeben: Der Firma Star Petroleum riss in der Tiefe ein Teil der Pipeline. 160 Tonnen Rohöl liefen aus.[1] Noch jetzt, einige Wochen später, liegen Teerfetzen am Strand, es stinkt atemberaubend.

Das Leben neben diesem Industriegebiet ist gefährlich, sagt Bunmi. Nicht gut für die Umwelt, auch nicht für die Gesundheit. Über Plastik wird auch in seinem Land gestritten, Thailand hat etwa Plastiktüten in großen Supermärkten verboten[2], will auch den Import von Plastikmüll stoppen.[3] Aber über das, was die Plastikproduktion anrichtet, was die Kunststoffküchen für die Nachbarn bedeutet, wird kaum gesprochen.

Die Menschen in der Provinz Rayong sollen laut einer Studie die höchste Blutkrebsrate im gesamten Königreich Thailand aufweisen.[4] In Blutproben der Patienten fanden Mediziner eines Krankenhauses die Chemikalien Benzol und Butadien. Die Menschen in Rayong sollen häufig an Atemwegserkrankungen wie Asthma und an erhöhten Entzündungswerten im Körper leiden. Zwar können die Studien keinen direkten Zusammenhang zum Schadstoffausstoß der Petrochemie belegen – doch der Verdacht besteht.

Aus anderen Regionen der Welt gibt es ganz ähnliche Berichte über Gesundheitsprobleme rund um die Kunststoffküchen. Als größtes dieser sogenannten Petrochemie-Cluster gilt heute ein gigantischer Komplex in der Region Jamnagar im Westen Indiens, der von Reliance Industries betrieben wird. Die Luft in seiner Umgebung sei stark verschmutzt, berichtete kürzlich die Umweltschutzorganisation Break Free From Plastic, die vor Gefahren für die Gesundheit der Anwohner warnt.[5]

Bekannter ist wohl die über 130 Kilometer lange Industriezone entlang des Mississippi im US-Bundesstaat Louisiana, wo mehr als 150 Werke stehen, die Öl in Plastik und andere Produkte umwandeln. Die Amerikaner nennen das Gebiet: *Cancer Alley*. Die Krebs-Allee. Dass die Bezeichnung ihre

Berechtigung hat, hat die US-Umweltagentur mittlerweile bestätigt. Die Behörde hat in der Region ein besonders hohes Risiko für Krebserkrankungen festgestellt. In der Stadt Reserve soll das Risiko durch Luftverschmutzung laut Medienberichten 50-Mal höher sein als im Rest der USA. Medien sprechen von Reserve deshalb als *Cancer Town*[6] – die »Krebs-Stadt«.

In den Plastikküchen kommt es immer wieder auch zu Unfällen. In Rayong in Thailand explodierte 2014 eine Anlage.[7] Tagelang brannte es, Rauchwolken hingen über Rayong, erzählt Bunmi, während er sein Auto weiter um den Komplex lenkt. »Explosionen und kleine Feuer kommen häufig vor. Etwa einmal im Monat brennt es«, sagt er. Besonders wenn der Strom ausfällt und Teile der Produktion stillstehen, knalle es in der Nachbarschaft. Dann schrillen die Sirenen und er rennt ins Haus. Immerhin hätten die Plastikküchen Bäume und Sträucher rund um den Zaun gepflanzt, die Gerüche absorbieren sollen, erzählt Bunmi. Die Fabriken auf dem Gelände hätten in Filtertechnik für ihre Anlagen investiert und die Schornsteine höher in die Luft gebaut, sagt er. Manchmal blickt Bunmi nachdenklich auf die Schornsteine. Es sind mehr geworden in den vergangenen Jahren. »Es ist wegen des Plastiks. Davon verbrauchen wir heutzutage einfach zu viel.«

Hunderte Millionen Tonnen Plastik

Der Plastikkonsum der Welt gleicht einer steilen Kurve, auch in einer Zeit, in der viele Menschen darüber sprechen, dass Plastik eingespart oder ersetzt werden müsste. Erst seit dem Zweiten Weltkrieg wird synthetisches Plastik in großem industriellem Maßstab produziert. Die Hälfte des jemals produzierten Kunststoffs kam seit Anbeginn dieses Jahrtausends in die Umwelt Erde, die jährlich produzierte Menge hat sich seitdem noch verdoppelt.[8] Mittlerweile spucken die Kunststoffküchen der Welt jährlich mehr als 460 Millionen Tonnen im Jahr aus.[9]

Plastik ist ein gewaltiges Geschäft. Nach Schätzungen von Marktforschungsfirmen ist der Markt 600 Milliarden US-Dollar schwer. Bis 2030 könnten es über 800 Milliarden US-Dollar sein.[10] Ein wesentlicher Teil davon fließt in die Kassen global agierender Öl- und Chemiekonzerne.

Steile Kurve

Die globale Plastikproduktion hat sich vervielfacht – und steigt weiter an.

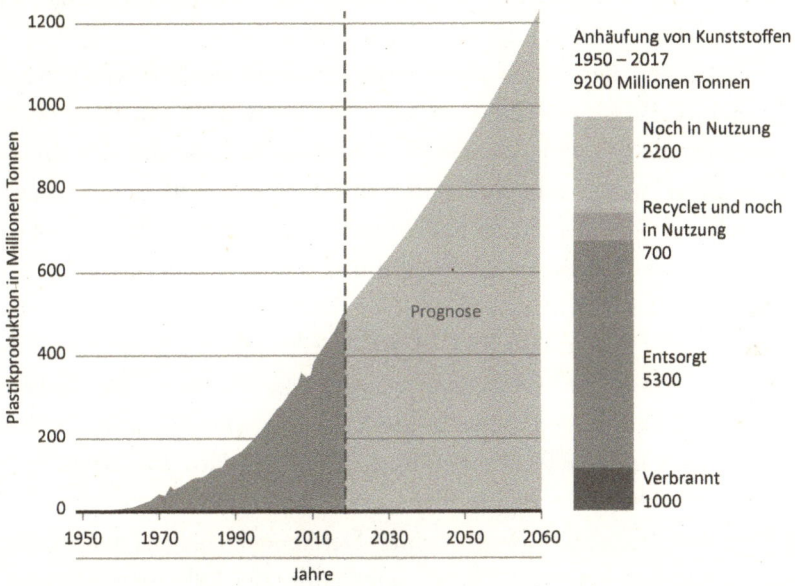

Quelle: Geyer 2017, OECD Global Plastic Outlook Database, Our World in Data

Gerade einmal 20 Konzerne produzieren über die Hälfte des Plastiks in der Welt, enthüllte ein Report der australischen Minderoo Foundation im Jahr 2021.[11] Ganz oben auf ihrer Liste der größten Plastikproduzenten steht der US-Konzern ExxonMobil, gefolgt vom chinesischen Staatskonzern Sinopec. Auf Platz drei steht der US-amerikanische Chemiekonzern Dow, dahinter folgt der thailändische Konzern Indorama Ventures, der auch in Rayong Plastik produziert. Auf Rang Nummer fünf steht Saudi Aramco, der größte Öl- und Gas-Konzern der Welt.[12]

Big Oil und *Big Plastic* stehen sich nicht nur nahe, sie sind teils identisch. Das hat seine Gründe: Zwar ließen sich Kunststoffe rein theoretisch auch aus Zucker oder Stärke herstellen, aber 99,4 Prozent des Plastiks auf der Welt entstand 2019 aus fossilen Rohstoffen – aus Erdöl.[13]

Der Prozess funktioniert so: Erdöl wird in gigantischen Raffinerien erhitzt, bis es verdampft. Die Dämpfe werden aufgefangen und bei unterschiedlichen

Temperaturen abgekühlt. Am wertvollsten für die Ölkonzerne sind die schweren Bestandteile des Erdöls wie Kerosin, Diesel und Benzin. Mit diesen Treibstoffen verdienen Ölfirmen heute das meiste Geld.

Übrig bleiben die leichten Bestandteile des Erdöls: das Rohbenzin Naphta und Liquified Petroleum Gas, kurz LPG. Vor allem LPG galt lange als Nebenprodukt, die Ölraffinerien wussten kaum etwas damit anzufangen. Das Gas muss regelmäßig verbrannt werden, um Druck zu entlassen. Das ist bis heute an den Schornsteinen der Raffinerien gut erkennbar: Oft brennen dort meterhohe, helle Flammen, weithin sichtbar, wie eine Fackel. *Flaring* heißt der Prozess in der Fachsprache.[14]

Die Legende besagt, dass John D. Rockefeller persönlich Anstoß an diesen Fackeln nahm. Der Ölmagnat, reichster Mensch seiner Zeit, habe die Flammen aus den Schornsteinen seiner Raffinerie schießen sehen, schildert die Autorin Susan Freinkel in ihrem Buch *Plastic – A Toxic Love Story*.[15] Dort verbrenne Gas, habe ein Angestellter Rockefeller erklärt. Der Ölbaron habe sich über diese Verschwendung empört: »Denkt euch was aus, was ihr damit anfangen könnt!«, befahl er. Die Wissenschaftler der Ölkonzerne begannen daraufhin, das Gas genauer zu untersuchen und damit zu experimentieren.

Für die Chemiekonzerne der Welt sind Naphta und LPG heute die Grundbausteine für ihre Chemikalien. Naphta und LPG enthalten lange Kohlenwasserstoffketten – die Bausteine für Kunststoffe. Um sie weiterverarbeiten zu können, müssen Chemiekonzerne die langen Kohlenwasserstoffketten in sogenannten *Steam Crackern* aufspalten und in Chemikalien wie Ethylen und Propylen umwandeln. Die riesigen Kessel der Steam Cracker sind das Herzstück jedes Chemieparks.

Die Chemieindustrie nutzt manchmal das Bild eines Baums, um die Prozesse in ihren Fabriken zu erklären. Die Wurzeln des Baums sind das Rohöl, aus dem alle Produkte entwachsen. Den Baumstamm bilden die Rohstoffe aus den Raffinerien, also Treibstoffe, Naphta und LPG. Diese Grundstoffe verfeinern und filtern die Chemiekonzerne, so entstehen die Äste des Baums. Mit jeder chemischen Reaktion verzweigen die Chemiekonzerne diese Äste weiter und treiben Blüten aus. Sie können aus den Grundchemikalien Aromastoffe zusammenbrauen, Farben und Lacke, sie können Düngemittel fabrizieren, Arzneien herstellen – oder eben Kunststoffe. Die chemischen Äste, aus denen Plastik austreibt, sind unter anderem *Ethylen* und *Propylen*. Ethylen hat kurze Kohlenwasserstoffketten und ist damit ein Baustein für Plastik, ein sogenanntes Monomer. Plastik besteht aus Polymeren, in denen sich die Monomere tausendfach wiederholen. Das eigentliche Kunststück der Plastikküchen ist es, diese Ketten aneinander zu reihen und so Materialien mit neuen Eigenschaften zu erschaffen. »Poly« stammt aus dem Altgriechischen und bedeutet »viel«. Polyethylen ist also ein langes Gebilde aus Ethylen-Bausteinen.

All diese Schritte – das Raffinieren des Öls, das Spalten und Umwandeln in Monomere und das Formen von Polymeren – sind energieaufwendig und klimaschädlich. Viele der Fabriken werden mit Energie aus Kohlekraftwerken[16] gespeist, das verursacht noch mehr Emissionen. Die Plastikproduktion steht damit für 90 Prozent der Treibhausgase, die durch Plastik erzeugt werden. Die restlichen 10 Prozent entfallen auf die Nutzung von Plastikprodukten oder auf die Entsorgung von Plastikmüll, berichtet die Organisation für wirtschaftliche Zusammenarbeit und Entwicklung (OECD). Allein im Jahr 2019 verursachte die Plastikindustrie 1,8 Milliarden Tonnen Klimagase wie CO_2. Eine gewaltige Menge – und dabei rechnet die OECD die Klimaschäden durch Plastik in der Umwelt nicht mal ein. Plastik ist damit für 3,4 Prozent der klimaschädlichen Emissionen auf der Welt verantwortlich.[17]

Diese Emissionen entstehen in der Regel nicht in den Ländern, in denen Plastik am meisten genutzt wird. Die Plastikindustrie formt ihre Polymere dort, wo es billig ist. Beinahe die Hälfte aller Kunststoffe werden in Asien und Ozeanien produziert, 32 Prozent davon in China. Nordamerika und Mexiko stehen für 18 Prozent der Plastikproduktion. Aus den Fabriken in Europa stammen nur noch 15 Prozent der Kunststoffe, meldet der Verband Plastics Europe. Der Rest der Plastikproduktion verteilt sich auf Afrika, den mittleren Osten und Lateinamerika.[18]

Die Polymere und Produkte, die aus diesen Fabriken stammen, haben selten einen langfristigen Nutzen für die Menschheit. Zwar wird Plastik heute für Autos eingesetzt, in der Baubranche, kein Windrad und keine Solaranlage würde ohne Plastik auskommen. Doch diese Geschäftszweige machen gemessen an der großen Menge des verarbeiteten Plastiks nur etwa ein Drittel aus.

Der Großteil des heute produzierten Plastiks wird für Produkte verwendet, die nach wenigen Jahren, wenigen Wochen, oft genug schon nach Tagen nicht mehr zu gebrauchen sind und zu Müll werden. So wie Verpackungen. 31 Prozent des weltweit hergestellten Plastiks kommt als Verpackung auf den Markt. Ein Zehntel der Polymere werden zu Fasern und Textilien verarbeitet, zum Beispiel für die Fast-Fashion-Industrie, die daraus wieder Produkte fertigt, die schnell abgetragen sind und erst aus der Mode und dann in den Müll kommen.[19]

All diese Industrien, all diese Wirtschaftszweige würde es ohne Kunststoff kaum in ihrer heutigen Form geben. Ein Supermarkt ganz ohne Plastik ist derzeit kaum vorstellbar, nicht einmal ein Modegeschäft oder auch nur ein Elektrohändler kommt ohne Kunststoff aus. Plastik hat Industrien und Arbeitsplätze geschaffen – und das in nur wenigen Jahrzehnten. Wir sind davon abhängig, geradezu süchtig. Wie ist es dazu gekommen?

Ein Ersatz für die Natur – die ersten Kunststoffe

Die Geschichte des Plastiks beginnt in einer Billardhalle an der Ecke Broadway und Tenth Street in New York. Im Jahr 1859 ist der Salon eine der beliebtesten Treffpunkte für junge New Yorker. Ventilatoren drehen sich über den Tischen, Zuschauer umringen die Spieler.[20] Ganz besonders zieht es Schaulustige an, wenn der Besitzer des Salons selbst zum Cue greift: Michael Phelan.

Phelan ist der wohl berühmteste Spieler in einer Zeit, in der Billard Sport, Freizeitbeschäftigung und Lebensstil zugleich ist. Er gewinnt ein Spiel nach dem anderen und damit auch hohe Preisgelder. Als 1859 in den USA das erste Billardspiel offiziell aufgezeichnet wird, gewinnt Michael Phelan auch das.[21]

Phelan hat Billiard im Blut. Sein Vater, ein irischer Immigrant, eröffnete in New York Billardsalons. Phelan besitzt ebenfalls einige der berühmtesten Salons der Stadt, er hat ein Buch über Billardregeln geschrieben, produziert Billardtische, er lässt sogar ein Kissen für die Tische patentieren. Sein Ziel: Michael Phelan will Billard standardisieren.

Sein größtes Problem sind die Billardkugeln, üblicherweise aus Elfenbein gefertigt. Weil sie sich schnell abnutzen, müssen sie häufig nachgeschliffen werden. Dadurch verlieren sie an Umfang, keine Kugel gleicht der anderen. Die Bälle »sollten aus dem besten ostindischen Elfenbein« gefertigt sein, schrieb Phelan selbst, möglichst einheitlich in Form und Größe, sonst könnten die Bälle »selbst die geschicktesten Spieler verblüffen«.[22]

Dieses Elfenbein ist teuer. Die Elefantenherden in Afrika sind bereits dezimiert. Die *New York Times* warnte 1867, Elefanten könnten bald zu den ausgestorbenen Arten zählen.[23] Es wird immer heikler, die Tiere zu jagen. Dann müssen die Stoßzähne noch verarbeitet und über das Meer geschifft werden, das alles kostet. Für Billardkugeln ist beste Qualität notwendig, Elfenbein ohne große Poren, Risse und von hoher Dichte: Nur einer von 50 Elefantenstoßzähnen ist dafür geeignet.[24]

Nicht nur Michael Phelan störte sich an der teuren und unzuverlässigen Lieferkette für Elfenbein. Zu viele Industriezweige benötigten kostspielige und vor allem seltene, pflanzliche und tierische Materialien. Kämme etwa wurden aus Schildkrötenpanzer oder Horn gefertigt, waren damit sehr teuer und deshalb sogar begehrte Erbstücke. Knöpfe oder Schallplatten wurden aus Schellack gefertigt, einem Naturharz aus Sekreten der indischen Lackschildlaus, die mühsam von Bäumen abgekratzt werden müssen. Schellack eignete sich auch, um Kabel zu isolieren. Doch bereits gegen Ende des 19. Jahrhunderts, als Strom sich erst langsam als Energiequelle verbreitete, war Schellack knapp.[25]

Für Billardkugeln testeten die Spieler durchaus andere Materialien als Elfenbein aus. Aber Kugeln aus Holz waren zu leicht und ihr Gewicht nicht gleichmäßig verteilt. Kugeln aus Eisen oder anderen Metallen waren zu schwer, sie sprangen auch nicht wie gewünscht zurück, wenn sie gegen eine andere Kugel prallten.

Im Jahr 1863 schrieb Michael Phelan deshalb einen Preis aus, nicht für den besten Billardspieler, sondern für den besten Erfinder. Wer ein Material für Billardkugeln findet, das Elfenbein ersetzen könnte, sollte 10 000 US-Dollar bekommen – damals ein kleines Vermögen.[26]

Nur einige hundert Kilometer entfernt in Albany begann daraufhin ein junger Drucker zu experimentieren. John Wesley Hyatt verwendete Zellulose aus Holz mit Nitrat versetzt, ein Material, das er als Drucker gut kannte. Er festigte es mit Harz und weiteren Zusatzstoffen unter hoher Temperatur. 1865 patentierte er einen solchen Ball. Aber auch der sprang nicht so, wie er sollte.

Doch Hyatt hörte nicht auf zu experimentieren. Das Material, dass er erschaffen hatte, war Zelluloid. Nicht lange nach seiner Entdeckung ersetzte Zelluloid bereits Elfenbein in Kämmen, Handspiegeln und Klaviertasten. Und es schuf den Grundstein für die Filmindustrie: Die ersten Kinofilme erschienen auf Zelluloid. Leider ist Zelluloid auch hochentzündlich, nicht wenige Kinotheater gingen deshalb in Flammen auf, angeblich sollen auch die ersten Zelluloid-Billardbälle gerne mal mit einem Knall explodiert sein, wenn sie hart aufeinanderprallten.[27]

Es dauerte bis 1907, bis ein belgischer Chemiker ein Material fand, das sich auch für Billardkugeln eignete. Leo Baekeland nannte es nach sich selbst: Bakelit. Baekeland suchte gar nicht nach einem Material für Billardbälle, er wollte Schellack ersetzen, das Lausharz. Dafür experimentierte er mit Phenol und Formaldehyd. Mit Hilfe von Katalysatoren und Hitze stellte er ein Kunstharz her, er presste die weiche Masse in Form und ließ sie mit Wärme und Druck aushärten. Das so entstandene Material verbog sich nicht. Es leitete keinen Strom. Es war zwar spröde, aber es löste sich nicht in Säuren auf. Es schmolz nicht in der Hitze.

Was Baekeland nicht klar war: Er hatte damit den ersten Kunststoff erschaffen, ein rein synthetisches Plastik. Die Moleküle, die er geschaffen hatte, ließen sich so nirgendwo in der Natur wiederfinden, es war ein völlig neues Material. Das Potenzial seiner Erfindung erkannte der junge Chemiker trotzdem. Er patentierte seinen Kunststoff Bakelit und stellte ihn im New Yorker Club der Chemiker vor. »Bakelit hat ein weites Feld der Anwendungen«, erklärte er, man könne daraus etwa säurefeste Ventile, Schallplatten und »tausend und einen anderen Artikel« herstellen.[28] Baekeland schloss sich mit einem Fabrikanten zusammen und gründete 1910 in Erkner bei Berlin die Bakelite GmbH. Wenige Jahre später schon putzten sich die Menschen mit Bakelit-Zahnbürsten die Zähne, kämmten sich mit Bakelit die Haare, drückten ihre Zigaretten in Bakelit-Aschenbechern aus, hörten Musik aus

Bakelit-Radios und glätteten ihre Hemden und Blusen mit von Bakelit umhüllten Bügeleisen.[29] Coco Chanel designte Schmuck aus Bakelit.

Nur die wenigsten Menschen wussten, was es genau für ein Material war, das sie da nutzten. Über Bakelit hieß es in der Presse: »An sich glaubt ja schon die breite Masse, Bakelite sind nichts als zusammengeleimte Sägespäne.«[30]

Die deutsche Sprache ist eine der wenigen, die zwei Begriffe für dieselbe Materialgruppe kennt: Kunststoffe – und Plastik. Den Begriff »Kunststoffe« gibt es bereits seit dem frühen 20. Jahrhundert, 1911 erschien erstmals ein Fachmagazin unter dem Namen. Das Wort »Plastik« hingegen stammt aus dem Griechischen, es bedeutet »formbar« oder »gestaltbar«. Im Englischen heißt es »Plastic«, im französischen »Plastique«.[31]

Die Branche verwendet lieber den Begriff »Kunststoffe«, das drückt die Vielfalt dieser Materialien aus, vermittelt aber auch einen anderen Eindruck. Denn »Plastik« hat im Alltagssprachgebrauch eine negative Konnotation. Billige Produkte sind aus Plastik, hochwertige aus Kunststoff? Das ist Blödsinn. Häufig handelt es sich um ein und dasselbe Material.

Allerdings war den Experimenteuren und Chemikern in den Anfangsjahren der Plastikindustrie selbst oft nicht klar, was sie genau zu schaffen versuchten. Erst dem deutschen Wissenschaftler Hermann Staudinger gelang es 1922, das Wesen der neuen Materialien zu erklären: Kleine Moleküle können sich unter bestimmten Umständen zu riesengroßen Molekülketten verbinden, in denen sich die chemischen Strukturen immer wieder wiederholen. Staudinger nannte diese Gebilde zunächst »Makromoleküle« – dazu zählen auch Polymere. Drei Jahrzehnte später erhielt er dafür den Nobelpreis für Chemie.[32]

In Hinterhöfen und Laboren entstanden unterdessen immer neue dieser Makromoleküle. 1928 wurde Polyvinylchlorid (PVC) in industriellem Maßstab produziert, 1930 wurde Polystyrol (PS) in Deutschland produziert, 1932 auch Plexiglas, 1937 folgte die Produktion von Polyethylen (PE).[33] Diese Kunststoffe gehören heute zu den meistgenutzten der Welt.

Besonders erfindungsreich war DuPont. Das Familienunternehmen, damals schon über hundert Jahre alt, produzierte Schießpulver, später auch Nitroglyzerin und Dynamit. Die Chemiker bei DuPont entdeckten, dass sich aus den Abfallstoffen ihrer Sprengstoffe mit den nun entdeckten und wissenschaftlich beschriebenen Methoden ebenfalls Polymere herstellen lassen. Jede Menge sogar. Im Jahr 1931 erfand der Konzern Neopren, 1935 Nylon, später auch Teflon.[34] Selbst Earl Silas Tupper, Erfinder der Tupperdose, arbeitete für DuPont, bevor er sich mit seinen luftdichten Dosen selbständig machte.

Einer der Verkaufsschlager von DuPont war Nylon. Der Konzern bewarb den Plastikstoff als »das erste von Menschenhand gefertigte, organische Textilgewebe«, das »fein wie ein Spinnennetz« sei. [35] Die Kundinnen liebten Nylon-Strumpfhosen, die dazu noch so viel günstiger waren als die Alternative aus Seide. Nur blieben die neuen Strumpfhosen nicht lange auf dem Markt.

Mit Plastik durch den Krieg

Der zweite Weltkrieg brach aus – und damit auch eine unerwartete Nachfrage nach Kunststoffen. Nylon etwa benötigte man auf einmal auch für Seile, Zelte und Fallschirme. Acrylglas machte U-Boote und Flugzeuge leichter. Die Essensrationen der US-Soldaten blieben dank Zellophan frisch. Ohne den Kunststoff Teflon wäre vielleicht die Atombombe niemals gebaut worden. Weil Teflon nicht korrodiert, ließen sich damit die Container beschichten, um die chemischen Substanzen für die Atombombe zu transportieren.[36]

Die Nationalsozialisten in Deutschland schufen ihr eigenes Vehikel, um in diesem Krieg auch auf der Materialseite nachzurüsten. Die I.G. Farben, drei Jahrzehnte zuvor als Interessensgemeinschaft mehrerer Fabrikanten gegründet, wuchs durch Absatzverträge etwa für Benzin mit dem Regime Hitlers zum damals größten Konzern Europas. Der Konzern fertigte auch Kunststoffe für das Regime. Ab 1938 produzierte die I.G Farben den synthetischen Faden Perlon, chemisch dem Nylon ähnlich.[37] Im Jahr 1941 ließ die I.G. Farben eine neue Megafabrik errichten, um Kautschuk und Benzin im Auftrag der Nationalsozialisten zu produzieren, ganz nahe der Stadt Brezinzka.

Die Stadt ist auch unter dem Namen Birkenau bekannt und hat als Standort des Vernichtungslagers Auschwitz eine traurige Berühmtheit erlangt. Auch die I.G. Farben spielte dabei eine Rolle: Ein Tochterunternehmen produzierte das Gas, das dort eingesetzt wurde, um Millionen von jüdischen Menschen und andere von den Nationalsozialisten verfolgten Bevölkerungsgruppen zu ermorden.[38] Der Konzern, damals einer der größten Europas, setzte auch die Zwangsarbeiter aus einem der naheliegenden Lager für seine Zwecke ein. Für 3 bis 4 Mark am Tag mussten sie die neue Megafabrik für die I.G. Farben errichten.[39]

Nach dem Krieg richteten die Alliierten ein eigenes Kontrollorgan für die I.G. Farben ein, entflochten wurde das Unternehmen aber erst 1951. Bei den Nürnberger Prozessen mussten sich 23 leitende Angestellte der I.G. Farben verantworten, das Gericht verurteilte 13 von ihnen zu Gefängnisstrafen.[40]

Der Krieg endete, die Kunststoffindustrie aber blieb. Der Hunger nach den neuen, billigen Materialien war geweckt. Die Chemieindustrie in Europa und in Übersee suchte nach neuen Anwendungsgebieten. Die Nachfolgeunternehmen der I.G. Farben brauchten dringend neue Geschäfte – die Alliierten hatten ihnen die Herstellung von künstlichem Kautschuk und anderen militärisch relevanten Produkten verboten.[41]

BASF setzte auf Styropor: 1952 stellte der Chemiekonzern das schaumige Material auf der Düsseldorfer Kunststoffmesse vor, auch wenn sich damals noch nicht ganz abzeichnete, was eigentlich daraus hergestellt werden sollte. Einer der ersten Kunden entschied sich für Weihnachtsbaumschmuck. Später versuchte BASF, gefestigtes Styropor als Deckel etwa für Kakaodosen zu verkaufen. Der Konzern organisierte sogar Wanderausstellungen, um das Material anzupreisen.[42]

Mit Plastik zum Mond

Nach und nach erkannten Unternehmen und Kunden die Möglichkeiten der neuen Materialien. Und plötzlich gab es kein Halten mehr, Plastik drang in beinahe jeden Wirtschafts- und Forschungsbereich vor. Plastik revolutionierte die Medizin. Es ermöglichte beispielsweise den Transport und die Konservierung gespendeten Bluts. Zwar wurde die weltweit erste Blutbank bereits 1919 in New York eröffnet, in diesen Anfängen nahm das medizinische Personal das Blut noch mit Gummischläuchen ab und füllte es in Glasflaschen.

Das Glas allerdings war teuer und schwer zu transportieren. Die Glasflaschen voller Blut zerbrachen häufig, bevor sie bei den Patienten ankamen. Auch für die Spender waren die ersten Blutspenden gefährlich. Keime oder sogar Luftbläschen konnten in ihren Blutkreislauf gelangen. Der amerikanische Chirurg Carl W. Walter, Professor an der medizinischen Fakultät der Universität Harvard, entwarf als Erster einen Blutbeutel aus Plastik. Bereits im Korea-Krieg testete die US-Armee die Plastikbeutel ausgiebig und war schnell überzeugt. Die neuen Blutbeutel hatten nicht nur den Vorteil, dass sie stabiler und widerstandsfähiger als die Glasflaschen waren, sie ließen sich auch ausdrücken, die Mediziner konnten das Blut so schneller in die verletzten Soldaten pumpen.

Kunststoff verbesserte auch die hygienischen Bedingungen in Feldlazaretten und Krankenhäusern. Vor den Einweghandschuhen und Plastikbettpfannen, bevor auch im Operationssaal Abdeckungen aus Kunststofftextilien oder Einwegscheren zum Einsatz kamen, mussten Krankenhäuser ihr Material quasi unter Laborbedingungen sterilisieren. Wo das nicht gelang (oder wegen des Aufwands und der Kosten nicht geschah), konnten Keime in die Körper der Patienten eindringen und Infektionen auslösen.[43]

Die Wissenschaft ist heute in der Lage, aus Plastik ein ganzes Ersatzteillager für den menschlichen Körper zu erschaffen. Prothesen sind heute aus Kunststoff und lassen sich mithilfe von 3D-Druckern für jeden Körper maßschneidern. Selbst ein ganzes Herz aus Plastik haben Mediziner bereits transplantiert. Und vielleicht spricht man im Englischen nicht ohne Grund von »Plastic Surgery« für Eingriffe, die die Schönheit der Patienten verbessern sollen.

Plastik hat die Menschheit auf den Mond gebracht. Ohne extrem leichte, widerstandsfähige Materialien, denen sowohl UV-Licht als auch kleine Meteoriten nichts anhaben können, wäre die Mondmission wohl nie möglich gewesen. Eine eigene Forschungsabteilung der National Aeronautics and Space Administration, besser bekannt als NASA entwickelte die Kunststoffe und andere Materialien zu diesem Zweck. Die Wissenschaftler dort schufen zum Beispiel einen Kunststoffschaum, der für das Innere der Helme von Mondastronauten genutzt wurde. Der Kunststoff für die Helmvisiere – durchsichtig und auch bei hohen Temperaturen widerstandsfähig – wurde erst vier Jahre vor der Mondlandung entwickelt. Die Raumanzüge der Astronauten bestanden aus 21 Schichten, etwa aus Glasfasern, Isoliermaterialien und Kunststoffen wie Teflon, Nylon und Neopren. In 20 dieser Schichten seien Patente und Innovationen von DuPont zum Einsatz gekommen, berichtete das Unternehmen später.[44]

Auch die Mondkapsel wurde mit Schichten aus aluminiertem Polyamid-Folien umwickelt. Das Material stammte ebenfalls von DuPont und gab der Mondkapsel ihren Goldfolien-Look. Das reflektierende Material konnte so einen Teil der Sonnenhitze ablenken. Selbst die Flagge, die Neil Armstrong und Edwin »Buzz« Aldrin damals auf dem Mond aufstellten, bestand aus dem Kunststoff Nylon. Ein NASA-Mitarbeiter hatte sie wahrscheinlich aus einem Regierungskatalog geordert – für nur 5,50 US-Dollar.[45]

Potenziell toxisch

Plastik war günstig, es war vielfältig, es brachte Fortschritt. Dass die neuen Materialien auch Risiken und Nebenwirkungen haben könnten, das hinterfragten vor allem in den ersten Jahrzehnten des Konsumwunders weder die Hersteller noch ihre Kunden. Dass die Chemikalien vielleicht gesundheitsschädlich sein könnten, dass sowohl Produktion als auch Produkte gefährlich sein könnten für Umwelt und Menschen, wurde lange ignoriert.

Das zeigt das Beispiel PVC: Das Plastik, bereits 1913 von dem deutschen Chemiker Fritz Klatte patentiert, wurde schnell einer der meisteingesetzten Kunststoffe der Welt. PVC findet sich heute in Gummistiefeln, in Fußböden und es wird auch für Verpackungen verwendet. Für die Herstellung von PVC braucht man Vinylchlorid, ein extrem entzündliches Gas. Die Chemikalie galt als möglicherweise leicht betäubend, ja, sie reizte auch die Augen. Aber größere Gefahren gingen von Vinylchlorid nicht aus, betonte die Industrie.

Anfang der 1970er-Jahre vermehrten sich plötzlich Berichte über schwerkranke Fabrikarbeiter in den USA und in Europa. Im deutschen Troisdorf bei Bonn beobachtete ein Hausarzt, dass Männer mit merkwürdigen Fingerkuppen bei ihm in der Praxis auftauchten. Ihre Knochen waren untypisch kurz, ihre Fingernägel wirkten übergroß und wölbten sich über den Fingerkuppen. Alle Männer arbeiteten in der PVC-Herstellung desselben Unternehmens: Dynamit Nobel. Später wurde öffentlich, dass viele Beschäftigte des Betriebs auch unter Leberschäden litten.

Der Hausarzt informierte den Werksarzt über seine Beobachtung, er riet auch zu weiteren Tests. Doch das winkte der Betrieb ab. »Mir wurde gesagt, PVC ist ungefährlich«, schilderte der Hausarzt die Reaktion. Er schickte seine Patienten weiter zur Uniklinik, wo ein Team von Ärzten die Beschäftigten der Dynamit Nobel systematisch untersuchte und begann, ihre Erkenntnisse über die sogenannte *VC-Krankheit* an die Öffentlichkeit zu tragen. [46]

Beinahe zeitgleich starben in den USA vier Männer an einem seltenen Leberkrebs, alle arbeiteten ebenfalls in einer PVC-Fabrik. Die Historiker Gerald Markowitz und David Rosner arbeiteten diese Fälle in ihrem Buch *Deceit and Denial* auf, wühlten sich dafür durch Unternehmensarchive und fanden mehr, als sie sich selbst hätten vorstellen können: Rosner und Markowitz wiesen nach, dass Entscheider in den betroffenen Fabriken bereits vor 1960 Kenntnis davon erlangten, dass ihre Mitarbeiter immer wieder dieselben Symptome zeigten. Sie regten daraufhin Tierversuche und weitere Studien an, die den Verdacht erhärteten, dass Vinylchlorid möglicherweise leberschädigend und auch krebserregend sein könnte. Gegenüber Regierungsvertretern verheimlichten und bestritten Industrievertreter diese Studienergebnisse.[47]

Die Skandale hatten ihre Konsequenzen. In Deutschland ist die VC-Krankheit heute als Berufskrankheit anerkannt. Inzwischen gelten strenge Grenzwerte für die Menge an Vinylchlorid, denen Menschen ausgesetzt werden dürfen. Wer mit Vinylchlorid arbeitet, muss einen Atemschutz und auch einen Körperschutz tragen. Unternehmen und Industrie haben nachgebessert, natürlich. Heute wird Plastik unter strengen Umweltstandards produziert, wie jeder Verband beteuert.

Doch PVC gilt immer noch als bedenklich. Wenn es bei zu niedrigen Temperaturen verbrannt wird, können dabei Dioxine entstehen. Diese Stoffe sind hochgiftig, können das Nervensystem schädigen, die Fortpflanzung beeinträchtigen oder sogar krebserregend wirken. Dioxine können sich außerdem in Nahrungsmitteln und tierischen Fetten ansetzen, tauchen deshalb immer wieder etwa in Eiern auf. Das ist besonders in ärmeren Ländern ohne Entsorgungsstruktur eine Gefahr, wo die Menschen Plastikmüll – und damit auch PVC – in ihren Gärten verbrennen.[48] Umweltschützer von Greenpeace haben PVC deshalb bereits als »The Poisonous Plastic« bezeichnet – »der giftige Kunststoff«.[49]

Als besorgniserregend gelten heute auch viele sogenannte Additive. Diese Zusatzstoffe werden eingesetzt, um Plastik weicher zu machen, weniger entzündlich oder unempfindlicher gegen UV-Licht. Das Problem: In der Regel wissen Verbraucher nicht, welche Additive in den Produkten stecken, die sie verwenden – oder ob von diesen eine Gefahr ausgeht. Ein Forschungsteam der ETH Zürich identifizierte in einer Studie aus dem Jahr 2021 über 10 000 verschiedene Chemikalien, die in Plastik vorkommen. 2400 davon stuften sie als potenziell besorgniserregend ein. Schon aufgrund der unglaublich großen Zahl der Zusatzstoffe kommen Wissenschaft und Gesetzgeber kaum hinterher, all ihre Auswirkungen zu erfassen und zu regulieren. Immer wieder tauchen auch heute noch neue Studien auf, die besorgniserregende Zusammenhänge zwischen Zusatzstoffen und Krankheiten aufzeigen.

Eins der bekanntesten Beispiele für gefährliche Zusatzstoffe ist Bisphenol A, kurz BPA. Der Weichmacher wurde zum Beispiel für Babyflaschen eingesetzt – bis Studien zeigten, dass BPA die Hirnentwicklung von Föten beeinflussen und auch die menschliche Fruchtbarkeit behindern kann. In der EU gilt BPA heute als »besonders besorgniserregender Stoff«, der nach und nach vom Markt verschwinden soll.[50] Der Industrieverband Plastics Europe ging gegen diese Einstufung vor Gericht vor – und verlor.[51] In Asien finden Umweltorganisationen den Weichmacher jedoch heute noch in Babyflaschen.[52]

Oftmals sind es ganze Chemikaliengruppen, die Verdacht erwecken. Das beste Beispiel sind die sogenannten *Forever Chemicals*, die »Ewigkeitschemikalien«. So wird die Gruppe der *per- und polyfluorierten Chemikalien (PFAS)* genannt, weil sie sich biologisch und chemisch kaum zersetzen oder abbauen lassen. Sie sind in der Natur quasi kaum zu zerstören. Diese Gruppe schließt über 4700 chemische Verbindungen ein, die einander sehr ähnlich sind – und teilweise höchst gefährlich. Sie kommen bis heute massenhaft zum Einsatz. Denn die Ewigkeitschemikalien haben begehrenswerte Eigenschaften. Sie weisen Wasser, Fett und Schmutz ab und werden deshalb gerne genutzt, um Oberflächen zu veredeln, etwa von To-go-Pappbechern oder auch Skiern. Wegen des Antihaft-Effekts enthalten auch wasserdichte Kleidungsstücke wie zum Beispiel Regenmäntel häufig PFAS.

Das hat bis heute unbekannte Auswirkungen. Eine Großrecherche des *Forever Pollution Projects* von 15 Medienhäusern fand allein in Europa 17 000 Orte, die durch PFAS belastet sind.[53] In 2000 Fällen ist die Konzentration mit Ewigkeitschemikalien womöglich so hoch, dass die Gesundheit der Menschen in der Umgebung gefährdet ist. In Deutschland durften Menschen im bayrischen Landkreis Altötting wegen erhöhter Konzentration an PFAS zeitweise kein Blut mehr spenden – im örtlichen Gewerbegebiet stand eine Fabrik für die »unsterblichen« Chemikalien.[54]

Vor allem *Perfluoroctansäure (PFOA)* hat weltweit eine große Bedeutung für die Industrie. DuPont nutzte sie etwa für die Herstellung von Teflon, intern war die Chemikalie bekannt als »C8«.[55] PFOA gilt heute als gesundheitsschädlich. Es ist giftig für Tiere, kann die Entwicklung menschlicher Föten beeinträchtigen und Leberschäden hervorrufen. Die Hersteller DuPont und der Lieferant 3M mussten sich in der Vergangenheit immer wieder vor Gericht verantworten, weil die Chemikalien in die Natur gelangt waren, und Natur und Menschen schädigten. Meist einigten sich die Hersteller mit den Klägern. Die Summen, die DuPont und 3M in diesen Rechtsfällen zahlen mussten, gehen in die Milliarden.[56, 57, 58] Die Staatsanwaltschaft des US-Bundesstaats Kalifornien hat die Hersteller mittlerweile angeklagt, weil sie mit ihren Chemikalien die Gesundheit der Menschen und der Natur wissentlich geschädigt haben sollen.[59]

PFOA steht seit 2019 auf der Liste der Chemikalien, die nach der *Stockholmer Konvention* als gefährlich angesehen werden und deren Herstellung weltweit gestoppt werden sollte. Doch teilweise ersetzen Industrie und Hersteller die verbotenen Substanzen nur durch ähnliche Chemikalien, die noch nicht so gut erforscht sind wie die nun verbotenen. Die Behörden kommen kaum hinterher, um all die Gesundheitsauswirkungen zu untersuchen, die die neuen Substanzen auf dem Markt haben könnten.[60]

Zugunsten eines modernen Lebensstils hat die Welt der Kunststoffe viele Materialien aus der Natur ersetzt. Wohlstand und Fortschritt der Gesellschaft hängen genauso wie die Gewinne von Ölindustrie und Chemiekonzernen von Plastik ab. Doch Kunststoffe und ihre Komponenten richten auch Schaden an. Nicht nur beim Verbrauch, sondern schon bei der Herstellung. Umweltstandards hin oder her, die Produktion von Kunststoffen fordert einen Tribut von Mensch und Natur. Sie verursacht hohe Kosten für Menschen wie Kawon Bunmi in Thailand.

Boiled Egg Communities – die Nachbarn der Plastikküchen

Irgendwann, nach fast einer Stunde im Auto, hat Kawon Bunmi das Industriegebiet in Rayong umrundet und parkt seinen Pick-up in seiner Einfahrt. Das Wachpersonal der Kunststoffküche war zuvor schon abgebogen. Sie haben offenbar nach halber Strecke erkannt, dass Bunmi nur eine Runde dreht. Man kennt seine Routen.

Kawon Bunmi hat sich in sein Gartenhäuschen gesetzt, eine kleine Bretterbude mit Dachziegeln, er trägt einen Bürstenhaarschnitt und hat die Hände auf seinem Bauch gefaltet. Er ist der Sprecher einiger Familien hier, ein loser Verbund von betroffenen Bürgern. Er erzählt: »Kaum jemand will mehr Mangos aus Rayong.« Die Gegend gelte als verseucht, ständig fackeln die Raffinerien und Chemiefabriken auf dem Gelände überschüssige Gase über die Schornsteine ihrer Cracker ab. Dann rieseln Ruß und Feinstaub auf die Nachbarschaft nieder, sagt Bunmi.

Er läuft durch seinen Garten, zeigt die Blätter seiner Bäume, in denen sich kleine, braune Löcher gebildet haben. Zeigt das Wellblechdach seines Schuppens, auf dem sich kleine schwarze Löcher aneinanderreihen. Was auf den ersten Blick wie Blattläuse und verwittertes Metall aussieht, ist laut Bunmi die Folge des Lebens am Zaun der Chemiefabrik: saurer Regen.[61]

Wenn Feinstaubpartikel wie Schwefeldioxid und Stickoxide beim *Flaring* aus den Schornsteinen der Raffinerien in die Luft geblasen werden, reagieren sie in den Wolken mit Wasser und Sauerstoff. Es können saure Chemikalien entstehen, die auf Dächer und Böden abregnen, dort Metalle verätzen und schädlich für Pflanzen sind. Die Abgase der Steam Cracker der Plastikküchen enthalten außerdem flüchtige organische Verbindungen, auf Englisch *Volatile Organic Compounds (VOC)*. Dahinter können sich giftige Abbauprodukte der Plastikproduktion verbergen.[62] Wer es sich leisten könne, habe über die Jahre seine Fenster versiegelt, Luftfilter angeschafft oder lüfte nur noch durch die Klimaanlage, erzählt Kawon Bunmi. »Unsere Lebenshaltungskosten sind dadurch gestiegen. Viele Familien sind weggezogen.«

Nur 20 Minuten von Kawon Bunmi, der in der thailändischen Provinz Rayong von saurem Regen und Störfällen im benachbarten Industriekomplex geplagt wird, lebt Chi Sukkasem, ein 2 Meter langer Hüne mit lichtem Haar, der stets seine Atemmaske trägt. Auch seinen Namen haben wir geändert, weil er befürchtet, dass die Industrie nicht gerne hört, was er zu sagen hat: »Mikropartikel verschmutzen hier die Luft«, sagt er. »Uns ist klar, dass wir davon krank werden.« Sukkasem kennt die Zustände, er hat selbst einst in einer Fabrik für synthetischen Kautschuk im Industriekomplex gearbeitet. Und tatsächlich: Wir sitzen eine Stunde im Garten und es riecht mal nach gerösteten Erdnüssen, plötzlich weht ein Hauch von Malerfarbe durch die Bäume, dann beißt ein Geruch so ähnlich wie im Krankenhaus in der Nase.

Bunmi und Sukkasem haben einen Spitznamen für ihre Dörfer: *The Boiled Egg Communities* nennen sie sich. Wie Eier würden die Dörfer hier von den Dämpfen der Kunststoffküchen um sie herum gekocht, so sehen die Anwohner das. »Viele Familien hier haben mehrere Mitglieder durch Krebs verloren. Auch die Migranten, die zum Arbeiten herkommen, werden häufig krank«, behauptet Sukkasem. Tausende Wanderarbeiter aus Nordthailand, Laos und Myanmar seien laut Sukkasem nach Rayong gekommen, um in den beiden Industriekomplexen zu arbeiten. Wenn man über die breite Straße in das Dorf fährt, kann man sie auf der Straße links und rechts neben den Essensständen hocken und quatschen sehen. Manche haben sich auf einem Plastikstuhl niedergelassen, manche haben ihr Smartphone in der Hand, sie trinken Eiskaffee aus Bechern und schlürfen Curry von ihren Plastiklöffeln. Am Komplex der Plastikküche sind hier und dort Elemente eingerüstet, Bauarbeiter tragen Arbeitsschutz- statt Motorradhelme auf ihren Rollern. Die Einfahrten sind sandig, teilweise mühen sich Lastwagen durch den Schlamm am Wegesrand. Die Arbeiter sind hier, weil die Kunststoffküche noch weiterwachsen soll. »Die Industrie plant hier einen massiven Ausbau«, sagt Chi Sukkasem.

Rund um die Welt werden immer mehr Plastikstühle gebraucht, immer mehr Menschen trinken Eiskaffee aus Plastikbechern und essen von Plastiklöffeln. Die Nachfrage nach Plastik wächst – jeden Tag. Deshalb braucht die Industrie Wanderarbeiter, um die Fabriken auszuweiten oder neue zu bauen, die mehr Plastik produzieren können. Die Arbeiter kommen, weil sie sich selbst mehr Plastik leisten können wollen, selbst teilhaben wollen am Wohlstand. Wie so viele andere auch.

Kunststoff hat eben die Welt erobert, das Leben vereinfacht, gesichert und Gesellschaften modernisiert. Nun tut die Industrie alles dafür, dass diese Geschichte so fortgeschrieben werden kann. Das Plastikzeitalter ist für sie noch nicht zu Ende. Im Gegenteil. Für viele Konzerne hat das Plastikzeitalter gerade erst begonnen.

Niemals satt – noch mehr Plastikfabriken

Von der Straße aus ist von der Baustelle nicht viel zu sehen. Das Gelände ist abgesperrt, ein Zug mit Tankwaggons versperrt den Blick. Ein einsamer Bagger zieht seine Schaufel über den Boden, das Gelände ist kahl. »Das war mal eine kleine bewaldete Fläche hier, aber die haben hier alles abgeholzt«, sagt Thomas Goorden. Auf dem Gelände im Hafen von Antwerpen wird eine der größten Plastikfabriken Europas gebaut. Bis 2026 soll der *Ineos Project One Steam Cracker* fertig sein, eine Chemieanlage der Extraklasse. Der riesige Spaltofen soll Erdgas in Ethylen umwandeln, als Baustein für Polyethylen, das besonders für Verpackungen gebraucht wird. Ein Milliarden-Projekt.[63]

Thomas Goorden will dieses Projekt verhindern. Er hat lockige Haare, die schon länger keinen Friseur mehr gesehen haben, trägt einen langen, schwarzen Mantel und Wanderschuhe, im Auto hat er noch Gummistiefel. Seine Kampfausrüstung. Goorden lebt in Antwerpen, er hat eine Werbeagentur, er ist in der Lokalpolitik aktiv und seit Ineos den Bau des Crackers angekündigt hat, ist er auch Umweltaktivist.

Antwerpen ist nicht nur der zweitgrößte Hafen Europas, sondern auch einer der größten Öl-Cluster der Welt. Um all die Raffinerien und Plastikfabriken am Fluss vor der Stadt zu umrunden, bräuchte man Stunden. Manche Schornsteine sind so hoch, dass Stahlgerüste sie vor Wind schützen. Dampf und Rauch steigt auf und zerschneidet die Landschaft aus Stahl, über einigen Schornsteinen brennt hell leuchtend eine Flamme, die wie eine Fackel kilometerweit zu erkennen ist. Es ist eine Landschaft von silbernen Gebilden aus Silos, Tanks, aus Rohren und Fabrikanlagen, ganz ähnlich wie an der Küste von Thailand.

Anders als in dem asiatischen Königreich hat sich in Antwerpen der Konflikt um die Zukunft der Plastikindustrie bereits zugespitzt. Zwei Fronten stehen sich gegenüber. Die eine Seite repräsentieren Konzerne wie Ineos, die in Plastik ihre Zukunft sehen, in der Hoffnung auf ein neues Geschäftsmodell, das Jobs und Investitionen rettet. Sie sehen Plastik als Werkstoff für die Zukunft und sich selbst als Wegbereiter dorthin. Auf der anderen Seite stehen ein paar Umweltaktivisten wie Thomas Goorden, die die Wette auf Plastik für gefährlich halten. Sie fürchten, dass Antwerpen zum Zentrum eines sinnlosen Wachstums werden könnte – und dass die Öl- und Chemiekonzerne die Umwelt und die Menschen gefährden.

Es geht um Umweltverschmutzung, die niemand ahndet. Es geht um eine Quelle für Mikroplastik, die völlig unterschätzt wird. Es geht um Menschen, die illegal ins Land geschafft wurden und deren Arbeitskraft ausgenutzt wird, um neue Plastikfabriken zu bauen. Vor allem geht es um die Frage, ob diese Fabriken überhaupt gebaut werden sollten.

Thomas Goorden hat genug gesehen, vom Bagger und der kahlen Fläche, auf der die Fabrik stehen soll, die mittlerweile sein Feindbild ist. Er steigt wieder ins Auto, lenkt seinen Wagen ein paar hundert Meter weiter zu einer Abzweigung an einen kleinen Zaun. Auf der anderen Seite des Zauns wächst Gras, Schafsköttel sind auf dem kleinen Damm verteilt. Dahinter weicht die Flut gerade zurück und gibt den Blick auf einen vermüllten Sandstreifen frei. Einige hundert Meter zur rechten Seite liegt ein Containerschiff am Kai, auf der anderen Seite des Flusses ragen die Meiler eines Atomkraftmeilers in den Himmel. »Natura 2000«, ruft Goorden und streckt die Arme in beide Richtungen aus. Unter diesem Namen hat die Europäische Union (EU) Wiesen und Ufer auch im Hafengebiet zu Naturschutzzonen erklärt. Doch mehr als der Name bleibt vom Naturschutz kaum über, sagt Goorden.

Er stiefelt zu dem Streifen, an dem die Brandung Stückchen von Schilf, Äste und anderes Treibgut angespült hat. Mit seinen Gummistiefeln wühlt er den Boden auf, beugt sich hinunter und zeigt auf den Untergrund. Zwischen dem Braun und Schwarz des verwesenden Schilfs und des Sands sind Dutzende kleiner Kügelchen zu sehen, durchsichtig oder milchig weiß, manchmal auch blau oder grün, mal rund, mal zylinderförmig, alle nur wenige Millimeter groß. *Plastic nurdles*, sagt Goorden. Plastikgranulat. Das Hauptprodukt der Plastikindustrie.

Wenn die Petrochemiekonzerne die Polymere in ihren gigantischen Steam Crackern und Anlagen zusammenbauen, dann müssen sie sie in eine Form bringen, die sich auch transportieren und von den Verpackungsherstellern, Reifenproduzenten, Designmöbelunternehmen oder Baukonzernen der Welt verarbeiten lässt. Sie entschieden sich für Granulate, kleine Körner, in der Regel keine 5 Millimeter groß. Weil die Granulate so klein sind, lassen sie sich genauso transportieren wie etwa Getreidekörner, Kies oder Kohle. Sie lassen sich schütten und kippen, werden in Schiffen, Tankern und Lastern befördert.

Vor einer Halle von Ineos, nur einige hundert Meter von der Stelle entfernt, an der der Bagger über den Boden kratzt, stehen ganze Paletten mit den kleinen Granulaten, abgepackt in Plastikschläuchen zu je 25 Kilogramm, die auf den Paletten übereinandergestapelt sind. Ein Windstoß hat eine Palette getroffen, der Stapel mit den Granulatpaketen neigt sich gefährlich zur Seite.

Für die Ölindustrie sind diese Plastikgranulate der größte Hoffnungsträger in einer Welt, in der ihre Gewinne zusammenzubrechen drohen. Die Ölkonzerne stehen unter Druck, sie haben den Klimawandel vorausgeahnt und nichts unternommen.[64] Nun will die ganze Welt sich von fossilen Brenn- und Treibstoffen abwenden. Als Energiequelle ist Öl längst verpönt. Und auch als Treibstoff will niemand mehr fossile Rohstoffe verwenden. Die Autohersteller bauen nun Elektroautos. Airlines und Flugzeughersteller forschen an synthetischem Benzin. Die größten Reedereien der Welt wollen ihre Schiffe mit Methanol betreiben oder mit Erdgas.

Nach und nach bricht den Ölkonzernen damit die Nachfrage weg. Noch ist sich die Industrie nicht sicher, wie schnell es gehen wird, wie ernst die Kundschaft und die Regierungen der Welt den Ausstieg aus den fossilen Treibstoffen verfolgen werden. Aber irgendwann im kommenden Jahrzehnt dürfte die Spitze der Nachfrage erreicht sein, prognostizierte die *Internationale Energie Agentur (IEA)* 2022.[65] »Wir sehen jetzt einen Höhepunkt um 2030 für alle fossilen Brennstoffe«, heißt es öffentlich.[66]

Für die Ölkonzerne wird es damit schneller eng als erwartet. Wenn die Nachfrage einbricht, bricht auch die Auslastung der Raffinerien ein, warnt die Unternehmensberatung McKinsey. In Westeuropa oder Asien könnten schon Mitte der Dekade nur noch 70 Prozent der Raffineriekapazitäten ausgelastet sein. Ein Schreckensszenario für die Ölindustrie. Eine der einflussreichsten Branchen der Welt muss einen anderen Markt ausweiten, um ihre Milliarden teuren Anlagen weiter zu beschäftigen: Plastik. Plastik verspricht Wachstum.[67]

Die Petrochemie ist der einzige Sektor, in dem der Ölverbrauch noch steigt.[68] Zwar will die Welt nicht nur Öl, sondern auch Plastik sparen. Aber die Weltbevölkerung wächst. Schon heute leben acht Milliarden Menschen auf dieser Erde, bis 2058 sollen es 10 Milliarden sein.[69] Und jeder dieser Menschen wird konsumieren. Die allermeisten wünschen sich, Coca-Cola zu trinken, Snickers zu essen oder Adidas-Schuhe zu kaufen. Dieser Konsum könnte das zukünftige Wachstum der Plastikindustrie sichern. Schon vor einigen Jahren prognostizierte die IEA, die Petrochemie- und Plastikindustrie werde so stark wachsen, dass sie bis zum Jahr 2040 so viel Öl verbrauchen könnte wie keine andere Industrie.[70, 71]

Plastik ist damit der Hoffnungsträger für die Ölindustrie. Wenn die Ölkonzerne ihr Rohöl verarbeiten, haben sie die Wahl: Entweder sie produzieren möglichst viel Treibstoff. Oder aber sie setzen auf Petrochemikalien, also die Grundstoffe, die Chemiekonzerne eben zu Düngemitteln, Aromastoffen und vor allem zu Plastik verarbeiten könnten. Alte Raffinerien lassen sich nur begrenzt umrüsten und das ist kostspielig. Effizienter ist es deshalb, neue Fabriken zu bauen, die mehr Polymere aus dem Öl herausholen können.[72]

Deshalb drängen die Ölkonzerne in die Petrochemie, wollen mehr und mehr Plastik produzieren. Rund um die Welt entstehen neue Megafabriken.

Die Schätzungen, wie viel Geld Öl- und Chemiekonzerne für ihre Expansion in die Petrochemie ausgeben, schwanken stark – die Organisation Carbon Tracker schätzte das Investitionsvolumen 2020 auf gewaltige 400 Milliarden US-Dollar.[73] In Russland, im Iran, in Thailand oder Saudi-Arabien sind neue Mega-Projekte geplant.[74] Es ist ein Wettrüsten und ein Wettrennen, indem jeder als Erster seine Plastikfabriken fertigstellen und sich so den Zugang zum Markt sichern will. Auch Ineos mit seinem Project One Steam Cracker.

Wir konnten dazu nicht mit Ineos sprechen. Der Konzern hat auf Interviewanfragen für dieses Buch nicht reagiert und auf schriftliche Fragen nicht geantwortet.[75]

Der Konzern und sein Haupteigentümer Jim Ratcliffe sind umstritten. Ratcliffe war ein britischer Chemieingenieur und Finanzier, bis er 1998 seine erste Petrochemie kaufte, ebenfalls in Antwerpen. Die 84 Millionen britischen Pfund für den Kauf finanzierte er mit Krediten. In nicht einmal 30 Jahren übernahm Ratcliffe eine sanierungsfällige Fabrik nach der anderen, darunter Werke von BP, BASF und Dow. Heute ist Ineos mit über 60 Milliarden US-Dollar Umsatz einer der mächtigsten Kunststoffproduzenten der Welt, die Nummer neun auf der Weltrangliste. Und Jim Ratcliffe gilt als einer der reichsten Männer Großbritanniens – und als einer der streitbarsten.

Der Ineos-Gründer legt sich regelmäßig mit Gewerkschaften an, trat öffentlich für den Brexit ein, zog dann aber in das Steuerparadies Monaco um.[76] Ineos ist heute in der Schweiz registriert, obwohl die Zentrale sich in London befindet. Der Konzern ist auch deshalb groß geworden, weil er konsequent auf Lieferungen von Frackinggas aus den USA setzt. Damit baut Ineos seinen Stand in der Petrochemie weiter aus, auch in Antwerpen soll die neue Fabrik amerikanisches Frackinggas verarbeiten. 4 Milliarden Euro soll das Projekt One Steam Cracker kosten. Dadurch könnte Ineos die gesamte europäische Kapazität für Ethylen um 7,5 Prozent steigern.[77]

Die Mikroplastik-Plage

Thomas Goorden fürchtet: Wenn die neuen Fabriken gebaut werden, dann könnte er noch mehr Plastikgranulate rund um den Hafen finden. Die Granulate sind nichts anderes als Mikroplastik, kleine Plastikpartikel mit bis zu 5 Millimetern im Durchmesser, so lautet die gängige Definition. Ein chinesisches Forschungsteam hat untersucht, wie sich die Granulate in der Schelde verbreiten könnten. Weil die Dichte von Plastik so gering ist, schwimmen die Granulate oben, werden damit mit jeder Flut wieder an die Ufer getragen. Wenn die Granulate aber mit Schmutz behaftet sind, können sie absinken. Das chinesische Forschungsteam stellte fest, dass im Sediment des Flusses noch mehr Granulate stecken. Die Hauptursache aus Sicht der Wissenschaftler: »industrielle Aktivitäten.«[78]

Wie viel Granulate genau im Hafen und den umliegenden Naturschutzgebieten lagern, wie viel täglich bei den Transporten vom Hafen bis zu den Plastik verarbeitenden Betrieben verloren geht, ist unbekannt. »Wir bekommen keine Zahlen dazu«, sagt Goorden. Eine Studie im Auftrag der EU-Kommission schätzt, dass in der EU jedes Jahr bis zu 160 000 Tonnen Plastikgranulate verloren gehen. Satte 70 000 Tonnen davon könnten im Wasser landen. Damit wären die Fabrikgranulate die zweitgrößte Quelle für Mikroplastik im Oberflächenwasser. Noch mehr Mikroplastik verursachen nur noch Reifen, die sich auf den Straßen abreiben und so mikroskopisch kleine Plastikpartikel hinterlassen.[79]

Thomas Goorden findet die Plastikkügelchen nicht nur im Wasser und am Ufer, er findet sie auch in Wiesen und am Straßenrand. Zusammen mit anderen Umweltschutzorganisationen und Freiwilligen hat er Sammelaktionen gestartet, sogenannte »Nurdle Hunts«, um auf das Problem aufmerksam zu machen. Doch weil die Granulate so klein und schwer zu fassen sind, ist es auch schwierig, sie aufzusammeln. Bei einer Sammelaktion konnten die Freiwilligen an einem Tag 22 000 Pellets auflesen, berichtet Goorden.[80] Eine verschwindend geringe Menge im Vergleich zu dem, was der Fluss jeden Tag anspült.

Schon bei einem einzigen Unfall können Milliarden von Granulaten in die Umwelt gelangen. Im Mai 2021 geriet ein Containerschiff vor der Küste von Sri Lanka in Brand und sank. An Bord: jede Menge Plastik. Schätzungsweise 50 bis 75 Milliarden Plastikkörner wurden an den Stränden angespült,[81] die Vereinten Nationen sprachen von der »größten bisher bekannten Plastikpest«.[82]

In Sri Lanka sieben nun Frauen den Sand, um die Pellets loszuwerden. Doch das Plastik treibt auch im Meer, könnte dort von Fischen für Futter gehalten werden. Es gibt Fotos, die einen toten Fisch zeigen, das Meer noch voller Plastikkörner. Die Granulate gelten als Schwamm für toxische Chemikalien im Wasser. Weil diese toxischen Stoffe hydrophob sind, also von Wasser abgestoßen werden, wirken die Plastikgranulate auf sie wie ein Magnet, ein Hort für Giftstoffe, den Fische verschlucken und der Strände verseuchen kann.[83] Eine Studie des Alfred-Wegener-Instituts mit dem Umweltverband World Wildlife Fund for Nature (WWF) warnt vor einer exponentiell zunehmenden Plastikverschmutzung durch Mikroplastik: In den nächsten 30 Jahren könnte die Menge von Mikroplastik in Gewässern sich mehr als verdoppeln, so die Forschenden. Auf knapp 90 Prozent der untersuchten Meereslebewesen hat das schon heute negative Auswirkungen.[84] Was dieses Mikroplastik auslösen kann, wenn Menschen es verzehren oder es in ihren Blutkreislauf gelangt, ist noch immer nicht vollständig erforscht.[85]

Goorden machen die Granulatmengen am Ufer der Schelde deshalb Sorgen, sie machen ihn auch wütend. »Offensichtlich ist das ein Umweltdesaster«, sagt Goorden. »Das ist wie eine Ölpest.« Goorden wendet sich immer wieder an Behörden, um neue Funde und größere Unfälle zu melden. Daraufhin passiere so gut wie nie etwas, sagt er. Und wenn doch, dann sei das nur Show.

Die Industrie will das Problem mit Selbstverpflichtungen aufhalten. Der Verband Plastics Europe rief 2015 ein Aktionsprogramm gegen den Verlust von Granulat ins Leben, dem sich seine Mitglieder freiwillig anschließen konnten. In Antwerpen hat Plastikproduzent Ineos an seiner Halle nahe der Straße mittlerweile ein großes Transparent aufgehängt: »Pelletloss Prevention« steht darauf. Das Transparent zeigt mit vier Grafiken, wie Lastwagenfahrer verhindern sollen, dass Granulate verloren gehen. »Clean your Truck«, empfiehlt Ineos etwa. Die Lastwagenfahrer sollen außerdem aufpassen, dass Transportbänder nicht in die großen Säcke schneiden, in denen sie die Granulate transportieren. Sie sollen melden, wenn es Lecks gibt und Granulate verloren gehen.

Die Plastikindustrie in Antwerpen ist vorsichtig geworden, und dass nicht nur wegen der Umweltbedenken. Die Branche plagt ein noch größerer Skandal: der vielleicht größte Fall von Menschenhandel in Europa.

Der mutmaßliche Tatort liegt nur einige Kilometer Luftlinie entfernt auf einer Baustelle auf der anderen Seite der Schelde. Der Plastikproduzent Borealis, ein Teil des österreichischen Staatskonzerns OMV, baut hier für 1 Milliarde Euro eine Anlage, um Propylen in den Kunststoff Polypropylen umzuwandeln. Doch im Sommer 2022 wurde öffentlich, dass auf der Baustelle über 170 ausländische Arbeiter unter unmenschlichen Bedingungen tätig waren.[86]

Borealis hatte den Auftrag an eine Konstruktionsfirma gegeben, die wiederum weitere Subunternehmen beschäftigte, auch um Arbeiter für das Projekt zu finden, die Rohre installieren oder schweißen sollten. Die Arbeiter hatten keine Arbeitserlaubnisse, teilweise auch keine Papiere, sie schufteten weit über jede erlaubte Arbeitszeit hinaus, sahen kaum Geld, lebten mit anderen Opfern in überfüllten Wohnungen.[87] Eine Gruppe von Arbeitern aus Bangladesch zahlte Tausende von Euros an angebliche Vermittlungsagenturen, die sie über Ungarn und Polen nach Belgien brachten.[88] Als die belgischen Behörden auf der Baustelle Kontrollen durchführten und Arbeiter interviewten, fielen die unmenschlichen Arbeitsumstände auf. Die belgischen Behörden gewährten daraufhin mehr als 130 Arbeitern aus der Türkei, den Philippinen und Bangladesch den Status als Opfer von Menschenhandel.

»Der Fall ist der wohl größte Fall Belgiens, wenn nicht sogar in ganz Europa«, sagt Anton van Dyck, Manager bei Payoke. Die Organisation betreut die Opfer von Menschenhandel auch im Auftrag der Regierung und bringt sie unter. Doch die Ermittlungen auf den Plastik-Baustellen überforderte auch Payoke, sagt van Dyck. Für einen Fall solcher Dimensionen sei nicht genügend Geld vorhanden gewesen, nicht genügend Wohnungen, »das hat uns an den Rand der Insolvenz gebracht«.

Borealis erklärt: Das Unternehmen habe von den Zuständen auf seiner Baustelle nichts gewusst, auch nicht davon, dass die Schweißer und Rohrleger teils illegal im Land waren. Erst als die Behörden Mitte Juli 2022 auf der Baustelle eingriffen, sei Borealis »die Möglichkeit eines großangelegten Sozialbetrugs« klar geworden. Bei einer internen Überprüfung stellte der Konzern allerdings fest, dass ein Angestellter von Borealis bereits im Mai 2022 besorgniserregende Vorkommnisse mit den Subunternehmen an belgische Behörden gemeldet hatte. »Borealis toleriert keinerlei Fehlverhalten und ergreift strenge Maßnahmen, um die damit verbundenen Risiken zu mindern. Die Gruppe bedauert zutiefst die Opfer, die Misshandlungen und Missachtung ihrer grundlegenden Menschenrechte erlitten haben«, erklärte der Konzern. Borealis habe den Opfern finanzielle Hilfe angeboten und kooperiere vollumfänglich mit dem Staat. Die Firma hat ein internes Krisenteam gegründet, das Subunternehmen und Auftragnehmer überprüfen soll und weist auch auf eine anonyme Hotline für Hinweise hin.

Bloß waren die Vorkommnisse auf der Baustelle von Borealis kein Einzelfall. Nur wenige Wochen nachdem der Fall bekannt wurde, stieß das Ermittlungsteam auch auf einer Baustelle von BASF in Antwerpen auf Arbeiter mit gefälschten Sozialversicherungsdokumenten. Teilweise handelte es sich sogar um die gleichen Arbeiter, die von einer auf die andere Baustelle weitergeschleust wurden.[89]

BASF will nichts davon gewusst haben, dass auf der Baustelle möglicherweise illegale Arbeiter tätig waren. Der Subunternehmer habe die Papiere »absichtlich gefälscht«. »Wir kooperieren in vollem Umfang mit den Ermittlern«, teilt der Konzern mit, dem verantwortlichen Subunternehmer habe BASF »sofort und andauernd den Zugang zu ihrem Standort verweigert«.

Konfrontation vor Gericht

Die Arbeit auf der Baustelle von Borealis geht mittlerweile weiter, für den Bau sind nun andere Subunternehmer zuständig.[90] Auch Ineos Project One nimmt weiter Form an. Doch die Plastik-Gegner haben noch nicht aufgegeben. 13 Umweltorganisationen, darunter ClientEarth, Greenpeace Belgien, der World Wildlife Fund Belgien und Zero Waste Europe haben sich zusammengeschlossen, um zumindest den Bau von Project One aufzuhalten. Die Organisationen klagen, weil Ineos und die örtlichen Behörden nicht genügend untersucht haben sollen, wie der riesige Ethan-Cracker sich auf das Klima, die Natur und die Luftqualität in der Region auswirken könnte. Wenn sie Erfolg haben, dann könnte das Gericht Project One die Bauerlaubnis entziehen.[91]

Wie die Gewinnchancen stehen? Schwer zu sagen, sagt Anwältin Tatiana Luján, die ClientEarth in dem Fall vertritt. »Du kannst niemals sicher sein, wie ein Richter in irgendeinem Fall entscheiden wird. Aber ich hoffe, dass wir erfolgreich sein werden.«

Auch zu dem Gerichtsverfahren hat Ineos für dieses Buch keine Fragen beantwortet. Aber der Konzern wehrt sich öffentlich. Der neue Ethylen-Cracker soll weniger CO_2 verbrauchen als alle anderen, »weniger als die Hälfte der besten zehn Technologien, die heute in Europa existieren«, wird Ineos-Vorstand Hans Casier zitiert. »Deshalb finde ich es so unverständlich, dass es so viel Protest von Umweltorganisationen gibt.«[92]

»Diese Fabrik schreibt die Produktion von Ethylen für die nächsten 40 Jahre fest«, sagt Anwältin Tatiana Luján. »Die Ölindustrie muss raus aus den fossilen Treibstoffen, also setzt sie auf Plastik. Das ist der nächste Schritt der Klimakrise.« Die Wette sei gefährlich, argumentieren die Umweltschützer. Auch finanziell, zumindest wenn Regierungen das Ziel ernst nehmen, die CO_2-Emissionen auf null zu senken. Sollten Regierungen dieses Ziel streng verfolgen, könnten bereits 2036 die Hälfte der Investitionen in fossile Brennstoffe wertlos sein, schätzen Wissenschaftler der Universität Cambridge.[93]

»Wenn wir weniger Plastik verbrauchen wollen, dann können wir nicht immer neue Petrochemie-Anlagen bauen«, fordert Luján. Die Industrie scheint dieses Szenario für wenig wahrscheinlich zu halten. Und selbst wenn nun doch weiter Plastik gespart werden soll, wer kann da etwas gegen einen neuen Cracker haben, der umweltfreundlicher ist als alle anderen? Die Abhängigkeit von Plastik ist groß, viele Wirtschaftszweige brauchen Plastik und Ethylen ist ein Baustein für »vielzählige High-Quality-Produkte im Automobil-, Bau-, Energie- und im medizinischen Sektor«, schreibt Ineos auf seiner Homepage zum Projekt. Nur ein Viertel des Ethylens solle in Verpackungen enden, erklärt der Konzern.[94] Das wäre tatsächlich wenig – schließlich sind Verpackungen in Europa der Haupteinsatzbereich von Polyethylen.[95] Doch das erwähnt Ineos nicht.

Die vielfältigen Möglichkeiten, die Kunststoffe bieten, haben nicht nur Vorteile, sie bergen auch Risiken. Weil die Eigenschaften des Plastiks kaum alle untersucht werden, weiß niemand, welche Auswirkungen die verschiedenen Kunststoffe haben können. Das ist das Dilemma, das Plastik als Werkstoff mit sich bringt. Es bringt nicht nur Fortschritt und modernen Konsum mit sich, sondern auch Schaden an Mensch und Natur. Diesen Schaden einzugrenzen, ist eine Herausforderung. Ganze Wirtschaftszweige sind von Plastik abhängig. Und für niemanden ist diese Abhängigkeit so groß wie für die Unternehmen, die Plastikbausteine und Granulate produzieren. Sie setzen darauf, dass der Plastikkonsum weiter steigt. Es ist eine Wette mit einem Einsatz in Milliardenhöhe: Schaffen wir es, uns von unserer Plastiksucht loszusagen, oder nicht?

Granulate auf Abwegen: Bei der Recherche in Antwerpen fanden wir Plastikgranulate selbst am Ufer von Naturschutzzonen.

Europas Plastikküche: Im Hafen von Antwerpen sammeln sich Ölraffinerien und Kunststofffabriken. Weitere sind im Bau.

Eine Flut von Mikroplastik: Nachdem vor Sri Lanka im Jahr 2021 ein Containerschiff mit Granulaten versank, waren die Strände mit Plastikteilen bedeckt.

DER TREIBSTOFF
DES KONSUMS

Dieses Kapitel erklärt:
- wie Plastik unsere Gesellschaft und unseren Konsum geprägt hat,
- wieso die Verpackung das wichtigste Produkt für die Plastikindustrie ist,
- wie Konsumgüterkonzerne bei der Abkehr von Plastik in der Vergangenheit versagt haben.

Wenn Sonja Meise durch den Supermarkt läuft, scannen ihre Augen die Produkte im Regal ab. Sie sucht nach ungewöhnlichen oder unbekannten Verpackungen. Heute bleibt Meise vor einer Packung Schokolinsen stehen, macht ein Foto von dem glänzenden roten Beutel – »limited edition – crunchy caramel«. Vor einem Aufsteller der Marke After Eight macht sie das nächste Foto, es gibt neue Schokoladenplätzchen mit Orangengeschmack, verpackt in einer feinen, durchsichtigen Folie.

Sonja Meise betreibt *foodnewsgermany*, einen Instagram-Kanal über Produktneuheiten im Supermarktregal. Fast 190 000 Menschen folgen ihr, weil sie bunte Bilder von Plastikverpackungen postet: mal eine Streichwurst in Micky-Maus-Form, eine Pizza mit einem Rapper auf dem Deckel, einen Ananas-Smoothie, der fast so aussieht wie die Verpackung einer sehr bekannten Kopfschmerztablette. Laut ihrer eigenen Instagram-Statistik sind die »Foodies« – so nennt Meise ihre Follower – zu 82 Prozent weiblich und überwiegend 25 bis 34 Jahre alt. Aber auch Inhaber von Supermärkten oder Marketingteams schauen ihr zu, sagt sie. Sonja Meise bekommt von den Herstellern Geld dafür, dass sie die Produkte bewirbt. Das gilt nicht für jeden Beitrag, den Meise postet. Aber sie hat Kooperationen, bei denen sie die Instagram-Stories im Auftrag der Markenkonzerne für die Zielgruppe anpasst.

»Die Lebensmittelindustrie hat eine Bringschuld«, sagt Meise, »sie muss dem Verbraucher ihr Produkt auf dem Silbertablett präsentieren, damit er es kauft. Verpackungen sind der zentrale Hebel dafür.« Wie die Verpackung aussieht, wie sie sich anfühlt, das definiert auch eine Marke. Große Hersteller wie auch mittelständische Marken feilen deshalb ständig am Design ihrer Verpackung, sagt Meise. Für sie ist die Suche nach diesen Veränderungen wie eine berufliche Schnitzeljagd. Findet sie ein neues Produkt oder nur eine neue Verpackung in den Supermarktregalen, hat sie wieder einen Grund zu posten. »Ein Produkt muss nicht nur schmecken oder funktionieren, sondern es muss auch noch auffallen und gut aussehen«, sagt Meise. »Wenn die Verpackung dann noch recyclingfähig oder klimaneutral ist, dann hast du als Hersteller gewonnen.«

Das Reich des Plastiks ist ein Reich der unendlichen Möglichkeiten. Kaum ein Ort zeigt das so gut wie die Supermarktregale, an denen Sonja Meise beinahe jeden Tag entlangschlendert. Sie zeigen, dass Plastik jede Farbe des Regenbogens annehmen kann: von durchsichtig wie die Schale für das Hähnchenfilet über rot wie der Seifen-Beutel, dunkelgrün wie die Käseverpackung, lila wie die Folie für die Schokolade bis zu pechschwarz wie das After Shave. Sie können weich sein wie die Silikonformen für die Muffins in der Backwarenabteilung, hart wie der Eimer voller Popcorn, sich so glatt anfühlen wie die Tüte Chips oder so griffig wie der Stiel einer Bürste. Ohne die Kunststoffverpackung gäbe es im Supermarkt wohl kaum so eine vielfältige Auswahl. Auch die Spielzeugregale, Regale für Bürobedarf, selbst Regale mit Elektronikartikeln sähen sehr anders aus. Plastik ist der Stoff, der unseren Konsum antreibt, wie kein anderer.

Gleichzeitig zeigen diese Verpackungen und Produkte, wieso Plastik heute so umstritten ist. Natürlich schützen Plastikhüllen Obst und Gemüse, halten Chips knackig, lassen Fleisch weniger schnell verderben. Aber kaum ist das Essen verzehrt, hat auch die Plastikverpackung ihren Sinn erfüllt – und wird

Nichts wichtiger als Verpackungen

Für welche Produkte die Plastik-Polymere verwendet werden
(Anteil an der Plastikproduktion in Prozent)

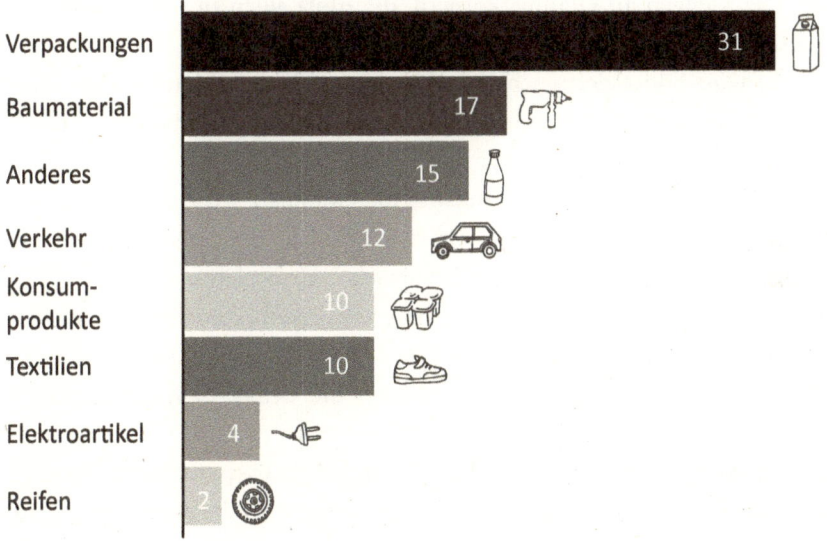

Verpackungen	31
Baumaterial	17
Anderes	15
Verkehr	12
Konsum-produkte	10
Textilien	10
Elektroartikel	4
Reifen	2

Quelle: OECD Global Plastics Outlook Database

zu Müll. Im besten Fall landet der in der Mülltonne. Im schlechtesten Fall im Fluss oder Meer. Diese Erkenntnis gibt es schon lange. Und doch gibt es wenig Fortschritte.

Die Mengen an Plastikverpackungen, die die Menschen rund um den Globus verbrauchen, steigen weiter an. Verpackungen mögen nicht besonders hochpreisig sein, sie sind nicht so gewinnbringend wie etwa Kinderspielzeug oder gar Autoteile. Aber sie sind das wichtigste Produkt für die Kunststoffindustrie. 31 Prozent aller Polymere auf der Welt werden produziert, um Verpackungen zu formen, schätzt die OECD.[1] Zum Beispiel in den Fabriken des österreichischen Verpackungsherstellers Alpla.

Alpla lagert seinen wichtigsten Rohstoff in seinem Werk im österreichischen Fußach in großen, runden Silotürmen, höher noch als die Fabrikhalle der Verpackungsfabrik. Bis zu 90 Tonnen Plastikgranulat fassen die Türme.

Um eine Wasserflasche herzustellen, sind 1005 der Plastikkörner erforderlich, schätzte ein Forschungsteam der Universität von Texas. Für den Flaschendeckel sind es 95 Granulate, ein Joghurtbecher kam demnach auf 357 Granulate.[2] Die Mengen an Granulatkörnern, die Alpla allein in seinen Silos zwischenlagert, gehen wahrscheinlich in die Milliarden.

Neben den Silos lagert noch mehr Plastikgranulat auf Paletten in Big Bags. Die quadratischen Plastiktaschen wirken wie überdimensionale Einkaufstüten. Die Säcke sind mit schwarzer Folie abgedeckt, damit kein Schnee auf die Plastikkörner fallen und kein Windstoß die Granulate wegtragen kann. Wie viele Säcke es sind, ist schwer zu schätzen. Die Lagerfläche hinter der Halle ist ähnlich groß wie ein mittelgroßer Supermarktparkplatz.

Die Granulate kommen aus den größten Plastikfabriken der Welt. Zu den Lieferanten von Alpla gehören etwa Ineos, auch der saudische Konzern Sabic und der Plastikhersteller Indorama, hat die Umweltschutzorganisation Greenpeace recherchiert.[3] Die kleinen Granulate kommen auf Lastwagen auf dem Hof von Alpla an, die Paletten mit Big Bags transportieren. Spezielle Laster mit Tanks für Schüttgut können sich direkt mit den Silos über Schläuche verbinden, um die Granulate abzupumpen und einsaugen zu lassen. Alpla verarbeitet nur in dieser Fabrik mehr als 44 000 Tonnen Kunststoff im Jahr. Weltweit sind es rund 1,8 Millionen Tonnen.[4]

Für die Führung durch das Werk hat Alpla gleich Pressesprecher, Marketingmanager und einen Verpackungsingenieur geschickt. Zu dritt wollen die Alpla-Manager erklären, wie aus Plastik eine Verpackung entsteht. Es gelten strengere Sicherheits- und Hygiene-Vorschriften. Wer die Hallen betreten will, braucht einen Kittel und ein Haarnetz. Kaum öffnen sich die Türen, strömt ein Geruch von warmem Plastik in die Nase. Es ist laut, ein rhythmisches Zischen und Stampfen hallt durch die Fabrik. Der Verpackungsingenieur geht voran, in kurzen, schnellen Schritten durchquert er die Halle.

Aron Böhler ist Experte für das Strecken, Spritzen und Blasen, für all die Technologien, mit denen Alpla den Kunststoff in die passenden Formen für seine Kunden bringt. Vor einer Maschine unter einem Schild mit der Nummer 22 bleibt Böhler stehen. Ein großer Glaskasten umgibt Zylinder und Kolben. Alle paar Sekunden bewegen sich zwei große Stahlplatten im Kolben auseinander, dann fallen Dutzende kleine gelber Röhrchen herab. »Die sind für Klebestifte«, erklärt Böhler. Alpla schickt die Röhrchen zusammen mit Drehvorrichtungen und Deckel zu dem Produzenten, der seinen Kleber einfüllen und sein Etikett auf das Röhrchen drucken kann. Fertig.

Verpackungen:
Vom Überlebenswerkzeug zum Werbemittel

Die Geschichte der Verpackung reicht beinahe so weit zurück, wie die Geschichte der Menschheit selbst. Als die ersten Menschen sesshaft wurden, suchten sie nach Möglichkeiten, ihre Nahrung in ihrer Nähe aufzubewahren und haltbar zu machen. Sie nutzten Erdlöcher und Höhlen als Vorratskammern für Nahrung.

Was eine gute Verpackung ausmacht, konnte die Menschheit lange von der Natur abgucken, berichtet Alpla auf seiner Homepage in Blogeinträgen zur Geschichte der Verpackung. Schließlich haben Nüsse, Eier und selbst Zwiebeln von Natur aus ihren eigenen Schutz. An den Schalen lässt sich ablesen, wie reif eine Frucht ist, manchmal auch, ob sie von Schädlingen befallen ist oder nicht. Menschen lernten daher, natürliche Materialien als Verpackung zu nutzen. Sie packten Essen in Blätter oder Rinde, höhlten Kürbisse zu Gefäßen aus und arbeiteten Tierblasen zu Trinkschläuchen um. Noch im Mittelalter waren lederne Trinkschläuche beliebt. Die Römer nutzten Amphoren aus Ton, um Wein vom Mittelmeer bis in die nördlichsten Gebiete ihres Reichs zu schicken. Die ersten Fässer, aus Holz geschnitzt, entstanden im zweiten Jahrtausend unserer Zeit.[5]

Diese Verpackungslösungen waren nicht nur wiederverwendbar, sie wurden über Jahre und im Fall von Fässern sogar teils Jahrzehnte und Jahrhunderte genutzt. Und sie waren auch aus natürlichen Materialien und somit kompostierbar. So gesehen existierte für Verpackungen bereits eine Kreislaufwirtschaft, noch bevor es Plastik gab.

Allerdings war keine der Lösungen perfekt. Bis ins 19. Jahrhundert gab es wenige Möglichkeiten, auch frische Lebensmittel so aufzubewahren, dass sie nicht verdarben. Wenn eine Dürre oder Flut über eine Region kam und die Ernten ausfielen, standen die Menschen vor einer Katastrophe. Sie hatten keine Möglichkeit, sich viele Vorräte anzulegen. Hungersnöte töteten Millionen Menschen.

Dies missfiel auch Napoleon Bonaparte. Dass Lebensmittel sich nicht lange lagern ließen, war ein Hindernis für den militärischen Expansionsdrang des französischen Kaisers. Wenn seine Armeen über das Land marschierten, zerstörte das ebenfalls Ernten. Die Verpflegung der Soldaten war eine Herausforderung, in den Feldlagern der damaligen Zeit herrschten häufig Hunger und Krankheiten. Eine Methode zu finden, Essen haltbarer zu machen und so die Soldaten besser zu versorgen, wäre ein entscheidender Kriegsvorteil, erkannte Napoleon. »Eine Armee marschiert mit ihrem Magen«, soll er gesagt haben. 1809 schrieben die Beamten des Kaisers und Kriegsherrn daher einen Wettbewerb aus, um neue Methoden zu finden, um Lebensmittel haltbarer zu machen.

In Paris experimentierte damals bereits der Konditor und ausgebildete Meisterkoch Nicolas Appert mit der Aufbewahrung von Lebensmitteln in Glasflaschen. Er erhitzte die Gläser, verschloss sie luftdicht – und entdeckte so das Einmachen. Appert erhielt 1810 das von Napoleon ausgelobte Preisgeld. [6] Im gleichen Jahr reichte ein britischer Händler ein Patent für eine Metalldose zur Nahrungsaufbewahrung ein – das war der Beginn der Geschichte der Konservendose. Bis zur Erfindung des Dosenöffners allerdings dauerte es noch über 60 Jahre.[7] In der Zwischenzeit entstanden die ersten Pappkartons und auch Maschinen für Papiertüten. Die Industrialisierung der Verpackung gewann an Geschwindigkeit.

Die ersten maschinell hergestellten Verpackungen waren keineswegs ausgereift: Das Glas brach schnell, die Papiertüten rissen. Die ersten Konservendosen waren aus schwerem Stahl, hatten außerdem mit Blei verlötete Deckel, die ihre Konsumenten schleichend vergifteten. Selbst Polarexpeditionen, die sich mit den Konserven ausstatteten, kamen wegen dieser Bleivergiftungen zu einem frühen Ende.[8]

Mit der Zeit wurden die Verpackungen sicherer, die Produktion stieg an. Mit der Menge der neuen Aufbewahrungsbehältnisse entstand die Notwendigkeit, die Dosen und ihre Inhalte besser voneinander zu unterscheiden. 1898 etwa entschied sich der Suppenhersteller Campbell dazu, seine Konservendosen mit weiß-rotem Etikett zu verkaufen[9] – und schuf so eine Ikone. Andere Hersteller ließen ihre Gesichter auf ihre Verpackungen drucken, der Cornflakes-Fabrikant Keith Kellog warb mit seiner eigenen Unterschrift. Und bereits 1914 entschied sich Coca-Cola, eine ganz Flasche mit einer ganz eigenen Form herauszubringen, und wurde dafür weltbekannt.[10] Die Markenunternehmen entdeckten damit eine neue Funktion – die Verpackung als Werbemittel. Sie schufen so den Grundstein der heutigen Konsumgüterindustrie.

Der Begriff Konsum leitet sich vom lateinischen *consumere* ab (deutsch: verzehren). In den Wissenschaften gab es lange keine Definition, was genau der Begriff eigentlich umfassen sollte. Die Volkswirtschaftler im 19. Jahrhundert nutzten ihn, um Verbrauch und Wertminderung oder gar Zerstörung zu beschreiben. Erst ein Jahrhundert später erfuhr der Begriff des Konsums eine Wandlung und bezeichnet seither die Art und Weise, wie Menschen mit wirtschaftlichen Mitteln ihre Bedürfnisse befriedigen.[11]

Der französische Soziologe Pierre Bourdieu beschrieb 1979 in seinem Werk *Die feinen Unterschiede*, wie Menschen Konsum einsetzen, um sich abzugrenzen.[12] Sie wählen Kleidung und Accessoires, weil sie sich von anderen unterscheiden wollen. Welche Bücher Menschen lesen oder vorgeben zu lesen, welche Serien sie schauen, selbst was sie essen, ob sie Filterkaffee bevorzugen oder einen Iced Latte Macchiato mit Hafermilch bestellen, kann Identität bilden und präsentieren. Der Konsum ist damit aus der Perspektive der Soziologie auch ein Mittel, um soziale Unterschiede auszudrücken.

Seine Bedeutung verdankt der Konsum in unserer modernen Gesellschaft auch dem Wirtschaftswachstum nach dem zweiten Weltkrieg. Auch in dieser Hinsicht waren die 1950er-Jahre ein besonderes Jahrzehnt. Die Menschen hatten sich vom Krieg langsam erholt, eine neue Weltordnung hatte sich gebildet und auch die Wirtschaft zog wieder an. Energie und vor allem Öl waren günstig. Der Nobelpreisträger Paul Crutzen bezeichnete diese Entwicklung als *The Great Acceleration* – »die große Beschleunigung«. Der Historiker Christian Pfister spricht sogar von einem *1950er-Syndrom*. Er stellte die These auf, dass die niedrigen und weiter sinkenden Ölpreise in einem Missverhältnis zu den Preisen von Arbeitskraft und Kapital standen und dieses Missverhältnis »die wichtigste Ursache für den verschwenderischen Verbrauch von Rohstoffen und Energie und die daraus resultierende Umweltbelastung« gewesen sei. Viele der Umweltprobleme, mit denen wir heute kämpfen, haben demnach im Wirtschaftswachstum nach dem Zweiten Weltkrieg ihren Ursprung.[13] Das gilt auch für Plastik.

Die Anfänge der Wegwerf-Gesellschaft

1955, August-Ausgabe des US-Magazins *Life:* Der Artikel versteckt sich auf Seite 43, illustriert ist er mit einem Bild einer Familie, die Teller, Löffel, Becher, Tabletts in die Luft schmeißt, das Besteck scheint zu fliegen. »Throwaway Living« lautet die Überschrift, der Artikel selbst spricht von einer besseren, einfacheren Zukunft für alle Hausfrauen, durch eine völlig neue Art von Produkten. Wegwerfprodukten. Warum noch putzen und reinigen, wenn man auch einfach wegschmeißen kann?

In der gleichen Ausgabe, auf Seite fünf steht bereits Werbung für diese neue Art von Produkten, den Morton Salzstreuer. »Wenn der Morton Salzstreuer leer ist, wirf ihn einfach weg und öffne einen neuen«, heißt es in der Anzeige.[14, 15]

Nur ein Jahr später erklärte Lloyd Stouffer, Redakteur der Branchenzeitschrift *Modern Packaging*, auf einer Branchenkonferenz: »Die Zukunft des Plastiks liegt im Mülleimer.« Die Industrie solle aufhören, wiederverwendbare Verpackungen zu erfinden und sich lieber auf Wegwerfware konzentrieren. Denn eine solche Verpackung, stellte Stouffer später noch einmal klar, sei »ein alltäglich wiederkehrender Markt in Milliardenhöhe.«

Im Jahr 1963 gratulierte Stouffer der Branche: »Der glückliche Tag ist gekommen, an dem niemand mehr eine Plastikverpackung für zu schade zum Wegwerfen hält.« Nur einen Tipp hatte er noch: Die Verpackungsproduzenten sollten doch aufhören, ihre Produkte als »wiederverwendbar« zu vermarkten.[16]

Vor allem in der Lebensmittelbranche erfreute sich Plastik schnell einer steigenden Beliebtheit. Denn Kunststoffe sind ein faules Material. Die

Verbindungen haben – chemisch betrachtet – keine große Lust, Reaktionen mit anderen Stoffen einzugehen. Metalle rosten, wenn sie mit Sauerstoff reagieren, also oxidieren. Öle werden ranzig. Organische Verbindungen können zerfallen. Aber Plastik? Lässt sich von ein paar Sauerstoffmolekülen nicht beeindrucken. Die meisten Kunststoffe lassen auch keine Gase durch, sie reagieren nicht, wenn sie auf Fette, Eiweiße oder Kohlenhydrate treffen. Bald schon gab es Eierkartons und Eistüten aus Plastik.

Die Plastikverpackung setzte sich durch – mit einer Ausnahme. Die Plastiktüte war zunächst ein gigantischer Misserfolg. In den USA sorgten sie Ende der 1950er-Jahre für eine »nationale Krise«, berichtet Susan Freikel in ihrem Buch *Plastic*. Die Einkaufstüten waren schon einige Jahre auf dem Markt, die Menschen verwerteten sie entgegen Stouffers Ratschlag fleißig wieder und bewahrten sie auf. Doch im Jahr 1959 berichteten die US-Medien über eine verkannte Gefahr der Plastiktüte: Etwa 80 Säuglinge und Kleinkinder waren durch die Tüten erstickt, Erwachsene hatten sie als Mittel zum Selbstmord genutzt. Einige amerikanische Kommunen erließen daraufhin ein Plastiktütenverbot.[17]

Zwei Jahrzehnte später entschied sich Mobil Chemical, Vorgänger des heute weltgrößten Plastikproduzenten ExxonMobil, der Plastiktüte als Einkaufstüte eine neue Chance zu geben. 1977 produzierte der Konzern seine eigenen Tüten, kein Jahrzehnt später boten bereits drei Viertel der Supermärkte in den USA ihren Kunden an, die Einkäufe doch ganz praktisch in Plastiktüten statt in Papier zu verpacken. Nur lehnten das noch viele ab. 1985 gründete ein Industrieverband in den USA deshalb den *Plastic Grocery Sack Council*.[18] Das Ziel: Eine neue Werbestrategie, um die Plastiktüte massentauglich zu machen. Die Organisation bot dazu selbst Trainings für die Supermarkt-Mitarbeiter an, um ihnen beizubringen, wie sie am besten Plastiktüten greifen und befüllen können. Die Einkaufstüte sei »die letzte Hochburg« des Papiers, sagte ein Vertreter von Mobil Chemical der *LA Times*, »dem gehen wir jetzt nach«.[19]

Im Jahr 1973 machte die Plastikindustrie einen weiteren Meilensprung. Der Wissenschaftler Nathaniel Wyeth bei DuPont patentierte die erste PET-Plastikflasche. Tests mit Plastikflaschen hatte es schon vorher gegeben, aber erst die PET-Flasche hinterließ keine chemischen Spuren in den Flüssigkeiten, die sie aufbewahren sollte und hielt auch Kohlensäure im Getränk.

Bis dahin hatte Coca-Cola vor allem Glasflaschen genutzt, viel teurer zu produzieren waren diese auch damals schon nicht. Allerdings bricht Glas, es ist schwerer, also teurer im Transport. Also entschied sich Coca-Cola, die neuen Plastikflaschen einzuführen. 1978 brachte der Konzern eine Zwei-Liter-Flasche aus PET auf den Markt. Es war ein folgenschwerer Geniestreich, der die Welt in den nächsten Dekaden entscheidend verändern sollte und letztlich auch den Markt für Einwegplastik formte. Heute verkauft Coca-Cola mehr als 100 Milliarden PET-Flaschen im Jahr.[20] Das entspricht 3000 neuen Plastikflaschen pro Sekunde.

In dieser Phase des Wirtschaftswachstums entstanden ganze Branchenzweige, deren Erfolg einzig auf dem Prinzip der Wegwerfgesellschaft beruht. Die Fast-Food-Industrie etwa. Vielleicht wären McDonalds, Burger King oder Kentucky Fried Chicken niemals zu weltweit bekannten Konzernen geworden, wenn es kein Einwegplastik gegeben hätte, in denen die uniformierten Beschäftigten den Kunden ihre Burger und Wings anreichen können. Auch McDonalds Happy Meal wäre ohne die kleinen Plastik-Spielzeuge vielleicht nie so ein Verkaufsschlager geworden.

Oder etwa die Fast-Fashion-Industrie. Modeketten wie H&M, Zara oder Primark änderten in Hochzeiten teilweise beinahe wöchentlich ihr Sortiment. Möglich ist das nur dank Plastikfasern. Der Hunger der Modeindustrie wäre nur mit Baumwolle kaum noch zu stillen. Mittlerweile wird Fast Fashion bereits von Ultra Fast Fashion überholt – wie etwa von dem chinesischen Modehändler Shein, der täglich neue Designs auf den Markt wirft.

Und auch das Geschäft von Nestlé, Unilever oder Procter & Gamble wäre ohne Plastik kaum möglich. Sie verkaufen sogenannte »fast moving consumer goods«, schnelllebige Konsumgüter des täglichen Bedarfs vom Schokoriegel bis zum Shampoo, die schnell verbraucht sind, kleine Preise haben, immer wieder neu gekauft werden und nie lange im Regal bleiben – auch bekannt als *Consumer Packaged Goods* – »verpackte Konsumgüter«. Das ist Alplas Geschäft. Die Kundenliste des Konzerns liest sich wie ein *Who is Who* der Konsumgüterbranche. Coca-Cola gehört dazu, Unilever, Beiersdorf und

Henkel. Hier von dem Werk im österreichischen Fußach beliefert Alpla vor allem Schweizer und süddeutsche Unternehmen.

Schnell. Einfach. Billig.

Alpla sammelt die Plastikteile in großen Gitterkörben, bevor sie ins Lager und zu den Kunden gehen. Die gelben Röhrchen für die Klebestifte füllen einen Korb, in einem anderen sammeln sich Flaschenverschlüsse. 3,2 Milliarden Teile stellen die Maschinen zum Spritzgießen, Extrusionsblasen oder Streckblasen hier her. 1,7 Milliarden davon sind allein Verschlüsse, sagt der Verpackungsingenieur Böhler, weitere 1,3 Milliarden sogenannte Pre-Forms.

Pre-Forms? »Ja«, sagt Böhler. Rohlinge für Flaschen, »wir sagen auch Vorformlinge«. Das PET wird erst in eine Form gespritzt, ganz ähnlich wie ein Reagenzglas, nur eben mit einer Windung für den Flaschenverschluss. Die Vorformlinge sind wesentlich kleiner als die fertige Flasche, deshalb leichter zu transportieren. Die Kunden können sie später erneut erhitzen und in einer Form aufblasen, wie einen Ballon. Wenn der PET-Ballon an die kalten Stahlwände der Form trifft, kühlt er aus und nimmt so die Form der Flasche an.

Böhler läuft weiter, zur nächsten Halle, wo er dieses Prinzip zeigen kann. Für manche Safthersteller oder Duschgel-Produzenten bläst Alpla die Vorformlinge selbst auf. Zwischen den Blasmaschinen ist es warm, dass man schnell ins Schwitzen gerät. »Das PET muss vier Stunden bei 180 Grad trocknen, bevor wir es verarbeiten können«, ruft Böhler über das Dröhnen, Zischen und Stampfen der Maschinen hinweg. »Das passiert über uns«, sagt er und streckt beide Arme nach oben.

Ein paar Zentimeter weiter fahren die fertigen Vorformlinge schon eine Schiene entlang, geradewegs in die Blasmaschine. Mit einem Zischen öffnen sich zwei große silberne Platten, auf der Seite ist jeweils die Hälfte einer großen, eckigen Flasche geprägt. »Wahrscheinlich für Scheibenwischerflüssigkeit oder so«, ruft Böhler. Ein schwarzer kleiner Monitor, so groß wie ein Tablett, wackelt außen an dem Kasten bei jeder Bewegung der Maschine. Er zeigt die Details für das Produkt an, das im Kasten gerade entsteht. »22,7 Gramm«, steht auf dem Monitor. »100 % Rezy glasklar«. Das heißt: Die Flasche ist aus Rezyklat, aus einem Granulat, das aus Plastikmüll produziert wird.

Auf der anderen Seite der Halle laufen Milchflaschen vom Band, aus HDPE. Manche Länder trinken ihre Milch aus Kartons, andere aus Flaschen. »Die Schweiz ist ein HDPE-Land«, sagt Böhler. Er nimmt eine Flasche, noch hat sie keinen Deckel, auch kein Logo. Nirgends in der Alpla-Fabrik sind Logos zu entdecken. »Das machen die Kunden selbst«, erklärt Böhler. Erst die Molkerei entscheidet, ob nun Milch mit 1,5 Prozent Fett, mit 3,8 Prozent Fett, ob Biomilch oder vielleicht sogar laktosefreie Milch in die Flasche abgefüllt werden soll. Also packt die Molkerei auch das passende Logo drauf. Den HDPE-Flaschen wird dafür einfach ein dünnes Label um ihre Taille geklebt, auf der dann Logo, Fettanteil und meist noch eine Kuh zu sehen sind.

Die Milch, die Scheibenwischerflüssigkeit oder der Bastelkleber kämen kaum in ein Verkaufsregal, wenn es für sie keine Verpackung gäbe. Sie wären schlicht und einfach kaum transportierbar oder für den Gebrauch zuhause nicht praktikabel. Wer hat schon Lust, sich eine Tonne Bastelkleber in den Keller zu stellen?

Zu den sichtbaren Plastikverpackungen in den Regalen kommt noch vieles hinzu, das für den Verbraucher unsichtbar ist: die sogenannten Transportverpackungen. Die Klebestifte bei Alpla werden in großen Gitterkörben zum Kunden gebracht. Andere Verpackungen landen in Kartons gestapelt auf Holzpaletten. Gabelstapler können so ihre Zinken in die Paletten schieben und gleich mehrere Kartons auf einmal auf Regale oder wieder herunterheben. Damit nichts herunterfällt, werden die Kartons auf den Paletten aber nun noch mal mit Plastikfolie umwickelt und eingeschweißt, ähnlich wie Koffer am Flughafen.

Logistisch hat die Plastikverpackung einige Vorteile gegenüber anderen Materialien. Plastik ist wesentlich leichter als Glas oder Papier, damit günstiger und auch klimafreundlicher im Transport, und außerdem robuster. Auch Früchte und Gemüse werden häufig gestapelt und in Folie eingewickelt, damit unterwegs nichts herunterfällt und auch nichts gestohlen wird. Die Verpackungen machen das Produkt somit nicht nur transportierbar, sie schützen es auch. Die Verpackung soll – heute wie schon zu Napoleons Zeiten – dafür sorgen, dass Obst, Gemüse, Fleisch und Tiefkühlkost länger haltbar sind. Und das gilt ganz besonders für die Plastikverpackung.

Die US-amerikanische Flexible Packaging Association, ein Verband der Verpackungshersteller, präsentierte 2013 in einer Studie beeindruckende Zahlen: Eine Zucchini könnte vier Tage länger frisch bleiben, wenn sie atmosphärisch dicht verpackt ist. Grüne Bohnen sogar zwölf Tage, Broccoli 14 Tage, Kirschen verdoppeln ihre Haltbarkeit auf 28 Tage. Mangos bleiben laut der Studie mit der richtigen Verpackung sogar 40 statt 20 Tage haltbar.

Als Pflanzen leben Obst und Gemüse, atmen quasi, und verlieren auch Feuchtigkeit. Das Gemüse und Obst für diese Studie wurde nicht einfach nur mit einer Folie umwickelt und verpackt, sondern häufig wurden auch die atmosphärischen Bedingungen angepasst, um den Stoffwechsel der Testobjekte auszubremsen. In einer Vakuumverpackung kann Rinder-Hackfleisch bis zu 45 Tage frisch bleiben und die Haltbarkeit eines ganzen Huhns erhöht sich von einer auf fast drei Wochen.[21] Dabei geht es nicht nur ums Verderben, sondern auch um den Geschmack. Chips etwa sind durchaus noch genießbar, wenn sie an die Luft kommen. Nur schmecken sie dann nicht mehr knusprig, sondern pappig.

Zur Verlängerung der Haltbarkeit braucht es häufig nicht nur eine Schicht an Verpackungen – sondern mehrere. Die Chipstüte etwa besteht nur außen aus Plastik, innen ist sie oft mit Aluminium bedampft. Es gibt Chipstüten, die aus bis zu sieben verschiedenen Schichten bestehen. Jede Schicht erfüllt eine andere Funktion: Eine metallische Schicht hält Licht fern, die andere Flüssigkeiten, die nächste trennt einfach nur die Farbe der glitzernden Schriftzüge und bunten Logos auf der Außenseite von den Lebensmitteln in der Innenseite. Manche Schichten dienen nur dazu, die anderen zu verkleben. Multilayer heißen solche vielschichtigen Verpackungen – auch Käseschalen und Verpackungen zum Ausquetschen wie bei Obstbrei bestehen oft aus mehreren Schichten, ohne dass man es ihnen ansieht.

Doch ein Problem haben auch diese neuen Verpackungstechnologien bisher nicht lösen können: Obwohl wir jeden Tag mehr über die Haltbarkeit von Lebensmitteln lernen, nimmt die Menge der Nahrungsabfälle und verschwendeten Lebensmitteln weiter zu. In Europa landeten 2020 etwa 127 Kilogramm Lebensmittel pro Kopf in der Tonne.

Mehr als die Hälfte der Lebensmittelabfälle fällt bei den Konsumenten zuhause an.[22] Das hängt nicht allein mit der Haltbarkeit der Lebensmittel zusammen. Manchmal lagern die Verbraucher Obst und Gemüse falsch, manchmal planen sie ihre Einkäufe und Mahlzeiten schlecht, vielleicht haben sich einige auch einfach daran gewöhnt, nicht jeden Teller und Topf vollständig zu leeren. Ein weiterer Faktor: Die Menschen in der EU geben im Verhältnis relativ wenig ihres Einkommens für Lebensmittel aus – im Schnitt waren es 14,3 Prozent des Haushaltseinkommens.[23] In einigen Ländern liegen die Ausgaben für Essen bei über 40 oder sogar 50 Prozent des Haushaltseinkommens.[24]

Eine weitere Ursache für die Lebensmittelverschwendung in Europa aber ist die folgende: Es gibt ein riesiges Überangebot. Supermärkte, Imbissbuden, Restaurants, Marktstände und letztendlich auch die Landwirtschaft bieten mehr Nahrung an, als die Menschen tatsächlich verzehren können oder wollen. 145 Millionen Tonnen Lebensmittel im Jahr schaffen es nie von den europäischen Bauernhöfen zu den Verbrauchern, schätzte die Umweltschutzorganisation WWF. Bei Schweinefleisch übersteigt die Produktion den tatsächlichen Bedarf in der EU um 16 Prozent, bei Milchprodukten um 14 Prozent. Zwar exportieren die EU-Staaten insbesondere Fleisch und Milch auch in andere Regionen. Doch unter dem Strich importierte die EU mehr Lebensmittel als sie ins Ausland schickte.[25] Nicht alles davon wird verzehrt oder auch nur gekauft. Häufig bedeutet Lebensmittelverschwendung, dass die Lebensmittel mit der als Schutz gedachten Verpackung im Müll landen.

Trotzdem: Die Plastikverpackung hat einige logistische und ökonomisch unschlagbare Vorteile. Sie ist einfach und schnell hergestellt sowie überall verfügbar. Plastik ist leichter als Glas, daher häufig günstiger und umweltfreundlicher im Transport. Und vor allem: Im Vergleich zu Mehrwegverpackungen, die wieder verwendet und dafür gereinigt werden müssen, ist sie extrem billig. Sie ist außerdem das ideale Kommunikationsmittel. Wir können auf der Verpackung nachlesen, welche Zutaten ein Produkt enthält, ob Stoffe darin sind, auf die wir allergisch reagieren. Die Verpackung teilt mit, wo ein

Produkt hergestellt wurde, wie viele Kalorien es hat, sie zeigt Umweltzertifikate und Prüfsiegel. Allerdings überfrachten manche Verpackungen diese Funktionen – bis zu dem Punkt, an dem es unsinnig wird.

Im Verpackungswahn

An diesem Morgen, noch bevor sie in den Supermarkt fährt, sitzt Influencerin Sonja Meise in ihrer Wohnküche, sie hat ein Bein auf den Tisch gelegt und hält ihr iPhone in der Hand. Mit dem Finger zieht sie Fotos über ihren Bildschirm, von Verpackungen, die sie beim Discounter Lidl über der Tiefkühltruhe fotografiert hat. »NEU« oder »Limited« steht da. Der Discounter hat gerade seine Asia-Wochen ausgerufen, es gibt panierte, süß-saure Meeresfrüchte.

Sie bearbeitet die Bilder für ihre Instagram-Seite, will dann noch ein Video machen. Mit dem Handy in der einen Hand filmt sie sich in ihrer Küche dabei, wie sie den *Foodies* die asiatischen Supermarktwochen präsentiert: »Wie geil ist das denn bitte?« Unterbrochen wird die Videosession von einem Paketboten, der ein mit Käse gefülltes Tiefkühl-Baguette vorbeibringt. Auf die Verpackung sind Bayernflaggen gedruckt. Eine noch nicht erhältliche Neuheit, die sich Meise hat zuschicken lassen. Die Produktion der Instagram-Story zieht sich bis in den Mittag. Während Meise die mittlerweile gebackenen Shrimps fotografiert und probiert, ruft die Marketingmanagerin des Käsebaguettes an. Ja, ist eingetroffen.

Insbesondere der Discounter Lidl hat früh die Kraft der Influencer erkannt und betreibt bereits ein eigenes Studio, um seine Produkte und seine Verpackungen zu vermarkten. Für Lidl »ein fester Teil des Marketingmix«, wie das Unternehmen auf Anfrage schrieb. Was diese Werbung 2.0 das Unternehmen kostet? Dazu gibt es keine Auskunft. Und auch die Konkurrenz wie Rewe und Edeka setzt mittlerweile auf Influencer, um Produkte zu bewerben.

Keine Industrie gibt so viel für Werbung aus, wie Konsumgüterunternehmen und Handelsketten. Kooperationen mit Influencern sind dabei nur das neueste Phänomen – die Unternehmen schalten auch Fernsehwerbung, Radiospots, Internetbanner, Zeitungsanzeigen, bei Sponsoren, auf Fußballmeisterschaften und auch auf Klimakonferenzen. Nach Daten der Beratung *Convergence* soll Lidl 2021 weltweit 1,2 Milliarden US-Dollar ausgegeben haben und gehört damit zu den Top 30 der größten Werbetreibenden der Welt. Auf der Liste stehen auch Markennamen wie Mars, Mondelez, Ferrero, PepsiCo, McDonalds und Coca-Cola. Die beiden Letzteren gaben jeweils 2,3 Milliarden US-Dollar für Werbung aus, Nestlé sogar 2,6 Milliarden. Ganz oben auf Platz eins steht Procter & Gamble mit einem geschätzten Budget von satten 8,1 Milliarden US-Dollar.[26]

Diese Investitionen sollen sich auszahlen, die Werbung soll die Marken der Konzerne bekannter und beliebter machen. Dabei helfen ihnen auch die Verpackungen. Sie sind eine der wenigen Möglichkeiten der Markenkonzerne, die Aufmerksamkeit der Käufer im Supermarkt auf sich zu ziehen. Sonja Meise hilft den Marken dabei. »Ich ziehe die Augen weg von dem, was immer gekauft wird. Ich trage zur Markenbildung bei. Das ist mein Auftrag«, sagt sie.

Manche Produkte sind heute beinahe genauso bekannt für ihre Verpackung wie für ihren Inhalt. Ein Tempo-Taschentuch lässt sich rein von Gefühl und Aussehen wenig von anderen Taschentüchern unterscheiden. Aber der Name steht mittlerweile stellvertretend für eine ganze Produktkategorie. Die Nivea-Creme ist eine Ikone in Europa. Aber wie soll man die Creme beschreiben, ohne die blaue, runde Aluminiumdose zu erwähnen? Die Creme mag bei ihren Nutzern aus anderen Gründen beliebt sein, erkennbar wird sie durch die Verpackung.

Ein anderes Beispiel: Die Saftflasche der Marke Granini mit ihren runden Einkerbungen. Das Design soll an die Schale einer Ananas erinnern. Auch wenn viele das auf den ersten Blick nicht sehen, ist das Design essenziell für die Marke.

Streit um Verpackungsdesign – und den Diebstahl dieser Ideen – gibt es deshalb regelmäßig. Im Jahr 2021 zerrte Granini die deutsche Handelskette Edeka wegen der Flasche vor Gericht. Edeka hatte die Flaschen der Marke im Streit mit Granini um die Preise aus den deutschen Regalen verbannt und die Lücken mit dem Saft des Edeka-Tochterunternehmens Albi gefüllt. Die

Albi-Flasche hatte statt runden Dellen zwar ein Muster eingeprägt, war auch schlanker, aber Granini sah doch eine bemerkenswerte Ähnlichkeit mit der eigenen Flasche. Das Landgericht Hamburg gab dem Safthersteller Recht – die Albi-Flasche war eine Nachahmung, zum Verwechseln ähnlich, befand das Gericht.[27]

Die Verpackung ist also ein zentrales Verkaufsargument. Konzerne sind geradezu davon abhängig. Wenn Sie ihre Produkte nicht in der bekannten Form, in kleinen Dosierungen, mit Werbung und Lobpreisungen auf der Verpackung verkaufen könnten, würde das ihr Geschäftsmodell infrage stellen. Sie müssten sich völlig neue Wege ausdenken, um ihre Produkte zu transportieren und auch zu präsentieren, vielleicht sogar ganz neue Rezepte für ihre Schokoriegel und Duschlotions.

Und nicht nur die Konzerne sind abhängig, sondern auch Konsumenten. Viele haben sich an das schnelle, unkomplizierte und billige Einkaufserlebnis gewöhnt. Dass Menschen noch mit Korb oder Einkaufsnetz auf den Markt gehen oder in ihrem Garten Gemüse anbauen, ist die Ausnahme. Wozu, wenn man auf dem Weg zur Arbeit die benötigte Ration an Zucker und Koffein einfach in Rucksäcke und Handtaschen stopfen kann?

Aber Verbraucher greifen nicht nur deshalb zu aufwendig verpackten Produkten, weil das einfacher oder praktischer ist. Sondern auch, weil Werbung und Verpackungen mit psychologischen Tricks arbeiten, um Kaufentscheidungen zu beeinflussen. Haben Sie sich jemals gefragt, warum manche Zahnpastatuben mit Kartons umkleidet sind und andere nicht?

Wir haben versucht, eine Antwort auf diese Frage von der Colgate-Presseabteilung zu bekommen – erfolglos.[28] Die wahrscheinlich naheliegende Antwort wäre: Marketing. Eine Umverpackung kann ein Produkt hochwertiger erscheinen lassen. Auch Bonbons und Pralinen kaufen Menschen offenbar gerne doppelt verpackt, etwa in Plastik umwickelte Hustenbonbons in einer Plastiktüte. Schokopralinen in Goldfolie taugen erst dank Plastikbox als mögliches Geschenk. Und stünde das Wort nicht auf der Schachtel, würden wohl auch deutlich weniger Menschen mit Schokolade von »Merci« Danke sagen.

Manchmal besteht ein Produkt aus mehr Verpackung als Inhalt. Wer hat nicht schon einmal eine Verpackung aufgemacht und sich dann gewundert, wie viel Luft diese eigentlich füllt. Verbraucherschutzorganisationen schicken Verpackungen manchmal durch Röntgengeräte, um zu illustrieren, wie viel Verpackung für wie wenig Produkt manche Hersteller einsetzen. Die Verbraucherzentrale Hamburg etwa röntgte stichprobenweise Verpackungen aus deutschen Supermärkten zum Beispiel für Backmischungen, Kekse und Spülmitteltabs. 22 Spülmitteltabs zählte das Team etwa. Die Verpackung aber war so groß, dass wahrscheinlich die doppelte Menge in die Tüte gepasst hätte. Die Verbraucherschützer schätzten, dass der Hersteller zu 60 Prozent Luft in der Tüte verpackte. Auch eine Tüte mit Biokakao zum Trinken war zu zwei Dritteln mit Luft gefüllt. In einer Dose für Tabletten mit dem Vitamin B_{12} fanden die Verbraucherschützer nur 50 Stück mit einem Gesamtgewicht von drei Gramm. 95 Prozent des Verpackungsinhalts waren Luft.[29]

Bei Süßigkeiten ist ein beliebter Trick der Hersteller, weniger Inhalt in gleich großen Verpackungen zu verkaufen. Es ist für sie eine gute Möglichkeit, die Preise zu erhöhen, ohne dass es auf den ersten Blick für die Verbraucher zu erkennen ist. Als Europa nach der Corona-Pandemie von einer unerwarteten Inflation erfasst wurde, bekam das Phänomen einen neuen Spitznamen: *Shrinkflation*. Weil sie ihre Preise nicht unbegrenzt erhöhen konnten, schrumpften die Hersteller einfach ihre Inhalte.

Die Verbraucherzentrale Hamburg beobachtete im Jahr 2022 eine Kettenreaktion in deutschen Snackregalen. Im April stellte das Team der Zentrale fest, dass Pringles plötzlich weniger Chips und weniger Gramm in seine berühmte, runde Dose packte. Dann zog der nächste Wettbewerber nach, und der übernächste. Bis Oktober hatten die Verbraucherschützer 63 Produkte auf ihrer Liste, bei denen Inhalt und Verpackung plötzlich zusammengeschrumpft waren, obwohl im Regal noch derselbe Preis stand. Dazu zählten nicht nur Chips, sondern auch Tortillas oder mit Teig ummantelte Nüsse.[30]

Diese versteckten Preiserhöhungen sind nicht der einzige Grund, warum weltweit immer mehr Produkte in immer kleineren Mengen und mehr Verpackungen verkauft werden. Dahinter steht ein anderer, globaler Trend: die wachsende Bevölkerung – und ihre veränderten Lebensgewohnheiten.

Familien sind heute kleiner als noch vor ein paar Jahrzehnten. Die Konsequenz: Mehr Menschen wohnen den Großteil ihres Lebens allein oder nur mit wenigen Personen, daher braucht ein Haushalt nicht so große Mengen an Waschmittel, Nudeln oder gar frischen Lebensmitteln wie früher.[31]

Und: Die Menschen sind auch mehr in Bewegung, laufen nicht mehr nur von ihrem Feld nach Hause, sondern von Fabriken und Büros aus einer Stadt in die nächste. Sie wollen sich auch unterwegs pflegen und konsumieren, brauchen ein Deo in der Handtasche statt nur ein Stück Seife zuhause kaufen sich morgens einen Kaffee am Bahnhof und mittags einen Salat fürs Büro – und damit jedes Mal auch eine Verpackung. Kleinkinder saugen ihren Obstbrei im Kinderwagen aus einer Quetschverpackung, das ist unkompliziert und meist auch günstiger als der Babybrei aus dem Glas oder selbstgemachte Alternativen. Für viele Menschen soll es im Alltag oft schnell gehen. Sie wollen nur noch selten waschen, schneiden und auf den Teller legen, stattdessen lieber aufreißen und wegwerfen. Dieser Trend gilt weltweit. Er spielt sich in Nordamerika genauso ab wie in Afrika oder Asien.

Sachets: Konsum in Tagesrationen

Die Streifen mit den kleinen Folienbeuteln reichen fast bis an den Boden. Sie hängen wie lange Perlenketten aus dem Verkaufsfenster des Kiosks herab. Nach und nach kommen Frauen und Kinder, reißen ab, was sie für den Moment brauchen, eine Tasse Kaffee, ein Bonbon. Auch Instantsuppe, Waschmittel, Flüssigseife oder Schokowürfeln sind in den Folienbeuteln verpackt.

Sachets heißen die Mini-Verpackungen, in westlichen Ländern reichen Fast-Food-Restaurants Ketchup und Mayonnaise in den Miniverpackungen. In Ländern wie Indien, Indonesien oder den Philippinen gibt es beinahe die gesamte Supermarktauswahl in Sachetsform verpackt, um das Leben der Menschen bequemer zu machen. Manche Produkte wie Shampoo oder Desinfektionsmittel gibt es zwischen 1 und 5 Gramm. Die kleinen Portionen sind beliebt, weil auch die Menschen ihr Einkommen nur in kleinen Rationen erhalten. Wer nur wenige US-Dollar verdient und seinen Lohn auch tageweise und nicht einmal im Monat ausgezahlt bekommt, hat nicht das Geld, um eine ganze Flasche Waschmittel oder einen Kanister Öl zu kaufen. Häppchenweise Konsum für häppchenweise Arbeit – auf Kosten der Umwelt. Auf ein paar Gramm Tagesration kommt jedes Mal eine neue Verpackung, ebenfalls im Kleinstformat.

Der Gesamtmarkt für Sachets ist bereits knapp 9 Milliarden US-Dollar schwer, schätzen Marktforschungsunternehmen. Bis 2028 könnte die Industrie Sachets im Wert von knapp 12 Milliarden US-Dollar produzieren.[32]

Selbst Trinkwasser gibt es mittlerweile in Sachets, etwa in Westafrika. In Ghana etwa wird Trinkwasser bereits seit 1996 in Plastikbeuteln verkauft. In Ghana stellte eine Umfrage 2014 fest, dass die Wasser-Sachets für 29 Prozent der Haushalte die wichtigste Trinkwasserquelle waren. In Nigeria galt das 2013 für fast sechs Prozent der Haushalte. Die Beutel verschaffen damit Millionen von Menschen Zugang zu günstigem, sauberem Trinkwasser. Eine Wasserleitung hat längst nicht jeder Haushalt und falls doch, heißt das nicht, dass das Wasser trinkbar ist. In Metropolen wie Accra oder Lagos gibt es nicht genügend Frischwasser, um die stetig wachsende Bevölkerung zu versorgen. In Flaschen abgefülltes Wasser kostet häufig genauso viel wie Limonade oder Bier. Die Plastikbeutel aber sind günstig. Ein halber Liter Wasser im Sachet kosten heute in Ghana umgerechnet nur etwa 5 Cent.

Doch die Wasserbeutel sorgen auch für Abhängigkeiten. Je mehr Menschen Wasser aus Sachets trinken, desto mehr fehlt der Anreiz, um in umweltfreundlichere Vertriebswege zu investieren, Trinkwasser etwa zu filtern und zu reinigen. Die Preise für die Sachets aber können schwanken, weil etwa die Preise für Plastik schwanken. Wenn die Sachets zu teuer werden, müssen die Menschen auf weniger sichere Quellen für Trinkwasser ausweichen. Das Geld für das Wasser kommt längst nicht nur bei regionalen Unternehmen an. Einer der größten Anbieter für Sachet-Wasser in Ghana ist Voltic – eine Marke der Coca-Cola-Company.

Und einmal genutzt, sind die Wasserbeutel und Shampoo-Sachets ebenso wie die Obstschalen und Verpackungen für Fertigsalate keine Verpackungen mehr. Sie sind Müll. Diese Abfälle werden nicht zwingend gesammelt oder wiederverwertet. Allein die Bevölkerung Nigerias soll über 50 Millionen Sachets pro Tag wegschmeißen.[33] Eine flächendeckende Müllabfuhr gibt es dort nicht, genauso wenig wie in Indien oder Indonesien. Hinter den Häusern und Hütten in den Dörfern steigen deshalb abends häufig schwarze, übelriechende Rauchwolken hervor, wenn die Bewohner den Müll der vergangenen Tage verbrennen. Die anderen Sachets landen häufig im Gebüsch oder in Straßengräben.

Die Müllmacher

353 Millionen Tonnen. So viel Plastikmüll produzierte die Welt laut Schätzungen der OECD im Jahr 2019. Eine fast unvorstellbare Zahl. Ein männlicher, ausgewachsener Elefant wiegt 6 Tonnen. Ein durchschnittliches Passagierflugzeug kommt auf etwa 100 Tonnen – ohne Treibstoff, Gepäck oder Passagiere. Die Golden Gate Bridge in San Francisco würde 894 500 Tonnen auf die Waage bringen, gäbe es denn eine Waage, die groß genug für die 2,7 Kilometer lange Brücke wäre. Die Menge des in einem Jahr auf der Welt produzierten Plastikmülls entspricht in etwa dem Gewicht von 59 Millionen Elefantenbullen, mehr als 3,5 Millionen Flugzeugen oder 394 Golden-Gate-Brücken.

Der Kunststoff-Strom
Der Großteil des heute produzierten Plastiks auf der Welt wird verbrannt, deponiert oder endet in der Umwelt.

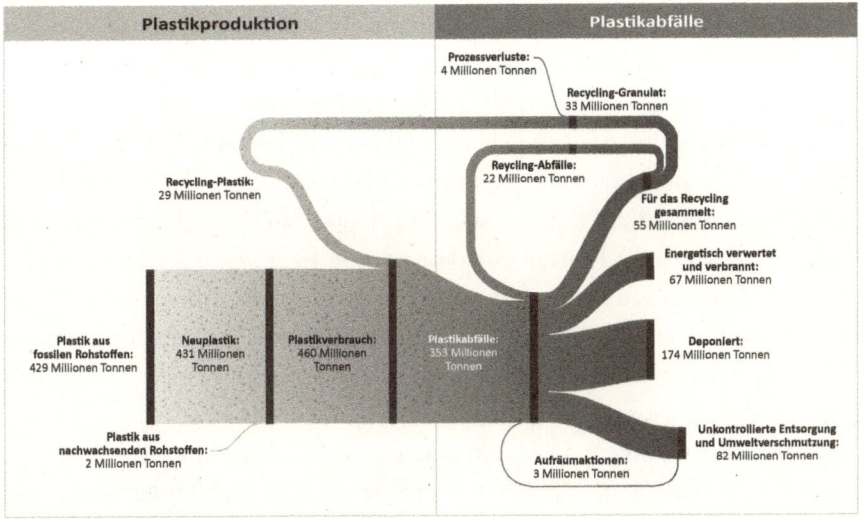

Quelle: OECD Global Plastic Outlook Database

Ein Großteil dieses Abfalls wird verbrannt oder auf Mülldeponien gekarrt. Nur 55 Millionen Tonnen dieses Mülls wurden laut OECD überhaupt für das Recycling eingesammelt (das Äquivalent von etwas mehr als 9 Millionen Elefanten, 555 000 Flugzeugen und rund 61 Brücken). 22 Millionen Tonnen landen in der Umwelt, in Wäldern und Wiesen, in Seen, Flüssen und im Meer.[34]

Und einiges von diesem Plastikmüll schwimmt gut. Polypropylen ist leichter als Wasser und treibt deshalb an der Wasseroberfläche, Styropor schwimmt zumindest auf Salzwasser, bis es sich vollsaugt, zerfällt, untergeht und manchmal sogar von Meeresbewohnern gefressen wird. Leere Einwegflaschen bleiben an der Oberfläche, wenn sie mit Luft gefüllt sind. Das ist schlecht, auch für die Markenanbieter, die darin ihre Produkte verkaufen. Denn es gibt Umweltschützer, die diesen Müll gezielt sammeln und die Hersteller auflisten.

Seit 2018 ziehen jedes Jahr rund um die Welt Freiwillige los, durchwühlen Strände, waten durch plastikverschmutzte Flüsse, suchen Mangrovenwälder und Parks ab, um dort Verpackungen, Plastikreste und anderen Müll aufzulesen. Diese Freiwilligen räumen nicht nur auf, sie breiten die Plastikabfälle auch in Hallen oder unter freiem Himmel auf großen Planen aus. Sie sortieren sie in Kategorien wie Flaschen, Sachets und andere Verpackungen und vermerken jede einzelne Plastikverpackung in ihren Listen und Tabellen. Dort tragen sie ein, um welche Kategorie von Plastikmüll es sich handelt, aus welcher Art von Plastik diese wahrscheinlich gefertigt ist, welches Produkt darin enthalten war. Und: Sie tragen auch den Namen der Marken und Hersteller ein.[35]

Mehr als 200 000 Menschen in über 80 Ländern haben in den vergangenen fünf Jahren Plastikabfälle aufgesammelt und erfasst. Insgesamt 2 125 414 Verpackungsfetzen, Plastikflaschen und Flip-Flops haben die Freiwilligen sortiert – und damit die Konsumgüterkonzerne in Bedrängnis gebracht.

Die Organisation Break Free From Plastic organisiert dieses globale Aufräumspektakel und veröffentlicht die Ergebnisse jedes Jahr medienwirksam. Ein Name fiel dabei in fünf Jahren am häufigsten: Coca-Cola. Von keinem anderen Unternehmen fanden die Freiwilligen so viele Flaschen und Verpackungen in der Umwelt. Die Nummer zwei im Ranking ist Konkurrent PepsiCo, gefolgt von Nestlé, Unilever, Mondelez, Procter & Gamble, Mars, dem Zigarettenhersteller Philip Morris, Danone und Colgate Palmolive.[36]

Diese Konzerne haben viele Gemeinsamkeiten. Sie sind die größten Konsumgüterkonzerne der Welt und ihre Produkte sind häufig die beliebtesten in den Supermarktregalen. Nur schadet es ihrem Image, wenn diese Produkte immer häufiger in Zusammenhang mit Plastikmüll gebracht werden. Die beschuldigten Konzerne wollen das nicht mehr so stehen lassen. Alle haben sich in den vergangenen Jahren selbst Ziele gesetzt, ihre Verpackungen zu verbessern – und manche davon sind durchaus ehrgeizig.

Nur einige Beispiele: Mars will bis 2025 den Einsatz von Neuplastik aus fossilen Rohstoffen um 25 Prozent reduzieren. Nestlé und Procter & Gamble wollen im gleichen Zeitraum rund ein Drittel weniger Neuplastik verwenden. L'Oréal will bis 2030 nur noch recyceltes Plastik oder Plastik aus Biomasse für seine Verpackungen nutzen. Coca-Cola will bis 2030 die Hälfte seiner Flaschen und Verpackungen aus Recyclingmaterial herstellen. Ein Viertel seiner Getränke will der Konzern 2030 in Mehrwegflaschen oder über Getränkestationen verkaufen, wie man sie heute zum Beispiel von Fast-Food-Ketten kennt. Konkurrent PepsiCo peilt bis 2030 an, immerhin 20 Prozent seiner Getränke in Mehrweglösungen zu verkaufen.[37]

In der Vergangenheit haben einige Konsumgüterkonzerne bereits ähnliche Versprechen gemacht – und konnten diese nicht einhalten. Coca-Cola etwa kann bereits auf eine Historie von drei Jahrzehnten von gebrochenen Versprechen zurückblicken. 1990 gab der Konzern sein erstes Recyclingziel aus: Bis 1994 wollte Coca-Cola in den USA 25 Prozent Recyclingmaterial einsetzen. Später setzte der Getränkekonzern das Ziel auf 10 Prozent herunter. Doch selbst 2006 konnte Coca-Cola in den USA nur 3,6 Prozent Recyclingmaterial vorweisen. Bis zum Jahr 2015 sollte sich das ändern, versprach der Konzern. Diesmal setzte sich Coca-Cola das Ziel, 25 Prozent Recyclingmaterial oder Plastik aus erneuerbaren Ressourcen in seinen Plastikflaschen zu verwenden – weltweit. Auch das konnte Coca-Cola nicht einhalten.

Also gab Coca-Cola ein neues, weniger ehrgeiziges Ziel aus: nur noch 20 Prozent recyceltes oder erneuerbares Material. Coca-Cola gab sich dafür noch ein paar Jahre Zeit. Bis 2020 wollte der Konzern sein Ziel erfüllen.[38]

Laut seinem Nachhaltigkeitsbericht erreichte Coca-Cola 22 Prozent Recyclingmaterial – in allen Verpackungen, Kartons und Glas eingeschlossen.

Aber bei den Plastikflaschen, für die Coca-Cola schon 1990 die ersten Versprechen gemacht hatte, lag der Recyclinganteil 2020 immer noch weltweit bei nur 11,5 Prozent.[39]

Nicht viel besser als Coca-Cola schlug sich Danone. Der französische Konzern ist mit Marken wie Volvic, Evian und Aqua einer der größten Verkäufer für abgefülltes Wasser auf der Welt und auch einer der größten Hersteller für Milchprodukte. Journalisten des *European Data Journalism Network* untersuchten die Ziele von Danone im Rahmen einer Recherche zur Treue der größten Markenkonzerne, wenn es um ihre Versprechen zu Plastik geht. Sie berichteten: Bereits 2009 kündigte Danone an, in nur zwei Jahren für seine Wasserflaschen 20 bis 30 Prozent Recyclingmaterial verwenden zu wollen. Fünf Jahre später verkündete Danone ein neues Ziel: Bis 2020 wolle der Konzern 25 Prozent Recycling-PET einsetzen.

Das Jahr 2020 kam. Und Danone verfehlte sein Ziel erneut. Der Konzern konnte nur 20 Prozent Recyclingmaterial in seinen Wasserflaschen vorweisen.[40]

Insgesamt untersuchten Journalisten des European Data Journalism Network 37 Konzernversprechen. Nur knapp ein Drittel dieser Versprechen konnten die Unternehmen einhalten. 13 Ziele verfehlten die Konzerne. Für die restlichen Ziele ließ sich das nicht mal überprüfen. Die Journalisten konnten keine Hinweise finden, dass die Unternehmen überhaupt weiter über ihre Versprechen berichtet hatten.

Dass Konzerne dieses Verhalten in der Zukunft ändern, ist zweifelhaft. Zwar machen sie weiter Versprechen, zum Beispiel im Rahmen der Initiative »New Plastics Economy«. Die Mitglieder der Initiative, darunter große Konsumgüterkonzerne wie Coca-Cola und Verpackungsunternehmen wie Alpla, wollen ihren Einsatz von Neuplastik bis 2025 reduzieren - im Durchschnitt um ein Fünftel.

Doch nun musste sich die Initiative eingestehen: Wahrscheinlich wird das Ziel nicht erreichbar sein. Weil einige Großkonzerne zuletzt mehr Plastik auf den Markt brachten, stieg die Plastikmasse der Unterzeichner in vier Jahren sogar um 5 Prozent.[41]

Wie kann das sein? Täuschen die großen Konzerne die Verbraucher absichtlich? Hatten Sie nie vor, ihre Versprechen einzuhalten?

Wir haben die Konzerne per E-Mail um eine Antwort auf diese Frage gebeten. Doch Danone will darauf nicht öffentlich antworten. Auch Coca-Cola geht auf die Frage nicht ein. Stattdessen teilt der Konzern mit: Als weltgrößter Getränkekonzern erkenne Coca-Cola seine Verantwortung an, zur Lösung der Plastikkrise beizutragen. »Wir engagieren uns dafür, Teil der Lösung für das globale Problem der Plastikverschmutzung zu sein. Wir haben Fortschritte gemacht, aber wir haben noch viel mehr vor. Wir werden nicht aufhören, bis wir unsere gesetzten Ziele erreicht haben, damit wir unser Geschäft auf die richtige Weise ausbauen können«, schreibt eine Sprecherin. In Europa und in Deutschland werde man wahrscheinlich sogar vor der gesetzten Frist die Ziele erreichen, weniger Neuplastik zu verbrauchen und mehr Mehrweg einzusetzen.

Das klingt zumindest so, als würden einige der großen Konzerne sich Gedanken machen, wie sie weniger Müll produzieren können. Doch der Trend arbeitet gegen sie. Die Weltbevölkerung wächst, die Menschen wünschen sich Wohlstand. Das Marktforschungsunternehmen Euromonitor etwa schätzt, dass der Verpackungsmarkt bis 2026 jedes Jahr um weitere 3 Prozent wachsen wird. Ganz egal, wie viele Anti-Plastik-Kampagnen es noch gibt.[42]

Vorgeformt: Verpackungsfabriken schmelzen Plastikgranulate ein und pressen sie zum Beispiel zu solchen Rohlingen für Plastikflaschen.

Aufgeblasen: Rohlinge werden mit Hitze und Luftdruck zur fertigen Verpackung geformt, bevor sie befüllt werden.

Konsum in Päckchen: Im Globalen Süden kaufen Menschen Shampoo und Süßigkeiten häufig in Sachets. Die Mini-Verpackungen sind nicht recycelbar und enden regelmäßig in der Umwelt.

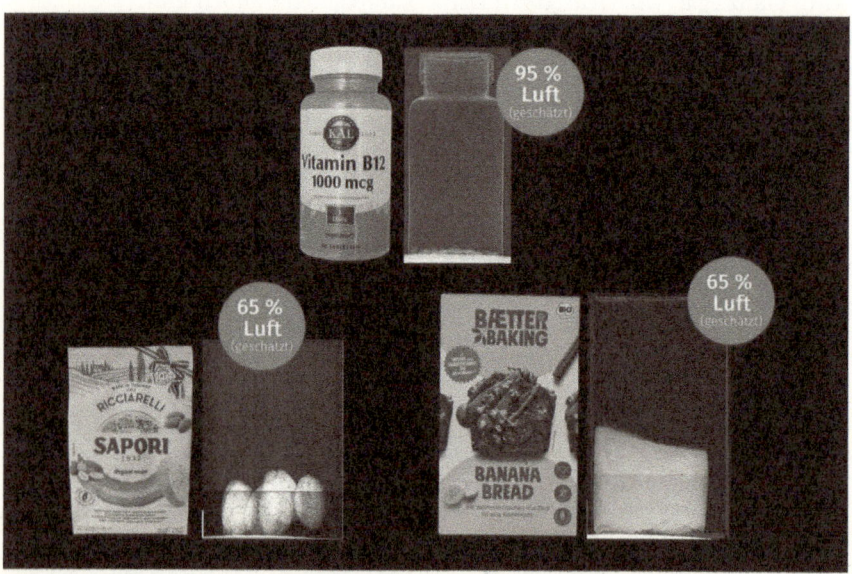

Mehr Verpackung als Inhalt: Die Verbraucherzentrale Hamburg hat Produkte röntgen lassen, um den Verpackungswahn sichtbar zu machen.

Gekauft und Weggeworfen: Bei den Aufräumaktionen finden Freiwillige Unmengen an Flip-Flops.

Das große Anprangern: Bei der jährlichen Aufräumaktion von Break Free From Plastic sortieren Freiwillige Abfälle nach Sorten und Marken, um Verursacher zur Verantwortung zu ziehen.

DER TRAUM VOM KREISLAUF

Dieses Kapitel erklärt:

* wie Verursacher erstmals für Verpackungsmüll zahlen mussten und so der Traum vom Kreislauf begann,
* wieso zu viel Plastik verbrannt wird oder in Parkbänken endet,
* warum die Plastikflasche ein Recyclingschatz ist,
* warum sich der Traum vom Kreislauf bis heute nicht verwirklicht hat.

Was die Lastwagen auf dem Hof abladen, sieht nicht so aus, als wäre es wiederverwertbar: Tausende von Folien, Chipstüten, Gemüseschalen türmen sich hier auf, gleich daneben Schaumstoff und Fußbodenüberreste. Der Müllhaufen wirkt, als hätte man die Überreste von Hunderten Partys und einem Dutzend Wohnungsrenovierungen übereinandergekippt. Dazwischen stecken überall Atemschutzmasken, wegen der Pandemie. Es riecht wie in der gelben Tonne, nur noch intensiver. Möwen und Schwalben kreisen über dem Gelände, Katzen streunen zwischen Plastikfolien.

100 000 Tonnen Verpackungsabfälle landen jedes Jahr auf dem Hof dieses Betriebs in Norddeutschland – »Leichtverpackungen« heißt der Abfall in der Branche und auch bei den Beschäftigten hier auf dem Hof. Dazu zählen nicht nur Kunststoffe, sondern zum Beispiel auch Konservendosen. Die Deutschen verursachten 2020 im Jahresdurchschnitt 32 Kilogramm Leichtverpackungsmüll pro Kopf.[1] Die Menge, die im Jahr in dieser Sortieranlage landet, kommt dem Müll einer Metropole mit drei Millionen Einwohnern gleich.

Insgesamt werfen die Deutschen jährlich rund 2,7 Millionen Tonnen an Plastikmüll und anderen Abfällen in ihre gelben Tonnen und Säcke. Damit stehen die Deutschen weit oben in der weltweiten Rangliste der Nationen, die den meisten Müll produzieren. Alles wird sortiert, dafür sorgen die deutschen Abfallgesetze. Die Sortierer sorgen dafür, dass der Müll aufgeteilt wird, in verschiedene Fraktionen, aus denen sie die wertvollen Materialien herauspicken können. Es gibt allein in Deutschland rund 400 solcher Sortieranlagen für Plastik- und andere Leichtverpackungen[2], viele davon gehören Mittelständlern, anderen Branchengrößen wie Remondis, Alba, Lobbe oder Nehlsen.

Eine Standard-Sortieranlage gibt es heute ebenso wenig, wie es Standard-Müll gibt. In jedem Land, in jeder Stadt sehen die Abfälle anders aus. Menschen ernähren sich unterschiedlich, sie verbrauchen je nach Kulturkreis verschiedene Produkte, haben unterschiedliche Konsumgewohnheiten. Und auch die Sortieranlagen sind gewachsen, wurden oft über Jahrzehnte ausgebaut, um die sich ständig veränderten Anforderungen zu erfüllen. Die Anlage in Norddeutschland gibt es bereits seit rund 30 Jahren, seit den Anfangszeiten des deutschen Recyclingsystems. Und sie wird jedes Jahr weiter ausgebaut, jedes Jahr kommen neue Sortierschritte hinzu, jedes Jahr werden die Prozesse verbessert – auf sehr begrenztem Platz.

Die Halle sieht aus wie ein mehrstöckiges, staub- und dreckbehaftetes Labyrinth aus Förderbändern, Motoren und Druckluftbläsern. Ein Meisterwerk der Ingenieurskunst. Wer hier arbeitet, kennt jedes einzelne Gerät und weiß, welches der Förderbänder quietschen darf und welches besser keine Geräusche machen sollte.

Wir können den Namen der Sortieranlage und auch des Betriebsleiters hier nicht nennen, die Geschäftsleitung ist dagegen. In der Vergangenheit gab es Kritik aus der Branche, wenn der Betriebsleiter mit der Presse gesprochen hat.

Der Betriebsleiter beginnt seinen Rundgang durch sein Labyrinth bei den Siebtrommeln. Die großen, sich stetig drehenden Zylinder gehören heute zum Standardrepertoire der Sortierer. In der Sortieranlage in Norddeutschland gibt es vier Siebtrommeln, die größte hat einen Durchmesser von etwa

So funktioniert die Sortierung
Wie Sortieranlagen die Rohstoffe im Plastikmüll finden

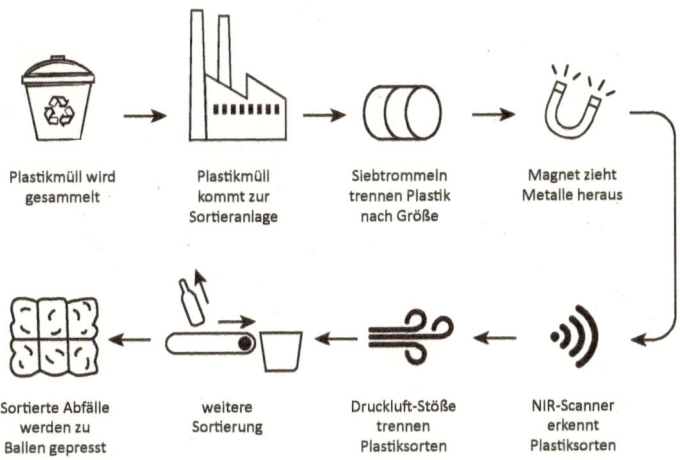

Plastikmüll wird gesammelt	Plastikmüll kommt zur Sortieranlage	Siebtrommeln trennen Plastik nach Größe	Magnet zieht Metalle heraus
Sortierte Abfälle werden zu Ballen gepresst	weitere Sortierung	Druckluft-Stöße trennen Plastiksorten	NIR-Scanner erkennt Plastiksorten

Quelle: RecyClass, Stefan Bosewitz, eigene Recherche

3 Metern. Ein Mensch könnte bequem hindurchspazieren, würde sich die Trommel nicht ununterbrochen drehen und alles, was in sie hineinläuft, durcheinanderwirbeln.

An den Außenwänden hat die Trommel Löcher, die kleinsten kaum größer als eine Faust, andere so groß wie Eimer. Kleine Teile, Steine, Sand, aber auch Schnipsel und Bruchstücke werden so herausgeschleudert. Durch die physikalischen Kräfte in der Trommel werden auch die Verpackungen und Folien nach außen gedrückt, bis sie in einem der Löcher verschwinden. So werden nicht nur die Kleinteile aussortiert, auch die Schalen, Becher und Folien fliegen auseinander, die Verbraucher zuhause vielleicht zusammengesteckt haben. Durch die Löcher in den Trommeln landen die verschieden großen Müllstücke auf Förderbändern, die fast so breit sind wie eine Fahrbahn, ebenso grauschwarz wie Asphalt und ständig in Bewegung. Die Bänder laufen unter Magneten hindurch, die metallische Teile wie Konservendosen, Aluminiumfolie oder Kronkorken vom Band ziehen.

Selbst danach sieht der Müll auf dem Förderband noch kaum so aus, als sei er wiederverwertbar. Schaumstoff, verschiedene farbige Folien, eine Sty-

Die Massenkunststoffe

Steckbriefe der meist genutzten und bekanntesten Plastiksorten

Polyethylen-terephthalat (PET)

High Density Polyethylen (HDPE)

Polyvinylchlorid (PVC)

Low Density Polyethylen (LDPE)

Marktanteil:
5,7 Prozent

Marktanteil:
12,6 Prozent

Marktanteil:
11,7 Prozent

Marktanteil:
12,4 Prozent

Eigenschaften:
Glasklar oder bunt. Lichtdurchlässig. Weil PET weder Feuchtigkeit noch Kohlensäure durchlässt, gilt es als perfekte Getränkeverpackung. Stark und belastbar, auch als Faser. Sogar knitterfrei. PET ist das Lieblings-Polymer der Fast-Fashion-Industrie und der Getränkewirtschaft.

Eigenschaften:
Der Harte in der Gruppe der Polyethlene. Wenig biegsam, aber dafür sehr stabil, lässt sich auch von Säuren und Basen nicht beeindrucken – deshalb die ideale Verpackung für Haushaltsreiniger oder Duschgel. Wird bei Hitze schnell weich.

Eigenschaften:
Der umstrittenste aller Massenkunststoffe. PVC ist wandelbar, flexibel, trotzdem beständig, kann je nach Wunsch (und Zusatzstoffen) glänzend oder ledrig wirken. Aber: Die vielen Additive sind ein Problem. Brennt PVC, können giftige Stoffe entstehen.

Eigenschaften:
Der weiche Bruder von HDPE. Sehr dehnbar, ohne schnell zu reißen. Als LLDPE sogar noch dünner und dehnbarer. Nimmt kein Wasser und auch kaum andere Chemikalien auf. Durchlässig für Sauerstoff oder Aromen. Wird bei Hitze schnell weich und im Sonnenlicht spröde.

Typische Produkte:
Einweg-Getränkeflasche, Gemüseschalen. Als Garn und Textilien auch für Sportbekleidung, T-Shirts, Socken oder Bezüge für Autositze eingesetzt. Auch 3D-Drucker nutzen PET.

Typische Produkte:
Shampoo-Flasche, Spülmittelverpackung, in vielen Ländern auch Milchflaschen. Auch als Container für Motoröl. Belastbare Einkaufstaschen, Wasserrohre, Spielzeug, Luftpolsterfolien.

Typische Produkte:
Tabletten-Blister, Sichtverpackung für Pralinen. Gummistiefel, Schallplatten, Kreditkarten. Kunstleder für die Modeindustrie, in Häusern als Fußböden und Fensterrahmen verbaut.

Typische Produkte:
Folien für Lebensmittel, Snackverpackungen. Einweg-Plastiktüten, Tiefkühl-Beutel, Frischhaltefolie, Landwirtschaftsfolien (zum Beispiel auf Spargelfeldern).

Recyclingfähigkeit:
Gut.

PET-Flaschen sind der beliebteste Recyclingrohstoff.

Recyclingfähigkeit:
Gut.

Lässt sich wieder zu neuen Verpackungen verarbeiten.

Recyclingfähigkeit:
Sehr schlecht.

Weichmache und Additive beinträchtigen die Qualität der Rezyklate.

Recyclingfähigkeit:
Mäßig.

Folien sind kleinteilig und häufig sehr verschmutzt.

Quelle: OECD; Ellen MacArthur Foundation, AGVU, eigene Recherche

Polypropylen (PP)

Polystyrol (PS)

Erfasst andere Kunststoffe, die Wichtigsten:

Marktanteil:
16,6 Prozent

Eigenschaften:
Der Kunststoff für hitzige Angelegenheiten. Widersteht Wärme und grober Handhabung, ist geruchlos, lässt keine Feuchtigkeit hindurch und qualifiziert sich besonders als Transportverpackung für Imbissgerichte.

Typische Produkte:
Flaschenverschlüsse, Joghurtbecher und Ketchupflaschen. Verpackung für Snacks, Mikrowellengerichte. To-Go-Container, Spielzeug. Autoteile wie Armaturen. Astronauten kleiden sich bei Flügen teils in Schichten aus PP.

Recyclingfähigkeit:
Mäßig.

Landet meist in der Parkbank.

Marktanteil:
4,8 Prozent

Eigenschaften:
Der schäumende Kunststoff. Besser bekannt in seiner expandierten Form als Styropor. Schützt vor Stößen und isoliert gut. Wenn es nicht aufgeschäumt wird, ist Polystyrol hart und widerstandsfähig.

Typische Produkte:
Schalen, als Schutzhülle um Obst, Transportverpackungen zum Beispiel für Elektro-Artikel. Polsterung im Fahrradhelm, Plastikgeschirr, Brillengehäuse. Auch die Bauindustrie und die Medizin setzen PS ein.

Recyclingfähigkeit:
Mäßig.

Recycling in Dämmstoffen möglich – das meiste wird verbrannt.

Polyamid (PA):
Der Kleidsame. Polyamid ist besser bekannt als Nylon und hat die Strumpfhose revolutioniert, hindert aber auch Fallschirmspringer am Absturz. Angelschnüre und Waffengehäuse werden ebenfalls aus Polyamid hergestellt. Nylon galt lange als schwierig zu recyceln.

Polyurethan (PU):
Der polsternde Kunststoff. Polyurethan ist wie Polystyrol vor allem in seiner geschäumten Version bekannt – zum Beispiel als Matraze, Sofapolster oder auch Spülschwamm. Kann aber auch als Lack und für Beschichtungen eingesetzt werden. Nicht mechanisch recycelbar. Es gibt erste Versuche, die Polyurethan-Schäume mit Lösungsstoffen chemisch zu recyceln.

Polytetrafluorethylen (PFTE):
Besser bekannt als Teflon. Hat die Menschheit ins Weltall gebracht und beschichtet heute Pfannen, umhüllt als Gore-Tex-Membran Outdoor-Liebhaber. Allerdings mit Risiken: Bei zu hohen Temperaturen auch in der Pfanne kann Teflon giftige Dämpfe bilden.

Compounds:
Materialien, die aus unterschiedlichen Kunststoffarten zusammengegossen werden oder sogar zusätzlich andere Materialien einbeziehen. So kann Plastik mit Glasfasern oder Metallen verstärkt werden. Compounds sind häufig maßgeschneiderte Kunststoffe für Hightech-Anwendungen. Nur lassen sich diese leider selten wieder trennen.

Multi-Layer:
Die Alleskönner. Die wenigsten Verpackungen für Käse oder Wurst kommen nur mit einer Schicht aus Plastik aus. Vielschichtige Verpackungen bestehen aus mehreren Lagen verschiedener Kunststoffe, die jeweils unterschiedliche Eigenschaften haben. Etwa Feuchtigkeit, Licht oder Sauerstoff abweisen bzw. durchlassen. Hinzu kommen Schichten, die Farben tragen können. Viele Mulitlayer sind innen mit undurchlässigem Aluminium bedampft oder verklebt. Diese vielen Lagen aus verschiedenem Kunststoff lassen sich nur sehr schwer trennen und recyceln.

roporplatte, jede Menge Kleinstverpackungen, ein Deckel eines Joghurtbechers. Hunderte von Schnipsel laufen rasend schnell vorbei.

In den Anfängen der Recyclingbranche lief dieses Band langsamer und es standen Menschen daneben, die per Hand die Dinge herausgriffen, die sich verwerten ließen. Heute erledigen Hunderte von Scannern diese Arbeit. Per Infrarot erfassen sie all die Verpackungen und den Dreck, der auf den Förderbändern unter ihnen durchrattert. Die Scanner erkennen nicht nur die verschiedenen Kunststoffarten, sie melden auch die Position auf dem Band an Druckluftdüsen. Die Förderbänder knicken ab und Düsen unter den Förderbändern schießen mit Druckluft die Deckel, Becher und Tüten je nach Plastiksorte nach oben auf ein weiteres Laufband. *Nahinfrarot-Sortierung* heißt diese Technik in der Fachsprache – oder einfach kurz: *NIR*. Allein die Sortieranlage in Norddeutschland hat 20 solcher Scanner und Druckluftsysteme.

Die Kosten für solche Maschinen gehen in die Hunderttausende Euro, doch sie rechnen sich. Die Abfälle brauchen nur eine Viertelstunde, um ihren Weg durch die Halle zu finden, bis sie ganz am Ende, auf der anderen Seite, in 17 verschiedenen Fraktionen wieder auftauchen. Maschinen pressen das Plastik in würfelförmige Ballen und umschnüren sie mit Stahlseilen. So zu riesigen Paketen verpackt, lagert die Sortieranlage ihr Material – bis sich ein Käufer findet.

Der Lagerplatz könnte mehrere Fußballfelder einnehmen. Überall stehen Ballen herum, manche Fraktionen werden auch einfach zwischen Mauern zu einem Berg aufgeschüttet. Die guten Fraktionen aber stehen sogar unter Wellblechdächern, sind so von Regen und Feuchtigkeit geschützt. Etwa die HDPE-Flaschen, viele davon haben Wasch- oder Spülmittel, Duschgel oder Shampoo enthalten, die Abfälle reinigen sich deshalb fast von selbst, scherzt der Betriebsleiter, eine gut verkäufliche Fraktion. Der Müll duftet dank Shampoo und Duschgel angenehm, lässt sich recyceln, die Sortierer bekommen gutes Geld dafür. Auch unbepfandete PET-Flaschen und Schalen oder Blumentöpfe und Packbänder haben noch einen kleinen Wert. Ebenso vielschichtige Getränkekartons und Metalle, die hier zu Ballen gepresst stehen: Für all diese Fraktionen bekommen Sortierer ein paar Euro pro Tonne von ihren Abnehmern – von Recyclingunternehmern im In- und Ausland.

Eine geniale Idee: Die Verursacher zahlen

Das deutsche Recyclingsystem gehört zu den ausgeklügelsten und erfolgreichsten der Welt. Deutschland ist eine der ersten Nationen, die überhaupt eine flächendeckende Müllsortierung und Verwertung eingeführt hat. Das ist vor allem einem Mann zu verdanken, einem Vordenker der Kreislaufwirtschaft: Klaus Töpfer.

Das Publikum in der historischen Stadthalle der Industriestadt Wuppertal trägt Abendkleider und Anzüge. Auf den runden, weißgedeckten Tischen stehen große silberne Kerzenleuchter. Die deutsche Kreislaufwirtschaft hat sich an diesem Abend in festlichem Ambiente versammelt. Die Vorspeise ist schon abgeräumt, bis zum Hauptgang dauert es noch. Denn zunächst soll Klaus Töpfer auf die Bühne.

Die Veranstalter spielen einen kleinen Film ab, der Töpfer und seine politischen Erfolge vorstellt. Nicht, dass das nötig gewesen wäre, in der Halle kennt man ihn. Töpfer war in Deutschland unter Kanzler Helmut Kohl Umweltminister und leitete später das Umweltprogramm der Vereinten Nationen. Als der über 80-Jährige die Bühne betritt, applaudieren die Menschen im Saal. In seiner Karriere hat Klaus Töpfer geschafft, was nur wenige Politiker schaffen: Er hat Gesetze und Verordnungen erlassen, die heute von vielen Ländern auf der ganzen Welt kopiert werden.

Es war das Jahr 1990, gerade erst hatte sich das nach dem Krieg zweigeteilte Land wieder vereint, doch weder Ost noch West wussten wohin, mit den Jahr für Jahr wachsenden Abfällen aus den Haushalten ihrer Bürger. Bis dahin hatte man die Abfälle in Deponien entsorgt. Der Müll wurde in Sandgruben oder in ehemaligen Steinbrüchen vergraben oder einfach als Berg aufgeschichtet und mit einer Schicht Erde abgedeckt.

Eine gute Deponie braucht eine Abdichtung, etwa aus Teichfolie, damit keine Giftstoffe aus der Müllhalde ins Grundwasser durchsickern. Sie muss auch Regenwasser ableiten. Weil Müll auch unter der Erde gärt, weil sich stetig Gase wie Methan und CO_2 bilden, muss die Deponie Auffangsysteme für diese Gase haben und sie im Bestfall auch ableiten können. Wer heute durch die Wälder und über die Hügel vor den Städten läuft, stößt vielleicht noch auf kleine, graue Plastikschornsteine, die aus der Erde aufragen, daran ein gelbes Warnschild: »Vorsicht! Deponiegas«.

Weltweit sind Deponien deshalb eine große Quelle für Treibhausgase – und ein großes Problem. Allein in Deutschland verursachen Deponien heute etwa 300 Millionen Kilogramm Methan. Das ist so viel, wie drei Millionen Rinder im Jahr ausstoßen. Dabei verfügt Deutschland über effiziente Deponien, etwa 57 Prozent des Methans werden aufgefangen.[3] In anderen Ländern gelangt deutlich mehr in die Luft. Die OECD schätzt, dass beinahe die Hälfte der Plastikabfälle weltweit auf Deponien verscharrt wird.[4] Die meisten dieser Deponien dürften nicht über die nötigen Vorkehrungen verfügen, um Grundwasser und Atmosphäre zu schützen.

In Deutschland quollen die Deponien schon Ende der 1980er-Jahre über, die Betreiber wussten kaum noch, wohin mit all dem Hausmüll. Die Städte und Kommunen wollten keine neuen Müllhalden mehr eröffnen, schimpften aber gleichzeitig über den Entsorgungs-Notstand. Eine Lösung musste her.

Töpfers Konzept: Die Wirtschaft solle doch für den Müll zahlen, den sie verursachte. Sie solle die Kosten dafür tragen, dass nicht noch mehr Abfälle auf den Deponien landen. Die Idee hatte der Schwede Thomas Lindqvist schon kurz zuvor in einem Report an die schwedische Regierung vorgestellt.[5] Doch Deutschland war das erste Land, das die Kreislaufwirtschaft in Gesetzesform goss: 1991 trat die erste »Verpackungsverordnung« in Kraft. Sie hielt fest, dass die Kosten der Umweltbelastung dem Verursacher zuzuordnen sind. Supermärkte, Nahrungsmittelkonzerne, Getränkeabfüller wurden durch das neue Gesetz verpflichtet, ihre Verpackungen zurückzunehmen und zu verwerten. Das galt nicht nur für Plastik, sondern ebenso für Glas- oder Papierverpackungen.[6]

Für diese Aufgabe gründeten die Verursacher von Müll, also die Inverkehrbringer von Verpackungen wie Lebensmittelkonzerne, ein Unternehmen: Das *Duale System Deutschland*, kurz *DSD*. Bekannt wurde die Organisation unter einem anderen Namen: Grüner Punkt. Das Logo druckten die Inverkehrbringer auf ihre Verpackungen, für die sie fortan eine Lizenzgebühr an die DSD zahlten – einen bestimmten Preis pro Tonne der vermarkteten Verpackung. Das Geld wurde eingesetzt, um Mülleimer aufzustellen, Sortieranlagen und Recyclingfabriken zu bauen. In den 1990ern lernten die Menschen in Deutschland, dass Verpackungen, die den Grünen Punkt tragen, in gelben Tonnen oder gelben Abfallsäcken gesammelt und von der Müllabfuhr abgeholt werden.

Klaus Töpfer gilt noch heute als der Schöpfer des Grünen Punkts. »Manche nennen mich auch den gelben Sack, aber das höre ich nicht so gerne«, scherzt Töpfer auf der Bühne in Wuppertal. Lachen ertönt in dem Saal.

Die Einführung des Grünen Punkts begleitete Töpfer mit einer massiven Aufklärungskampagne. Der neue Recycling-Begriff machte die Runde – dahinter stand das Versprechen, dass all das Plastik in den Müllsäcken wiederverwendet würde. Aus Altplastik mach Neuplastik. Das Duale System schaltete Werbung in Zeitungen, Funk und Fernsehen, um den Deutschen beizubringen, wie sie Abfälle richtig sortieren. Mülltrennung war selbst in den Schulen Unterrichtsthema. Noch heute gelten die Deutschen als Weltmeister im Trennen. In manchen Städten stehen seither in Hinterhöfen und in Vorgärten bis zu fünf verschiedene Mülltonnen – für Leichtverpackungen, Papier, Kompost, Glas und Restabfälle. Der Name »Duales System« sollte verschiedene, parallel betriebene Tonnen und Entsorgungswege betonen.

Damals hatte Töpfer große Hoffnungen für das Recyclingsystem. Er wollte die Abfälle nicht nur sortieren und wiederverwerten, er wollte sie vor allem reduzieren. Die Gebühren sollten ein Anreiz für die Händler und Hersteller sein, weniger Verpackungsmaterial einzusetzen. Plastik war deshalb schon in den Anfängen der Verpackungsverordnung das teuerste Material. 1993 zahlten die Konzerne für Papier nur 33 Pfennig pro Kilogramm, für Aluminium 1 D-Mark, für Plastik aber 3 D-Mark. Bereits 1993 lagen die Summen, die über den Grünen Punkt eingenommen wurden, bei 2,8 Milliarden D-Mark.[7] Gebühren, die Inverkehrbringer flugs auf den Endpreis ihrer Produkte aufschlugen – heute spricht man in der Branche von *Recyclingcents*, die jeder Bürger unbewusst mit dem Kauf eines verpackten Produkts entrichtet.

Jede Menge Grüner Punkte

Die Idee, dass die Händler und Hersteller für diese Infrastruktur zahlen sollten, verbreitete sich schnell in ganz Europa. *Erweiterte Herstellerverantwortung*, heißt der Fachbegriff, auf Englisch *Extended Producer Responsibility (EPR)*. Das Verursacherprinzip revolutionierte sukzessive die Art und Weise, wie moderne Gesellschaften Müll entsorgten und die Kostenübernahme für Abfall und Verschmutzung verteilten. 1994 übernahm die EU die Idee. In den Mitgliedsländern gründeten sich darauf zahlreiche Duale Systeme.[8] In Österreich bekam die DSD mit der Altstoff Recycling Austria (ARA) eine Kollegin. In Spanien entstand Ecoembes, Eko-kom in Tschechien, Gront Ponkt in Norwegen und Fost Plus in Belgien – fast alle mit dem Grünen Punkt im Namen oder im Logo vereint.

Diese Grünen Punkte sind in der Regel nicht staatlich organisiert. In Ländern wie in Spanien oder Tschechien gehören die Organisationen den Unternehmen, die Verpackungen in den Verkehr bringen – also namhaften Herstellern wie Coca-Cola, PepsiCo, Nestlé oder Verpackungsherstellern und bisweilen Entsorgern. Weil die Lebensmittelindustrie und Plastikhersteller manchmal mitbestimmen, wie viel sie für ihren vermarkteten Plastikmüll bezahlen, sprechen die Kritiker des Systems Grüner Punkt von einem Interessenkonflikt.

Es gibt zwei Interessenvertretungen der Grünen Punkte. Die EXPRA sitzt in Brüssel und vertritt die Interessen der Grünen Punkte bei der Europäischen Union. Als Ziele setzt sie sich unter anderem, ihren »Mitgliedern dabei zu helfen, die besten Leistungen zu den niedrigsten, nachhaltigen Kosten für ihre Kunden anzubieten«.[9] Der andere Verband, PRO Europe, steuert und kontrolliert die korrekte Anwendung des Logos und der Handelsmarke Grüner Punkt in seinen Mitgliedsländern.

Noch heute dient Töpfers Traum als Inspiration. Organisationen wie den Grünen Punkt gibt es mittlerweile auch in Ländern wie Thailand, Indonesien, in einigen Bundesstaaten der USA und in Russland. Südafrika führte 2021 als erstes Land auf dem Kontinent die Herstellerverantwortung ein. Die Idee der Herstellerverantwortung hat damit eine ganze Branche begründet, das weiß auch Töpfer. »Ich habe mehr Jobs geschaffen als jeder Arbeitsminister«, ruft er von der Bühne der historischen Wuppertaler Stadthalle. Das Publikum antwortet ihm mit Lachen, schon wieder. Viele, die hier sitzen, arbeiten in der Branche. Damals, zu Töpers Zeiten, hieß sie noch Abfallwirtschaft. Heute spricht man stattdessen von der *Circular Economy*.

Der Abend in Wuppertal ist der krönende Abschluss einer Konferenz zu diesem Thema. BASF und Bayer haben Vorstandsmitglieder geschickt, die an diesem Tag versprochen haben, dass ihre Unternehmen Teil der Circular Economy sein wollen. Ihnen geht es längst nicht mehr nur um fachgerechte Entsorgung oder ein grünes Image. Es geht auch um einen Zugang zu knappen Ressourcen. Der Traum von Kreisläufen, den Klaus Töpfer vor 30 Jahren hatte, ist größer geworden, er hat sich ausgeweitet. An diesem Abend wabert er durch alle Köpfe. Und darauf will die Branche nun anstoßen und feiern.

Im Sortierlabyrinth: Schwächen im System

Auf dem Hof der Sortieranlage in Norddeutschland ist die Kreislaufwirtschaft kein Traum, sondern eine gesellschaftliche Herausforderung. Der Betriebsleiter und seine Kollegen ringen hier jeden Tag mit Plastikbergen, die höher und höher werden. Das Unternehmen hat seine Sortiertechnologie über Jahrzehnte weiterentwickelt. Doch das System hat immer noch Schwächen.

Die Scanner können etwa schwarze Kunststoffteile nicht vom ebenfalls dunklen Förderband unterscheiden, zumindest nicht, wenn die Teile mit Ruß gefärbt sind. Sie können auch nicht berücksichtigen, ob an dem Joghurtbecher aus Polypropylen noch ein Aluminiumdeckel hängt, der eigentlich in einer eigenen Fraktion gesammelt würde. Die Scanner sehen zwar die Frischhaltefolie, nicht aber das halbe Pausenbrot, das darin noch hängt. Wahrscheinlich ist das Brot so schwer, dass die Druckluftdüsen die Plastikfolie nicht wegpusten können. Die Maschinen scannen die Flasche, aber können nicht darauf reagieren, wenn Deckel und Etikett aus anderen Kunststoffarten bestehen. Und erst recht erfassen sie nicht, ob eine Verpackung aus mehreren Schichten Kunststoff besteht, die miteinander verwoben oder verschmolzen sind.

Die Scanner können auch wenig ausrichten, wenn das Band überladen ist oder sich zu schnell dreht. Dann erfassen sie nur einen Teil des Mülls. Folienreste und Netze können sich verheddern und sogar den Stillstand der Maschinen erzwingen. Das passiere regelmäßig, sagt der Betriebsleiter. Obwohl die Bänder und Maschinen beinahe täglich gereinigt werden, ist es immer staubig, dreckig und meist auch feucht. Das Hassobjekt aller Sortierer sind Musik-Kassettenbänder und Videofilme, die Menschen auf ihren Dachböden finden und in die gelbe statt in die schwarze Tonne werfen. Die Bänder wickeln sich in der Halle ab und erzwingen einen Maschinenstopp, bis Mitarbeiter den Bandsalat aufgelöst haben. Passiert ungefähr täglich in jeder Sortieranlage – weltweit.

Und es geht nicht ganz ohne Muskelkraft: Zwischen den NIR-Scannern befinden sich Ebenen, in denen Mitarbeiter mit Arbeitshandschuhen Holz, Elektronikschrott oder anderen störenden Unrat von den Bändern fischen, bevor die verschiedenen Abfallfraktionen am Ende per Gabelstapler aus der Halle auf den riesigen Hof geschoben werden. Die osteuropäischen Zeitarbeiter wechseln von Band zu Band, damit die Arbeit nicht zu eintönig wird. Das Band bleibt dasselbe, aber der Blickwinkel hat sich geändert. Jede Abwechslung ist willkommen bei diesem schweißtreibenden und eintönigen Job. Sortieranlagen sind nun einmal keine Bonbonfabriken.

Wie gut die Sortieranlage arbeiten kann, hängt auch davon ab, wie gut die Menschen ihre Abfälle vorher sortieren. Die Anlagenbetreiber finden regelmäßig auch Papierstapel, Speisereste oder sogar Tierkadaver im angelieferten Müll. Rund ein Viertel des Mülls, der bei den Sortieranlagen landet, gehört eigentlich nicht in die gelbe Tonne oder den gelben Sack.[10] Je mehr Speisereste und Unrat in der Mülltonne landen, umso mehr muss die Sortieranlage leisten – ohne dafür mit Lizenzentgelt entlohnt zu werden.

Diese Fehlwürfe sind für die Anlagenbetreiber nicht nur kostenintensiv und aufwändig, sie sind auch gefährlich. Etwa wenn elektrische Geräte in den Sortieranlagen landen, sogar wenn sie so klein sind wie Smartphones. Die Lithium-Ionen-Akkus in den Geräten können sich entzünden, wenn sie unter Druck geraten. Diese Feuer lassen sich nicht mit Wasser löschen. Regelmäßig kommen Menschen zu Schaden, wenn in den Sortieranlagen Feuer ausbrechen.

Selbst nagelneue Anlagen prominenter Entsorger brennen immer wieder ab. Die Schäden gehen in die Millionen. Die Betriebe stehen für Monate still.[11]

Es gibt auch Fehler und Verstöße, die den Sortieranlagen nutzen. Ein Kleiderbügel oder Kinderspielzeug gehören nicht in die gelbe Tonne, weil sie keine Verpackung sind. Somit haben die Hersteller keine Lizenzgebühren bezahlt, um das Material sortieren und wiederverwerten zu lassen. Weil die Produkte aber aus den gleichen Plastiksorten sind wie Verpackungen im Gelben Sack, können die Sortierer solche »intelligenten Fehlwürfe« in ihre Fraktionen packen, weiterverkaufen und recyceln lassen.

Um Müll auf technischem Höchstniveau sonst doppelt behandeln, ist eine milliardenschwere Branche gewachsen, die Abfall möglichst effizient von der Abfuhr bis zur Verwertung zu behandeln versucht. Die Abfallwirtschaft ist ausdifferenziert in Entsorger, Sortierer, Recycler, aber auch Verbrenner, Aufbereiter, Logistiker, Maschinenbauer, technische Berater, Forscher, Prüfer und Bilanzierer gehören dazu. Nur wenige von ihnen beschäftigen sich wirklich damit, wie wir Abfall sparen könnten. Stattdessen haben sich viele von ihnen darauf spezialisiert, den Müll noch genauer zu sortieren, noch besser zu waschen, noch schneller zu schmelzen oder umweltschonender zu verarbeiten. Auch sie sind so gesehen abhängig vom Abfall – Müll bringt ihnen Geld.

Von Müllfürsten und Abfallsammlern

Manche Konzerne machen mit diesem Müll Milliarden. Als größter Abfallkonzern gilt heute das französische Unternehmen Veolia. Es bereitet nicht nur Abfälle, sondern auch Wasser auf. Weltweit hat Veolia über 220 000 Beschäftigte. Umsatz: rund 30 Milliarden Euro im Jahr.[12] Auf Rang zwei und drei der weltgrößten Abfallkonzerne stehen die in Nordamerika tätigen Konzerne Waste Management und Republic Services.[13]

Hinter der Nummer vier, Remondis, steht die Familie Rethmann, ihre Mitglieder gelten als so etwas wie die Müllfürsten Deutschlands. Die Dynastie ist außerdem in der Logistik aktiv und betreibt in Europa auch Verkehrsunternehmen und Bahnlinien.[14] Konkurrenz bekommt die Familie Rethmann im Müllgeschäft von Dieter Schwarz, Gründer der Discounterketten

Lidl und Kaufland. Zu seiner Schwarz Gruppe gehört seit einigen Jahren auch PreZero, ein Unternehmen, das vor allem in Europa Plastikabfälle sammelt, sortiert und auch recycelt.[15] In seinem Heimatland Deutschland hat PreZero sogar ein Duales System als Konkurrenz zum Grünen Punkt aufgebaut.

Müll ist längst kein Geschäft mehr, das in Verruf ist, im Gegenteil. Es ist eine Branche, die immer mehr und immer namhaftere Investoren anlockt. Die spanische Gruppe FCC ist weltweit als Baukonzern, Entsorger und Recycler tätig und hat noch bekanntere Eigentümer. Zu den Investoren gehören etwa Microsoft-Gründer Bill Gates und Carlos Slim Helú.[16] Der Mexikaner hat sein Geld mit Baufirmen und Telekommunikationsunternehmen gemacht und zählt heute wie Gates zu den reichsten Männern der Erde.[17]

Auch im Globalen Süden gibt es Müllfürsten, obwohl ihr Reich kleiner ist als das der großen Vorbilder im Westen. In Asien und Afrika haben sich etwa chinesische Geschäftsleute positioniert, die mit ihren Recyclinganlagen am Ende einer ganzen Wertschöpfungskette sitzen. In Indonesien etwa haben es Recycling-Unternehmer chinesischer Abstammung zu märchenhaftem Reichtum gebracht. Sie fahren deutsche Autos in Ausführungen, die wohl auf keiner europäischen Autobahn zu sehen sind. An Feierabend drängen Hunderte ihrer Mitarbeiter in einer Warteschlange zum Ausgang ihrer Recyclingfabriken, wo sie abgetastet werden.

Die Recyclingfabriken könnten, was die Effizienz angeht, dem Standard im reichen Westen nahekommen. Doch zum Entladen, Schleppen, Packen und auch zum Sortieren braucht es hier noch die menschliche Arbeitskraft, die günstiger ist als Gabelstapler, Packroboter und NIR-Scanner. Dampf und Gestank ziehen durch die Hallen, das Abwasser läuft bisweilen ungefiltert in die Flüsse. Ein Besuch dieser Betriebe wirkt wie eine Zeitreise an den Anfang des Industriellen Zeitalters, als auch in Europa noch mehr menschliche Muskelkraft als Maschinen tätig waren. Nur die Überwachungskameras, die Gesichter von Hunderten Arbeitern beim Verlassen der Fabrik scannen, gehören zum Repertoire der Moderne.

Auch wenn es Recyclingfabriken gibt, sucht man in vielen Regionen Südostasiens, Afrikas oder auch Lateinamerikas vergeblich Müllabfuhren und Sortieranlagen im westlichen Sinne. Stattdessen übernimmt der *informelle*

Sektor diese Aufgaben: die Müllsammler. Manche von ihnen schlagen ihre Zelte direkt auf Müllkippen auf, um dort rund um die Uhr – teils samt Nachwuchs – die letzten Wertstoffe vom Haufen aufzulesen. Andere ziehen mit Karren oder einem Motorroller mit Anhänger durch die Wohngebiete.

Es ist kein prestigeträchtiger Job. In manchen Gesellschaften ist er sogar verachtet. Dann sind es die Ärmsten der Ärmsten, die aus dem Müll der reichen Eliten noch einen Wert generieren. Ohne sie würden die Städte im Müll kollabieren. *Waste Picker* nennen sich diese Menschen heute selbst. Allein in Indonesien sollen mehr als zwei Millionen Menschen zu den Müllsammlern gehören, in Indien vier Millionen. Weltweit sollen es über 20 Millionen Menschen dem informellen Sektor angehören.[18]

In der Regel machen diese Menschen ihr Geld, indem sie aus Haushaltsabfall und Müllkippen Materialien fischen, die sie noch weiterverkaufen können: Altpapier und Kartonage, auch Glasflaschen und Metallteile, besonders heiß begehrt sind PET-Flaschen. Die meisten Müllsammler nehmen nur sortenreines Plastik auf. Die gesammelten und sortierten Abfälle verkaufen Müllsammler dann zu Centbeträgen an sogenannte Müllbanken oder Aggregatoren, an Lagerbetreiber und Großhändler, die schließlich die Unternehmer mit Recyclingfabriken beliefern. Das Gros des Mülls aber lassen sie liegen, weil er keinen Wert hat.

Viele der Müllsammler tragen kein festes Schuhwerk, keine Handschuhe, manche können sich nicht einmal Badelatschen leisten. Weil viele von ihnen am Existenzminimum leben, wächst seit einigen Jahren das dringliche Interesse daran, den informellen Sektor in geregelte Arbeitsverhältnisse zu überführen, samt festem Lohn, Kündigungsschutz und vor allem einer Krankenversicherung. Der Job ist gefährlich, auch für die Gesundheit. Viele Müllsammler verfügen weder über Atemmasken noch über Handschuhe, und hantieren trotzdem regelmäßig mit giftigen Schwermetallen, Fäkalien oder Pestiziden, die sich im Müll finden. Denn in den Haushalten der Bürger in Entwicklungsländern mischt sich Plastikmüll mit Fisch- und Fleischabfällen, Windeln, allerlei anderem organischem, feuchtem Müll – eine Giftmischung, die sich auch durch jene Polymerketten zieht, die im nächsten Schritt recycelt werden sollen.

Immerhin gibt es Forschungsgruppen, die sich dem informellen Sektor widmen, Probleme erforschen und Trainings für Müllsammler anbieten. Auch haben sich Organisationen gegründet, um die Interessen der Waste Picker zu vertreten.[19] Das zeigt Wirkung. Auf internationalen Konferenzen sind informelle Müllsammler zunehmend ein Thema. Und so besteht zumindest Hoffnung, dass die Waste Picker ihre Situation verbessern können.

Nur bleiben einige Fragen offen: Wer zahlt dafür, dass irgendwann auch die Materialien eingesammelt werden, die niemand mehr weiterverkaufen kann? Was wird aus den Kleinstverpackungen aus Plastik, die es heute in jedem Land gibt, die sich aber nicht recyceln lassen?

Im reichen Westen wird dieser Müll sortiert. So gut wie immer. Nur heißt das nicht, dass die Abfälle auch recycelt werden. Denn nicht alle Ballen auf dem Hof der Sortieranlagen haben einen Wert. Die größte Fraktion, die die Sortieranlage ausspuckt, ist gleichzeitig das größte Problem. Sortierreste heißt diese Fraktion, im Fachjargon: »Mischkunststoffe Polyolefine«. Sie bestehen oft aus Verpackungen, die zu klein sind, oder die aus so vielen Schichten und verschiedenen Kunststoffarten bestehen, dass sie sich kaum oder gar nicht recyceln lassen. Diese Fraktion will niemand kaufen, sie hat keinen Verkaufswert. Im Gegenteil: Die Sortieranlagen müssen sogar dafür zahlen, dass auch diese Abfälle noch entsorgt werden, weil es schier zu viel davon gibt und die weitere Verarbeitung teuer ist. Die Preise liegen bei bis zu 200 Euro pro Tonne.

Nur einen Vorteil hat dieses Mischplastik: Es besteht aus fossilen Rohstoffen, lässt sich damit gut in Strom und Fernwärme für Haushalte umwandeln, wenn es verbrannt wird. Die *energetische Verwertung*, so der Fachbegriff, ist ein gigantisches Geschäft, zumindest für jene, die für das Verheizen der Plastikmassen bezahlt werden.

Ab ins Zementwerk: Plastik brennt gut

Das Zementwerk liegt mitten in einem Tal, umringt von verhangenen Mischwäldern und nahe gelegenen Siedlungen aus Einfamilienhäusern, deren Schornsteine kleine Wölkchen in den nebligen Himmel pusten. Im Vergleich zu dem mächtigen Schornstein des Zementwerks wirken sie wie Miniaturen. Der Schornstein der Firma Dyckerhoff im thüringischen Örtchen Deuna reicht weit über das Tal hinaus und ist umringt von anderen Rohren, die dieses Kraftwerk bilden.

Zulieferer müssen eine ewig lange Einfahrt durchfahren, bis sie vor dem Tor des Zementwerks stehen. Hier herrscht reger Verkehr: Laufend melden sich Trucker an, übergeben Frachtbriefe, die Pforte öffnet sich. Einige Lastwagen fahren zum hinteren Teil des Geländes durch, wo die Firma BT Umwelt eine Aufbereitungsanlage für Abfälle betreibt. Auf dem Hof stehen sie wieder: Hunderte Ballen von Plastikmüll. Sortierreste und Mischplastik, wie auf dem Hof der Sortieranlage.

In den Hallen wird klar, dass der Weg der Ballen geradeaus in eine Brennkammer führen muss. In der ersten Halle greift der Arm eines Krans den Müllballen und wirft ihn auf ein Förderband, in der nächsten Halle verarbeiten Maschinen die Verpackungen aus europäischen Haushalten und andere Abfälle zu winzigen kleinen, braunen Fetzen.

Zement und Beton sind die wichtigsten Baustoffe. Schließlich leben Menschen heute nicht mehr in Hütten, fahren nicht mehr auf erdigen, staubigen Wegen, sondern wohnen in Hochhäusern und bewegen sich auf Autobahnen, belastbar, witterungsbeständig, geradlinig. Nur möglich dank eines Gemischs aus Kalkstein, Quarzsand und anderen Materialien, die sich zu Zementklinker vermischen – dem Grundbaustein von Zement.

Dieses Gemisch bringt Milliarden. Weltweit gibt es nur wenige Unternehmen, die Zement und Beton produzieren. Dazu zählt etwa Heidelberg Materials aus Deutschland und die Holcim Gruppe aus der Schweiz. Die Holcim-Anteilseigner Thomas und Stephan Schmidheiny zählen auch dank des Zements zu den reichsten Menschen der ohnehin reichen Schweiz.[20] Auch das thailändische Königshaus ist mit seiner Siam Cement Group (SCG) mit diesem Baustoff sehr reich geworden.

Bloß hat Zement einen Nachteil: Die Industrie zählt zu den energieintensivsten und klimaschädlichsten Branchen, die es gibt. Sie verursacht bis zu 8 Prozent der globalen Treibhausgase.[21] Denn für den Herstellungsprozess des Zementklinkers im Drehrohrofen benötigt sie Temperaturen von über

1400 Grad[22], wobei die hohen Temperaturen zwangsläufig große Mengen Kohlenstoffdioxid aus Kalk freisetzen – auf jede Tonne Zement kommt ungefähr eine ausgestoßene Tonne des Gases, die unweigerlich in der Atmosphäre landet.

Um diese hohen Temperaturen zu erreichen, müssen Zementwerke enorme Mengen fossiler Brennstoffe wie Kohle und Öl verbrennen, die zu ihrem schmutzigen Fußabdruck in der Umwelt der Zementindustrie beitragen – und zu hohen Kosten. Doch die Zementindustrie hat einen alternativen Brennstoff für sich entdeckt: Müll.

Global agierende Zementunternehmen ersetzen fossile Brennstoffe mittlerweile mit aufbereiteten Abfällen wie Altreifen, Klärschlamm, Industrielacken oder Tiermehl. Und vor allem: Plastikverpackungen. Sie werden in den Drehrohröfen der Zementwerke als *Ersatzbrennstoffe* mitverbrannt, kurz *EBS*. Allein in Deutschland hat sich laut Zementverband *VDZ* der Einsatz von Plastikmüll als Brennstoff seit zehn Jahren verdoppelt und betrug zuletzt knapp 1 Million Tonnen.[23]

Insgesamt boomt der Markt der alternativen Brennstoffe: Der Schweizer Zementriese Holcim ist Marktführer und wirbt damit, im Jahr 2018 nach eigenen Angaben insgesamt 51 Millionen Tonnen Abfall weltweit verwertet zu haben, was dem Gewicht von acht Pyramiden von Gizeh entspricht.[24] Auch Konkurrent Heidelberg Materials – Nummer vier weltweit[25] – hatte zuletzt gut ein Viertel Müll im Brennstoffmix seiner Öfen. Bis 2030 will Heidelberg Materials den Anteil weltweit auf 45 Prozent erhöhen.[26]

In Deutschland ist die Industrie schon weiter – mehr als zwei Drittel der Brennstoffe in den Zementwerken ist bereits Müll.[27] Die *Thermal Subsitution Rate*, also die Substitutionsrate durch eingesetzte Ersatzbrennstoffe wie eben Plastikmüll, steigt seit Jahren weltweit an.[28] Mittlerweile laufen einige Zementwerke mit bis zu 80 Prozent Müll als Brennstoff, unter anderem auch in Deutschland.[29]

Als die Zementindustrie damit anfing, standen Umweltauswirkungen oder Zero-Emission-Strategien noch nicht im Vordergrund. Sie wollte vor allem eins: Geld sparen. Jean-Pierre Degré war ein Meister darin. Ende der 1970er-Jahre war Degré in leitender Position für die Ressourcenbeschaffung der Fabriken des weltgrößten Zementkonzerns Holcim verantwortlich. Und er hatte ein Problem: Die Brennstoffe für die Zementwerke wurden immer teurer.

Heute spaziert Jean-Pierre Degré fast jeden Morgen mit seinen beiden Hunden zu seinem Schrebergarten, in einer belgischen Kleinstadt. Erst nachmittags hat er Zeit, um stundenlang und pausenlos zu erzählen, dann lässt er sich in seinem Hobbykeller nieder. Degré geht auf die 80 Jahre zu, ein Kahlkopf mit roten Wangen und strahlendem Lächeln. Seine Mitstreiter beschreiben ihn als Energiebündel, als laufendes Atomkraftwerk, als jemanden, der verändert.

Damals machte sich Degré Sorgen um ein belgisches Zementwerk, für das er zuständig war und das zu viel Geld für Brennstoff ausgab. Andere Werke nutzten neuere Verfahren, konnten ihren Bedarf an Kohle und Öl senken. Das Werk konnte da nicht mehr mithalten, aus der Konzernzentrale im Schweizerischen Holderbank soll es geheißen haben: Bald müsse man schließen. Also machte er sich auf die Suche, so erzählt es Degré in seinem Hobbykeller und fragte sich: Wie lässt sich das teure Heizöl ersetzen?

Degré experimentierte in Nordafrika mit verschiedenen Abfällen wie Industrielacken als Ersatzbrennstoffe, erzählt er, weil sich deren Inhalte anders als bei bunt gemischtem Hausmüll genau bestimmen und berechnen lassen. Und tatsächlich: Es funktionierte. Der Zementofen nahm alternative Brennstoffe an, ohne in Flammen aufzugehen oder unbrauchbaren Zementklinker auszuwerfen. Degré hatte fortan eine Vision: Kommunen weltweit dabei helfen, ihre Abfälle zu verwerten, statt diese zu deponieren – oder schlimmer noch – in Flüssen oder der Natur zu verklappen. Eine wahrhaftige Win-win-Situation: Kosten senken und dabei der Umwelt helfen. Zurück in Belgien ging er in eine Testphase, setzte in seinem Zementwerk fortan teilweise »Alternative Fuel« ein, so heißen EBS auf Englisch. Degré konnte die Energiekosten senken und rettete damit das Werk.

Das sprach sich schnell herum. Degré wurde zu einem vielbeschäftigten Mann. Im Auftrag von Holcim erforschte er verschiedene Abfälle als Brennstoff, gab Analysen über Zusammensetzung und Schadstoff-Emissionen von EBS in Auftrag. Er schuf schließlich den Begriff *Co-Processing* für den Einsatz der alternativen Heizmittel, weil sie beim eigentlichen Brennprozess mitverbrannt werden, sagt Degré. Schließlich gründete er ein eigenes Subunternehmen von Holcim, das sich ausschließlich um Beschaffung und Einsatz der Ersatzbrennstoffe kümmerte: Es trägt heute den Namen Geocycle und ist das wohl bekannteste und größte EBS-Unternehmen.

Die Konkurrenz zog nach: Deutsche Zementunternehmen wie Heidelberg Zement oder Dyckerhoff erkannten den doppelten Nutzen aus bisweilen PR-wirksamem Umweltschutz und gesenkten Energiekosten durch EBS für sich. Sie stellten Ingenieure ein, die sich auf EBS spezialisierten, investierten in Forschung und Filtertechnik. Schließlich gründeten sich Firmen, die sich darauf konzentrierten, Abfälle zu entsorgen und für den Zementofen aufzubereiten. Auch Kohle- und Stahlwerke übernahmen unterdessen das Prinzip des Co-Processings und wurden somit ganz nebenbei zu Müllverbrennungsanlagen.

Gute Geschäfte

Holcims Geocycle erkannte, dass sich mit dem Konzept sogar Geld verdienen lässt. Denn Geocycle nahm immer mehr Abfälle an – und ließ sich dafür bezahlen. Heute rufen Zementwerke bei der Anlieferung von Plastikmüll sogenannte *Gate Fees* auf, also Einlass-Gebühren pro Tonne, die je nach Fraktion weit über 100 Euro liegen. So profitieren Konzerne wie Holcim nicht nur von gesenkten Brennstoffkosten, sondern sie verdienen nebenbei noch an der Flut des Plastikmülls – die Höhe der Erlöse sind ein bis heute gern gehütetes Geheimnis der Zementindustrie.

Plastikmüll nehmen die Zementwerke besonders gerne. Der Kunststoff hat andere EBS verdrängt, weil er dank seiner dem Erdöl ähnlichen Eigenschaften einen hohen Heizwert hat und es sich als flugfähige Feinfraktion, als Fluff, gut in den Ofen blasen lässt. Holcim setzte zuletzt weltweit etwa 2 Millionen Tonnen Plastikmüll im Jahr ein. Die Zementindustrie habe die Kapazität, den gesamten Plastikmüll der Welt zu verheizen, erzählte Geocycle-Geschäftsführer Axel Pieters der Nachrichtenagentur Reuters. Was für eine Ansage.[30]

Weil die Zementindustrie mit ihren Drehrohröfen so großen Energiehunger hat, der sich gut mit Plastikmüll stillen lässt, suchen Lebensmittelkonzerne wie Nestlé wiederum die Nähe zu Zementkonzernen wie der mexikanischen Zementfirma Cemex oder Holcim, um mit »Plastik-Neutralität« werben zu können[31] – der verbrannte Müll gilt schließlich als energetisch verwertet, wie es in der Abfallstatistik heißt. Die perfekte Symbiose einer unheiligen Allianz: Handelsmarken können trotz Millionen Tonnen von billigem Einwegplastik mit einem niedrigen Kunststoff-Fußabdruck werben, während die Zementindustrie an gesenkten Energiekosten und Gate Fees doppelt verdient.[32]

Nicht nur die Zementindustrie hat sich darauf spezialisiert, den großen Strom des wertlosen, gemischten Plastikmülls zu verbrennen. Rund um die Welt haben sich hochspezialisierte Anlagen entwickelt, die Müll in Energie verwandeln wollen. Allein in Deutschland gibt es etwa 150 Müllverbrennungsanlagen, viele davon gehören den Kommunen.[33] Auch der Entsorger Remondis oder der Energiekonzern Vattenfall betreiben etliche Müllöfen – oder sind daran beteiligt.

Viele Müllverbrennungsanlagen sind sogenannte Rostfeuerungsanlagen, die Siedlungsabfälle wie Essensreste und unsortierte Plastikabfälle bei relativ niedriger Temperatur wie auf einem Riesengrill verbrennen. Immerhin darf sich ein Teil dieser Anlagen heute als Müllheizkraftwerk bezeichnen, weil auch hier eine sogenannte Kraft-Wärme-Kopplung stattfindet: Die Hitze aus den Öfen treibt über einen Wasserdampfkessel eine Turbine an, die Strom erzeugt.[34]

In den 1990er- und frühen 2000er-Jahren expandierte die Branche der Verbrenner, teils mit fragwürdigen Methoden. Bestes Beispiel war der Kölner Spendenskandal in den 1990ern: Der Entsorger Hellmut Trienekens und weitere Größen der Entsorgungsbranche sollen SPD-Lokalpolitiker mit über 100 000 D-Mark bestochen haben bestochen haben, um eine Müllverbrennungsanlage zu errichten.[35] Trienekens wurde schließlich wegen Steuerhinterziehung zu zwei Jahren auf Bewährung verurteilt, seine Nachfahren sind immer noch im Geschäft. Sie betreiben heute unter anderem eine Mülldeponie in Malaysia.

Trotz Skandalen und Kritik ist die Zahl der Verbrennungsanlagen in Deutschland weitergewachsen. Sie nehmen mehr Plastikmüll und Verpackungsabfälle auf als die Recyclinganlagen. Und sie sind auch zu einem Exportschlager geworden. 2016 staunte die deutsche Wirtschaft, weil der chinesische Konzern Beijing Enterprise den Müllverbrenner EEW Energy from Waste übernahm – für fast 1,4 Milliarden Euro, seinerzeit das größte Investment aus China in Deutschland. Die Kaufsumme übertraf den Umsatz der EEW damals um das Dreifache.[36] Die Chinesen hatten es wohl nicht nur auf das Geschäft oder die Anlagen in Deutschland abgesehen, sondern auf die Technik. Denn auch der Rest der Welt will seinen Abfall in Energie verwandeln.

Heute gibt es rund um die Welt schon über 2600 Müllverbrennungsanlagen. Zusammen sollen sie eine Jahreskapazität von über 460 Millionen Tonnen verbrennen[37] – würden die Anlagen nur Plastik und nicht auch Bauschutt und Hausmüll verfeuern, könnten sie die gesamte Plastikproduktion der Welt verheizen. Doch es werden längst nicht alle vorhandenen Kapazitäten ausgeschöpft, in vielen Ländern gibt es mehr Müllverbrennungsanlagen als Abfälle, die für die Verbrennung infrage kommen, weil Konkurrenz auf dem Markt der Verbrenner entstanden ist.

Auch im Globalen Süden sollen mehr Verbrennungsanlagen entstehen – als Alternative zum sogenannten *Backyard Burning*. Viele Menschen in Indonesien und anderen Ländern verbrennen ihren Plastikmüll im Garten oder vor dem Haus, weil sie keine andere Möglichkeit haben, die Abfälle loszuwerden. Die Gefahr: Wenn Plastik brennt, können krebserregende Stoffe wie Dioxine entstehen. Forscher aus dem Team des International Pollutants Elimination Networks, kurz IPEN, fanden bei ihren Proben für eine Studie aus dem Jahr 2019 krebserregende Abbauprodukte wie Dioxine in der indonesischen Umwelt nahe den informellen Brandstätten und Haufen. Freilaufende Hühner picken in unmittelbarer Nähe Dioxine auf, die die Forscher dann in Eiern und schließlich in Dorfbewohnern nachwiesen.[38]

Bei den Müllverbrennungsanlagen und auch Zementwerken im Westen gibt es strenge Auflagen, damit solche Giftstoffe nicht entweichen. In Deutschland etwa müssen die Müllverbrennungsanlagen kontinuierlich messen, wie viele Giftstoffe aus dem Schornstein kommen. »In der Rauchgasreinigung moderner Anlagen werden die bei der Verbrennung entstehenden Schadstoffe weitestgehend eliminiert«, schreibt die Interessengemeinschaft der thermischen Abfallbehandlungsanlagen in Deutschland (ITAD).[39] Für einige

Anlagen veröffentlichen die zuständigen Behörden diese Messwerte live im Internet. Festgeschrieben sind all diese Vorschriften in Deutschland im Bundes-Immissionsschutzgesetz, in der »Bimsch«, wie es in der Branche heißt.

Bergwerke voller Giftmüll

Trotzdem produzieren auch die Müllverbrennungsanlagen Rückstände. Wenn sie Bauschutt, Hausmüll und Plastik grillen, bilden sich Schlacken am Rost. Giftige Flugaschen wirbeln in die Höhe, werden von Filtern in den Schornsteinen aufgefangen. Aus 1000 Kilogramm verbrannten Mülls bilden sich etwa 270 Kilogramm Schlacke und rund 30 Kilogramm Filterasche als Verbrennungsrückstand.[40] In Deutschland entstehen so jährlich etwa 5 Millionen Tonnen Schlacken und 350 000 Tonnen Filterasche. Die Schlacke kann gesäubert werden und wird dann teilweise noch im Straßenbau eingesetzt. Das Problem aber sind die Stoffe, die in den Filtern der Schornsteine hängenbleiben. Filterkuchen sagt man in der Branche – dabei sind solche Kuchen natürlich nicht genießbar, sondern hochgiftig. Dioxine, Furane und auch Schwermetalle finden sich in den Filtern.

Dieser Giftmüll lagert in Deutschland unter anderem in 600 Metern Tiefe in einem alten Bergwerk in Sachsen-Anhalt. Früher wurde in den Stollen Kalisalz abgebaut, heute führt ein Rohr durch einen Schacht unter die Erde. Die Giftstoffe werden dazu in einer Salzlösung verflüssigt. Wenn die Flüssigkeit abfließt, legt sich eine Salzkruste über den giftigen Abfall und versiegelt ihn. »Wir könnten hier auch Atommüll lagern, das Bergwerk ist sicher«, erzählte ein Betriebsleiter einst der Wochenzeitung *Zeit*.[41]

Würde das etwa in Südostasien ähnlich ablaufen? Umweltschützer bezweifeln das. »Die Behörden messen Dioxine und Furane nur alle paar Jahre«, sagt Yobel Putra von der Umweltorganisation Gaia, die für Alternativen der Müllverbrennung in Südostasien kämpft. »Es gibt auch nur geringe Kapazitäten für das Deponieren giftiger Rückstände in den Filtern aus den Schornsteinen, die als gefährliche Abfälle auf Sondermülldeponien entsorgt werden müssen«, so Putra weiter. Eine schwer zu meisternde Aufgabe in Ländern, in denen es oft nicht einmal eine funktionierende Müllabfuhr gibt.

In anderen Ländern sorgten die Rückstände aus Müllverbrennungsanlagen und auch Zementwerken schon für Skandale. Auch in afrikanischen, indischen und brasilianischen Zementwerken soll es zu kritischen Vorfällen in Zusammenhang mit der Verbrennung gekommen sein: In Kamerun tauchten im Umkreis eines Holcim-Werks giftige Verbrennungsrückstände nahe eines Wochenmarkts auf, berichtet die Umweltorganisation Greenpeace.[42] In Brasilien berichten Anwohner von weißen Staubwolken und schlechten Gerüchen in der Stadt und immer wieder auch von Gesundheitsproblemen. Insgesamt zählte Greenpeace bei seiner Recherche zu dem Schweizer Zementkonzern 122 Fälle von Umweltverschmutzung und Menschenrechtsverletzung in 34 Ländern. Die Fälle liegen allerdings teils Jahre zurück und sind laut Holcim allesamt unbegründet, wie der Zementkonzern auf Anfrage schreibt. Holcim habe die Vorwürfe sehr ernst genommen und sorgfältig überprüft.

Im österreichischen Görtschitztal etwa verbrannten im Jahr 2014 Ersatzbrennstoffe wohl bei zu niedrigen Temperaturen. Durch die Schornsteine des Zementwerks drang Chlorbenzol, das sich wie ein Nervengift in der Nachbarschaft verbreitete. Ernten fielen aus. Im Tierfutter, in Milchprodukten, ja selbst im Blut der Menschen sammelte sich die Chemikalie in beunruhigenden Mengen.[43]

Manche Brancheninsider, die die Verbrennung einst vorantrieben, machen sich deshalb nun um ihre Errungenschaft Sorgen. Etwa Hubert Baier. Der Ingenieur, Anfang 60, blickt auf über 30 Jahre Müllverbrennung in der Zementindustrie zurück, die er maßgeblich vorangetrieben hat – auch auf globaler Ebene. Denn Baier kam als junger Student zum Schweizer Zementriesen Holcim, wurde flugs nach Mexiko geschickt und half dort Zementwerke aufzubauen. Er erkannte die Kraft der EBS, die zu seinem Spezialgebiet wurden und zu deren Einsatz er fortan deutsche Zementer beriet. »Sie können schon sagen, dass ich es war, der das Co-Processing in Deutschland steil ansteigen ließ«, sagt er heute.

Heute machen ihm die Abfälle manchmal Sorgen, die in den Öfen der Zementwerke verbrannt werden sollen. »Natürlich ist es richtig, dass beim Co-Processing Schadstoffe entstehen können«, sagt er, »denn nicht alles, was so aussieht, kann tatsächlich verwertet werden. Ich muss mich darum kümmern, was in den Ofen reingeht und was oben wieder rauskommt.« Einige chemische Verbindungen könnten nicht einmal durch Filter aufgefangen und gereinigt werden, sondern sie werden ausgestoßen, ebenso manche Metalle wie Arsen oder Blei, die so flüchtig sind, dass sie »durchrutschen« können, sagt Baier: »Die Grenzwerte dieser Stoffe muss man immer im Auge behalten«, so der Ingenieur. Kupfer und Chlor dürfen nicht in den Ersatzbrennstoffen sein, weil durch diese Stoffe bei bestimmten Temperaturen die Entstehung von Gefahrenstoffen wie Dioxinen und Furanen begünstigt werden kann. »Deswegen gibt es technische Büros wie meins, die das Mitverbrennen von Abfällen in Zementwerken permanent kontrollieren«, sagt er.

Das CO_2-Problem

Doch nicht nur die Rückstände sind ein Problem – sowohl in den Zementwerken als auch den Müllverbrennungsanlagen entstehen Massen von CO_2. Die Müllverbrenner sollen dafür nun finanziell eingespannt werden. Ab 2024 müssen die deutschen Müllverbrennungsanlagen für ihren CO_2-Ausstoß zahlen[44], ab 2028 auch Müllverbrenner in ganz Europa.[45] Die Branche soll dann Teil des europäischen Zertifikatehandels werden, an dem auch andere klimaschädliche Branchen wie etwa die Stahlindustrie und Energiekonzerne teilnehmen. Das Prinzip: Die Konzerne bekommen für ihren CO_2-Ausstoß Zertifikate zugeteilt oder müssen diese ersteigern. Weil aber die Menge der Zertifikate auf dem Markt jedes Jahr begrenzt wird, werden sie immer teurer. Wenn ein Unternehmen CO_2 einspart, kann es seine übrig gebliebenen Zertifikate an andere weiterreichen und so Geld einnehmen.[46]

Die Zementindustrie ist schon seit den Anfängen im Jahr 2005 Teil des Handelssystems, bekam bisher jedoch großzügig Zertifikate zugeteilt. Nun will die EU auch der Zementindustrie weniger Zertifikate zugestehen.[47] Das Geld würden sich die Zementer gerne sparen. Nur ist es ihnen bisher nicht gelungen, neue Ressourcen für ihre Klinkerproduktion zu finden, die weniger CO_2 freisetzen könnten.

Statt am Anfang des Prozesses Emissionen einzusparen, versucht die Industrie nun, das Treibhausgas am Prozessende einzufangen. Die Zementer wollen das CO_2 in ihren Schornsteinen ableiten und unter die Erde pressen und dort verschließen[48], so ähnlich, wie es die Müllverbrennungsanlagen heute schon mit der Einlagerung giftiger Rückstände machen. *Carbon Capturing* heißen solche Technologien. Die Zementkonzerne hoffen, dass damit ihre Umweltbilanzen wieder etwas freundlicher ausfallen. Selbst in der Wissenschaft gelten solche Technologien mittlerweile als notwendig, um die Klimaerhitzung noch auf 1,5 Grad Celsius zu begrenzen.[49] Noch ist keine der Technologien reif und nicht alle Risiken bekannt. Was auf lange Sicht mit dem verpressten CO_2 unter der Erde geschieht, ist überwiegend unklar.

Experten wie Hubert Baier sehen das Problem an einer anderen Stelle. Zwar leiste die Zementindustrie mit dem Co-Processing einen Beitrag für das Abfallmanagement. Aber ob der auch nachhaltig ist? Experte Baier hat da seine Zweifel. »Wir doktern da an der Wirkung einer Plastikflut herum, statt die Ursachen zu bekämpfen«, sagt er. Einen Anreiz zum Plastiksparen sieht er jedenfalls nicht.

All jene Maßnahmen für den Klimaschutz gleichen einem modernen Ablasshandel und weniger wahrhaftiger Problembekämpfung. Netto null ist nun einmal nicht dasselbe wie gar keine Emissionen. Und haben die Zementer einmal auf Müll umgestellt und sind die Müllverbrennungsanlagen erst einmal aufgebaut, sind auch sie alle abhängig von einem hohen Abfallstrom. Müllverbrennung ist nun einmal keine Brückentechnologie, die sich so einfach zurückbauen lässt. Im Gegenteil: Wenn Investitionen getätigt wurden und Kredite laufen, muss der Müll in den Ofen, koste es, was es wolle.

Dabei müsste nicht sämtlicher Plastikmüll verbrannt werden, der in den Müllverbrennungsanlagen oder Zementwerken landet. Manches davon könnte auch anders eingesetzt werden.

Mischplastik: In der Parkbank versenkt

Die Parkbank ist dunkelbraun, sie hat drei Balken zum Sitzen, zwei für den Rücken und ein stabiles Gerüst, das alles zusammenhält. Ein 1,50 Meter langes Modell aus recyceltem Kunststoff kostet 399 Euro. Längere, elegantere Modelle kosten bis zu 1000 Euro. Günstig ist das nicht, für eine Parkbank aus Holz zahlt man ähnlich viel. Aber gut, die Bank soll ja Wind und Wetter standhalten – und nicht ständig gestrichen werden müssen.

Die Parkbank ist eine Art moderner Recyclingmythos, ein Synonym für die verzweifelte Suche nach einem Recycling-Schlupfloch für die passende Abfallstatistik. In der Anfangszeit des Recyclings wusste man nicht so richtig, wohin mit all dem Müll aus Kunststoffen. Findige Unternehmer mussten sich neue Produkte ausdenken, um Plastik-Rezyklat verwenden und verkaufen zu können. Die Parkbank war eins davon. In der Öffentlichkeit verbreitete sich die Meinung, aus den gesammelten Kunststoffen des gelben Sacks werden, wenn überhaupt, nur Parkbänke hergestellt, die dazu noch hässlich sind (denn es wird ja alles zusammengekippt und verbrannt, so die landläufige Ansicht), heißt es etwa in einem Übersichtswerk zum Kunststoffrecycling.

Die Parkbank, das Symbol für *Downcycling*. So nennt man es, wenn ein Produkt nur zu Produkten von geringerer Qualität oder niedrigerem Wert verarbeitet werden kann. Becher und Schalen werden zu Kleiderbügeln. Verpackungsfolien für Kartoffeln oder Toast werden zu Regentonnen oder Kabelrohren. Ein Großteil der vielschichtigen Verpackungen für Käse und Wurst etwa landet tatsächlich in Parkbänken, Elementen für Kinderspielplätze oder Anwendungen für Baustellen – so wie Standfüße oder Bauzäune.[50]

Downcycling ist in gewisser Weise die Norm: Jedes Material verliert beim mechanischen Recycling an Qualität, auch Holz oder Papier. Aus dem Hochglanz-Briefpapier wird Druckpapier, dann Zeitungspapier, schließlich Klopapier oder Pappe. Die Branche spricht deshalb lieber von *Kaskadennutzung*. Und es gibt einige, die dieses Prinzip perfektioniert haben. In Deutschland arbeitet eine ganze Branche aus mittelständischen Betrieben jeden Tag daran, Lösungen für alte Abfälle zu finden. Ein Meister solcher Kaskadenlösungen ist der Unternehmer Sascha Schuh.

Ortsbesuch bei seinem Betrieb im Erzgebirge, Ostdeutschland: In einer Fabrikhalle türmen sich Wahlplakate, meterhoch. Rote, schwarze, grüne Logos sind in dem Haufen zu sehen – und das auf Polypropylen gedruckte Lächeln der Politiker. Daneben steht Sascha Schuh, betrachtet den Haufen und grinst ebenfalls. Weil die Plakate auf Polypropylen gedruckt sind, sagt er, sind sie widerstandsfähiger als Pappplakate, sie halten auch bei Regen und Wind.

Nur leider gilt der Kunststoff als Problemfraktion, hat kaum einen Wert. Sascha Schuh macht trotzdem Geschäfte damit.

In seiner Halle hat er eine Zerkleinerungsanlage aufgebaut. Nach und nach fährt Politikergesicht für Politikergesicht ein schwarzes Förderband hinauf, um kurz danach unter lautem Getöse in seine Einzelteile gehäckselt zu werden. Bald schon bläst ein Ventilator aus einem Siloturm die geschredderten Gesichter als PP-Fetzen in einen weißen Beutel. Schuh verkauft sie mit Gewinn weiter, auch für die Entsorgung berechnet er den Parteien einen Centbetrag pro Plakat.

Sascha Schuh ist Abfallunternehmer, seine Firma heißt Abfall- und Sekundärrohstoffe Consulting GmbH, kurz Ascon. Nebst Wahlplakaten entsorgen er und seine 15 Beschäftigten auch Agrarfolien aus der Landwirtschaft und medizinischen Müll aus Apotheken. Seine Spezialität: »Das gemischte Zeug, mit dem kaum jemand etwas anfangen kann«, sagt Schuh. In Hallen lagert er ganze Ballen von Mischplastik aus Sortieranlagen. Solches Material ist schwierig zu recyceln. Würde sich Schuh nicht um diese Ballen kümmern, müssten sie wohl verbrannt werden.

Schuh ist in seinen 50ern und braun gebrannt, weil er gerne in Ländern Urlaub macht, in denen Olivenöl hergestellt wird. Hinter ihm liegen 30 bewegte Jahre voller Müll: Er war einer der frühen leitenden Angestellten des Grünen Punkts. Damals hatte der Grüne Punkt noch ein Monopol, es war das einzige Unternehmen, das Verpackungsgebühren in Deutschland einsammeln durfte. Später wurde der Markt liberalisiert, seitdem gibt es auch Konkurrenten, die Müllgebühren einsammeln und Unternehmen zu ihren Verpackungen beraten dürfen.

Schuh trat 2013 in diesen Wettbewerb ein, er gründete das Duale System Europäische Lizenzierungssysteme (ELS): Die ELS lizenzierte unter anderem die Verpackungen der Marken von Dr. Oetker und der Babymarke Hipp. Von diesem Geld musste ELS etwa Müllabfuhren bezahlen, ebenso wie für die Sortierung des Mülls aus der gelben Tonne, die dem Marktanteil von ELS entsprach. Gleichzeitig Gewinn zu machen, gelang Schuh nicht. Drei Jahre nach dem Markteintritt war ELS insolvent und die Abfallwirtschaft wütend auf ihn.[51] Also sitzt Schuh wieder auf der anderen Seite des Tischs in der

Abfallwirtschaft: als Verwerter, wie er sagt. Schuh ist ein Meister der Kaskadennutzung. Er hat schon Fußgängerbrücken aus Plastik gebaut. Nun fertigt er aus Mischplastik Bahnschwellen.

Die historischen Eisenbahnen der Sächsischen Dampfeisenbahngesellschaft fahren recht langsam durch das Erzgebirge und andere Gebiete im Freistaat Sachsen. Damit es nicht so laut rappelt in der antiken Bimmelbahn, sind die Gleise auf Schwellen gebettet, die früher mal als Verpackung in deutschen Kühlschränken und Vorratsschränken lagerten. Eisen auf weichem, etwas nachgiebigem Plastikmüll. »Die Betonschwelle ist zu laut«, sagt Schuh. »Die Kunststoffschwelle ist im Einsatz optimal.«

Weil Polymere wie Polyethylen oder Polypropylen bei verschiedenen Temperaturen ihre Schmelzpunkte haben, erkennt man noch in den fertigen Bahnschwellen schemenhaft die Reste einstiger Verpackungen. Auch die Herkunft aus der gelben Tonne können die Schwellen nicht verheimlichen, denn sie riechen leicht verfault. Miteinander verklebtes, vielschichtiges Mischplastik lässt sich eben leider nicht zu sortenreinen Pellets oder Flakes recyceln, die in verschiedene Produkte mit Neuplastik gemischt werden können.

Mit Ascon ist Schuh nicht der einzige Hersteller von Bahnschwellen. Die Firma Relux in Magdeburg stellt ein ähnliches Produkt her. Sie zerkleinert und reinigt dafür Kunststoffe in aufwändigen Prozessen, die dann »durch gezielte Materialmischungen zur Verbesserung und somit zur Veränderung von Produktionseigenschaften zu Agglomeraten und Mahlgütern verarbeitet werden«, schreibt das Unternehmen auf seiner Webseite. Downcycling ist Hochleistungstechnologie. Und teuer.

Schuh muss viel Aufwand betreiben, um das Mischplastik in Bahnschwellen zu verwandeln. Das Material bekommt er von den Sortieranlagen. Diese werden von dem Grünen Punkt und seinen Konkurrenten bezahlt, um den Plastikabfall zu verwerten. In Deutschland müssen sie die gesetzliche Recyclingquote einhalten. Das schaffen sie nur, wenn sie auch die schlechten Fraktionen wie das Mischplastik in mehr oder weniger sinnvollen Anwendungen verschwinden lassen. Die Sortierbetriebe zahlen deshalb drauf, damit Schuh ihnen das Material abnimmt. »Über 100 Euro pro Ballen«, sagt Schuh. In der Halle nebenan stehen fast Tausend davon.

Nur hat Schuh nicht die Anlagen, um die Ballen selbst zu zerlegen und zu schreddern. Er schickt das Mischplastik weiter, an einen Partnerbetrieb in Skandinavien. Der bricht die Ballen auf, wäscht sie, schmilzt das Material ein. Das kostet. Damit die Bahnschwelle hält, kommen Bindemittel wie Talkum und Kreide hinzu. Man müsse die gemischten Kunststoffe langsam einschmelzen, damit die Bahnschwelle genug Festigkeit erhält, erklärt Schuh. »Das dauert und geht ebenfalls ins Geld.« Sein Geschäftsmodell, Mischplastik in Bahnschwellen oder andere Produkte zu verwandeln, würde in Ländern, in denen der Staat nicht so hohe Gebühren für Verpackungen vorschreibt, kaum funktionieren. Doch was soll man sonst damit machen? Es ist technisch kaum möglich, neue Verpackungen daraus herzustellen, weiß auch Schuh. Solange es Mischplastik gibt, entstehen eben auch Parkbänke.

So lebt ein großer Teil der Entsorgungsbranche vom Downcycling. Nur ein Teil der Plastikabfälle, der einst bei der Sortieranlage in Norddeutschland wie ein Schatz aus gepressten Verpackungen unter Wellblech steht, lässt sich tatsächlich von alt in neu verwandeln. Nur die wenigsten Verpackungen finden als Rezyklat ihren Weg wieder zurück ins Regal. Diese Plastikabfälle sind tatsächlich ein kostbarer Rohstoff, um den sich viele Industrien reißen. Und um manche dieser Abfallfraktionen ist bereits ein Kampf ausgebrochen.

Einwegflaschen:
Die Jagd auf den Recyclingschatz

Kaum ein Plastikprodukt ist heute so beliebt wie die Einwegplastikflasche. Sie ist leicht, biegsam und trotzdem stabil genug. Sie transportiert Wasser und Limonade, sicher und geschmacksecht, ohne dass Kohlensäure oder Aromen entweichen können. Und: Sie lässt sich gut recyceln.

Wenn Recycler so etwas wie Schatzsucher sind, dann ist die PET-Flasche ihr Gold – der Rohstoff, der alle Mühen wert ist, auf den es alle abgesehen haben. PET-Flaschen sind heute mehr wert als jeder andere Plastikmüll. Über 1000 Euro zahlen Recycler in Spitzenzeiten für 1 Tonne. Der hohe Preis hat

So funktioniert das Recycling
Wie Recycler aus Plastikabfällen neue Granulate formen

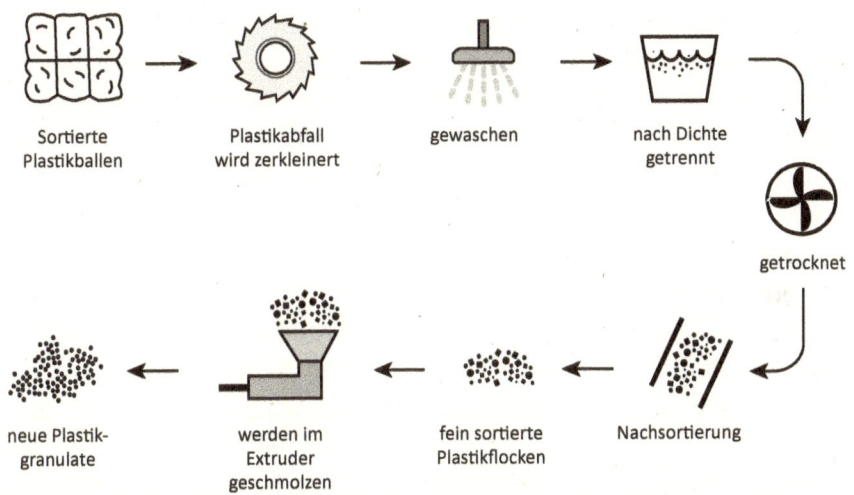

Quelle: RecyClass, Stefan Bosewitz, eigene Recherche

einen einfachen Grund: Die PET-Flasche ist ein Beispiel für Recycling, das tatsächlich funktioniert.

Der Recyclingprozess ist einfach: Mühlen zermahlen die Flaschen in kleine Fetzen, sogenannte Flakes. Die Flaschenfetzen aus PET schwimmen anders als die Flaschendeckel nicht auf der Wasseroberfläche. So können die Recycler die Flaschendeckel und auch Etiketten mittels der sogenannten Schwimm-Sink-Sortierung einfach von der Wasseroberfläche fischen und somit von den PET-Flakes trennen.[52] In großen Kesseln werden die Fetzen mit heißem Wasser gewaschen und von Schmutz und Ablagerungen befreit; danach dürfen sie bisweilen noch in Natronlauge baden, damit auch kein Aroma mehr an Plastik haftet.[53]

Die Flakes werden noch mal gewaschen und getrocknet, die Recycler können die Fetzen auch nach Farben sortieren und zum Beispiel verfärbte Fetzen aussortieren. So erhält der nächste Recycler einen Rohstoff, der wie die Plastikflaschen möglichst transparent ist. Sie müssen ihn nur noch schmelzen, das flüssige PET durch Siebe und Gitter pressen, um kleine Granulate zu formen. Aus diesem Recyclinggranulat lassen sich neue Flaschenrohlinge herstellen und wieder aufblasen, damit die nächste Flasche Form annimmt. Fertig.

Es ist ein geschlossener Kreislauf, zumindest beinahe. Bei der Heißwäsche und in der Natronlauge etwa können sich Partikel von Mikroplastik im Abwasser lösen.[54] Das bedeutet für die Recycler einen Materialverlust. Wenn der Kunststoff mehrfach gewaschen wird, wird er trüb und unbrauchbar. Also müssen die Betriebe mehr Flaschen recyceln, als sie später wieder aus der Anlage herausbekommen. Immerhin lässt sich aus einer Flasche wieder eine Flasche herstellen. *Bottle to Bottle* heißt das Prinzip.

Anders als bei anderen wertvollen Rohstoffen gibt es an den Flaschen keinen Mangel. Weltweit wurden 2021 über 590 Milliarden PET-Flaschen verkauft.[55] Das hieße, dass jeder der acht Milliarden Menschen im Schnitt mehr als 70 PET-Flaschen im Jahr kaufen und trinken würde.

In vielen Ländern ist auf diesen Flaschen ein Pfand. Für ein paar Cent sammeln Verbraucher die Flaschen und geben sie an Kassen oder Automaten ab – und übernehmen damit einen Teil der Arbeit, den sonst Müllabfuhr und Sortieranlagen leisten müssen. Meist sind sie darin sogar besser: In Ländern mit einem Pfandsystem liegen die Sammelquoten für die Flaschen bei bis zu 96 Prozent, schätzt eine Studie der Organisation Zero Waste Europe.[56] In den europäischen Ländern ohne Pfandsystem kommt hingegen nur etwa die Hälfte der Flaschen zusammen. Der Rest erreicht die Sortieranlagen nie, sondern bleibt in den falschen Mülltonnen, in Verbrennungsanlagen oder einfach in der Umwelt zurück.

Und es gibt nicht nur ein großes Angebot, auch die Nachfrage nach Rezyklaten ist hoch. Aus Getränkeflaschen lassen sich vorzüglich eine ganze Reihe von Produkten herstellen. Insbesondere Polyester lässt sich einfach aus PET fertigen. Tatsächlich gibt es heute kaum ein Fußballtrikot oder eine Regenjacke, die ohne aus alten Flaschen gesponnenes Garn auskommt.

Das ist keine neue Entwicklung. Bereits seit drei Jahrzehnten verarbeiten Unternehmen alte Getränkeflaschen vor allem zu Garn. Das US-Unternehmen Wellman Industries erkannte das Potenzial wahrscheinlich als Erstes. Der Textilhersteller entdeckte, dass sich aussortiertes Material und Muster

der PET-Industrie vorzüglich zu Polyester spinnen lassen. Doch die Plastikflasche verursachte einen wahren Polyesterboom. Wellman führte die ersten
Tests mit den Flaschen bereits 1979 durch, nur wenige Jahre nach dem Coca-
Cola die Plastikflasche überhaupt erst auf den Markt gebracht hatte – und
hielt das aber selbst vor Forschungspartnern geheim, aus Angst, die Kunden
würden keine Garne aus Müll kaufen wollen.[57]

Den Durchbruch der Recyclingtechnologie brachten die Bottle Bills –
mit diesen Gesetzen belegten die ersten US-Staaten Plastikflaschen mit einem
Pfand und schrieben auch vor, dass sie gesammelt werden müssen. Wie aus
dem Nichts kam Wellman Industries an einen Rohstoff, der nicht nur billig,
sondern geradezu im Überfluss zu bekommen war. Wellman fertigte 1993
Flaschen-Polyester für Fleecejacken für den Outdoorhersteller Patagonia. Der
verkaufte die Jacke aus Müll für 85 US-Dollar pro Stück an seine Kunden.[58]

Das Konzept war so erfolgreich, dass es für die Modeindustrie ein neues
Zeitalter einläutete. Bereits 1995 beschwerten sich Industrie-Manager öffentlich, es seien kaum noch Flaschen zu bekommen. Die Konkurrenz aus China
kaufte ihnen das Material unter den Fingern weg, sie brauchten es für die
wachsende chinesische Modeindustrie.[59] Wellman, Pionier des Recyclingpo-
lyesters, musste deshalb Anlagen stilllegen. Das Unternehmen geriet in die
Krise, meldete 2008 Insolvenz an. Mittlerweile hat Wellman neue Eigentümer – sie kommen aus Shanghai.[60]

Die PET-Flaschen aber haben ihren festen Platz in der Modeindustrie
gefunden. Heute sollen schätzungsweise 15 Prozent des Polyesters weltweit
aus Altplastik bestehen.[61] Selbst billige Massenmodemarken wie Primark
oder Shein, Treiber der Ultra Fast Fashion, fertigen heute ihre Kleidung aus
PET-Flaschen.[62, 63] Große Mode- und Sportkonzerne wie Adidas, Puma und
H&M erlegen sich ähnlich wie die Konsumgüterindustrie werbewirksame
Ziele auf, mehr und mehr Recyclingmaterial zu verwenden. Selbst Ikea hat
versprochen, nur noch recycelte Polyester für Teppiche oder Kissenbezüge zu
verwenden.[64]

Autokonzerne freuen sich über die Flaschen als Recyclingrohstoff; sie
können etwa Sitzbezüge oder Fußmatten daraus fertigen. Der Reifenhersteller Continental will künftig 60 Plastikflaschen als Recyklingmaterial in

seinen Autoreifen verbauen.[65] Die US-Metropole Los Angeles testet sogar einen Straßenbelag aus Rezyklat, pro Meile sind dafür rund 150 000 Flaschen nötig.[66] Lego feilt an neuen Bausteinen aus recycelten PET-Flaschen.[67]

Diese Industrien haben einen gewaltigen Vorteil: Im Vergleich zu den Verpackungsherstellern verdienen sie an jedem ihrer Produkte ordentlich, ihre Kunden lassen sich durch höhere Preise nicht verprellen. Ein Reifen darf auch 50 Euro kosten, ebenso ein großes Lego-Set, eine Verpackung besser nicht mehr als ein paar Cent. Damit können Reifenhersteller, Möbelkonzerne und auch Sportbekleidungshersteller auch wesentlich leichter die hohen Preise für das Rezyklat verkraften – und kaufen es im Zweifelsfall den Verpackungsherstellern einfach weg.

Weil die Nachfrage von allen Seiten zunimmt, wird der Recyclingrohstoff langsam knapp. Längst ist ein Streit um das Flaschengold ausgebrochen. Auf der einen Seite stehen die finanzstarken Konzerne und Marken, auf der anderen Seite die Verpackungsindustrie. Wer die Flaschen haben will, wird dafür bald vielleicht teuer zahlen müssen, vermuten Marktbeobachtungsfirmen.[68]

Die ersten Akteure versuchen, sich das Material über politische Wege zu sichern. So haben sich in Brüssel der europäische Verband für Softdrinks UNESDA mit den Kollegen vom Verband der Fruchtsäfte AJIN und dem Mineralwasserverband NMWE zusammengeschlossen, um die EU um Unterstützung in diesem Kampf zu bitten. Sie fordern das Recht, das Flaschenrezyklat zuerst kaufen zu dürfen.[69] Der Geschäftsführer des deutschen Mineralwasserkonzern Gerolsteiner Roel Annega erklärte in der Tageszeitung Welt: »Aus einer alten Plastikflasche lassen sich problemlos Taschen, Fleecepullis und Autoteile machen – umgekehrt klappt das aber nicht«. Die Modekonzerne und Autobauer? »Sollen ihre eigenen Kreisläufe schaffen«, sagte der Gerolsteiner-Geschäftsführer.[70]

Bei diesem Wettkampf wird gerne vergessen, dass auch die Plastikflasche eine Umweltsünde ist. Zwar ist sie gut recycelbar und auch leicht, spart damit beim Transport viel CO_2. Aber Wasser und Cola könnten die Verbraucher genauso gut aus Mehrwegflaschen trinken oder gleich aus neuen Abfüllstationen und Getränkebrunnen, die Coca-Cola und seine Konkurrenten einführen wollen. In einigen Ländern gibt es sogar PET-Mehrwegflaschen, die wiederbefüllbar und recycelbar sind. Doch in Deutschland hat die Einwegflasche nach und nach die Mehrweglösungen verdrängt.[71] Obwohl die Getränkekonzerne die Einwegflasche erst verbreitet haben, liegen sie im Kampf um den Recyclingschatz zurück. Nach einer Studie von Zero Waste Europe wird in Europa nur etwa jede dritte PET-Flasche zu einer neuen Flasche recycelt – die restlichen zwei Drittel enden in Kleidungsstücken, in der Autoindustrie oder ganz anderen Produkten.[72]

Von einem Kreislauf ist damit selbst der wertvollste Recyclingrohstoff noch weit entfernt. Und nicht nur das: All die Recycling-Teppiche, Autoreifen und Winterjacken aus Altflaschen stören einen möglichen Kreislauf nur weiter. In der Getränkeflasche ist das Plastik noch durchsichtig und nicht von Schadstoffen belastet. Für das T-Shirt aber wird das PET gefärbt, mit Additiven vermischt und mit anderen Fäden zu einem Stoff verwoben, der nur von kurzer Lebensdauer ist, bevor sich die ersten Schwachstellen und Löcher zeigen. Textilien lassen sich bisher nicht gut oder gar nicht recyceln, Maschinen können vor allem Fasergemische kaum voneinander trennen. »Aber was passiert mit der Winterjacke aus PET-Flaschen, nachdem sie ein paar Jahre getragen wurde? Sie wird nicht zu einer neuen Winterjacke recycelt, sondern höchstwahrscheinlich weggeworfen und landet dann bestimmt auf einer Mülldeponie oder in einer Verbrennungsanlage«, erklären die Vertreter der Verbände für Mineralwasser, Säften und Softdrinks.[73]

Der Streit um das Flaschengold wird durch politische Maßnahmen noch verstärkt. In der EU gilt mittlerweile eine Rezyklat-Quote für Getränkeflaschen – bis 2025 müssen alle Hersteller 25 Prozent Rezyklate für ihre Flaschen verwenden, bis 2030 soll der Anteil auf 30 Prozent steigen.[74] Einige Unternehmen haben bereits öffentlich Ziele verkündet, die noch ehrgeiziger sind. Einhalten können sie diese Ziele nur, wenn sie noch viel mehr Flaschen recyceln. Zwar sind auch Erdbeeren, Champions in Supermärkten und selbst Sushi vom Imbiss meist in PET-Schalen verpackt. Doch viele von ihnen sind schwarz gefärbt und daher für das Recycling weniger geeignet.[75] Haben sie ihren Nutzen erfüllt, landen auch diese Verpackungsschalen häufig in dem großen Rest der Sortieranlagen. Und noch ein anderer Faktor ist knapp: die Recyclinganlagen für die PET-Flaschen. Ein Forschungsteam der ETH

Zürich hat berechnet, dass das die Recyclinganlagen für PET bis 2025 ihre Kapazitäten um rund die Hälfte aufstocken müssten, wenn nur die Konsumgüterkonzerne ihre freiwilligen Versprechen einhalten wollen.[76]

Die Konkurrenz um das Flaschengold könnte also dazu führen, dass die Unternehmen weder ihre eigenen Ziele noch die gesetzlichen Quoten erfüllen können. Es sei denn, sie zahlen sehr hohe Preise dafür. Eine absurde Nebenwirkung der vermeintlichen Kreislaufwirtschaft: Manche Hersteller sollen das Rezyklat bereits aus Asien oder sogar Neuseeland importiert haben.

Dieser globale Ansturm auf das PET könnte in Zukunft noch zunehmen. Den Konzernen bleibt kaum eine andere Möglichkeit. Denn das Flaschenrezyklat hat ein weiteres Alleinstellungsmerkmal: Es darf für den Kontakt mit Lebensmitteln eingesetzt werden.

Nicht lebensmitteltauglich

Dass das Rezyklat aus Sri Lanka mit Schadstoffen belastet war, ließ sich nicht riechen. Es ließ sich auch nicht sehen. Das Rezyklat, hergestellt aus dem Kunststoff HDPE, hatte eine leicht metallische, türkise Farbe, doch wirkte sonst nicht auffällig. Erst ein Labortest brachte Gewissheit. Von den 18 schädlichen Chemikalien, auf die das Labor die Probe untersuchen sollte, enthielt das Rezyklat gleich zwölf. Etwa den Weichmacher Bisphenol A, der vor allem für Kinder äußerst gesundheitsschädigend sein kann. Die Probe enthielt auch das Flammschutzmittel *DecaBDE*. Die Chemikalie kann den menschlichen Hormonhaushalt und auch das Nervensystem schädigen, sie steht auch im Verdacht, krebserregend zu sein und ist deshalb bereits seit 2017 global verboten. Nur noch in einigen wenigen Ausnahmen darf DecaBDE eingesetzt werden, etwa in Flammschutzkleidung – aber nicht im Recycling.

Das Labor hatte das Rezyklat im Auftrag des International Pollutants Elimination Network (IPEN) untersucht. Das Netzwerk von Wissenschaftlern setzt sich gegen die Verbreitung von giftigen Chemikalien ein. Für die Studie kauften die Forscher 24 Rezyklate aus unterschiedlichen Ländern ein, alle bestanden aus dem Kunststoff HDPE, der zum Beispiel für Shampooflaschen und Weichspüler eingesetzt wird. Das Ergebnis: »Keine der Proben war frei von chemischer Verunreinigung«, schreiben die Studienautoren. In einer Probe aus Argentinien fanden sich sogar 15 der untersuchten 18 Stoffe. »Diese Pellets als Rohstoff zu nutzen, um neue Produkte herzustellen, ist inakzeptabel.«[77]

Die Ergebnisse sind besorgniserregend, auch aus politischer Sicht. Regierungen weltweit wollen mehr Recycling einsetzen und auch mehr Rezyklat. Die EU diskutiert bereits darüber, eine feste Quote von Rezyklaten in Verpackungen vorzuschreiben. Bisher ist völlig unklar, woher diese Rezyklate überhaupt kommen sollen. Das liegt nicht nur daran, dass es noch immer zu wenig Recyclinganlagen gibt. In manchen Fällen könnte das Plastikrecycling auch gesundheitsschädlich sein.

Zwar gelten Kunststoffe ohnehin nicht als gesundheitsfreundlich, auch solche, die für Verpackungen eingesetzt werden. Doch Forscher der ETH Zürich haben in Lebensmittelverpackungen gleich 388 verschiedene, gefährliche Chemikalien entdeckt, von denen fast alle krebserregend sind oder zumindest die menschliche Fruchtbarkeit hemmen können. Ein Teil dieser Schadstoffe kam mit den Lebensmitteln direkt in Kontakt, und könnte so auch in den Verdauungstrakten der Konsumenten landen.[78]

Doch der Recyclingprozess birgt zusätzliche Risiken. Manche Kunststoffe haben eine chemische Eigenschaft, die beim Recycling zum Risiko werden kann. Aufgrund ihrer chemischen Struktur nehmen sie einige Schadstoffe auf wie ein Schwamm, Diffusivität heißt der chemische Fachbegriff dafür. Die Schadstoffe werden von den chemischen Verbindungen angezogen, können sich aber auch schnell wieder lösen – so wie das Schmutzwasser aus einem Schwamm fließt, wenn dieser ausgewrungen wird.

Vor allem bei Plastikabfällen aus den Privathaushalten ist es für die Recycler heute schwer nachzuvollziehen, welche Schadstoffe und Verunreinigungen vielleicht in den Verpackungen stecken, die sie verarbeiten wollen. Im besten Fall war in einer HDPE-Flasche Spülmittel. Es könnte aber auch Abflussreiniger gewesen sein oder Farbe. Manche Additive – wie eben Flammschutzmittel – machen in Verpackungen für Elektronikgeräte vielleicht Sinn, sind aber für Lebensmittelverpackungen aus guten Gründen verboten. Wenn die Verpackungen nun aus dem gleichen Kunststoff sind, könnten sie aber in der gleichen Recyclinganlage landen – und damit auch die giftigen Additive im Rezyklat. Viele schädliche Chemikalien überstehen den Recyclingprozess und lassen sich deshalb auch in den Produkten aus dem Rezyklat wieder finden, warnte etwa ein Forschungsteam der University of Leeds.[79]

Für Lebensmittelverpackungen gelten deshalb strenge Regeln, welche Rezyklate eingesetzt werden dürfen. Behörden wie die amerikanische Food and Drug Administration oder die European Food and Safety Administration setzen Grenzwerte für Schadstoffe fest, die im Rezyklat für Produkte enthalten sein dürfen, die mit der Haut oder Lebensmitteln in Kontakt kommen.[80] Nur die wenigsten erhalten den Status »food grade« – Daten von Marktforschungsunternehmen zeigen, dass heute schätzungsweise nur ein Zehntel aller Rezyklate weltweit als lebensmitteltauglich eingestuft werden können.[81]

Bisher dürfen Lebensmittelverpackungen eigentlich nur aus PET hergestellt werden. Der Kunststoff hat eine niedrige Diffusivität, ist also kein so guter Schwamm wie zum Beispiel der Kunststoff HDPE, den die Organisation IPEN im Labor untersuchen ließ. LPDE hingegen, das für zum Beispiel Folien verwendet wird, nimmt Schadstoffe schneller auf. Wie sehr das Plastik verunreinigt ist, hängt jedoch auch davon ab, wie es gesammelt oder gereinigt wurde, zeigt eine aktuelle Studie des deutschen Fraunhofer-Instituts für Verfahrenstechnik und Verpackungen.[82]

Bis heute gibt es kaum geeignete Verpackungen, die frei von kritischen Additiven und besorgniserregenden Stoffen sind. Welche Zusatzstoffe eine Verpackung genau enthält, muss nicht einmal gekennzeichnet werden. Das spricht nicht dafür, dass in Europa bald mehr Recyclingmaterial zur Verfügung steht, das auch für neue Lebensmittelverpackungen eingesetzt werden kann. Die kanadische Regierung ließ dazu Recyclingbetriebe befragen. Das Ergebnis: Auch in den USA und Kanada ist »die überwiegende Mehrheit« der Kunststoffprodukte nicht geeignet.[83] Auch der deutsche Bundesverband Sekundärrohstoffe und Entsorgung (BVSE) geht nicht davon aus, dass »weitere recyclierte Polymere, neben PET, kurzfristig für den direkten Lebensmitteleinsatz zur Verfügung stehen«.[84] Dass eine Verpackung aus dem Käse- oder Snackregal nach dem Recycling wieder im Regal landet, bleibt damit unwahrscheinlich.

Der Traum vom Kreislauf verblasst

Klaus Töpfers Traum von sauberen Kreisläufen sah anders aus. Das sagt selbst der Vordenker des gelben Sacks auf der Bühne in der historischen Stadthalle von Wuppertal. Schon vor 30 Jahren hatte er sich strengere Gesetze vorgestellt. Er wollte durchsetzen, dass die Menschen ihren Verpackungsmüll gleich wieder im Supermarkt und in den Geschäften in der Einkaufsstraße zurückgeben können. »Haben wir nicht durchgekriegt«, sagt Töpfer in sein Mikrofon. Die Koalitionspartner wollten es nicht.

Töpfer wollte nicht, dass die Verbrennung von Abfällen als Methode der Verwertung anerkannt wird. Er wollte erreichen, dass die Händler und Hersteller weniger Plastikverpackungen auf den Markt bringen, dass die Müllgebühren sie zu einem Umdenken zwingen. Es hat nicht funktioniert.

Die Müllmengen sanken trotz der Einführung der Verpackungsverordnung nicht. Im Gegenteil. Schon in den ersten Jahren übertrafen sie alle Erwartungen. Schon 1993 mussten die Müllabfuhren in manchen Regionen bis zu 20 Kilogramm Verpackungsmüll pro Einwohner einsammeln. Gerechnet hatte man nur mit 4 bis 8 Kilogramm. [85] Das stellte den Grünen Punkt vor finanzielle Herausforderungen.

Auf einer Bühne in einem Konferenzraum bei der Recyclingkonferenz in Wuppertal sitzt ein Mann in einem dunklen Anzug, in seinem Revers steckt ein kleiner Button mit einem Grünen Punkt. Michael Wiener war über Jahrzehnte Geschäftsführer und lange auch Miteigentümer der DSD und somit auch des Grünen Punkts. Er hat alle Krisen miterlebt. Das System wurde Anfang der 1990er »aus dem Nichts geschaffen«, sagt er. Es gab noch keine Strukturen, keine Sortieranlagen, keine Recyclingsysteme für Kunststoff, »weil man industriell nicht wusste, was damit zu tun ist. So ein Aufbau ist nicht skandalfrei«, sagt Wiener.

Schon früh stand der Grüne Punkt in der Kritik, Firmen mit eigenen Entsorgungskonzepten zu boykottieren und den Wettbewerb um neue Entsorgungs- und Recyclingtechniken – also Konkurrenz – zu verhindern. Im Jahr 2001 hob der Europäische Gerichtshof das Monopol in Deutschland auf. Das Unternehmen des Grünen Punkts, die DSD, wurde zwei Jahre später vom Bundeskartellamt zu einer Strafe von 1,8 Millionen Euro verurteilt.[86] In anderen europäischen Ländern zeigte sich ebenso, dass die Grünen Punkte ihre Machtstellung ausnutzten. Der Grüne Punkt ARA in Österreich wurde im Jahr 2015 rechtlich gezwungen, Wettbewerber zuzulassen und musste 6 Millionen Euro wegen Verstoßes gegen das EU-Kartellrecht zahlen, weil die ARA versuchte, ihren Markt abzuschotten. Das italienische Duale System wollte den Zugang eines Konkurrenten in das Lizenzgeschäft verhindern, in dem es etwa Daten über Plastikmengen im Hausmüll und in Sortierzentren geheim hielt. 2020 wurde ein Tochterunternehmen deshalb wegen Wettbewerbsverzerrungen zu einer Strafe 27 Millionen Euro verurteilt.[87]

In Deutschland bekam der Grüne Punkt nach dem Urteil des Europäischen Gerichtshofs Konkurrenten. Das System wurde dadurch komplexer denn je: Heute gibt es gleich zwölf Duale Systeme in der Bundesrepublik, von denen viele den großen Müllunternehmen selbst gehören.[88] So betreiben große Entsorger ihre eigenen Dualen Systeme, die eingetriebene Lizenzgelder an die Abfallwirtschaft verteilen – deren Hauptakteure die Entsorger wiederum selbst sind.

Vor allem hat der Wettbewerb unter den dualen Systemen in Deutschland dazu geführt, dass Zahler von Verpackungsgebühren – Supermarktketten und Konsumgüterkonzerne – Ausweichmöglichkeiten bekamen. Wenn ein duales System zu hohe Müllgebühren verlangt, wechseln sie einfach zum Nächsten.

Konkurrenz hat auch in anderen Ländern mit Wettbewerb unter den Dualen Systemen dazu geführt, dass ein *Race to the Bottom*, eine Abwärtsspirale der Lizenzentgelte entstanden ist. In Polen etwa kostete vor einigen Jahren 1 Tonne Leichtverpackungen die Inverkehrbringer beim dortigen Grünen Punkt Rekopol umgerechnet nur noch 3,20 Euro. Fachgerechte Entsorgung ist somit in Polen nur schwer vorstellbar. Mit solchen Gebühren kann allenfalls eine Tour auf die Müllkippe bezahlt werden.

Das eigentliche Ziel der »erweiterten Herstellerverantwortung« – ein Wettstreit um bessere, umweltfreundlichere Verpackungen und vor allem um weniger Müll – geriet über die Jahre in ganz Europa in den Hintergrund.

Stattdessen folgen die Dualen Systeme offenbar der Logik: je mehr lizenzierter Verpackungsmüll, desto besser.

Jedes Jahr landen bis heute Verpackungen in den Mülltonnen und Müllsäcken, für die kein Inverkehrbringer Gebühren zahlt. Etwa Plastikmüll von Imbissbuden, Bäckereien oder Handwerksläden, die gar nicht wissen, dass auch sie laut Gesetz verpflichtet sind, Verpackungsgebühren zu entrichten. Andere Unternehmen ignorieren die Pflicht einfach. Diese »Trittbrettfahrer« führten dazu, dass die chronische Unterfinanzierung der Dualen Systeme immer schlimmer wird. Heute fehlen Millionen Euro jährlich in den Kassen der verschiedenen Systeme. So kommt bei den Sortierern regelmäßig mehr Müll an als geplant, der wiederum teuer verbrannt oder gar exportiert werden muss.

Auch deswegen haben die Dualen Systeme in Deutschland eine Stiftung gegründet, die ihnen und ihren Kunden auf die Finger schaut. Die Zentrale Stelle Verpackungsregister (ZSVR) ist so zusagen der Grüne Punkt der Grünen Punkte. Eine weitere deutsche Abfall-Erfindung: eine selbsternannte Behörde, die bürokratischen Aufwand bürokratisch überprüft. An der Zentralen Stelle laufen alle Daten zusammen, von den Dualen Systemen, von Recyclern und Sortierern. Die Zentrale Stelle überprüft zum Beispiel, wie viel die Anlagen sortiert haben, wie schwer die Lastwagen mit den Ballen sind, die zwischen den Anlagen hin- und herfahren – sogenannte Wiegescheine. Sie überprüft die Zertifikate und Prüfberichte der Recyclinganlagen und wenn nötig sogar, wie viel Rezyklat die Betriebe verkauft haben. Sie berechnet schließlich die Marktanteile der verschiedenen Dualen Systeme und gibt die Daten an Behörden und Abfallstatistiker weiter. Wie das Finanzamt muss sie die unzähligen Dokumente einer milliardenschweren Abfallwirtschaft vom Vorjahr überprüfen, und herausfinden, ob nicht doch wieder ein Unternehmen sich um seine Verpackungsgebühren drücken wollte.

So diskutieren einige in der Branche, ob nicht der Wettbewerb unter den Dualen Systemen mit all seinen Auswüchsen ein Irrweg war. Ob man nicht besser zum Monopol des Grünen Punkts zurückkehren solle, ob nicht vielleicht die Zentrale Stelle diese Aufgabe übernehmen könne. Oder ob man nicht gleich ein staatliches Monopol für das Abfallmanagement einrichten müsse. Vielleicht würde das ein krankes System ein Stück weit heilen.

Klaus Töpfer, der Erfinder des Grünen Punktes, hat seine eigenen Schlüsse aus den Problemen und Misserfolgen des Systems gezogen: »So ein Preismechanismus, wie wir mit dem Grünen Punkt einführen wollten, funktioniert nicht. Das wird unterlaufen.« Über den Preis allein könne ein Markt sich nicht zu mehr Nachhaltigkeit bewegen. »Die Politik muss eine klare Linie ziehen«, sagt er. Ein klares Ziel, dass die Wirtschaft einhalten müsse. »Und innerhalb dieser Linie kann es der Markt dann regeln.«

Niemals kreisförmig

Wie also sieht die Bilanz der Kreislaufwirtschaft aus, mehr als 30 Jahre nach ihren Anfängen? Die Wahrheit ist: gemischt. Einige Erfolge sind unbestreitbar: In den Ländern, die früh ein Recyclingsystem eingeführt haben, wird heute kaum noch Abfall auf Deponien verscharrt. Das fast 20 Jahre alte Deponieverbot in Deutschland wirkt: Hausmüll und Plastikabfall müssen verwertet werden. Abfallsenken sind nun Sondermüll vorbehalten.

In Deutschland wird mehr Plastikmüll recycelt. In den vergangenen Jahren stieg die Quote dafür Jahr für Jahr, getrieben durch politisch strengere Regeln und mehr Nachfrage. In Deutschland müssen seit 2022 mindestens 63 Prozent der Plastikverpackungen aus den gelben Säcken und Tonnen der Verbraucher in einer Recyclinganlage enden.[89] Aber das gilt eben nur für den Hausmüll. Betrachtet man alle Plastikabfälle, auch die aus der Industrie, kommt davon nur noch 47 Prozent in den Recyclinganlagen an. Dort wird noch weiter aussortiert, nur 35 Prozent des gesamten Plastikmülls werden tatsächlich eingeschmolzen und recycelt.

Dieses Ergebnis stammt aus einer Studie, die Verbände der Kunststoffhersteller und Recycler bereits seit Jahrzehnten regelmäßig erstellen lassen, dem »Stoffstrombild Kunststoffe«.[90] Die Studie zeigt bis ins kleinste Detail auf, für welche Produkte Plastik verwendet wird, wo Müll anfällt und wie dieser entsorgt wird. Und sie zeigt auch, dass die meisten Plastikabfälle immer noch energetisch verwertet werden – also verbrannt. Auch in einem Musterland wie Deutschland.

Natürlich gibt es öffentlichen Druck, profitieren Konzerne von einem nachhaltigeren Image, verpflichten Regierungen zu mehr Recycling; manche

Marken verpflichten sich selbst. Das zeigt seine Wirkung. In all den Kunststoffprodukten, die in Deutschland produziert werden, kamen 2017 nur gut 5 Prozent Rezyklat zum Einsatz, das Neuplastik ersetzte. Zwei Jahre später ersetzten die Rezyklate immerhin 7 Prozent Neukunststoff. Bis 2021 hat sich diese Quote auf knapp 12 Prozent gesteigert.[91] »Kreislaufwirtschaft ist das zentrale Thema«, sagt Christoph Lindner, Hauptautor der Studie. »Es gibt zahlreiche gute Ansätze, aber der Weg zu einer echten Zirkularität in der Kunststoffindustrie ist noch weit.«[92]

Ist der Weg noch weit? Oder ist er überhaupt möglich? Mittlerweile gibt es Zweifel daran, wie sehr die Vision einer Kreislaufwirtschaft tatsächlich hilfreich ist, um das globale Müllproblem in den Griff zu bekommen. Das System hat es nicht geschafft, die Menge an Plastikverpackungen zu senken. Zwar gab es immer wieder kurze Einbrüche, etwa wenn die Wirtschaft schwächelt. Der langfristige Trend aber ist ungebrochen: In Deutschland wie in der EU fallen mehr und mehr Plastikverpackungen an.[93, 94]

In einigen Ländern gilt die Diskussion um Recycling mittlerweile als Ablenkungsmanöver, das darüber hinwegtäuschen soll, dass Plastikproduktion und Müllmengen steigen.[95] »Reuse, Reduce, Recycle«, heißt es zum Beispiel auch in den USA auf Verpackungen. Der Slogan wird in Werbespots wiederholt, in Anzeigen und Lehrmaterial für Schulen. Dabei haben die Regierungen über Jahre lieber Müllverbrennungsanlagen und Deponien gefördert statt Recycling.[96] Laut offiziellen Statistiken lag die Recyclingquote von Plastik weltweit nie über 9 Prozent.[97]

Greenpeace USA hat 375 amerikanische Sortierer und Recycler dazu befragt, wieso so wenig Plastikverpackungen recycelt werden. Das Ergebnis: Die Betreiber der Recyclinganlagen erklären, dass sie nicht all die Plastikprodukte gebrauchen können, die im Müll landen.[98] Zu den Produkten, die alle Anlagen akzeptieren, gehören nur PET-Flaschen sowie Container und Flaschen aus HDPE. Immerhin rund die Hälfte der befragten Anlagen nahmen auch Dosen oder Becher anderer Sorten an. Aber Kaffeekapseln? Auf keinen Fall. Essensschalen oder Boxen aus Styropor? Weg damit. Flexible Plastikverpackungen aus Folien? Wollte keine einzige Anlage annehmen.

Das zeigt die Herausforderungen des Plastikrecyclings – Plastik verhält sich nicht wie Holz oder wie Glas, der eine Kunststoff passt nicht zwingend zum anderen. Es gibt heute Zehntausende verschiedene Kunststoffgemische, die alle unterschiedliche physikalische und chemische Eigenschaften innehaben. Recycling ist deshalb technisch schwierig. Die Kontrolle toxischer Inhaltsstoffe bleibt eine Herausforderung. Vor allem aber ist es heute noch immer häufig nicht wirtschaftlich – das ist vielleicht das größte Hindernis von allen.

Der Ökonom Adam Smith beschrieb einst, wie eine »unsichtbare Hand« Märkte steuern könne. Seine Theorie besagt: Wenn jeder Akteur die eigenen wirtschaftlichen Interessen vertritt, kann auch ein Optimum für die Gesellschaft gefunden werden.[99] Der Markt schafft auch eine Balance von Angebot und Nachfrage, lernen Studierende in ihren Vorlesungen zur Mikroökonomie noch heute. Wenn es zu viel Angebot gibt, dann sinkt der Preis. Übertritt die Nachfrage das Angebot, steigt der Preis.

Beim Recycling funktionieren diese Grundlagen der Volkswirtschaft nicht. Der Markt funktioniert nicht wie andere. Es gibt einen konkurrierenden Rohstoff, der den Rezyklaten bisher überlegen ist: Rohöl. In der Industrie nennt man Plastik, das aus fossilen Rohstoffen wie Öl hergestellt wird, Primärkunststoff, auf Englisch »virgin material« oder »virgin plastic« – jungfräuliches Plastik. Das hat schon fast einen religiösen Unterton.

Dieses Neuplastik gilt heute noch immer als qualitativ besser als Rezyklate. Die Produzenten können das Material auf die Bedürfnisse der Kunden maßschneidern, sie können immer die gleiche Menge Farbstoff und Additive eingeben und werden immer das gleiche Ergebnis bekommen. Rezyklate sind anders. Ein Ballen aus Plastikmüll sieht niemals aus wie der andere, die Recycler können sich nur an einen Standard herantasten, indem sie einfach so gut sortieren wie möglich – und ihre Kunden immer wieder davon überzeugen, dass sie ihre Wünsche eben doch erfüllen können.

Neuplastik ist günstiger als Rezyklat. Die Preise schwanken zwar stark. Weil Kunststoffe heute noch immer fast ausschließlich aus fossilen Rohstoffen wie Öl hergestellt werden, fallen die Preise für Neuplastik, wenn der Ölpreis sinkt, zeigt etwa eine Studie für den chinesischen Markt.[100] Plastikrecycling aber ist immer teuer, weil Sammeln und Sortieren viel Geld kostet. Umso mehr, wenn das Recyclingmaterial auch die Standards für lebensmitteltaugliche Produkte einhalten soll. Im Frühjahr 2023 kostete die Tonne *virgin PET* in Europa rund 1300 Euro. Für das Recycling-PET aber mussten Einkäufer rund 2000 Euro hinlegen.[101]

Würden die Plastikeinkäufer, wie Adam Smith es einst beschrieb, nur nach ihren eigenen Interessen handeln, würde der Markt für Rezyklat wahrscheinlich auf der Stelle kollabieren. Was passiert dann erst mit den Plastikabfällen, die nicht einmal zum Recycling taugen?

Niemand zahlt gerne für Müll. Weder der Staat und seine Steuerzahler noch Unternehmen. Das Problem ist: In dieser Welt ist es ein ökonomischer Vorteil, sich nicht an Regeln zu halten. Wer nicht so sammelt und entsorgt, wie es vorgeschrieben ist, kann mehr Geld verdienen. In der Branche gibt es eine Art Sprichwort, manche nennen es das »erste Gesetz der Abfalldynamik«: Müll sucht sich immer das günstigste Loch.[102] Und auch dabei scheint der Müll kaum Grenzen zu kennen.

Sortiert und gepresst: In Ballenform lagern die Sortieranlagen die Plastikabfälle, die sie an Recyclingunternehmen weitergeben.

Öfen voller Müll: Zementwerke lassen sich gut bezahlen, um Plastikabfälle zu verfeuern.

Die brennbaren Reste: Was nicht recycelt werden kann, landet als Ersatzbrennstoff zum Beispiel im Zementwerk.

Handarbeit: Mitarbeiter einer Sortieranlage holen Fremdstoffe aus den Abfällen, die recycelt werden sollen.

IM MÜLLKARUSSELL

Dieses Kapitel erklärt:

- wieso Plastikmüll rund um die Welt gehandelt wird,
- wie Kriminelle und Betrüger illegale Plastikmüllexporte zu ihrem Geschäft machen,
- wie dieser Plastikmüll in vielen Ländern Umweltskandale verursacht,
- wie sich die betroffenen Staaten gegen die Plastikmüllexporte wehren und die Politik die Regeln verschärft.

Kurz vor Mitternacht geht es los. Durch eine sternenklare Nacht marschieren drei dunkel gekleidete Menschen durch ein Waldstück, bis an den Zaun des Betriebshofs. Sie kriechen unter dem Zaun durch das Gelände, marschieren weitere 20 Minuten bis zum Plateau am Rand des Platzes. Sie ziehen sich am Seil hoch. Von hier oben können sie Tausende Silhouetten von Plastikbällen sehen, angestrahlt vom Scheinwerferlicht des Lagers. Eine gigantische Ansammlung von Müll. Oder eben Wertstoffen. Das hängt davon ab, mit wem man spricht.

Die drei Mitglieder des Investigativteams von Greenpeace haben sich gut auf diese Nacht vorbereitet. Sie haben die GPS-Funktion ihres Mietwagens auf »sehr privat« eingestellt und sich in einer Ferienwohnung in der Nähe eingerichtet. Den Lagerplatz haben sie bereits auf Drohnenaufnahmen gesehen, sie haben auch die großen Ballen mit den gepressten Verpackungen und Folien entdeckt. Sie wissen: Die Ballen mit dem Haushaltsmüll aus Deutschland werden hier meist nach den Sortierhöfen zwischengelagert, manchmal wochen- oder monatelang, bevor sich eine Recyclinganlage findet, die den Abfall weiter verwerten will. Häufig sitzen diese Abnehmer im Ausland.

Vom »Fuchsbau«, wie die Mützenträgerin das Plateau getauft hat, stürmen sie in einer gezielten Aktion auf die Ballen los. Jetzt muss es schnell gehen: Die Mützenträgerin – so heißen die Gruppenführer bei solchen Greenpeace-Aktionen – boxt gekonnt Löcher in die Ballen, hilft mit einem Brecheisen nach und versenkt Peilsender darin, während die anderen im Schatten der Plastiktürme Schmiere stehen. Etwa zehn Minuten nachdem alle GPS-Tracker angebracht sind, verschwinden die Rechercheure in der Nacht, genauso zügig und entschlossen, wie sie zuvor eingedrungen sind.

Greenpeace hat zu der Zeit schon einige Tracker von Deutschland aus auf Reisen geschickt: Sie senden ihre Signale aus Russland, Israel oder Spanien. Nicht immer ist klar, wo die Müllballen stehen, wenn die Batterien der Tracker geleert und die Signale erloschen sind. Die Aktion ist ein Versuch, die Irrfahrten von Plastikverpackungen aufzudecken. Die Aktivisten vermuten, dass die Ballen im Namen des Recyclings illegal Grenzen überqueren. Sie wollen aufzeigen, wie Gesetze ignoriert und die Umwelt geschädigt werden – oder zumindest die Handelsrouten des Plastiks verfolgen.

HS 3915 – wenn Plastikmüll Grenzen überschreitet

Wenn Plastikabfälle gehandelt werden, erhalten sie einen neuen Namen: HS 3915. HS steht für das »Harmonisierte System«, ein weltweit geltendes Codierungssystem für Waren, das von der Weltzollorganisation festgelegt wird. 3915 steht in diesem System für »Abfälle, Schnitzel und Bruch von Kunststoffen«. Der Code steht in den Zollpapieren, wenn Plastikmüll die Grenzen überschreitet.

Die Idee des Abfallhandels ist so alt wie das Recycling selbst. Sie folgt einer einfachen Logik: Abfälle fallen nicht immer unbedingt dort an, wo auch Aufbereitungsanlagen stehen. Die Abfälle zu sortieren und zu recyceln, ist häufig an anderen Orten günstiger und effizienter. Also wieso sollte man nicht mit Abfällen handeln? Im Jahr 2014, zu Spitzenzeiten des weltweiten

Müllhandels, schafften Exporteure aller Länder rund 12 Millionen Tonnen Plastikmüll über die Grenzen.[1]

Doch das System lief nie so harmonisch, wie es der Name des Zollcodes anmuten ließ. Hinter dem Code HS 3915 versteckten sich häufig keine Rohstoffe, die nur gewaschen und geschreddert werden müssen, um wiederverwendet zu werden. Die Exporte waren verunreinigt, schadstoffbelastet, und damit keine Rohstoffe, sondern tatsächlich Abfälle, im wahrsten Sinne des Wortes. Und: Der Handel war nicht fair. Der Plastikmüll bewegte sich immer nur in eine Richtung über den Globus: von West nach Ost.[2]

Über Jahrzehnte übernahm China die Rolle des Müllverwerters der Welt – oder die Rolle der Müllkippe. Auch das hängt davon ab, mit wem man spricht. Mehr als 100 Millionen Tonnen Plastikabfälle hat China zwischen 1992 und 2018 aufgenommen, haben Wissenschaftler errechnet. Das sind etwa 45 Prozent des weltweit in dieser Zeitspanne gehandelten Plastikmülls. Rechnet man Hong Kong mit ein – die Sonderverwaltungszone gilt als Tor zum chinesischen Festland – dann wären es sogar über 70 Prozent des weltweit gehandelten Plastikmülls.[3]

Aus wirtschaftlicher Perspektive ergaben die Exporte nach China durchaus Sinn: Asien steht heute für die Hälfte der globalen Kunststoffproduktion.[4] Hier befinden sich auch ein Großteil der Fabriken, in denen Plastikprodukte hergestellt werden. In einem perfekten Kreislauf würden diese Fabriken die Rezyklate aus den Abfällen verwenden statt Neuplastik aus fossilen Rohstoffen. Außerdem: Das Recycling in China war günstiger. Die Löhne waren geringer, die Energiekosten ebenso und die Umweltvorschriften weniger streng.

In Industrieländern wie Deutschland oder den USA sind es Maschinen, die Plastik sortieren, die Hartplastik von Folien trennen sollen. Was zusammenklebt oder ineinandersteckt, können die Sortieranlagen oft nicht erkennen oder trennen. In China aber suchen die Beschäftigten in den Recyclingbetrieben selbst aus Unbrauchbarem noch Brauchbares heraus. »Die haben noch per Hand mit der Schere die Etiketten aus den Folien geschnitten«, erzählt ein Brancheninsider, der schon vor 20 Jahren in China Geschäfte gemacht hat.

Diese Gründlichkeit hatte viele Vorteile für die europäischen Exporteure. Sie konnten Material nach China schicken, das Anlagen in Europa gar nicht erst gekauft hätten, weil sie damit nichts anfangen konnten. Das kostet. Etwa 200 Euro pro Tonne nahm eine Müllverbrennungsanlage in Deutschland im Jahr 2017 für unrecycelbare Verpackungsreste.[5] Da rechnete sich der Export. Die Transportkosten fielen kaum ins Gewicht. Die Europäer importieren ohnehin Konsumgüter, Elektronik und Maschinenteile aus Asien, auf dem Rückweg waren die Seefrachtcontainer häufig leer. Einige Reedereien sollen sie mit Müll gefüllt haben, erzählen Ermittler von Zollbehörden.

Dass die Abnehmer in China diese Abfälle tatsächlich auch verwerteten, wurde von den Exporteuren vorausgesetzt. Es dauerte lange, bis diese Annahme ins Wanken geriet. Der Auslöser war ausgerechnet China selbst. 2018 schloss die Regierung der bis dahin größten Müllkippe der Welt plötzlich ihre Grenzen für die Abfalltransporte.[6]

Die Entscheidung hatte sich angekündigt. Die chinesischen Recycler und Importeure beschwerten sich seit Jahren über die Qualität der europäischen Lieferungen. In den Plastikballen, die sie recyceln wollten, fanden sich verfaulte Speisereste, Bleche oder Kabel, Silikonflaschen oder angetrocknete Farben. Diese Störstoffe senken nicht nur den Wert der Plastikreste oder können Maschinen beschädigen, sie können auch toxisch sein, für die Arbeiter in den Müllfabriken ebenso wie für ihr Land und Wasser.

Bereits 2013 hatte China deshalb die Importbestimmungen für Abfälle verschärft. Die nach China exportierten Mengen sanken ein bisschen.[7] Doch die Qualität der Abfälle, die ins Land kamen, soll sich wenig gebessert haben. Also griff die Regierung zu strengen Maßnahmen. 2017 kündigten chinesische Diplomaten vor der Welthandelsorganisation (WTO) die *Operation National Sword* an: China werde künftig nur noch Abfälle in höchster Qualität abnehmen, keinen Textilmüll mehr, kein unsortiertes Altpapier, keine Schlacken und auch keinen verunreinigten Plastikmüll.[8]

Allerhöchstens 0,5 Prozent Störstoffe seien erlaubt.[9] Ein realitätsferner Wert. Selbst die in Deutschland fein säuberlich gesammelten Pfandflaschen kommen wegen Füllresten, Flaschendeckeln oder Etiketten auf eine höhere Quote. Die Regeln kamen damit einem Exportstopp gleich. Mit ihrem Schwertschlag zerstörten die Chinesen ein über Jahrzehnte aufgebautes System.

Die Exporteure waren geschockt. Viele hatten die chinesischen Ankündigungen für leere Drohungen gehalten. Eine Alternative zu den Exporten nach China gab es nicht. Weder in Europa noch in Nordamerika hatte die Industrie annähernd genug Kapazitäten aufgebaut, um den eigenen Müll handhaben zu können. Die Müllexporteure brauchten neue Abnehmer. Und zwar schnell.

Die Abfallkolonien

Januar 2019, Malaysia. Zu dieser Jahreszeit ist es auf dem Festland heiß und schwül, Mücken und Ungeziefer schwirren über die Deponie. Bis zu 8 Meter türmt sich der Müll, er überragt Palmen und auch Gebäude – eine Halde aus Plastikverpackungen. Die Schuhe sinken ein, wenn man den Müllberg überschreiten will. Die Halde besteht aus Abfällen aus Europa – hier eine weiße Milchflasche aus Frankreich, dort eine Erbsenverpackung aus Schweden und Kartoffeltaschen aus Deutschland. Nicht weit davon eine Tüte Pizzakäse, 200 Gramm. Ein paar Meter daneben der Delikatess-Kochschinken, »gepökelt – Spitzenqualität« steht auf der Verpackung. In einer kleinen Pfütze liegt eine Tüte Crunchips, Sorte: Paprika.

Ein schmaler Grünstreifen und ein paar Bäume trennen die Deponie von einem Produktionsgelände mit einer großen Halle, darin noch mehr Plastik und auch Metall. Über Meter ist das Material zu einer schwarzen, teerartigen Masse verschmolzen. Offenkundig hat es hier gebrannt. Durch das löchrige Hallendach drängt das Sonnenlicht, die Flammen haben das Wellblech der Decke versenkt. Vor der Halle stehen in einer schmutzigen Pfütze noch die Reste eines Förderbands und einer Recyclinganlage. Wer auch immer hier versucht hat, Abfälle zu recyceln – lange ging es wohl nicht gut.[10]

Die Deponie liegt in Jenjarom, einer Kleinstadt zwischen Palmölplantagen und Shrimp-Farmen, etwa eine Stunde Autofahrt von der malaysischen Hauptstadt Kuala Lumpur entfernt. Für die Familien in Jenjarom ist die Deponie eine Gefahr. Wochenlang wunderten sie sich, warum immer häufiger nachts so ein scharfer Geruch über der Stadt lag, woher die Rauchschwaden kamen.

Die Antwort auf ihre Fragen fanden sie in den Industriegebieten rings um die Stadt. Sie stießen nicht nur auf die große Deponie, sie fanden Müll am Straßenrand, große Ballen versteckt in leerstehenden Gebäuden und Fabrikhallen, hochgezogene Wellblechzäune um Industriegelände, über denen Rauch hing. Innerhalb von wenigen Monaten hatte sich hier ein Cluster aus illegalen Fabriken und Müllkippen gebildet. Jenjarom war, ohne dass jemand die Nachbarschaft darüber informiert hätte, die neue Müllhalde der Welt geworden. Die Anwohner traten mit internationalen Organisationen wie Greenpeace in Kontakt – und machten so das Schicksal ihrer Dörfer öffentlich.[11]

Der chinesische Exportstopp hatte überall auf der Welt Auswirkungen, selbst in Europa. In Polen brannten 2018 mindestens 117-mal Deponien, auf vielen dieser Abfallhalden und Lagerplätze sind verkokelte Abfälle aus Deutschland zu finden.[12] Auch rund um den Balkan, in Bulgarien, Rumänien oder Serbien sollen vermehrt Abfälle aus dem Vereinigten Königreich, Italien oder Deutschland aufgetaucht sein. Doch das ist nichts, verglichen mit den Problemen, die sich in Südostasien auftaten. Nicht nur in Malaysia, auch in Vietnam, Thailand oder Indonesien tauchten plötzlich Müllkippen in der Natur auf und Recyclinganlagen ohne Genehmigungen – und mit ihnen auch kriminelle Netzwerke.

Im Erdgeschoss des zweistöckigen, kleinen Betonklotzes, der hier in Flussnähe mitten im indonesischen Dschungel von Ost-Java steht, sind mehrere Labore und Konferenzräume untergebracht, an den Wänden hängen Auszeichnungen. Ein Bild zeigt Prigi Arisandi im Weißen Haus bei einem Empfang mit Barack Obama. Arisandi ist wie seine Ehefrau Daru Setyorini Biologe.[13] Sie trägt ein buntes Kopftuch, hier und dort fehlt in ihrem Lächeln ein Zahn. Er hat lange Haare und einen Kinnbart.

Im Auftrag von Behörden und Hochschulen analysiert das Biologenpaar seit über 20 Jahren Fließgewässer in Indonesien auf Giftstoffe. Hier, nahe der Großstadt Surabaya in Ost-Java, stammen viele der Giftstoffe von der örtlichen Papierindustrie, die Bleichmittel und andere Chemikalien direkt ins Wasser leitet, sagen Arisandi und seine Frau. Und schon seit Beginn ihrer Karriere hat das Ehepaar es mit einem weiteren Gifteintrag zu tun: mit Plastikmüll.

Die Papierfabriken hier in Ost-Java importieren seit jeher Altpapier aus dem Westen, das sie für die Produktion brauchen und für das sie bezahlen müssen. Dann kamen mit den Papierlieferungen auch Plastikmüll an: »Zwischen dem Altpapier ließen sich die Papierfabriken wertlose Plastikverpackungen mitliefern, um die Kosten des Imports zu drücken«, erzählt Arisandi. »Die Verantwortlichen der Papierfabriken geben die Plastikverpackungen an *Petani Plastik* weiter«, sagt seine Frau. Übersetzt heißt das: Plastikbauern. Die Plastikbauern sortieren den Plastikabfall aus dem Ausland, um ihn an örtliche Recyclingunternehmen weiterzuverkaufen. »Ganze Dörfer in Indonesien haben von Reis auf Plastik umgestellt«, sagt sie.

Daru Setyorini lässt sich häufig von einem ihrer Mitarbeiter auf einem Motorrad durch die grünen Alleen des Dschungels fahren. Gemeinsam mit ihrem Ehemann beobachtet sie regelmäßig die Papierfabriken in der Nähe des Flusses. Schon die Schleichwege rund um die Zäune der Fabriken sind übersät mit Plastikfetzen, Überbleibsel des importierten Mülls der Papiermühlen. Heute hält der Mitarbeiter das Motorrad in der Nähe einer kleinen Hütte am Flussufer an. Rundherum liegen Autoreifen, Drähte und verrostetes Metall auf dem Rasen des Ufers. Und vor allem: Plastikmüll. Mehrere Meter aufgetürmte Plastikflaschen bilden hier einen kleinen Hügel. Wenn man darüber geht, versinken die Beine wie in Treibsand darin. In diesem Fall haben die Plastikbauern grüne und braune PET-Flaschen sortiert. Die sind zwar nicht so wertvoll wie transparente Flaschen, doch ein paar Cent pro Kilo bekommen sie dafür.

Dann kommt der Plastikbauer aus seiner Hütte, Löcher im T-Shirt, seine Augen und Lippen zugekniffen. Er ist wütend über den unangekündigten Besuch. Der informelle Müllsektor, die Ärmsten der Armen, sind schließlich vom Plastikmüll aus dem Westen abhängig. Auch Setyorinis Mine ist jetzt wie versteinert. Denn sie weiß: »Was die hier nicht verkaufen können, verbrennen sie, oder werfen es in den Fluss.«

Überall rund um Surabaya liegen Plastikhaufen zwischen kleinen Palmen, ein kilometerlanges Spektakel. Auch Müll aus Haushalten aus dem Stadtzentrum Surabayas sortieren die Plastikbauern. Ein älterer Mann steht mit einer Hake vor seiner Hütte, eine Nelkenzigarette im Mundwinkel, ein Auge ist getrübt, auf seinem T-Shirt steht »Game Over«. Neben seiner Hütte hat er ein etwa 100 Quadratmeter großes Feld angelegt. Tonnenweise Plastikfetzen trocknen hier in seinem Vorgarten, ein paar Zentimeter große Schnipsel, die der Mann mit der Hake kämmt. Es sind wohl Reste des Importmülls, wie einige Etiketten mit englischer Aufschrift verraten, die ebenfalls auf dem Grundstück liegen. Er wolle noch nicht verkaufen, sagt dieser Plastikbauer. Erst wenn der Preis stimmt, verkaufe er seine Ernte als Brennstoff an eine nahe Tofu-Fabrik. Dort wird der gepresste Brei aus Sojabohnen über dem brennenden Plastikmüll geräuchert.[14]

Eine so umweltschädigende Recyclingindustrie wollen auch die neuen Importländer nicht. Wo die illegalen Müllhalden auftauchen, regt sich schnell Widerstand, die Anwohner begehren auf. In Malaysia ging die Regierung in großen Razzien gegen die illegalen Recyclingbetriebe vor, lud sogar Journalisten dazu ein, das Spektakel zu beobachten. Die Regierung setzte auch für Monate die Ausgabe von neuen Reyclinglizenzen aus. Thailand verbot 2018 den Import von Plastik zeitweise. Indonesien senkte die Störstoffquote für den Import von gemischten Plastikabfällen. Indien kündigte 2019 an, dass es keinen Plastikmüll mehr importieren will. Vietnam will bis 2025 einen Importstopp durchsetzen.[15] Vor den Augen der Öffentlichkeit schicken die südostasiatischen Staaten Container in die Länder zurück, aus denen Abfall einst kam.

Doch das geht nur, wenn der Müll noch in Containern ist. Die Müllhalde im malaysischen Jenjarom ließ sich nicht an die Herkunftsländer zurückschicken. Sie musste geräumt werden. Die Abfälle waren nicht mehr recycelbar, sie wurden in eine Zementfabrik transportiert und dort in den Öfen verbrannt. Auf den Kosten blieben die Besitzer des Geländes sitzen.[16] Ihre Pächter, die angeblichen Recycler, waren längst abgetaucht. Auch eine andere Frage blieb unbeantwortet: Wie kamen die Abfälle aus Europa überhaupt je auf die Deponie in Jenjarom?

Das Geschäft der Müllmakler

Frühling 2019: An einer Münchener Hotelbar sitzt ein Mann, der die Mechanik hinter dem Müllkarussell erklären kann. Martin Hermann holt seinen Laptop heraus. Darauf hat er Fotos, Ordner über Ordner voller Bilder von Plastikfolie oder zerquetschten Spülmittelflaschen, alle fein säuberlich zu Ballen gepresst und mit Drahtseilen oder Plastikkabeln verschnürt. Er zeigt auch Zertifikate, Firmendokumente und Visitenkarten. Die Daten geben Einblick in einen Zweig der Entsorgungsbranche, mit dessen Dysfunktionalität sich viele Probleme mit den Plastikmüllexporten erklären lassen: das Geschäft der Müllmakler.

Martin Hermann hat einst selbst als Makler und Händler gearbeitet. Er war ein Schwergewicht in der »grenzüberschreitenden Abfallverbringung«, wie der Müllhandel im Fachjargon heißt. Er ist immer noch in der Branche aktiv, will deshalb anonym sein, daher haben wir seinen Namen geändert. Er hat viel Mist gesehen, den skrupellose Broker und Müllschieber verursacht haben. Er erzählt von Kindern in Indien, die Plastikmüll mit ihren Händen sortieren. Von Schlammteichen in Osteuropa, aus denen früher Uran geschöpft wurde und in denen heute Reifen und anderer Müll versenkt würden. Solche Machenschaften bedrohen das Geschäft, so sieht Hermann das. Das Sauberste an Müllhandel sei der Müll, so hört man bisweilen aus der Branche.

Es geht dabei nicht um wenige Ausnahmen, um vereinzelte schwarze Schafe in einer sehr großen Herde. Laut einer Auswertung der EU könnten zwischen 15 und 30 Prozent aller Exporte von Plastikmüll, Stahlschrott, Textilabfällen und anderen Abfällen illegal sein könnten. Die EU schätzt, dass kriminelle Netzwerke mit diesen illegal gehandelten Abfällen jedes Jahr Gewinne im Wert von 9,5 Milliarden Euro machen.[17]

Wann der Export von Plastikabfällen erlaubt ist, regelt ein internationaler Vertrag: das Basler Übereinkommen. Es teilt Abfälle in zwei Kategorien ein: Gefährliche Abfälle auf der sogenannten Gelben Liste, für deren Export strenge Vorschriften gelten. Wer mit diesen Abfällen handeln will, braucht dazu eine Erlaubnis. Er muss die Abfälle bei den Behörden des Export- und auch Importlands notifizieren, dazu noch Gebühren zahlen und teilweise Zehntausende oder sogar Hunderttausende Euro als Sicherheit hinterlegen.[18]

Sortierte Plastikabfälle aus dem Haushaltsmüll aber gelten als ungefährlich, sie stehen laut Basler Übereinkommen auf der Grünen Liste. Das macht das Geschäft der Makler einfach. Sie können die Abfälle einfach losschicken. Alles, was sie tun müssen, ist ein Formular ausfüllen, auf dem Zollcode und Abfallnummer für den Plastikmüll und die Empfänger eingetragen werden.

Das Business der Müllmakler funktioniert nicht viel anders als das Geschäft von Immobilienmaklern. Statt Wohnungen und Häuser vermitteln sie zum Beispiel Plastikreste, meist von Sortieranlagen an Recyclingbetriebe. Wenn alles korrekt läuft, helfen sie den Sortieranlagenbetreibern die beste Recyclinganlage für die Plastikballen zu finden. Die Händler organisieren den Verkauf, den Transport, sie beschaffen häufig auch die Nachweise und Zertifikate über die Verwertung. Dafür bekommen sie Provision. Oder aber, sie kaufen den Sortieranlagen die Ballen gleich ab und verkaufen sie möglichst teuer weiter.

Manchmal zahlen die Betreiber der Sortieranlagen sogar dafür, dass die Händler ihnen Plastikballen abnehmen. Das gilt vor allem für das Material, das nur schwer zu verwerten ist, für Plastikarten, deren Rezyklate niemand kaufen will. Diese Geschäfte rechnen sich für die Recycler eigentlich nicht. Aber in manchen Ländern wie in Deutschland gelten die Recyclingquoten, die die Branche einhalten muss. Also müssen die Sortieranlagen das schlecht recycelbare Material loswerden – auch wenn sie draufzahlen müssen.

Häufig will nicht nur ein Händler an so einem Geschäft verdienen, sondern eine ganze Kette an Maklern. Händler im Inland sammeln Material und geben es über Zwischenmänner ins Ausland, bevor die Ballen irgendwann bei einer Recyclinganlage eintreffen. Manchmal vergehen für diesen Weg Monate, die Ballen werden von Lastwagen zu Häfen und Zwischenlagern gekarrt, legen Tausende von Kilometern zurück. Häufig haben die Zwischenhändler das Material nie zu Gesicht bekommen. Stattdessen tauschen die Händler über Plattformen, Foren oder einfach über den Nachrichtendienst WhatsApp-Fotos der Ballen aus.

Für den Job sind weder Studium noch Ausbildung nötig. Die Plastikhändler müssen lediglich die Behörden darüber informieren, dass sie als Makler und Händler tätig sind. Das ist nicht besonders aufwändig. Selbst ein Goldfisch kann Müllmakler werden. 2021 registrierte der Journalist George Monbiot sein vor vielen Jahren verstorbenes Haustier in Großbritannien als Abfallhändler: »Algernon Goldfisch«, wohnhaft in »49, Fishtank Close, Ohlooka Castle, Derby«, so stand es im öffentlichen Register. Den britischen Behörden fielen die merkwürdigen Angaben auch einen Monat nach der Registrierung nicht auf.[19]

Martin Hermann kam durch einen Zufall an den Job, erzählt der ehemalige Müllmakler. Sein Berufsleben begann in einem Logistikunternehmen, er vermittelte Lastwagentransporte. Das Unternehmen musste umstrukturieren und Hermann sich einen neuen Job suchen. So landete er bei einem mittelständischen Müllhändler, der einen Logistiker gut gebrauchen konnte.

Andere fangen an, weil sie bereits jemanden in der Branche kennen. Viele haben vorher schon mit anderen Waren gehandelt, mit Mode oder Autos, oder sie waren im Außendienst als Vertreter tätig. Kontakte ins Ausland und Fremdsprachenkenntnisse helfen, schließlich ist das Geschäft international.

»Das ist ein geiler Job«, sagt ein Recycler, der seine Karriere ebenfalls als Müllhändler anfing. Ständig auf Geschäftsreisen, ständig sei man unter Menschen, um neue Geschäftsbeziehungen anzubahnen. Den Rest der Zeit müsse man das Bett kaum verlassen, hänge einfach nur auf WhatsApp herum, tausche Bilder von Plastikballen aus und verdiene dabei noch Geld.

Auf LinkedIn und in Facebook-Gruppen präsentieren sich Müllhändler mit breiten Uhren, schnellen Autos und Hemden mit Luxusmarkenlabels und manchmal sogar vor Privatjets. Auf Fotos auf LinkedIn etwa zeigt sich ein Manager eines belgischen Großhändlers für Plastik, Stahl oder Holz vor einer Maschine. Auf einem der Flugzeugsitze steht ein Kühler mit einer Flasche mit Gold ummantelten Korken. »Auf dem Weg zum World Economic Forum, Davos, Schweiz, im Privatjet«, schreibt der Manager dazu. Andere Fotos zeigen ihn im Gespräch mit Ministern aus Indien, Griechenland und Botswana, dem belgischen Premierminister und Christine Lagarde, Chefin der Europäischen Zentralbank.

Es gibt wenige, die so gut vernetzt und so anerkannt sind. Viele Müllhändler bleiben lieber unter sich. Aber wer geschickt ist, kann trotzdem viel Geld verdienen. Und wer noch mehr verdienen will, der betrügt.

Den Dreck verstecken

Je sauberer und sortenreiner ein Plastikballen ist, desto mehr Geld bringt er. Also übertreiben die Händler bei der Qualität der Ballen, preisen sie als hochwertiger an, als sie sind. »Eine bessere Qualität lässt sich leicht vortäuschen«, sagt Hermann. Etwa, indem man verunreinigte Reste ins Innere des Ballens packt und schöne, saubere Folien außen herum.

Wenn Plastikabfälle zu viel Dreck enthalten, wenn die Störstoffquote eine bestimmte Grenze überschreitet, gelten die Plastikballen als gefährliche Abfälle. Eigentlich müssten die Händler die Behörden über den Export informieren und eine Notifizierung beantragen. In der Realität passiert das nicht immer. »Manche Makler schreiben auf die Zolldokumente einfach, was sie wollen«, sagt Insider Hermann. Aus verdrecktem Müll aus der Gelben Tonne machen sie saubere Plastikreste aus der Industrie oder sogar Neuware. Dafür müssen sie nur einen anderen Code in die Papiere schreiben: Aus HS 3915 wird 3917 – »Rohre und Schläuche sowie Formstücke, Verschlussstücke und Verbindungsstücke« aus Kunststoff. Oder 3923 – »Transport- oder Verpackungsmittel, aus Kunststoffen; Stöpsel, Deckel, Kapseln und andere Verschlüsse, aus Kunststoffen«.

Das ist illegal. Doch das Risiko, entdeckt zu werden, ist gering. Die Ballen aus Plastikmüll werden in Containern transportiert, über Straßen und auch über Ozeane. Da fällt es kaum auf, wenn sich hinten dreckige und unbrauchbare Abfälle verstecken, solange vorne an der Tür gut sortierte und wertvolle Ballen stehen.

Dabei gibt es Vorkehrungen: Wer etwa den Verpackungsmüll aus Privathaushalten verwerten will, braucht dafür Zertifikate. Die Anlagenbetreiber müssen nachweisen, dass ihre Anlage alle Umweltstandards erfüllt. Sie müssen mit Wiegescheinen dokumentieren, wie viel Verpackungsmüll sie annehmen, müssen nachweisen, dass sie Rezyklate verkauft haben. Aber auch dabei ist Betrug möglich, sagt Hermann.

In der Branche gebe es Zertifizierer, die bekannt dafür seien, ein Auge zuzudrücken oder Anlagen gerne auch etwas mehr Kapazitäten zu bescheinigen. Auf seinem Computer hat er alte Zertifikate, die bereits unterschrieben sind, obwohl die Details der Anlage noch gar nicht eingetragen sind. Manche Zertifizierer, erzählte Hermann schon 2019, hätten die Anlagen gar nicht mehr vor Ort besucht. »Ein Anruf und Stunden später hatte ich die Zertifikate.« In der Branche spricht man von »Stempelweitwurf«.

Was Martin Hermann erzählt, deckt sich mit Erkenntnissen der internationalen Polizeiorganisation Interpol. »Plastikabfallsendungen werden fälschlicherweise als zur Verwertung bestimmt deklariert oder als Rohstoff falsch deklariert«, berichtete Interpol 2020 in einem Report. Häufig seien die Plastikballen mit anderen Abfallstoffen vermischt. Oder aber, in den Zollpapieren stehen die falschen Zielorte, der Müll werde durch Transitstaaten geschleust. »Diese Betrügereien sind oft mit verschiedenen Verschleierungsmethoden gekoppelt, um den illegalen Plastikmüll im Container oder Lagerort zu verstecken«, schreibt Interpol. In dem Bericht geht es auch darum, wie schwer es ist, die Täter zu stellen und zu fassen. Es fehlen Fachleute, die sich mit Frachtpapieren und Qualität von Plastikballen auskennen und die Tricks der Müllschieber durchblicken.[20] Noch herausfordernder ist es, vor Gericht Absicht und Ausmaß des Schmuggels zu beweisen. Nur wenige Verfahren schaffen es vor Gericht, noch weniger Verurteilungen gibt es.

»Es hat sich nichts geändert, außer den Zielländern«, sagte Martin Hermann später bei einem Treffen 2022 wieder in dem Foyer eines Businesshotels, diesmal in Berlin. »Auch die Menschen sind noch dieselben.«

Wie aber soll man diesen Netzwerken dann auf die Schliche kommen? Im Jahr 2021 starteten wir eine verdeckte Recherche. Wir gehen undercover.

Die hier beschriebenen Dreharbeiten waren Teil des Dokumentarfilms *Die Recyclinglüge*, der im Sommer 2022 in der ARD ausgestrahlt wurde.[21] Benedict Wermter, Co-Autor dieses Buchs, ist auch der Co-Autor der Dokumentation. Jacqueline Goebel, Co-Autorin dieses Buchs, hat das Filmteam bei Recherchen zu illegalen Abfallexporten beraten und gemeinsam mit Benedict zu illegalen Plastikmüllimporten in der Türkei recherchiert. Der Film ist eine Produktion des a&o buero im Auftrag der britischen BBC, der ARD, sowie weiteren Sendern und der Stiftung The WHY Foundation. Auch andere Rechercheergebnisse sind aus den Dreharbeiten in dieses Buch eingeflossen.

Undercover zwischen Müllschiebern

Mai 2021: In einem Hotel in der südtürkischen Stadt Adana zieht sich Kumar Swami ein weißes T-Shirt an, darüber ein dunkelblaues, leichtes Hemd. Durch das dritte Knopfloch, genau auf Höhe seiner Brust, schiebt er eine kleine Kamera. Sie ist nicht größer als die anderen dunklen Knöpfe an seinem Hemd. Man müsste ein Profi sein oder Kumar unanständig nah kommen, um die Kamera zu identifizieren.

Kumar ist seit vier Uhr wach, gefrühstückt hat er nur ein paar Gläser kaltes Mineralwasser. Trotzdem wirkt er gelassen. Er weiß, was er tut, er hat sich vorbereitet auf dieses Treffen. Er steigt in ein Taxi, macht sich auf den Weg zu dem Café, in dem er sich mit seinen beiden Gesprächspartnern verabredet hat. Zwei Müllmakler, die Kumar online kontaktiert hat.

Der Minibus des Filmteams parkt in Sichtweite eines Cafés, mit einer zweiten, wesentlich größeren Kamera. Die abgedunkelten Scheiben hat das Team mit Vorhängen aus dem Hotelzimmer zusätzlich abgedeckt, damit nicht doch ein Kameraobjektiv ungünstig fallendes Licht reflektieren kann. In der Frontscheibe liegt eine riesige Türkeiflagge, ein Ablenkungsmanöver. Um nicht aufzufallen, hat das Filmteam den Motor und auch die Klimaanlage abgestellt. Es ist brüllend heiß. Die beiden Kameramänner im Bus haben sich bis auf die Unterhose ausgezogen. Da setzen sich zwei Männer zu Kumar und seiner versteckten Kamera im Hemdknopf: Müllmakler Yilmaz und sein Partner Umur. Der spricht nur Türkisch, also übersetzt Yilmaz für ihn auf Englisch. Beide Männer tragen Luxusuhren, sie bestellen Tee, immer wieder surren ihre Handys.

Kumar spielt für diese Recherche ebenfalls einen Müllhändler, und das schon seit einigen Wochen. In seinen Kaffee- und Mittagspausen und nach der Arbeit trat er mit Maklern in Kontakt.[22] Das Filmteam hat dafür eine Scheinfirma gegründet, eine Website eingerichtet, Visitenkarten drucken lassen, ein Wegwerfhandy gekauft. Howeko heißt die Scheinfirma, Kumar Swami ist Trader, so steht es auf seiner Visitenkarte. Der Name ist für dieses Buch ebenfalls erfunden. Die wahre Identität von Kumar ist dem Autor und der Autorin des Buchs bekannt. Auch die Namen der Makler sind aus rechtlichen Gründen geändert.

Kumar hat nicht lange gezögert, bevor er zusagte, sich für diese Recherche in die internationalen Netzwerke der Müllhändler einzuschleichen. Kumar ist der Typ Mensch, der in seinen Entscheidungen selten schwankt. An seinem Hemdkragen hängt häufig eine Lesebrille. Wenn er spricht, klingt das etwas monoton. Aber seine Worte sind mit Bedacht gewählt. Häufig sind sie tiefgründig.

Kumar ist in Nordindien aufgewachsen, in einem kleinen Dorf. Um zur Schule in der nächsten Großstadt zu kommen, musste er jeden Tag 40 Kilometer mit dem Bus fahren. Die Busfahrer mussten auf dem Weg Kühen ausweichen, Hunden, Pferdewagen und Motorrollern. Aber Kumar interessierte das damals wenig, er starrte aus dem Fenster auf den Plastikmüll am Wegesrand. Davon habe es selbst in den frühen 1980er-Jahren schon reichlich gegeben, erzählt Kumar heute.

Er ging an die Universität und studierte Kunststofftechnik. Die Plastikindustrie in Indien war rund um die Jahrtausendwende eine aufstrebende Branche, die feste Arbeitsplätze und ein gutes Einkommen versprach. Wenn er von der Universität zurück nach Hause fuhr, sah er den Plastikmüll nicht mehr nur am Straßenrand. Mittlerweile lag er überall, auf den Feldern, flog umher, hing an den Zaunpfählen – Kühe, die Kumar sah, wühlten im Plastikmüll nach Essen. Kumar fängt an, sich an dem Plastik zu stören, mit dem er doch Karriere machen will. »Meine Eindrücke in der Landschaft motivierten mich, meinen Master in Nachhaltigkeit zu machen.« Seine Idee: Er will weiter für Big Plastic arbeiten, aber er will einen Mehrwert schaffen. Will den Konzernen dabei helfen, dass Plastik nicht zu Abfall wird.

Er bekam ein Stipendium für einen Studiengang in Nordamerika, für einen der wenigen Studiengänge, die es damals schon in diesem Bereich gab. Nur hatte der Studiengang so gar nichts mit dem Traum zu tun, der sich in Kumars Kopf eingenistet hatte. Statt Recyclingmethoden lernt er PR-Kniffe. Er fühlte sich, als wollte man ihm nur beibringen, wie er Chemiekonzerne und Lebensmittelgiganten gut aussehen lassen könne. Als er sein Studium abgeschlossen hatte, fand er einen Job bei einem Spielzeughersteller. Kumars Aufgabe: Er sollte Rezyklat auf dem Weltmarkt einkaufen, das sein Arbeitgeber dem Spielzeug beimischen will. Bloß: Die Qualität des recycelten Materials aus Recyclingtonnen reichte nicht aus, um daraus Spielzeug zu fertigen, das Kinder auch in den Mund nehmen können. So konnte Kumar nicht viel dazu beitragen, um den Spielzeughersteller nachhaltiger zu machen.

Es wurmte ihn. Während seine Kollegen schliefen, las Kumar nachts stundenlang Studien, analysierte Forschungsprojekte, durchstöberte Medien und soziale Netzwerke. »Die Lügen rund um den Sinn von Einwegplastik sind unerträglich«, sagt Kumar heute. Er hatte genug davon. Er wollte der Industrie den Spiegel vorhalten. Also wieso sollte er das nicht mit versteckter Kamera tun, indem er sich als Müllhändler ausgibt?

Im Namen von Howeko tummelte Kumar sich auf Plattformen und Netzwerken, wo Müllmakler ihre Angebote oder Gesuche inserieren. Es dauerte nicht lange, bis Kumar in Verhandlungen ist. Über WhatsApp tauschte er Fotos von Plastikballen aus, ließ sich Preise nennen. Auch mit Umur und Yilmaz hat er vor dem Treffen über WhatsApp Kontakt gehabt und telefoniert. Kumar hat Yilmaz erzählt, dass Howeko auch verunreinigte Plastikabfälle aus dem gelben Sack aus Deutschland exportieren wolle. Illegal. Yilmaz rät darauf, die dreckigen Abfälle hinten im Schifffahrtscontainer zu verstecken. »Du musst deinem Lieferanten sagen, dass er die sauberen LDPE-Folien an den Türen des Containers laden muss«, sagt Yilmaz zu Kumar am Telefon.

Für das Treffen im Café in Adana hat Kumar deshalb extra Skizzen von Containern ausgedruckt, damit er gemeinsam mit den Maklern auf dem Papier noch einmal die Methode besprechen kann. Kumar legt sie auf den Tisch. Er will wissen, ob die Händler nun dreckigen Plastikmüll aus dem gelben Sack akzeptieren würden oder nicht. »Vorher ging das, ja«, sagt Yilmaz. Doch in den vergangenen Wochen hat die Türkei ihre Einfuhrbedingungen verschärft. »Das Material ist zu riskant. Wir können nichts nehmen«, sagt Yilmaz. Die Behörden kontrollieren nun strenger, einige Kollegen haben Probleme bekommen. »Erst kürzlich wurden alle Container eines Schiffs gecheckt. Jeder einzelne komplett geleert.«

»Wohin soll ich denn dann den Müll schicken?«, fragt Kumar. »Keine Ahnung«, sagt Yilmaz. »Nach Osteuropa vielleicht? Bulgarien?«

Dreht sich das Müllkarussell weiter? Eine Regierung erlässt strengere Importregeln, kontrolliert sie auch, bedroht damit zumindest die illegalen Teile des Geschäfts – und erzeugt damit eine Wanderbewegung? Bringen die Einschränkungen immer nur für eine gewisse Zeit etwas, weil dann die nächste Müllkippe ihre Tore öffnet? Kumar hört sich noch mal in seinem Netzwerk um. Dieses Mal sucht er tatsächlich einen Kontakt nach Bulgarien. Und es dauert nicht lange, bis er ihn findet.

Kontakte und Korruption

Im Juni 2021 sitzt Kumar in einem Café in der bulgarischen Hauptstadt Sofia und wartet wieder, diesmal auf einen Italiener namens Rubio. Auch diesen Namen haben wir aus rechtlichen Gründen geändert. Rubio macht seine Geschäfte in Bulgarien, er hat dort gute Kontakte.

Wieder trägt Kumar eine versteckte Kamera im Hemd, während das Filmteam im Bus wartet. Wieder sind die Autoscheiben mit Vorhängen aus dem Hotel verdeckt. Aber die Konstruktion hält nicht, die Vorhänge rutschen während des Gesprächs herunter, die große Kamera ist damit größtenteils sichtbar. Ab und zu wandern Rubios Blicke herüber. Doch die Kamera scheint ihn nicht zu stören. Vielleicht, weil gegenüber vom Café ein großer bulgarischer TV-Sender seine Büros hat. Vielleicht fühlt er sich einfach zu sicher.

Denn im Gegensatz zu Yilmaz und Umur in Adana scheint Rubio keine Angst vor Behörden zu haben. Er schiebt die Ärmel seines edlen, weißen Hemds hoch und erzählt Kumar von den Tricks und Kniffen der bulgarischen Müllbranche. Es sei ein sehr korruptes Land, sagt er. »Wenn man in diesem Geschäft arbeiten will, muss man jemanden bezahlen. Man muss die Umweltbehörde bezahlen. Und das mache ich«, sagt Rubio, während die versteckten Kameras laufen. Auch Zollbeamte würde er bestechen, so Rubio.

Später nimmt Rubio seinen vermeintlichen neuen Geschäftspartner Kumar mit auf einen Betriebshof, den er sein Eigen nennt. Dort stehen allerlei Müllballen, unter anderem unsortierter und sehr dreckiger Hausmüll. Der komme aus Italien, sagt Rubio. Ein paar Meter weiter liegen Gewerbeabfälle und Schrott in großen weißen Säcken. Dann jede Menge Plastikballen aus verschiedenen Ländern – Sortierreste, Mischplastik. Was er noch an Kunststoffen mit Restwert zwischen den importierten Tütchen und Schalen findet, lasse er recyceln, sagt Rubio. Den Rest schicke er zur Verbrennung in ein Zementwerk. Er habe da eine gute Beziehung, über seine bulgarische Frau.

Später wurde Rubio im Rahmen der Filmproduktion schriftlich mit den Aufnahmen konfrontiert, auch mit seinen Aussagen darüber, dass er Behörden und Zollbeamte besticht. Rubio reagiert empört. Er behauptet, er habe nur vom Hörensagen über solche Methoden gesprochen, von offenen Geheimnissen. Er fühle sich hinters Licht geführt. Die Ausstrahlung verhindern konnte er nicht – stattdessen bat er mehrmals darum, nach allen Regeln der Filmkunst unkenntlich gemacht zu werden.

Verbote mit begrenzter Wirkung

Der GPS-Tracker in dem Plastikballen funkte noch ein halbes Jahr. Nachdem die Greenpeace-Leute ihn in einer Nacht-und-Nebel-Aktion in einem Plastikballen in Westdeutschland versteckt hatten, meldete er sich aus der Nähe der deutsch-polnischen Grenze. Innerhalb von drei Jahren schickte Greenpeace von Deutschland aus insgesamt 42 Tracker los, versteckt in Ballen mit vermischten Plastikabfällen oder sogar mit Schadstoffen belastetem, klein gehäckseltem Elektroschrott. 27 Tracker blieben in Deutschland. Aber 15 GPS-Tracker überquerten die Grenzen und wanderten ins Ausland. Ein Tracker landete in Israel, ein weiterer in Russland, drei endeten in Malaysia und fünf Tracker sendeten ihre Signale aus der Türkei.

In einigen Fällen hat Greenpeace vor Ort weiterrecherchiert, hat Recyclinganlagen beschattet. Manchmal waren die Ergebnisse der Recherche beruhigend, die Anlagen und die Papiere in Ordnung. Manchmal waren die Ergebnisse besorgniserregend. Etwa bei einem Tracker in der Türkei. Greenpeace hatte den Tracker in Deutschland bei einer Recyclingfirma versteckt, die bereits mit Berichten über illegale Exporte nach Osteuropa aufgefallen war, in einem Ballen mit einem Plastik-Mix aus PET und PP. Die Rechercheure verfolgten den Tracker bis ins türkische Adana auf die Anlage einer Recyclingfirma. Laut Homepage stellt das Unternehmen Müllsäcke und Verpackungen her.

Nur: Zum Zeitpunkt des Imports besaß das Unternehmen keine Lizenz des Umweltministeriums. Und auch die Türkei hatte den Import gemischter Plastikabfälle bereits verboten. Der Ballen »hätte also nicht importiert werden dürfen«, schreibt Greenpeace. »Noch dazu von einer Firma, die keine Zulassung besitzt.«[23]

Solche Zulassungen und Zertifikate sollen eigentlich dazu führen, dass Plastikabfälle nicht in die falschen Hände fallen können. Recyclingunternehmen sollen gegenüber Behörden und Exporteuren nachweisen, dass sie die Abfälle auch behandeln können. Doch nicht nur die Recherchen von Greenpeace zeigen, dass das System nicht immer funktioniert.

In Häfen in der Türkei stehen bereits seit über drei Jahren knapp 400 Container mit Plastikmüll aus Deutschland, der Großteil davon sind Plastikverpackungen aus dem gelben Sack. Deutsche Sortieranlagen hatten den Plastikmüll an einen deutsch-türkischen Abfallhändler verkauft, der das Material angeblich in seiner Recyclinganlage im Norden der Türkei recyceln wollte. Die Anlage hatte nicht nur ein Zertifikat, um Plastikverpackungen aus Deutschland zu verarbeiten, sie hatte gleich zwei: Nachdem der erste Zertifizierer der Anlage lediglich eine Erlaubnis ausgestellt hatte, 10 000 Tonnen Plastikmüll im Jahr zu recyceln, beauftragte der Recyclingunternehmer einen zweiten Prüfer. Der zertifizierte der Anlage gleich die dreifache Menge.[24]

Doch der Recyclingunternehmer nahm auch die Auflagen des zweiten Zertifikats nicht besonders ernst. Im Frühjahr 2021 nahm er die Recyclingmaschinen aus seiner Halle, baute sie angeblich an einem neuen Standort wieder auf. Warum? Das ist unklar. Anwohner vor Ort berichteten, der Recyclingunternehmer schulde Geld. Auch seine Logistiker soll der Recyclingunternehmer nicht bezahlt haben.

Der Hafen von Antwerpen stoppte bereits im August 2020 einige Container auf dem Weg in die Türkei, die Abfälle seien »kontaminiert« und damit »illegal«, schrieben die belgischen Zöllner. Die zuständige deutsche Behörde verhängt daraufhin ein Bußgeld gegen den Makler. Eigentlich ein Warnzeichen. Aber bei den deutschen Sortierern kommt das nicht an, sie verkauften trotzdem weiter Abfälle an die Recyclinganlage in die Türkei. Die Container stapelten sich in den türkischen Häfen. Trotzdem fiel erst nach Wochen auf, dass die Container nicht abgeholt wurden, dass es auch die Recyclinganlage gar nicht mehr gab. Erst dann zog auch der Prüfer das Zertifikat zurück.[25]

Die türkischen Behörden beschlagnahmten die 400 Container und wollten sie nach Deutschland zurückschicken. Das Verfahren zieht sich immer noch hin, die Behörden in Deutschland und der Türkei diskutieren noch heute über die nötigen Nachweise und Unterlagen für die Rückführung. Einige der Container haben sich zwar in Bewegung gesetzt – allerdings nicht Richtung Deutschland. Die Plastikabfälle sollten nach Vietnam weiterverkauft werden.[26]

Dreht sich das Müllkarussell also immer weiter, entsteht eine Müllhalde nach der anderen, egal was passiert?

Nicht unbedingt. Seit dem chinesischen Importstopp ist das Karussell immerhin langsamer geworden. Die weltweiten Exportmengen für Plastikmüll sind zurückgegangen.[27] Die EU exportierte 2021 offiziell nur noch 1,1 Millionen Tonnen Plastikmüll, damit haben sich die Mengen seit den Spitzenzeiten mehr als halbiert. Die Zahlen bilden die Realität nicht vollständig ab. Wenn Plastikabfälle unter einem anderen Zollcode geschmuggelt werden, tauchen sie in den Daten nicht mehr auf. Nicht alle Industriestaaten sehen die Exporte als Problem. Japan etwa schickt weiterhin große Mengen seines Plastikmülls in Entwicklungsländer. Andere Staaten, etwa Australien und Kanada, haben ihre Exporte 2021 noch gesteigert.[28]

Trotzdem: In der Öffentlichkeit ist das Problem nun viel präsenter als noch vor einigen Jahren. Zahlreiche Reportagen und Dokumentationen haben den Müllschmuggel auf der Welt aufgedeckt. Das hat den Druck erhöht, auch auf diejenigen, die das teils kriminelle Geschäft indirekt ermöglicht oder zumindest nicht verfolgt haben. Die Reederei CMA CGM – die drittgrößte Reederei der Welt[29] – hat offiziell alle Plastikmülltransporte auf ihren Schiffen gestoppt.[30]

Weltweit haben Exportstaaten und Importländer ihre Bestimmungen für den Handel mit Plastikmüll verschärft. Gemeinsam haben sie beschlossen, das Basler Übereinkommen nachzubessern.[31] Seit Anfang 2021 gilt der Export von Plastikabfällen nur noch dann als ungefährlich, wenn die Abfälle »nahezu frei von Verunreinigungen und anderen Arten von Abfällen« seien und »nahezu ausschließlich« aus einem Material bestehen, heißt es nun in dem internationalen Vertrag. 187 Staaten haben dem zugestimmt, darunter auch die Top-Exporteure wie Japan oder die Mitgliedsstaaten der EU.[32] Nur ein Land ist nicht dabei: die USA.[33]

In der EU entstand nach dem Beschluss eine große Diskussion darüber, was »nahezu frei von Verunreinigungen« eigentlich heißt.[34] Vertreter der EU-Mitgliedsländer wollten beschließen, dass nur noch maximal 2 Prozent Störstoffe wie Metall, Holz oder fremde Kunststoffe in den Ballen enthalten sein dürften. Der Vorschlag traf auf massiven Widerstand der Recyclingindustrie – insbesondere aus Deutschland. Die Quote von 2 Prozent sei für Plastikabfälle aus Haushalten schwer erreichbar. Es sei zwar »technisch machbar«, erklärte ein Sortieranlagenbetreiber. Wenn man die Abfälle beispielsweise »nicht nur zweimal, sondern drei- oder viermal über die optischen Sortiereinrichtungen« schicke. Allerdings führe das auch zu höheren Kosten, schreibt der Anlagenbetreiber.

Die Recyclingindustrie setzte sich durch. Die Vertreter der Mitgliedstaaten verständigten sich darauf, dass innerhalb der EU mit Plastikballen gehandelt werden darf, die bis zu 6 Prozent verunreinigt sind.[35] Einige Staaten, wie die Niederlande und Österreich, führten jedoch strengere Regeln ein.

Die Unternehmen habe das sehr verunsichert, heißt es ein Jahr nach den neuen Regeln aus der deutschen Industrie. Niemand wisse, was noch machbar sei, jede Behörde agiere anders. Auch die Betriebe gehen sehr unterschiedlich damit um. Manche sortieren nun gewissenhaft nach oder beantragen für Zehntausende Euro Gebühren die Notifizierung, um verunreinigte Plastikabfälle exportieren zu dürfen. Andere nehmen das Risiko in Kauf, sagt ein Anwalt, der Unternehmen zu Exporten berät. »Wenn Kriminelle Abfälle entsorgen wollen, dann hält sie ein Verbringungsrecht auch nicht davon ab.«

Neben Palmen abgeladen: Im malaysischen Jenjarom haben Kriminelle importierte Plastik-abfälle aus Europa zu einer riesigen Müllhalde aufgeschichtet.

In Brand gesteckt: Die Abfälle in der Fabrikhalle neben der Deponie wurden angezündet - vielleicht um Spuren zu verwischen.

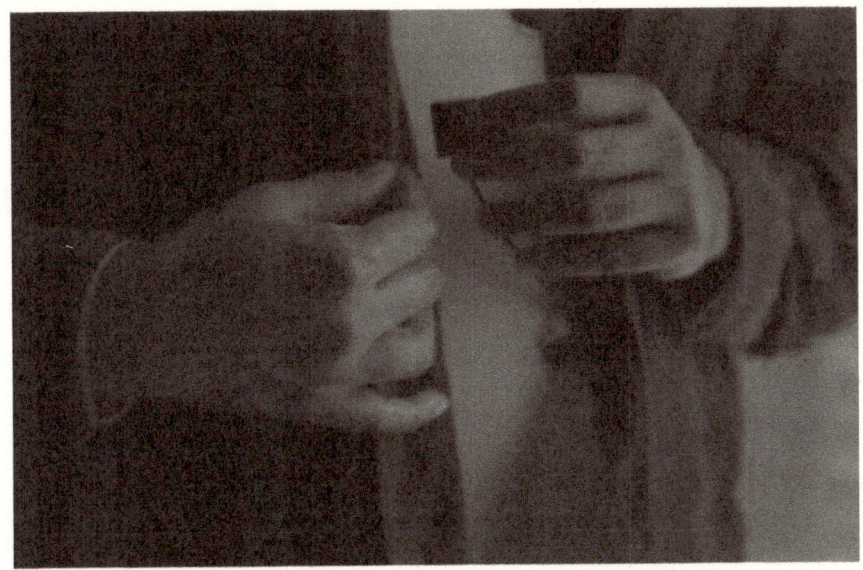

Kamera im Knopfloch: Seine Treffen mit Müllmaklern hat Kumar Swami für die Fernsehdokumentation aufgenommen.

Handel per Whatsapp: Über eine Scheinfirma hat Kumar Swami andere Müllmakler kontaktiert.

GESCHICHTENERZÄHLER
UND LOBBYISTEN

Dieses Kapitel erklärt:

- wieso ein Lobbykrieg um die Lösung der Plastikkrise ausgebrochen ist,
- mit welchen Methoden Lobbyisten ihren Einfluss geltend machen,
- wie eine Seglerin und ein Berater eine der mächtigsten Plastik-Initiativen der Welt aufbauten,
- wie Öl- und Chemiekonzerne ihr Image mit einer Lobby-Allianz retten wollen.

Im Jahr 2050 wird es mehr Plastikteile als Fische im Meer geben. Dieser Satz kommt einem bekannt vor, oder? Diese Schätzung hat man schon mal irgendwo gehört, irgendwo gelesen. Oder vielleicht sogar einige Male.

»Wenn wir nicht die Art und Weise ändern, wie wir Kunststoffe herstellen und verwenden, wird 2050 in unseren Ozeanen mehr Plastik schwimmen als Fische«, sagte etwa Frans Timmermans, Erster Vize-Präsident der EU-Kommission, als er 2018 die Plastikstrategie der EU vorstellte.[1] Er wiederholte die Zahl, als die EU offiziell ihr Verbot für Plastik-Ohrenstäbchen, Luftballonhalter und Kaffee-Rührstäbchen ankündigte.[2]

Diese Schätzung beruht auf einem der meistzitierten Berichte, die es zu Plastikverschmutzung gibt. Diese Schätzung hat weltweit Menschen innehalten lassen, sie hat Bilder in Köpfen entstehen lassen, Empörung hervorgerufen. Ideen und Konzepte sowie Sätze und Wörter entfalten eine gewisse

Macht, wenn sie wiederholt werden wie ein Mantra. Organisationen und Aktivisten nutzen diese Macht für sich – etwa beim Lobbyismus.

Die Welt ist sich einig, dass sie etwas gegen Plastikmüll unternehmen will – aber sie ist sich nicht einig über die Maßnahmen, die dazu ergriffen werden sollten. Das schafft den perfekten Nährboden für Lobbyismus. Es gibt verschiedene Gruppen, die diese Situation beeinflussen wollen: Umweltaktivisten, Wohltätigkeitsorganisationen, Industrieverbände, Konzerne. Manche handeln aus Idealismus, weil sie glauben, die richtige Lösung zu kennen und dafür kämpfen zu müssen. Manche handeln, weil sie sich für fähig und kompetent genug halten, um die Diskussion in eine Richtung zu lenken. Manche wollen ihr Geschäft schützen und dafür sorgen, dass weiter Gewinne fließen.

»Lobbying in irgendeiner Form ist in jedem politischen System unvermeidlich«, heißt es im Online-Lexikon *Lexica Britannica*.[3] In der Demokratie ist Lobbyismus sogar notwendig. Die gewählten Mitglieder des Parlaments und der Regierung sollen die Interessen der Gesellschaft und ihrer Wahlkreise einbringen und vertreten – aber das ist nur möglich, wenn sie diese Interessen kennen. Und weil sie sich nicht in allen Bereichen der Politik auskennen können, über die sie entscheiden müssen, müssen sie auch auf Menschen zurückgreifen, die mehr Expertise mitbringen, etwa aus der Wissenschaft, aus Umweltorganisationen und von Unternehmen. Auch Medien können diese Expertise vermitteln und sind deshalb ebenso Ziel von Lobbyismus.

Wer verstehen will, wie ein Ausweg aus der Plastikkrise aussehen kann, muss deshalb auch verstehen, wer versucht, die Diskussion darum zu beeinflussen – und mit welchen Methoden. Die Changing Markets Foundation – eine Organisation, die es sich selbst zum Ziel gesetzt hat, wirtschaftliche Märkte zu mehr Nachhaltigkeit zu bewegen – hat die Lobbymethoden in einem großen Report untersucht. Sie zeichnet drei Methoden nach, mit der die Plastikindustrie die politische Diskussion und gesetzliche Maßnahmen beeinflusst: *Delay. Distract. Derail.* Das bedeutet: Die Plastikindustrie verzögert. Sie lenkt ab. Und sie lässt Gesetzesvorhaben entgleisen.[4]

Einige Verzögerungstaktiken haben wir in diesem Buch bereits gestreift. Laut Changing Markets gehören dazu etwa Selbstverpflichtungen. Häufig ist es Konzernen lieber, sich selbst Zielsetzungen zu geben, statt eine gesetzliche

Regulierung in Kauf zu nehmen. Wenn sie sich eine Selbstverpflichtung setzen, haben sie wenigstens die Kontrolle über die Ausgestaltung. Ihnen drohen keine Sanktionen, wenn sie die Ziele nicht erfüllen. Gegenüber der Politik aber können sie darstellen, dass sie sich bereits um das Problem kümmern – keine weitere Intervention nötig. Sollte die Politik nun doch entscheiden, dass Gesetze erforderlich sind, so bittet die Industrie häufig um mehr Bedenkzeit. Sie handelt Übergangsfristen aus, um so sicherzustellen, dass keine zu abrupten Veränderungen Geschäfte oder Jobs gefährden. Mit den gleichen Argumenten versuchen Konzerne und Verbände zu erreichen, dass eine neue Regulation bestimmte Produkte ausnimmt.

Das Ablenkungsmanöver gehört zu den Standardmethoden der politischen Einflussnahme. Lobbyisten versuchen, Probleme zu vertuschen. Für Plastikprodukte gibt es eine beliebte Ablenkungstaktik: *Greenwashing*.[5] Produkte oder Prozesse werden nachhaltig oder ökologisch beworben und verkauft, obwohl sie es nur bedingt sind. Es geht also um den grünen Anstrich von Umweltverschmutzern. Greenwashing richtet sich nicht zwingend an Politiker, es spricht vor allem Konsumenten an. Denn die kaufen gerne ein, greifen dabei immer wieder zu den bekannten und gewohnten Marken und Produkten. Ihnen scheint es lieb zu sein, wenn sie beim Kauf ein gutes Gewissen haben können. Und weil Nachhaltigkeit ein komplexes Thema ist – besonders bei Kunststoffen – ist es für Unternehmen einfacher, ein Produkt grüner darzustellen, als es eigentlich ist.

Lobbyisten versuchen darüber hinaus, von einem Problem auf ein anderes abzulenken. Im Zweifelsfall schiebt die Plastikindustrie Konsumenten die Verantwortung für Plastikverschmutzung zu. Denn wer, wenn nicht die Schmutzfinken, schmeißen den Plastikmüll einfach in die Umwelt statt in die Mülltonne? In der Industrie spricht man von Littering. In den 1950er-Jahren etwa gründete unter anderem Philipp Morris die Organisation Keep America Beautiful. Später wurden auch Konsumunternehmen wie Coca-Cola, PepsiCo, McDonald's, Home Depot und der Bierkonzern Anheuser-Busch Mitglied. Der Slogan: »People start pollution, people can stop it.«[6] In Europa gibt es das Clean Europe Network, ein Zusammenschluss von Organisationen mit so originellen Namen wie Keep Sweden Tidy, Keep Baltic

Tidy, Keep the Estonian Sea Tidy, Hold Danmark Rent (»Haltet Dänemark sauber«) oder Hold Norge Rent (»Haltet Norwegen sauber«).[7]

Unter das Schlagwort *Derail* fallen Taktiken, um Regularien und Gesetze zu verhindern oder unterlaufen. Lobbygruppen versuchen, Ausnahmen von Verboten und Regularien für ihre Produkte durchzusetzen oder wollen Gesetzesinitiativen mit juristischen Methoden scheitern lassen. Nur ein Beispiel: Die süddeutsche Stadt Tübingen führte im Jahr 2021 eine Gebühr für Einwegverpackungen ein. Sie verlangte fortan 20 Cent für Einwegbesteck und 50 Cent für To-go-Becher oder Wegwerfboxen. Die Stadt deckelte ihre Gebühr auf maximal 1,50 Euro für ein Gericht. Die Betreiberin der Tübinger McDonalds-Filiale klagte dagegen – und gewann in erster Instanz. Die Stadt musste ihre Gebühr kippen.[8]

Lobbyismus lohnt sich – auch finanziell. Entsprechend sind Unternehmen bereit, dafür in Vorleistung zu gehen. Konzerne zahlen Millionen an Mitgliedsbeiträgen an Industrieverbände und Lobbyorganisationen, die im Namen der Unternehmen bei politischen Entscheidern vorstellig werden. Plastics Europe etwa, der Verband der Plastikproduzenten in Europa, hat laut dem europäischen Lobbyregister im Jahr 2021 zwischen 3,5 bis 4 Millionen Euro für seine Lobbyaktivitäten ausgegeben und auch knapp zwölf Vollzeitstellen für Lobbyisten finanziert.[9]

Die meisten Unternehmen leisten sich außerdem ein eigenes Public-Affairs-Team, das mit seinen Kontakten Einfluss im Sinne des Unternehmens nehmen sollen. Nur haben die Unternehmenslobbyisten mittlerweile einen schlechten Ruf. Politiker müssen sich rechtfertigen, wenn sie sich mit ihnen treffen. Auch deshalb hilft es Konzernen, wenn sie sich mit Organisationen zusammenschließen, die nicht so belastet sind. Zum Beispiel mit wohltätigen Stiftungen.

Mission Circular Economy

Zurück zu dem Plastik und den Fischen im Meer: Es gibt eine Vorgeschichte zu der Schätzung, dass es bald mehr Plastikpartikel als Fische im Meer geben könnte. Sie beginnt mit einer jungen Engländerin, die einen Weltrekord aufstellen will: Ellen MacArthur will allein um die Welt segeln, ohne einen einzigen Stopp. Und sie will dabei schneller sein als jeder und jede andere zuvor.

28. November 2004: Ellen MacArthur ist erst 28 Jahre alt, als sie zu ihrem Rekordversuch aufbricht.[10] Ellen MacArthur trägt ihre dunklen Haare kurz, vielleicht weil es auf See so praktischer ist. Auf Fotos blitzen ihre hellen, blauen Augen. Bereits mit vier Jahren segelt sie das erste Mal mit ihrer Familie, in der Schule beginnt sie, für ein eigenes Boot zu sparen. Mit 17 Jahren bricht sie die Schule ab, um sich ganz aufs Segeln zu konzentrieren.[11] Als sie zu ihrem Rekordversuch aufbricht, hat sie bereits bedeutende Rennen gewonnen und Sponsoren hinter sich versammelt.

Ihr Boot ist eine Maßanfertigung, 28 Meter breit, 16 Meter lang, mit einem 30 Meter hohen Mast. Ellen MacArthur nennt das Boot »Moby«. Der Rekordversuch wird das Abenteuer ihres Lebens. Einmal hätte sie beinahe einen Eisberg gerammt, ein anderes Mal kam ihr ein Wal in die Quere. Als sie einen Generator wechseln muss, verbrennt sie sich den Arm schwer. Trotzdem legt sie drei Tage später die längste Distanz an einem Tag zurück: über 800 Kilometer in 24 Stunden. Nach 71 Tagen, 14 Stunden, 18 Minuten und 33 Sekunden kehrt sie in den Ärmelkanal zurück. Sie hat es geschafft, sie hat den Weltrekord gebrochen. Ellen MacArthur war einen Tag, 8 Stunden und fast 36 Minuten schneller als der bisherige Weltrekordhalter Francis Joyon.[12]

Danach ist Ellen MacArthur ein gefragter Gast für Fernsehsendungen und Talkshows, sie wird als Sprecherin auf Konferenzen eingeladen und schreibt ihr zweites Buch. Queen Elizabeth schlägt Ellen MacArthur 2005 zur Dame. Fünf Jahre tourt sie durch Talkshows und durch Länder, dann widmet sie sich einem neuen Projekt. 2010 gründet sie die Ellen MacArthur Foundation.[13] Mit der Stiftung will Ellen MacArthur die Idee der *Circular Economy* verbreiten.

Wenn Ellen MacArthur ihr Konzept erklärt, dann erzählt sie häufig von ihrer Weltumsegelung, von Weihnachten im antarktischen Meer: Das Wasser ist eisig und ein gewaltiger Sturm zieht auf, die Wellen sind über 10 Meter hoch. Sie ist im Niemandsland der Antarktis, allein, selbst ein Schiff würde vier Tage zu ihr brauchen. Sie muss durchhalten, nur mit den Werkzeugen, Medikamenten und Nahrungsmitteln, die an Bord sind. »Was du mitnimmst, wenn du aufbrichst, ist alles, was du hast«, erzählt sie auf einem Vortrag auf der Innovationskonferenz TED. Von den Materialien, die sie an Bord hat, hängt ihr Überleben ab. Keine Erfahrung hätte jemals besser zeigen können, was das Wort »endlich« bedeutet, sagt Ellen MacArthur mit ruhiger Stimme.[14]

Die Situation auf dem Segelschiff sei nicht so viel anders als die Situation des globalen Wirtschaftssystems, sagt Ellen MacArthur. »Es ist vollständig abhängig von endlichen Materialien, über die wir nur einmal in der Geschichte der Menschheit verfügen.« Aber die Lösung kann nicht sein, einfach weniger zu nutzen, das verzögert das Problem nur. Statt Ressourcen zu verbrauchen, muss die Wirtschaft lernen, sie zu gebrauchen, sagt Ellen MacArthur. Unternehmen brauchen neue Geschäftsmodelle, um die endlichen Ressourcen in einen Kreislauf zu führen.

Ellen MacArthur will mit ihrer Stiftung die Wirtschaft verändern, ein Stück weit. Dafür will sie auch mit der Wirtschaft zusammenarbeiten. Ihre Stiftung soll sich zur Hälfte durch Spenden von Unternehmen finanzieren. Wie sie an solche Geldgeber kommt, hat Ellen MacArthur wohl schon durch die Suche nach Finanziers für ihre Segelabenteuer gelernt.

Oder vielleicht dauert es auch einfach nur, bis Ellen MacArthur die richtigen Leute trifft. Menschen wie Martin Stuchtey. Der Österreicher arbeitet bei der einflussreichen Beratungsagentur McKinsey, seine Klienten sind Unternehmen, Regierungen und Organisationen mit dem Thema Nachhaltigkeit. Martin Stuchtey ist ein Mensch, der offenbar gerne in Narrativen denkt – in sinnstiftenden Erzählungen. In Werten oder Wahrheiten, die so gut illustriert und verpackt sind, dass jeder sie hören will. Der Literaturwissenschaftler Peter Brooks beschreibt schon 1984 in seinem Buch *Reading for the Plot*, dass Narrative die Macht haben können, Denkweisen und damit auch die Welt zu verändern.[15]

Stuchtey schreibt für Ellen MacArthur einen Report über die Circular Economy, der beim Weltwirtschaftsforum in Davos präsentiert wird. Der Report beschreibt die Circular Economy als Geschäftschance für Unternehmen – aus allen Branchen.[16] Anschließend wird die Ellen MacArthur Foundation für Konzerne und politische Organisationen ein gefragter Kooperationspartner. Sogar die EU initiiert einen Aktionsplan für eine Circular Economy, lässt Vertreter der Ellen MacArthur Foundation das Konzept vorstellen.[17] Die Wissenschaft beginnt ebenfalls, sich für das Thema zu interessieren. Die Zahl der Studien steigt steil an, sie überholen alle Veröffentlichungen zum Thema Recycling, zeigt eine Auswertung.[18]

Das Konzept gewinnt an Bekanntheit. Aber was noch fehlt, ist ein Druckmittel, um die Wirtschaft auch davon zu überzeugen, dass diese Veränderungen notwendig sind – und auch dringlich.

Martin Stuchtey und Ellen MacArthur trafen sich zu einem Glas Rotwein, vielleicht war es auch ein Pale Ale, sagt Stuchtey heute. Sie suchen nach einem Produkt, an dessen Beispiel man die Notwendigkeit der Circular Economy illustrieren kann. »Wir erwogen Elektroschrott, Altautos, Papier«, erinnert sich Stuchtey. »Aber Plastik ist am besten geeignet, um diese Geschichte zu erzählen.«

Wenig später startet die Stiftung ein Projekt namens »Mainstream«.[19] Mit Recyclingunternehmen und Markenkonzernen will die Stiftung ein Konzept erarbeiten, wie die Circular Economy für Plastik aussehen kann. Vor allem ein Geschäftszweig ist eine Herausforderung: die Plastikverpackungen. Kaum ein anderes Produkt hat so eine kurze Nutzungsdauer, bevor es wieder zu Müll wird – und zeigt damit beinahe schon ikonisch die Probleme einer Wegwerfwirtschaft auf.

Der nächste Durchbruch kommt im Januar 2016. Auf dem Weltwirtschaftsforum in Davos stellte die Stiftung ihren neuen Bericht *The New Plastics Economy* vor. Darin steht auch die Schätzung, die mittlerweile beinahe berühmt ist: Ohne signifikante Maßnahmen könnte es bis 2050 mehr Plastikmüll als Fische im Meer geben.

Die Rechnung dahinter funktioniert so: Jedes Jahr landen rund 8 Millionen Tonnen Plastik im Meer, auf die Minute gerechnet ist das etwa eine Ladung eines Müllfahrzeugs. Ohne Intervention könnte diese Menge sich bis 2050 auf vier Ladungen steigern. Schätzungen zufolge befinden sich bereits 150 Millionen Tonnen Plastikmüll im Meer. Wenn dazu noch die Verschmutzung ansteigt, würde das Gewicht des Plastikmülls in den Ozeanen das Gewicht aller Fische übertreffen.[20]

Die Schätzung verbreitet sich rasend schnell, Journalisten greifen die Zahl auf, auch Unternehmen und Politiker. Die Stiftung bekommt dadurch unerwartet viel Aufmerksamkeit, auf einmal wollen alle Unternehmen mit ihr zusammenarbeiten. »Diese Schätzung hat sich rasend schnell verbreitet«, sagt auch Martin Stuchtey, der Berater. »Mehr Plastik als Fische. Wahrscheinlich bleibt diese Rechnung von mir übrig, wenn ich nicht mehr bin, vielleicht steht das auf meinem Grabstein.«

Auch die Schätzung ist ein Narrativ. Sie beruht auf einer wissenschaftlichen Grundlage, aber das Bild von den Fischen und Plastik im Meer übermittelt auch eine Botschaft: Das Meer vermüllt – und die Wirtschaft trägt Verantwortung dafür. Die Unternehmen müssen handeln. Eine Rettungsmission für die Ozeane muss her.

Die neue Plastikwirtschaft

Ellen MacArthur stellt diese Rettungsmission im Oktober 2018 auf der indonesischen Insel Bali vor. Regierungsvertreter und Umweltschützer aus der ganzen Welt sind zusammengekommen, um auf einer Konferenz über den Schutz der Weltmeere zu diskutieren. Ellen MacArthur geht zum Podium, biegt das Mikrofon auf ihre Höhe runter. »Das heutige Wirtschaftssystem ist überwiegend linear«, sagt sie. Es entnehme Ressourcen, fertige daraus Produkte, um diese dann zu entsorgen: »Take, make and dispose.« Wahrscheinlich gilt das für kaum ein Produkt so sehr wie für Plastikverpackung. Dass es mehr Plastik als Fisch im Ozean geben können? »Für mich als Seglerin, die mehr als zehn Jahren auf der See verbracht hat, ist das ein erschreckender Gedanke«, sagt sie. Plastik muss raus aus dem Ozean – und rein in eine Kreislaufwirtschaft. Ein Systemwandel muss her.[21]

In den vergangenen Wochen und Monaten hat die Ellen MacArthur Foundation mit Wirtschaftsverbänden, Regierungen und vor allem mit Unternehmen gesprochen, um sie von diesem Systemwandel zu überzeugen. Die Stiftung hat gemeinsam mit dem Weltwirtschaftsforum und McKinsey eine Vision entwickelt, wie diese neue Plastikwirtschaft aussehen kann.

Diese Vision umfasst konkrete Ziele und Verpflichtungen, sogenannte *Global Commitments*. Unternehmen und Regierungen sollen diese Verpflichtungen unterschreiben und damit Ziele im Kampf gegen die Plastikkrise festlegen.[22] Wer das tut, erhält eine Urkunde, »Global Commitments« steht darauf in einer Handschrift geschrieben. Die Unterzeichner verpflichten sich etwa, unnötige und schädliche Plastikprodukte abzuschaffen, ihren Verbrauch von fossilem Plastik zu reduzieren und auch dazu, dass all ihre Plastikverpackungen wieder verwendet oder recycelt werden sollen.

Bis heute haben sich etwa 500 Organisationen den globalen Zielen für die neue Plastikwirtschaft angeschlossen. Mit dabei sind etwa Lebensmittelgiganten wie Mars, Nestlé, PepsiCo, The Coca-Cola Company, Unilever oder Henkel, Einzelhandelskonzerne wie Walmart oder die deutsche Schwarz Gruppe mit dem Supermarkt Lidl. Große Plastikproduzenten wie die BASF und Verpackungshersteller wie Alpla oder Amcor. Insgesamt deckt der Plastikpakt damit heute 20 Prozent der Plastikverpackungsmengen auf der Welt ab, schätzt die Stiftung selbst.[23]

Was Ellen MacArthur gemeinsam mit ihren Partnerorganisationen geschafft hat, ist weltweit einmalig. Sie hat eine der größten Selbstverpflichtungen der Industrie orchestriert, die es jemals in der Wirtschaftsgeschichte gab. Sie hat Unternehmen aus der ganzen Welt und aus beinahe allen Teilen der Wertschöpfungskette dazu gebracht, ihre Plastikprodukte grundlegend zu verändern – oder sich zumindest öffentlich zu diesem Ziel zu bekennen.

Allerdings: Das Projekt trägt wegen seiner großen Reichweite ein großes Risiko mit sich. Denn nichts verpflichtet die Unternehmen, die unterschriebenen Ziele auch einzuhalten. Die Initiative der Ellen MacArthur Foundation schafft zwar mehr Öffentlichkeit. Aber öffentliche Versprechen haben Konzerne in der Vergangenheit schon oft gebrochen. Die Global Commitments sind daher so etwas wie der ultimative Test für die Selbstregulierung der Wirtschaft: Sollte auch das Konzept scheitern, gibt es dann für Konsumenten oder politischen Entscheider noch einen Grund anzunehmen, dass die Wirtschaftsakteure das Problem aus eigener Kraft in den Griff bekommen könnten? Wohl kaum.

»Wir hatten von Anfang an einen lösungsorientierten Ansatz«, sagt Berater Stuchtey, der mit der Stiftung die globalen Verpflichtungen entwickelt hat. »So eine Plattform hat nur Sinn, wenn die größten Unternehmen mitmachen. Das kann keine erzwungene Entwicklung sein.« Er hat die Zahlen geliefert, um die

Unternehmen von dem Sinn zu überzeugen. Die Verschmutzung durch Plastikverpackungen verursacht Kosten von etwa 40 Milliarden US-Dollar, haben Stuchtey und sein Team ausgerechnet. Das wäre mehr als der Gewinn, den die Verpackungskonzerne mit Plastik einfahren. »In der Zukunft werden diese Kosten übernommen werden müssen«, schreibt McKinsey-Berater Martin Stuchtey in einer Studie für die Stiftung. Hinzu kommen noch die Kosten für das Material, das nicht wiederverwendet wird. Nach nur einer Nutzung sind Plastikverpackungen mit einem Wert von 80 bis 120 Milliarden US-Dollar verloren. Die Industrie könnte zumindest einen Teil des Wertes retten, wenn sie Plastikprodukte besser nutzt oder recycelt, so Stuchteys Argumentation.[24]

Die Mitglieder sollen jedes Jahr einen Report vorlegen, um ihren Plastikverbrauch und ihre Fortschritte zu dokumentieren. Dadurch wurde 2019 erstmals öffentlich, wie viele Plastikverpackungen Unternehmen wie Unilever, Nestlé oder Mars überhaupt einsetzen – tatsächlich ein enormer Fortschritt, dass Konkurrenten in einem Forum sitzend auch noch Geschäftsgeheimnisse offenbaren. Coca-Cola kommt demnach etwa auf 3 Millionen Tonnen im Jahr.[25]

Die neue Transparenz gefällt nicht allen, vor allem den Unternehmen am Anfang der Lieferkette nicht. Unter den 500 Unternehmen befinden sich kaum Ölkonzerne und Plastikproduzenten. Dow, einer der größten Plastikproduzenten der Welt, hat vor den Global Commitments noch mit der Ellen MacArthur Stiftung zusammengearbeitet.[26] Aber die Verpflichtungen unterschreiben und die Daten veröffentlichen? Das wollte der Konzern wohl nicht. Auch Procter & Gamble, vorher ebenfalls Partner der Stiftung[27], unterschreibt die Verpflichtungen nicht.

Andere Unterzeichner steigen aus der neuen Plastikwirtschaft wieder aus, »weil sie nicht bereit waren, zwingende Teilnahmevoraussetzungen zu erfüllen«, heißt es im Fortschrittsbericht. Der deutsche Handelskonzern Metro verließ den Kreis der Unterzeichner 2022[28], ein Jahr davor traten die Markenkonzerne Barilla, Marks and Spencer und auch die Luxusmarke Burberry aus den Global Commitments aus.[29]

Doch selbst einige Unterzeichner scheinen die unterschriebenen Verpflichtungen nicht sonderlich ernst zu nehmen. Dabei können die Unternehmen sogar selbst entscheiden, wie sehr sie bis zum Zieljahr 2025 ihren Verbrauch an fossilem Plastik reduzieren wollen – oder wie groß der Anteil an Mehrwegverpackungen sein soll. Nur das Ziel, dass 100 Prozent der Verpackungen recycelbar (oder wenigstens wiederverwendbar oder kompostierbar) sein sollen, ist für alle gleich.

Trotzdem zeichnen sich nur begrenzte Fortschritte ab. Der Anteil von recycelbaren Verpackungen? Ist nur minimal gestiegen. Der Einsatz von Rezyklat in den Plastikverpackungen? Bleibt bisher unter den Erwartungen zurück. Zwar haben einige Konzerne ihren Verbrauch von Neuplastik tatsächlich gesenkt – Nestlé etwa reduzierte seinen Verbrauch nach eigenen Angaben in vier Jahren um 8 Prozent, Unilever gar um 16 Prozent. Andere Unternehmen aber steigerten ihre Verkaufszahlen und ihren Plastikverbrauch so stark, dass die Fortschritte verblassen. Mars etwa trieb seinen Verbrauch von Neuplastik um 11 Prozent nach oben. Tatsächlich hat sich der Plastikverbrauch seit den Anfängen der New Plastics Economy bisher kaum verändert. »Wichtige Ziele für 2025 werden voraussichtlich verfehlt«, warnte die Ellen MacArthur Foundation in ihrem Fortschrittsbericht, drei Jahre vor Ablauf der Frist.

Die Verpflichtung, Produkte und Verpackungen wiederzuverwenden und Mehrweglösungen einzuführen, scheint ein Großteil der Unterzeichner komplett zu ignorieren. Die Quote von wieder nutzbaren Verpackungen lag 2021 bei allen beteiligten Unternehmen immer noch bei nur 1,2 Prozent.[30]

Die Anfangseuphorie ist mittlerweile verflogen. »Der Wert dieser globalen Verpflichtungen ist mittlerweile deutlich verwässert«, sagt ein Vertreter eines Unternehmens, das zu den ersten Unterzeichnern gehörte. Die Ellen MacArthur Foundation sei sehr stark gestartet. Doch dann hätten die falschen Konzerne das Image der Stiftung für ihre Zwecke ausgenutzt. »Die Unternehmen haben entdeckt, dass es einen Weg gibt, um der Kritik an ihrem Plastikverbrauch zu begegnen, und dieser Weg geht über die Ellen MacArthur Foundation.«

Auch in der Stiftung selbst wird diskutiert, wie man mit den Unterzeichnern umgehen soll, die sich nicht an ihre eigenen Verpflichtungen halten. Aber was soll die Stiftung machen, diese Unternehmen rausschmeißen? Das könnte es den Konzernen vielleicht nur noch einfacher machen. Sie müssten dann nicht mal mehr befürchten, dass öffentlich wird, wie wenig sie gegen die Plastikkrise tun. Die Stiftung entscheidet sich, auch mit den Nachzüglern weiter zusammenzuarbeiten – damit sich die Konzerne nicht aus ihrer Verantwortung stehlen können, so die Argumentation.

Martin Stuchtey, der Berater, hat mittlerweile sein eigenes Unternehmen Systemiq gegründet und wirbt damit für die Circular Economy. Er sieht es so: »Wir diskutieren jetzt darüber, wie schnell es vorangehen muss und nicht darüber, ob es überhaupt vorangehen muss«, sagt er. »Andererseits sind wir noch immer viel zu langsam.« Viele Unternehmen aber hätten begriffen, dass die Circular Economy im Zeitalter des Ressourcenmangels und Klimawandels ein »Rettungsanker« sein könne.

Viele vielleicht. Aber längst nicht alle. Und einige haben mittlerweile sogar eine Konkurrenz zur New Plastics Economy aufgezogen.

Eine Allianz im Müll

Der Kampf gegen den Plastikmüll beginnt in einem kleinen, buddhistischen Tempel in der thailändischen Provinz Rayong. Es herrscht Grabesstille, Kerzenlicht flackert vor Buddha-Statuen in einem Sandbecken, feine Rauchschwaden und der Duft von Räucherstäbchen hängen in der Luft. Ein paar ältere Damen und Herren sind zum Beten gekommen. Sie knien ruhig auf den Fliesen. Einige von ihnen haben Getränkeflaschen und Kaffeebecher dabei. Am Eingang des Tempels stehen zwei gelbe Gitterkörbe für Altpapier und Plastikmüll, sie sind vielleicht hüfthoch und über 1 Meter breit. Auch diese Mülleimer sind gut für den Glauben: Ein Schild weist darauf hin, dass die Müllentsorgung hier gutes Karma bringt.

Die Provinz Rayong ist eines der Zentren für die Plastikindustrie, die diese Getränkeflaschen und Einwegbecher produziert. Nun will sie aufräumen. Gleich über den Mülleimern hängt noch eine weitere Tafel, »About Plastics« steht darauf, darunter sind die einzelnen Kunststoffarten aufgezeichnet, auf Thai erfolgt ein wenig Materialkunde. Es ist eine Anleitung zum Mülltrennen und Recyceln. Rechts oben, in der Ecke des Plakats, versteckt sich ein Logo: *Alliance to End Plastic Waste*. Eine Allianz, um Plastikmüll zu beenden.

Die Mülleimer sind Teil einer der größten Industrie-Initiativen der Welt. Mehr als 70 Unternehmen haben sich zusammengeschlossen, um den Kampf gegen den Plastikmüll öffentlichkeitswirksam aufzunehmen. Dazu gehören Ölkonzerne wie Shell oder ExxonMobil, Chemieriesen wie Dow und BASF, Markenhersteller wie Procter & Gamble, PepsiCo oder Henkel. Jedes einzelne dieser Mitgliedsunternehmen hat einen Milliardenumsatz, und ein beinahe ebenso großes Imageproblem: Plastik ist in Verruf – und ebenso die Konzerne, die Plastik herstellen oder verkaufen.

Umweltschützer und Aktivisten werfen den Konzernen vor, eine Mitschuld zu tragen für die Umweltverschmutzung durch Plastik. Der Plastikmüll ist ein Reputationsrisiko für die Konzerne geworden – und die Alliance ihr Mittel, um gegenzusteuern: 1,5 Milliarden US-Dollar wollen die Mitgliedsunternehmen über die Allianz investieren. Das Geld soll in Forschung und Innovationen fließen, in Bildung, vor allem aber in Projekte, die Plastikmüll aufräumen, einsammeln und recyceln. In fünf Jahren will die Allianz so 15 Millionen Tonnen Plastikmüll umleiten, kündigt sie bei ihrem Start an.[31] Mit Projekten wie jenem in dem thailändischen Tempel.

An diesem Tag aber sind die Tempel-Mülleimer so gut wie leer. Nur am Boden liegen einige Wasser-, Bierflaschen und Getränkedosen, darauf noch ein paar Einweg-Papierbecher. Gutes Karma hin oder her, die Tempelbesucher scheinen die Mülltrennung nicht ganz so ernst zu nehmen.

Nicht nur die Mülleimer sind eher leer, auch die Bilanz der Allianz ist vier Jahre nach der Gründung eher ein Flop: Viele der von der Alliance geförderten Projekte verwerten nicht die erhofften Mengen an Plastik. Andere Projekte kommen eher den Mitgliedsunternehmen zugute als der Umwelt. Kritiker sprechen von Greenwashing und werfen der Allianz Interessenkonflikte vor. Trotz des Budgets von 1,5 Milliarden US-Dollar ist die Allianz weit von ihren ursprünglich verkündeten Zielen entfernt. Das führt zu der Frage: Was hat dieses Bündnis überhaupt mit seinem Geld angestellt?

Öffentlich vorgestellt hat die Organisation ihre ehrgeizige Mission erstmalig im Januar 2019. Auf der Homepage des renommierten Umwelt- und Reisemagazins *National Geographic* erscheint damals ein Artikel: »Globale Allianz gegen Plastikmüll in der Umwelt«, lautet die Überschrift. Ein Video

zeigt mit Musik unterlegte Aufnahmen von Meeren und Bergen, von Plastikmüll und lachenden Menschen, die auf dem Müllberg Plastik sortieren oder
neben Recyclinganlagen stehen.[32]

Die Kampagne in Kombination mit den großen Namen der Gründungs-
mitglieder sorgte für Aufmerksamkeit anderer Medienhäuser, auch ohne dass
die Allianz dafür zahlen musste. Das deutsche *Handelsblatt* druckte auf der
Titelseite: »Chemieriesen bilden eine Allianz gegen Plastikmüll.«[33]

1,5 Milliarden US-Dollar sind eine gewaltige Summe für ein solches Unterfangen. Zum Vergleich: Die Ellen MacArthur Foundation hatte 2021 laut
Steuerunterlagen ein Budget von 18 Millionen britischen Pfund, umgerechnet also etwa 22 Millionen US-Dollar[34] – und kümmert sich nicht nur um
Plastikmüll, sondern zum Beispiel auch um die Modebranche und Lebensmittel. Das Budget der Alliance to End Plastic Waste ist selbst auf ein Jahr gerechnet mehr als dreizehnmal so groß.

Wohin dieses Geld fließt, lässt sich teilweise anhand von öffentlichen
Steuerunterlagen nachvollziehen. Etwa die Marketingkosten: Die Werbung
und Beiträge über die Plattformen von *National Geographic* zum Start der Alliance kosteten allein 400 000 US-Dollar, insgesamt gab die Alliance Millionen für die Werbekampagne aus. So kassierte die Marketingagentur Weber
Shandwick 5,7 Millionen US-Dollar, weitere 4,3 Millionen US-Dollar gingen an die Beratung Bain and Company.[35]

Auch die Führungskräfte der Alliance verdienen nicht schlecht, leitende
Angestellte bekommen bis zu einer halben Million US-Dollar jährlich.
CEO Jacob Duer, der zuvor im Umweltprogramm der Vereinten Nationen
arbeitete, kam 2021 sogar auf rund 1,2 Millionen US-Dollar.[36] Die Alliance
erklärt auf Anfrage: »Wir verwalten die Finanzen der Organisation umsich-
tig.« Die Verwaltungskosten lägen bei etwa 20 Prozent des Budgets – das sei
vergleichbar mit anderen wohltätigen Organisationen.

Probleme bei Prestigeprojekten

Das restliche Geld soll in Projekte fließen, um den Plastikmüll zu bekämpfen. Eins der größten ist *Project STOP* in Indonesien. STOP will für kleines

Geld ein Abfall-Management nach westlichem Vorbild in drei Regionen auf den Inseln Java und Bali aufbauen: Dazu sollen die Anwohner Plastikabfälle in gelben Tonnen und Essensreste und Biomüll in grünen Tonnen sammeln. Bis 2025 soll die Initiative 25 000 Tonnen Plastikmüll und noch mehr Hausmüll entsorgen – das wären die Abfälle von etwa zwei Millionen Menschen. Das angekündigte Ziel: Die indonesischen Lokalregierungen sollen die Projekte übernehmen und so ein langfristiges Abfallmanagement aufbauen können.[37]

Das Projekt wurde nicht etwa von der Allianz gegründet, sondern bereits 2017 von dem Unternehmen Systemiq von Ex-McKinsey-Berater Martin Stuchtey, der auch für die Ellen MacArthur Foundation die Ökonomie hinter der neuen Plastikwirtschaft erdacht hat. STOP ist ein Versuch, die Theorie in die Praxis umzusetzen. Die Alliance ist einer der Geldgeber, Hauptsponsor und Mitinitiator aber ist das österreichische Chemieunternehmen Borealis. Im Gegenzug für die finanzielle Unterstützung nutzen die Industriepartner das Projekt für ihre Imagepflege. Die Alliance schreibt in ihrem Fortschrittsbericht: Die Vision von STOP auf Bali sei ein »wirtschaftlich nachhaltiges und zirkuläres System für die Abfallsammlung und Sortierung«.[38] Im Nachhaltigkeitsbericht von Hauptsponsor Borealis heißt es sogar, das Projekt vermeide »den Eintrag von Kunststoffen in den Ozean«.[39]

Doch wie Beschäftigte und Familien im Gebiet von STOP berichten, ist das Sammelsystem bisher weder kostengünstig noch besonders kreislauffähig. Ob dadurch tatsächlich weniger Plastik im Ozean landet, lässt sich kaum belegen.

Zwar hat STOP Sortieranlagen aufgebaut, etwa in Jembrana, einer muslimisch geprägten Stadt im Westen der Insel Bali. In einer Halle wird der Müll aus der Umgebung mit Rikschas abgeladen und sortiert, direkt neben der örtlichen Müllkippe, auf der Bagger in gefährlicher Neigung Müllhaufen abkippen. Durch die Halle läuft ein schwarzes Förderband, an dem rund zwei Dutzend Beschäftigte den Müll per Hand sortieren. Nur gibt es Probleme, weil die meisten Haushalte Plastik und Biomüll nicht trennen, berichten Beschäftigte von STOP. Stattdessen landen die Abfälle als großes Gemenge auf dem Förderband. Zwei Drittel sind Essensreste und Bioabfälle, erklärt STOP.

Verwertet wird dieser Bioabfall in der Regel nicht. Auf Anfrage schreibt der indonesische Projektleiter von STOP, die Herstellung von Kompost sei aufwändig und würde nur erfolgen, wenn Nachfrage besteht. Meist landet der Müll auf der Deponie.

Dort endet auch ein Großteil des gesammelten Plastikmülls. Denn die Arbeiter an den Förderbändern finden in den Abfällen kaum recycelbare Rohstoffe. Laut einem internen Papier von Systemiq sind fast 90 Prozent des Plastikmülls in den Sammelregionen sogenannte »low value plastics«, also überwiegend Folien und Multilayer-Verpackungen mit niedrigem oder gar keinem Wert. Recyceln lässt sich dieses Material kaum. Ein Großteil landet am Ende des Bands auf einem Haufen und wird später mit Trucks auf die örtlichen Müllkippen gefahren.

Am Flussufer in der Stadt Jembrana im Norden von Bali sitzt ein Mann, der den Grund für die schlechte Recyclingbilanz des Projektes kennt. Fariz, 25 Jahre alt, stämmiger Körperbau, ist Müllsammler. Als selbständiger Waste Picker zieht er von Haus zu Haus, um Plastik- und Glasflaschen oder Altpapier einzusammeln. Gut recycelbare Wertstoffe, die er weiterverkaufen kann. Je mehr Plastikflaschen Fariz einsammelt, umso weniger landen auf den Förderbändern bei STOP. Das Projekt ist deshalb eine Konkurrenz für Fariz. Er will sich nicht mit der Organisation anlegen, deshalb ist sein Name geändert.

Auch der Dorfvorsteher ist an den Fluss gekommen. »Als STOP startete, forderten Vertreter der Bezirksregierung Wettbewerber wie Müllsammler und Plastikbanken auf, aufzuhören«, berichtet Retno, ein hagerer Raucher in den Mittdreißigern, der über 1000 Familien vertritt. Auch sein Name ist geändert. Viele Müllsammler hätten sich unter Druck gesetzt gefühlt, sagt Retno.

STOP erklärt dazu: »Wir arbeiten mit der Lokalregierung und dem existierenden Müllsektor zusammen und stellen sicher, dass diese auch weiterhin in den Gebieten arbeiten, die sie seit langem abdecken.« STOP habe einkalkuliert, dass der informelle Sektor das wertvolle Recyclingmaterial einsammle. Mittlerweile ließe man die Müllsammler gewähren, sagt auch Retno. Trotzdem verstehen Fariz und Retno den Sinn von Projekten wie STOP nicht – wenn es doch den informellen Sektor mit seinen Müllsammlern gibt.

Gegen Gebühr holen Fariz und seine Kollegen auch unsortierten Hausmüll ab und bringt ihn zu einem Container, den die Lokalregierung abholen und deponieren lässt. Etwa 1 Euro pro Monat zahlen die Haushalte für Dienste von Müllsammlern wie Fariz. STOP verlangt je nach Region das Doppelte. Viele Familien wollen das nicht zahlen, lieber verbrennen sie ihren Müll im Garten, erzählen sie. Auch die Alliance berichtet in ihrem Fortschrittsbericht von »anfänglicher Zurückhaltung der Anwohner, die den unmittelbaren Nutzen des Systems nicht sahen.«[40] Indonesische Lokalnachrichten berichten, dass STOP allein auf Bali im Jahr bis zu 70 000 Euro entgehen, weil die Familien ihre Gebühren nicht zahlen und ihren Müll nicht sortieren wollten.[41]

Die Verluste sind ein Problem, denn die Projekte sollen sich auf Dauer eigentlich selbst finanzieren, damit die lokalen Behörden sie übernehmen können. STOP erklärt, das Projekt in Bali solle im Juli 2023 an die indonesischen Behörden übergeben werden. Ein anderes Projekt auf Java hat STOP bereits abgegeben, ein weiteres befindet sich ebenfalls im Übergang.

Dabei ist STOP noch weit davon entfernt, die angepeilten Mengen an Plastikmüll zu verwerten. Bisher haben die Sortieranlagen auf Bali und Java gemeinsam in fünf Jahren nur rund 5000 Tonnen Plastikmüll eingesammelt – bis 2025 sollten es eigentlich 25 000 Tonnen sein. Nur rund 1,5 Tonnen Plastik konnte das Projekt bisher zum Recycling schicken. »Project STOP ist nicht die eine Antwort auf die Plastikvermüllung«, erklärt Systemiq. Stattdessen müsse sich die Industrie ändern: Sie müsse Produkte neu designen, neue Kunststoffe aus biologischen Rohstoffen entwickeln und Mehrwegsysteme einführen.

»Lächerlich peinlich«

Nicht die eine Antwort auf die Plastikvermüllung? Das könnte auch für die Alliance to End Plastic Waste gelten. In rund vier Jahren hat die Organisation nur rund 60 000 Tonnen Plastik verwerten und recyceln lassen. Das sind gerade mal 0,4 Prozent des ursprünglich angepeilten Ziels von 15 Millionen Tonnen. »Das Ergebnis ist so minimal, dass es geradezu lächerlich peinlich ist«, heißt es aus einem frustrierten Mitgliedsunternehmen.

Die Alliance begründet das mit ihrem Lernprozess: Man habe »die Komplexität des Aufbaus der Abfallsysteme in unterversorgten Regionen« nicht vollständig verstanden. Auch die Covid-19-Pandemie habe viele Projekte ausgebremst.

So recherchierte die Nachrichtenagentur Reuters zu einem Projekt, mit dem man Plastikmüll aus dem indischen Fluss Ganges fischen wollte. Die Reporter fanden nur verrostetes Equipment vor, die Beschäftigten waren entlassen worden, das Projekt ersatzlos gestrichen – wegen der Corona-Pandemie, erklärte die Alliance.[42]

Ein weiterer Grund für die schlechte Recycling-Bilanz dürfte folgender sein: Tatsächlich fließt das Geld nur in wenige Projekte, die tatsächlich das Ziel haben, Abfälle zu recyceln und zu vermeiden. Der Rest sind Forschungs- oder Bildungsprojekte. Einige Projekte »unterstützen Innovation und Verhaltensänderung und ergeben keine Volumen«, heißt es von der Alliance.

Etwa in Thailand: Ein von der Alliance unterstütztes Projekt sollte im Bangkoker Stadtteil Khlong Toei Innovationen testen. Das Armutsviertel gilt als Problem-Bezirk der thailändischen Hauptstadt. Zehntausende Menschen leben hier dicht gedrängt, überwiegend ohne geregelte Entsorgung, der Müll türmt sich an Straßenecken und im Kanalwasser. Die Alliance kündigte im Sommer 2021 an, dass sie Geld beisteuert, um eine App und intelligente Mülleimer zu entwickeln, die Daten ihrer Füllstände weitergeben. Die Alliance will so der Nachbarschaft bei der Mülltrennung und Entsorgung helfen.[43] Über die App sollen die Anwohner Punkte sammeln können, wenn sie ihren Müll trennen und an Sammelstellen abgeben.[44]

Beinahe ein Jahr später hatten weder die Menschen in Khlong Toei noch die zuständige lokale Umweltbehörde von dem Projekt mit den intelligenten Mülltonnen gehört. Eine interne Power-Point-Präsentation offenbart: Die schlauen Mülltonnen sollten gar nicht im Slum aufgestellt werden, sondern in Shopping Malls, in Businesshotels und in Bürotürmen. Eine der Mülltonnen etwa war in einem Gebäude geplant, in dem der Ölkonzern Shell seinen Hauptsitz in Thailand hat. Das Unternehmen ist Gründungsmitglied der Alliance.

Die Alliance erklärt: Das Projekt sei verspätet im dritten Quartal 2022 gestartet, seitdem gebe es Sammelpunkte für Abfälle in der Nachbarschaft.

Sie schickt Fotos vom Projektstart in Khlong Toei: Zu sehen sind rund ein Dutzend gewöhnliche Mülltonnen, die gespendet wurden, sowie Bilder von Sammelaktionen, die einige mit Plastikflaschen gefüllte Säcke zeigen. Die Alliance verweist außerdem auf eine App, über die sich Recycler und Sammler austauschen können. Nach einem halben Jahr kommt die App im Google Store allerdings nur auf über hundert Downloads. Auf die Frage nach den intelligenten Mülltonnen geht die Alliance nicht ein.

Ein anderes Projekt widmet sich der Erforschung von Straßen mit Recyclingplastik in Singapur und Thailand – sogenannte »Green Roads«. Die Alliance steuert Gelder für die Studien zur Machbarkeit und zu den Umweltauswirkungen bei. Viele dieser Plastikwege gibt es noch nicht, ein Testweg mit Rezyklat aus alten Plastiktüten aber führt über das Werksgelände des Konzerns Siam Cement Group (SCG). Das Staatsunternehmen, gegründet vom thailändischen Königshaus, ist einer der größten Chemie- und Zementkonzerne Asiens. Das Alliance-Mitglied SCG hält den Plastik-Asphalt-Mix auf seinem Werkgelände für eines der »großartigen Beispiele, die den maximalen Wert aus Kunststoffabfällen herausholen«.[45] Dabei kann aus dem Plastikweg nie wieder eine Verpackung entstehen – es ist also eher ein Beispiel für Downcycling. Die Alliance erklärt dazu: »Unser einziges Ziel ist es, die Forschung bereitzustellen.«

Auch andere von der Alliance unterstützte Forschungsprojekte scheinen fragwürdig: Der Ölkonzern ExxonMobil etwa baute mit Geldern der Alliance eine Anlage für Chemisches Recycling, die Plastikpolymere chemisch wieder in seine Bauteile zerlegen soll – ein äußerst aufwendiges Verfahren, dessen Umweltnutzen bisher nicht bewiesen ist. Damit unterstützt die Alliance finanzielle Investitionen ihrer Mitgliedsunternehmen.[46]

Tatsächlich verfügt die Alliance über zwei Geldtöpfe. Der *Solution Accelerator Fund* investiert in rund 50 Start-ups und soziale Projekte, teilweise sind dafür auch Investmentfonds zwischengeschaltet. Der größere Topf aber sind die sogenannten *Member Directed Commitments*. Damit finanzieren die Mitglieder der Alliance ihre eigenen Forschungsprojekte und Innovationen. Welche das sind, darüber können die Unternehmen selbst entscheiden – solange die Projekte zu den Zielen der Allianz passen. Die Mitgliedsunternehmen melden der Alliance lediglich einmal im Jahr, wie viel Geld sie für ihre eigenen Projekte ausgegeben haben, bestätigt die Alliance. Diese Ausgaben werden dann auf die verkündeten 1,5 Milliarden US-Dollar angerechnet.

Wie auch bei Project STOP ist die Alliance bei den unterstützten sozialen Projekten selten der einzige Geldgeber. Häufig gab es die Sammelinitiativen schon, bevor die Alliance mit ihnen warb. Auch die Mülleimer im buddhistischen Tempel standen schon dort: Die Aktion ist Teil des *Rayong Less Waste Projects*, das in der thailändischen Provinz bereits seit 2019 für mehr Mülltrennung wirbt. Gegründet wurde es von lokalen Aktivisten und engagierten Bürgern. Als Reporter der Nachrichtenagentur Bloomberg sich vor Ort nach der Alliance erkundigten, reagierten die Aktivisten irritiert – sie wussten gar nicht, dass die Alliance zu ihren Geldgebern gehört und damit wirbt. Später stellte sicher heraus: Das Geld soll über einen Verband der thailändischen Industrie in das Projekt geflossen sein.[47]

Die Alliance erklärt: Wenn die Alliance nur einer von mehreren Geldgebern sei, rechne sie die gesammelten und recycelten Mengen an Plastikmüll auch nur anteilig in ihre Ziele ein. Die Organisation will nun nachbessern. »Die ursprünglichen Entsorgungs- und Recyclingziele waren einfach zu ehrgeizig«, heißt es aus der Organisation.

Unter amerikanischem Einfluss

Kritiker sagen: Plastikabfälle zu reduzieren oder zu vermeiden widerspreche den Geschäftsinteressen eines Großteils der Mitgliedsunternehmen. »Viele der Alliance-Mitglieder haben sich dafür entschieden, stark in den Ausbau ihrer Plastikproduktion zu investieren«, schreibt etwa die Organisation Planet Tracker in einem Report.[48] Darin weist Planet Tracker auf den starken Einfluss einer mächtigen Lobbyorganisation hin: Von den 28 Gründungsmitgliedern der Alliance waren 19 zugleich Mitglied im American Chemistry Council (ACC), dem Zusammenschluss der amerikanischen Chemieindustrie. Anfangs war die Alliance in den USA sogar an der gleichen Adresse registriert wie der ACC. Der Verband unterstützte die Alliance zudem mit »Sekretariatsdienstleistungen«, berichtete Bloomberg.[49]

Um mehr Glaubwürdigkeit zu erlangen, habe der ACC andere Unternehmen wie Sortierer, Entsorger und Konsumgüterkonzerne an Bord geholt, heißt es aus den Kreisen der Alliance. Doch den Ton bestimme immer noch die Chemieindustrie. »Die Alliance ist nichts anderes als der verlängerte Arm des ACC«, sagt ein Vertreter eines europäischen Mitgliedsunternehmens.

Der ACC ist umstritten, auch als Lobbyorganisation. Der Verband hat sich gegen eine Besteuerung von Plastik in den USA ausgesprochen und lobbyiert auch dafür, dass sich internationale Maßnahmen auf die Plastikverschmutzung konzentrieren sollten und nicht auf die Plastikproduktion. Wohl aus gutem Grund: Daten des ACC selbst zeigen, dass allein in den USA mehr als 37 Milliarden US-Dollar in den Ausbau von Kapazitäten zur Plastikproduktion fließen.[50] Im Vergleich damit wirken die 1,5 Milliarden US-Dollar nicht mehr so gewaltig. Offiziell heißt es: Der ACC »spielt keine Rolle in der Alliance«. Man bestehe aus zwei verschiedenen, voneinander unabhängigen Gesellschaften, schreibt ein Sprecher.

Die Alliance will sich nun neu aufstellen. »Eine wichtige Lektion war es, realistischere Ziele zu setzen«, erklärt auch die Alliance angesichts der Kritik. Wie diese neuen Zielvorgaben aussehen können, ist noch offen. Das ursprünglich angepeilte Ziel von 15 Millionen Tonnen entsorgtem Plastikmüll nennt die Organisation bereits seit einigen Jahren nicht mehr. »Die Herausforderung, die Umweltverschmutzung durch Plastikabfälle zu beenden, ist riesig, aber nicht unüberwindbar«, schreibt sie stattdessen. Das klingt schon nicht mehr so ehrgeizig wie die ursprüngliche Mission. Das Ende aller Plastikabfälle? Anscheinend verschoben.

SCHLECHTE LÖSUNGEN UND FALSCHE VERSPRECHEN

Dieses Kapitel erklärt:

- wie Konzerne Greenwashing einsetzen, um ihre Plastik-Geschäfte zu schützen,
- wieso Ozeanplastik selten aus dem Meer kommt,
- warum kompostierbares Plastik nicht immer verschwindet,
- wie die Industrie mit Chemischem Recycling das nächste Ablenkungsmanöver aufbaut.

Mehr Bio. Noch mehr Recycling. Chemisches Recycling. Die Plastikindustrie hat Antworten parat auf die zunehmende globale Bedrohung durch schwindende Ressourcen, zunehmende Treibhausgase und Kunststoffabfälle, die sich um weite Teile der Erdoberfläche zu wickeln scheinen. Das Problem lässt sich nicht mehr wegdiskutieren, und Konzerne entlang aller Stufen der Wertschöpfungskette geloben, dass sie zur Lösung der Krise beitragen wollen. Die Frage ist nur: Wie genau soll dieser Beitrag aussehen?

Es ist nur natürlich, dass Unternehmen ihre Geschäftsinteressen schützen. Vorstände sind dazu sogar verpflichtet, sie dürfen nicht gegen das Interesse ihrer Aktionäre und Eigentümer handeln – und auch nicht grundlos Jobs gefährden. Wenn Konzerne also Lösungen für die Plastikkrise suchen, dann müssen es Lösungen sein, die in ihrem Interesse liegen. Darin liegt das Risiko, dass die Umwelt auf der Strecke bleibt.

Wissenschaftlerinnen der australischen University of Queensland untersuchten in einer unabhängigen Studie 68 Nachhaltigkeitsberichte führender Konsumgüter- und Getränkekonzerne. Das Ergebnis: Die Bemühungen der Industrie seien »langsam und inkonsistent«. Die meisten Unternehmen zeigen sich zwar als Befürworter einer Circular Economy. Aber die Forschenden sehen eine Tendenz der Unternehmen »über Sammlung und Recycling zu berichten, statt über nachhaltige Verpackungslösungen, die auf einen systemischen Wandel abzielen.«[1]

Wenn es darum geht, Probleme wie Verschmutzung zu stoppen, unterscheidet man zwischen sogenannten *Downstream*- und *Upstream*-Lösungen. Man stelle sich einen Fluss vor, an dessen Quelle eine Fabrik steht, aus der immer wieder Plastik über ein Rohr ins Wasser gelangt. Man könnte den Müll bei der Fabrik *upstream* einsammeln. Man könnte auch die ganze Fabrik stilllegen, die schließlich regelmäßig den Fluss vermüllt. Die meisten Lösungen zur Plastikkrise aber setzen *downstream* an: Sie versuchen, die schon längst verteilten Abfälle mehrere Kilometer später am Ende des Flusses wieder aufzusammeln. Das ist zwar wesentlich mühsamer. Aber es lenkt die Aufmerksamkeit von der Fabrik ab. Ein anderer Fachbegriff dafür ist *End of Pipe*: Die Konzerne sammeln auf, was aus dem Rohr nach außen dringt. Sie beschäftigen sich weniger damit, was ins Rohr hineinläuft.

Viele der Ideen, die heute von der Industrie präsentiert werden, folgen dieser Logik. Sie konzentrieren sich auf Probleme, die weit weg vom Anfang der Wertschöpfungskette entstehen, am Ende des Lebenszyklus von Kunststoffen: Sie konzentrieren sich also auf das Problem des Plastikmülls.

Die Organisation Break Free From Plastic untersuchte, wie die Konsumgüterkonzerne der Welt in den vergangenen Jahren solche Projekte für ihr Marketing eingesetzt haben. Die Organisation konzentrierte sich dabei auf die Namen, die jedes Jahr bei den Aufräumaktionen am häufigsten gefunden werden, wie Coca-Cola, PepsiCo und Nestlé – laut Break Free From Plastic also die größten Verschmutzer. In ihre Untersuchung bezogen die Umweltaktivisten insgesamt 214 Projekte ein, die von Markenkonzernen zwischen 2018 und 2021 gefördert wurden. Das Ergebnis: Nur 38 dieser Projekte setzten im oberen Teil der Lieferkette an, beschäftigten sich zum Beispiel mit wiederverwendbaren Produkten. Break Free From Plastic klassifizierte 176 der Projekte als »falsche Lösungen.«[2] Der Report habe gezeigt, dass die Konzerne »sich hauptsächlich auf *Downstream*-Lösungen konzentrieren, die nichts dazu beitragen, die Kunststoffproduktion zu reduzieren«.[3]

Solche falschen Lösungen können ablenken. Sie können in der Politik, in der Wissenschaft und bei Unternehmen Ressourcen binden, die an anderer Stelle besser eingesetzt würden. Sie können ein falsches Gefühl von Fortschritt vermitteln, dass die Krise schon irgendwie gehandhabt würde. Unternehmen können mit diesen Aktivitäten werben und sie somit als Greenwashing einsetzen. In diesem Kapitel beschäftigen wir uns deshalb mit Ideen, die diese Plastikkrise nicht lösen werden.

Kommt nicht aus dem Meer: Ozeanplastik

Das Armband besteht aus Plastikperlen, einem kleinen Anhänger und synthetischem Garn. Das Design ist nicht besonders originell, trotzdem will das Start-up es für 30 Euro verkaufen, mit Rabattcode weniger. »Handmade in Bali«, verspricht die Werbung auf der Homepage. »Aus gesammeltem Ozeanplastik.« Ein Armband soll 1 Kilogramm Plastik aus dem Ozean fischen. Mit einem anderen Armband aus weißgeknüpfter Schnur mit Schildkröten-Anhänger und kleinen Perlen geht gar das Versprechen einher, jedes Armband würde eine Baby-Schildkröte retten. Auch »biologische« Handyhüllen gibt es im Onlineshop zu kaufen, für den stolzen Preis von 40 Euro.

Auf Instagram oder TikTok werben Start-ups für Produkte, die versprechen, die Meere von Plastik zu befreien. Heute gibt es nicht nur Handyhüllen aus Ozeanplastik, sondern auch Kreditkarten und Rucksäcke. Adidas produziert Sneaker aus Meeresplastik und kleidete auch die deutsche Fußballnationalmannschaft bei der Weltmeisterschaft in ein Trikot aus Ozeanplastik. 50 Millionen Euro bezahlte Adidas für das Privileg, die Nationalmannschaft ausstatten und so für seine Produkte werben zu dürfen.[4] Nur: Was soll Ozeanplastik eigentlich sein?

Eine Bildersuche auf Google zu »ocean plastic« ergibt Folgendes: Ganz oben präsentiert die Suchmaschine unter der Überschrift »Shop ocean plastic«

Produkte, die aus Ozeanmüll bestehen sollen, etwa Trinkflaschen und große Tragetaschen. Auf den Fotos darunter: Plastikmüll, der an einer schwimmenden Barriere auf dem Wasser auftaucht. Bilder von Schildkröten, die nach Plastiktüten schnappen. Plastikflaschen, die auf dem Wasser treiben, Plastikflaschen, die am Strand liegen. Und noch mehr Plastikmüll auf und im Wasser.

Solche Fotos kursieren bereits seit Jahrzehnten, sie sorgen immer wieder für Aufmerksamkeit. Plastik hätte heute vielleicht nicht den Ruf als problematisches Material, würde es diese Fotos nicht geben, hätten Segelcrews und Dokumentarfilmteams nicht schon vor Jahren Müllstrudel mitten auf den Ozeanen entdeckt. Die Bedrohung durch Plastik wird nirgendwo so deutlich wie mit dem Ozean. Doch das heißt nicht, dass jedes Start-up tatsächlich dagegen vorgeht, wenn es Produkte aus Ozeanplastik verkauft.

Ozeanplastik ist kein geschützter Begriff. Zwar gab es Versuche, »Ocean Plastic« als Marke zu registrieren, doch zumindest in der Europäischen Union wurde das abgelehnt.[5] Die Unternehmen können selbst bestimmen, was Ozeanplastik ihrer Meinung nach sein soll – und tun das auch.

Tatsächlich fischen nur die wenigsten Anbieter, die mit maritimen Kunststoffen werben, Plastikmüll aus dem Wasser. Zu diesen Ausnahmen zählt etwa das Start-up The Ocean Cleanup des Niederländers Boyan Slat, der eigene Maschinen entwickelt hat, die Plastikgegenstände wie ein Staubsauger von der Meeresoberfläche sammeln können. Darüber hinaus gibt es Schiffe, die wie Mantarochen Müll statt Plankton einatmen, und Sperren, die in Flussmündungen eingebaut werden. Solche Maschinen sind kompliziert und teuer. Der Plastikmüll im Meer wird von Salzwasser, UV-Licht und Schmutz schon stark angegriffen und ist deshalb nicht so gut recycelbar.[6] Schadstoffe im Wasser können sich an den Polymeren festsetzen. Die Abfälle, die solche Meeresstaubsauger sammeln, landen deshalb meist auf Deponien oder in Müllverbrennungsanlagen, und nicht in Armbändern oder Rucksäcken.

In den meisten Fällen handelt es sich bei Ozeanplastik nur um Plastik, das in Küstennähe eingesammelt wird. Viele Projekte sammeln Plastikabfälle in Aufräumaktionen am Strand ein und sortieren es dann, um die wenigen Materialien zu finden, die tatsächlich recycelt werden können: meistens

PET-Flaschen. Daraus können die Anbieter Polyesterfäden herstellen, eine hervorragende Grundlage für Stoffe wie zum Beispiel auch Fußballtrikots. Doch der Rest des Strandmülls – alte Badelatschen, Styroporverpackungen oder Fischernetze – taugt eben weniger für Armbänder, um in sozialen Medien wie Instagram anzugeben.

Einige Anbieter von Meeresplastik lesen die Styroporkügelchen und Flaschen gar nicht am Strand auf, sondern sammeln die Abfälle in den Dörfern und Städten an der Küste oder am Fluss ein. Eigentlich bieten diese Start-ups nichts anderes als eine Müllabfuhr an, mit einem Überbau aus klugem Marketing. Ihre Argumentation lautet: Würde dieser Plastikabfall nicht aus den Mülltonnen der Anwohner gefischt, würde er im Meer landen – sie sprechen deshalb von *Ocean Bound Plastic*.

In diesem Argument steckt durchaus Wahrheit. Wissenschaftler veröffentlichten 2017 eine Studie, dass Flüsse die wichtigsten Zulieferer für den Plastikmüll im Ozean seien. Etwa 90 Prozent des Plastikmülls gelangt demnach über zehn Flüsse in die Meere. Acht dieser Flüsse fließen durch Asien, zwei durch Afrika.[7] Wer dafür sorgt, dass die Flüsse sauberer werden, kann also auch erreichen, dass weniger Plastik im Meer endet. Nur passiert deshalb noch nichts mit den Abfällen, die bereits im Meer sind.

Trotzdem, die Diskussion um das Plastik in den Flüssen haben den Hype um Ozeanplastik noch beschleunigt. In den vergangenen Jahren tauchten immer mehr Start-ups an den Stränden von Bali oder auf den Philippinen auf. Zertifizierungsfirmen haben sich darauf spezialisiert, die entsprechenden Siegel für *Ocean Bound Plastic* auszuteilen. Allerdings ist nicht immer klar, wie häufig die Zertifizierer tatsächlich Prüfungen für das vermeintliche Meeresplastik durchführen und ob das Plastik für die Produkte nicht vielleicht doch aus dem Landesinneren kommt, warnt ein Brancheninsider.

Warum Ozeanplastik Greenwashing ist, zeigen Recherchen des journalistischen Start-ups *Flip* aus Deutschland. Das Team hat sich gemeinsam mit Reportern der *Zeit* das Deutschlandtrikot von Adidas genauer angeguckt, ebenfalls gefertigt aus Meeresplastik. Die Rechercheure gelangten an interne Unterlagen von Adidas, die zeigten, dass tatsächlich nur 20 Prozent der Rezyklate aus Sammelaktionen des durchaus angesehenen Partners Parley for the Ocean stammten. Die restlichen 80 Prozent bezog Adidas von Händlern aus Thailand und den Philippinen, aus »Volume Countries« schreibt Adidas in internen Dokumenten. Während Adidas also mit Parley for the Ocean warb, kam die große Menge des angeblichen Ozeanplastiks aus ganz anderen Quellen.

Das wirft Fragen auf. Vor allem in den Philippinen gibt es einen großen, informellen Sektor aus Müllsammlern, viele sind minderjährig, manche Kinder im Grundschulalter. Auch diese Kinder wühlen im Müll nach den PET-Flaschen, um diese an Händler zu verkaufen. Die Händler verkaufen das Material weiter an Recyclingunternehmen. Damit wäre Kinderarbeit ein Teil der Lieferkette, wenn auch selbstverständlich kein dokumentierter Teil. Und trotzdem, das Rezyklat? Rein theoretisch ebenfalls Ozeanplastik.

Der Sportartikelhersteller Adidas erklärte auf die Recherche von Flip: Auf keinen Fall gäbe es im Trikot Rezyklat aus solchen Lieferketten. Man dulde keine Kinderarbeit, verpflichte alle Partner und Zulieferer, Kopien von Geburtsurkunden vorzuweisen. Zudem überprüfe Adidas alle Vierteljahre seine Partner. Aus den Philippinen will Adidas demnach kein PET verwendet haben, nur aus Thailand. [8]

Was das Thema Ozeanplastik geschafft hat: Es bringt Geld für Aufräumaktionen. The Ocean Cleanup etwa soll beinahe 100 Millionen US-Dollar Spenden gesammelt haben. Mit dem Geld will The Ocean Cleanup unter anderem den Müllstrudel »Great Pacific Garbage Patch« im Nordpazifik aufräumen – ein bisschen zumindest. Dazu hat das Start-up ein 800 Meter langes Netz zwischen zwei Schiffe gespannt und so die Meeresoberfläche abgefischt, »System 002« nennt The Ocean Cleanup das Modell. Das Netz ist so konstruiert, dass nur der oben schwimmende Müll gefangen wird. Fische können wieder rausschwimmen. Die Plastikbeute wird auf dem Deck entleert und vorsortiert – solange der Wellengang das erlaubt. Um den Müll zu entsorgen, mussten die Schiffe achtmal hin und her fahren. 153 Tonnen Plastikmüll hat The Ocean Cleanup 2022 mit seinem System 002 so entsorgt.

Der gesamte Strudel erstreckt sich über eine Fläche, die dreimal so groß ist wie Frankreich. Er soll aus mehr als 1,8 Billionen Plastikteilen bestehen, das entspricht über 80 000 Tonnen Plastikmüll. Vielleicht sind es auch eher 100 000 Tonnen, schreibt The Ocean Cleanup selbst.[9] System 002 hat also in einem Jahr nur rund 1,5 Prozent des »Great Pacific Garbage Patch« eingesammelt.

Bloß gibt es nicht einen, sondern fünf dieser Müllstrudel in den Ozeanen. Hinzu kommt noch all das Plastik, das sich bereits an den Küsten und im Meeressediment abgesetzt hat. Die Aufräumaktionen haben auf die Verschmutzung des Ozeans also eine ähnliche Wirkung, als wenn man in einem seit Jahrzehnten verstaubten Haus einmal mit dem Finger über ein Regalbrett streichen würde. Mit den vielen Millionen US-Dollar hätte man wohl Dutzende Initiativen aufbauen können, die mehr Abfälle hätten sammeln können.

Macht nicht reich: Soziales Plastik

Manche Menschen wollen nicht nur die Strände von Plastik befreien, sie wollen nicht nur etwas mehr Kunststoff recyceln, sie wollen damit auch noch die Armut bekämpfen. So wie David Katz. »Plastik ist Geld«, sagt er, während er über die Bühne schreitet. Auf der berühmten Innovationskonferenz TED stellt der Kanadier sein Start-up Plastic Bank vor. Seine Idee: Rund um die Welt sollen Menschen Plastikmüll einsammeln und damit bezahlen. Katz verkauft das Rezyklat aus diesen Abfällen an westliche Unternehmen weiter. »Social Plastic« nennt Katz das, sein Unternehmen hat sich den Begriff sogar schützen lassen.[10]

Wer Produkte aus Social Plastic kauft, der schützt nicht nur die Meere, sondern »lindert gleichzeitig auch Armut«, sagt Katz und blickt dabei überzeugt ins Publikum. Viele Menschen, die nun Plastik sammeln, hätten dadurch überhaupt erst ein Einkommen. Mit über 18 000 Müllsammlern arbeitet das Unternehmen heute nach eigenen Angaben zusammen, zum Beispiel in Indonesien, auf den Philippinen oder in Ägypten.

Für sein Konzept wird Katz gefeiert, er nimmt an Treffen des Weltwirtschaftsforums teil, spricht auf Messen, bekommt Preise überreicht. Zu den Kunden, die Katz recyceltes Material abkaufen, zählen etwa der US-Hersteller von Reinigungs- und Hygieneprodukten SC Johnson, der Düsseldorfer Konzern Henkel, oder der Kochbox-Anbieter Hello Fresh.[11]

Kleines Lexikon des Greenwashing

Mit diesen Werbewörtern täuschen Unternehmen mehr Nachhaltigkeit vor

Bioplastik: Dieser Überbegriff wird gerne von der Industrie verwendet. Tatsächlich können damit aber sehr unterschiedliche Kunststoffe gemeint sein. Zum Beispiel Plastik, das aus nachwachsenden Rohstoffen statt aus Erdöl hergestellt wird. Aber auch Plastikarten, die sich angeblich in der Natur zersetzen, können als Bioplastik bezeichnet werden.

Biobasiertes Plastik: Bezeichnet Kunststoffe, die aus Biomasse und natürlichen Rohstoffen produziert werden. Das am weitesten verbreitete biobasierte Plastik ist PLA, das aus Maisstärke hergestellt wird. Auch aus Zucker oder Holz wird heute schon in industriellem Maßstab Kunststoff gefertigt. Biobasierte Kunststoffe müssen nicht zu 100 Prozent aus nachwachsenden Rohstoffen bestehen. Häufig werden sie mit Plastik aus Erdöl und chemischen Additiven vermischt. Sogar Kunststoffe wie Polyethylen lassen sich mittlerweile allein aus Biomasse produzieren.

Biologisch abbaubares Plastik: Diese Kunststoffe sollten sich biologisch abbauen – zum Beispiel durch Mikroorganismen wie Bakterien, die die chemische Struktur angreifen und so ein Polymer zerlegen können. Biologisch abbaubares Plastik muss nicht aus Biomasse bestehen; auch Plastik aus fossilen Rohstoffen könnte sich mit den richtigen Additiven durch Sauerstoff oder UV-Licht abbauen. Es ist nicht definiert, in welchem Zeitraum sich biologisch abbaubares Plastik zersetzen soll. Theoretisch könnte der Prozess Hunderte von Jahren dauern.

Kompostierbares Plastik: So werden Produkte genannt, die sich unter bestimmten Bedingungen biologisch abbauen sollen, etwa in industriellen Kompostanlagen oder auch im heimischen Garten. Die meisten »kompostierbaren« Plastikprodukte beziehen sich auf eine Norm, die sich in der Realität kaum umsetzen lässt. Ob sich angeblich kompostierbares Plastik zuhause auf dem Komposthaufen zersetzen kann, ist fraglich.

Ocean Plastic: In den meisten Fällen wird dieses Plastik nicht direkt aus dem Ozean gefischt, sondern am Strand oder in Küstennähe gesammelt (und dann einfach *Ocean Bound Plastic* genannt). Kleinste Plastikschnipsel können dabei kaum erfasst werden. Und häufig ist der Strand bei der nächsten Flut wieder verschmutzt. Von den Plastikabfällen aus dem Wasser oder von den Stränden kann nur ein Bruchteil tatsächlich recycelt werden, weil die Abfälle verschmutzt und durch Sonneneinstrahlung und Salzwasser beschädigt sind.

Chemisches Recycling: Bezeichnet Verfahren, um die chemischen Verbindungen im Plastik auseinanderzusprengen. Aus Plastik sollen so neues Öl oder andere Chemikalien gewonnen werden, die sich wieder zu Plastik verarbeiten lassen. Aber viele dieser Verfahren sind nicht ausgereift – oder enorm klimaschädlich.

Advanced Recycling: Meint die gleichen Verfahren wie Chemisches Recycling, klingt nur noch schöner und fortschrittlicher, weil das Wort chemisch vermieden wird.

Recyclingfähig: Dass etwas recyclingfähig ist, heißt nicht, dass es auch recycelt wird. Im Labor, wo es weder auf Energieeffizienz noch auf die Ausbeute ankommt, ist so ziemlich alles recyclingfähig. In der Realität fehlen oft Kapazitäten – oder das Recycling rechnet sich nicht. Einige Staaten und Organisationen wollen deshalb nun genaue Definitionen einführen, wann ein Produkt als recyclingfähig bezeichnet werden darf.

Plastikneutral: Plastikneutrale Produkte werben damit, dass der Schaden durch das für das Produkt verwendete Plastik an anderer Stelle ausgeglichen wird. Hersteller rechnen dafür ihren Plastik-Fußabdruck aus und finanzieren Projekte, die die gleiche Menge Plastikmüll aus der Umwelt sammeln und verwerten – ganz ähnlich wie bei der freiwilligen Kompensation von CO_2-Fußabdrücken. Doch neutral ist dieser Ausgleich nicht wirklich: Die beworbenen Produkte müssen selbst nicht gut recycelbar sein, aber die Ausgleichprojekte verwerten häufig nur brauchbares Plastik.

Doch Recherchen zeigen: Plastic Bank übertreibt bei seinen Versprechen. In Indonesien, einem der wichtigsten Standorte des Unternehmens, berichten Müllsammler und Recycler von Missständen. Frühere Mitarbeiter, darunter auch eine Führungsperson, äußern Kritik. Sie bezweifeln den Mehrwert von Plastic Bank – und erst recht, ob das Modell wirklich Müllsammler aus der Armut führen kann.

Das Unternehmen versteht sich als Plattform, die Plastiksammler vernetzt, die Müllsammler mit Recyclern und diese Recycler mit reichen westlichen Kunden zusammenbringt. Das Prinzip funktioniert ähnlich wie das Konzept der Taxi-App Uber, die weder Taxis besitzt noch Taxi-Fahrer fest anstellt. Sie vermittelt lediglich über die App Fahrer und deren Privatautos an Kunden.

Plastic Bank besitzt zumindest in Indonesien so gut wie kaum eigene Sammelstellen, Sortierhöfe oder eigene Fahrzeuge, geschweige denn Recyclinganlagen. Einzig in Bali gibt es ein paar Lagerstätten. Das Unternehmen arbeitet in Entwicklungsländern mit Stützpunkten zusammen, die gesammeltes Plastik an Händler und Recycler weiterreichen. In Indonesien gibt es Tausende solcher Müllbanken, *Bank Sampah* heißen sie auf Indonesisch. Plastic Bank versucht, diesen lang gewachsenen Sektor als Partner anzuwerben. Ob dadurch neue Jobs entstehen, ist unklar. Das Unternehmen teilt uns auf Anfrage mit, dass in Indonesien 1800 Sammler für Plastic Bank aktiv sind.

Wo sich die Standorte dieser Partner befinden, sollen Müllsammler, Händler und interessierte Bürger in einer App nachgucken können. Wir haben rund ein Dutzend Stützpunkte im Großraum Jakarta und auf Bali aufgesucht. Nur an drei Standorten haben wir Sammelstellen entdeckt, die mit Plastic Bank zusammenarbeiten und mit einem Banner darauf hinweisen. An neun anderen in der App markierten Standorten fanden wir nichts als Wohnblöcke.

Wie kann das sein? Auf eine offizielle Anfrage erklärt der Leiter von Plastic Bank: Man habe 250 Sammelstellen in Indonesien und arbeite mit acht Recyclingbetrieben zusammen. Alle Sammler und Partner müssen Daten zu den von ihnen verarbeiteten Plastikabfällen erfassen. »Jede Transaktion wird mit der Plastic Bank App aufgezeichnet.« Auf die Frage, warum an einigen in der App gelisteten Standorten keine Sammelbanken zu finden sind, geht er nicht ein.

Ein leitender Angestellter liefert eine Erklärung: »Man kann schon sagen, dass unsere öffentliche Präsenz übertrieben ist«, sagt er. Der Mann hat das Unternehmen mittlerweile verlassen.

Auch beim Kern des Markenversprechens von »Social Plastic« ist unklar, was Plastic Bank genau leistet, um Müllsammler aus der Armut zu führen. Feste Arbeitsverträge, Urlaubstage oder Krankengeld bekommen die Sammler nicht, wenn sie mit Plastic Bank zusammenarbeiten, sie sind weiter selbstständig. Das Start-up versprach etwa, den Müllsammlern in Indonesien eine Krankenversicherung zu verschaffen. Indonesien allerdings hat im Jahr 2011 eine staatliche Krankenversicherung für alle Berufsgruppen eingeführt[12] – Plastic Bank kann also allenfalls dabei helfen, sich für diese zu registrieren.

Eine Zeit lang warb die kanadische Firma unter Müllsammlern damit, Smartphones und Tablets anteilig zu finanzieren. Der Betreiber einer Müllbank sagte, Müllsammler würden außerdem mit Öl zum Kochen angeworben, wenn sie 500 Kilogramm des Kunststoffs PET einsammeln, aus dem zum Beispiel Einwegflaschen bestehen.

Gründer David Katz beschreibt das Prinzip so: »Wir sind die größte Kette für Läden für die Ärmsten.« Die Menschen sollen dank Plastic Bank mit gesammeltem Plastik ihre Schulgebühren zahlen können, ihr Internet, nachhaltiges Kochöl und effiziente Öfen. Doch geht diese Idee auf? Eine halbe Tonne Plastik für etwas Kochöl ist ein hochgestecktes Ziel, wenn man nur ein paar Kilogramm Einwegflaschen am Tag aufsammelt.

An einem heißen Nachmittag haben sich einige der Müllsammler an einem kleinen Tisch in der Müllbank versammelt und quatschen. Ihr Gebiet ist der Westen Jakartas, den ganzen Tag über haben sie Mülltonnen und Straßen nach brauchbaren Plastikabfällen abgesucht. Einer von ihnen lädt noch die letzten Plastikflaschen um, mit einer Zigarette im Mundwinkel. Die Männer sprechen, solange ihr Name nicht genannt wird.

Von Plastic Bank erhalten sie direkt kein Geld, erzählen sie. Nur den Wert für das gesammelte Plastik bekommen sie von den Betreibern der Sammelstelle ausgezahlt. Die Müllbank kann in einer App von Plastic Bank eintragen, wie viel Kilogramm die einzelnen Müllsammler beigesteuert haben. Die Betreiber der Sammelstelle bekommen dafür einen Bonus, die Müllsammler aber erhalten lediglich Punkte auf der in Indonesien verbreiteten Plattform Gojek. Diese Punkte können sie rein theoretisch in Sachprämien eintauschen, oder auch in Geld.

Der indonesische Manager bestätigt das. Plastic Bank nutze ein »Token-Bonussystem, um Sozialleistungen direkt in die digitalen Geldbörsen unserer Mitglieder einzuzahlen«. Ein Token ist 1 US-Cent wert. Für jedes Kilogramm gesammelten Plastikmüll erhalten die Sammler anfangs sieben Token. Für die Sammler in Indonesien lohnt sich das kaum: Ihnen sei es egal, ob sie von Plastic Bank angepeilte Sammelmengen für das Kochöl erreichten. Schön, wenn es klappt, sagt einer. Ein anderer Müllsammler sagt: Er habe aufgegeben und sammelt PET, ohne auf die App zurückzugreifen. Das Sammelziel sei zu hochgesteckt, der Mehraufwand mit der App ohnehin zu anstrengend.

Auch Plastic Banks eigene Zahlen zeigen, dass die Bonuspunkte nicht allzu viel bringen. Laut seinem Nachhaltigkeitsbericht hat Plastic Bank weltweit Bonuspunkte im Wert von rund 2,2 Millionen US-Dollar ausgezahlt – in acht Jahren.[13] Das hieße, dass die 18 000 Müllsammler über die Jahre durchschnittlich nur 120 US-Dollar zusätzlich verdient hätten.

Hilft das Müllsammlern tatsächlich aus der Armut? Die indonesische Vereinigung der Müllsammler Ikatan Pemulung Indonesia (IPI) behauptet, durch Plastic Bank hätte sich die Situation eher noch verschlimmert: »Plastic Bank und Ähnliche suchen nicht nach Lösungen für eine gute Kreislaufwirtschaft, sondern sie stören unser Ökosystem des informellen Sektors, der das Recyclingsystem für Jahrzehnte allein aufrechterhielt«, schreibt Pris Polly, der Vorsitzende des Verbands.

Auch bei den Betreibern der Recyclinganlagen sorgt Plastic Bank für Unmut. Einer von ihnen hat zwei Jahre lang für Plastic Bank Flaschen recycelt und das Rezyklat in die EU exportiert. »Plastic Bank ist eine Drehtür«, sagt er über das Geschäftsmodell der Firma. »Die haben bei mir nur das Rezyklat eingekauft. Wenn sich Müllsammler bei mir etwa über ausbleibende Gutschriften von Plastic Bank beschwerten, habe ich immer gesagt: ›Damit habe ich nichts zu tun, das müsst ihr unter euch ausmachen.‹«

Plastic Bank äußert sich zu diesen Vorwürfen nicht. Stattdessen schreibt der indonesische Landesleiter, seine Mitarbeiter würden sich Plastic Bank täglich mit viel Liebe und harter Arbeit widmen. »Recycling ist ein wichtiger Teil der Kreislaufwirtschaft und es ist genauso wichtig, dass die Menschheit weiterhin an Lösungen für Transparenz und Recycling-Ökosystemen arbeitet.«

Doch selbst an den Recyclingversprechen von Plastic Bank gibt es Zweifel. Das Unternehmen verspricht beispielsweise, es würde Ozeanplastik vermeiden. Aber Plastic Bank könne das gar nicht nachweisen, sagt der ehemalige leitende Angestellte. Man könne nicht genau nachvollziehen, wo die Müllsammler die PET-Flaschen gesammelt haben.

Trotzdem bietet Plastic Bank seinen Kunden an, deren Plastikbilanz auszugleichen. Die Idee: Plastic Bank sammelt in Indonesien oder anderen Ländern genauso viel Plastikmüll wieder ein, wie die Produkte der Unternehmen verursachen. Hello Fresh arbeitet bereits seit 2019 mit Plastic Bank zusammen, um »alle Plastikabfälle zu kompensieren«, die Hello Fresh mit den Kochboxen zu seinen Kunden schickt. Dazu hat Hello Fresh in Indonesien drei Sammelstellen finanziert, die bis zu 750 000 Kilogramm Plastikmüll einsammeln und so den Ozean vor diesen Abfällen beschützen sollen.[14] Auch den Plastikverbrauch von Make-up-Marken und Kontaktlinsen will Plastic Bank schon ausgeglichen haben.

Plastic Bank ist nicht der einzige Anbieter, der das Label Plastikneutralität an Kunden verkauft. Das amerikanische Unternehmen RePurpose, ein Pionier der Branche, wirbt: »Stechen Sie in jedem Gang, Online-Shop und in den Köpfen ihrer Kunden hervor.« Zu den Kunden gehören etwa Google, Colgate oder auch die Credit Suisse. Sogar als »plastic negativ« zertifiziert RePurpose seine Kunden – wenn sie die doppelte Menge ihres eigenen Plastikverbrauchs finanzieren.[15]

Das Prinzip kennen viele Verbraucher vom Fliegen: Für ein paar Euro lassen sich etwa die CO_2-Emissionen eines Flugs ausgleichen, weil das Geld in Afrika zum Beispiel in effizientere Öfen oder Aufforstungsprojekte gesteckt wird.

Wie bei den freiwillig kompensierten CO_2-Emissionen stellt sich die Frage, ob sich die Plastik-Sünden tatsächlich ausgleichen lassen. Wenn Hello Fresh zum Beispiel Schnittlauch und Käse in Plastik einpackt, dann sind diese Folien und Container in der Regel nicht gut recycelbar. Ein Recycler in Indonesien sagt: Plastic Bank sei nur an Rezyklat aus wertvollem Plastikmüll wie PET-Flaschen interessiert. Die kaum recycelbaren Folien sammeln die Müllsammler nicht ein. »They are hunting in the zoo«, sagt er. »Sie jagen im Zoo.« Nach einer echten Kompensierung von problematischem Plastikabfällen klingt das nicht.

Selbst Konzerne wie Coca-Cola warnen deshalb vor der Vorstellung, Plastikbilanzen ausgleichen zu können. Zwar könnten mit Hilfe der Gelder für die Plastikneutral-Zertifikate in ärmeren Ländern neue Recyclingsysteme aufgebaut werden. Aber die entstehen eben nur vereinzelt. »In Wirklichkeit wollen wir in der Lage sein, in all den Märkten, in denen wir tätig sind, zu sammeln und zu recyceln, und das sind mehr als 200 Märkte«, sagte ein Vertreter von Coca-Cola.[16]

Begrenzt abbaubar: Bioplastik

Einige Unternehmen schlagen deshalb nun eine andere Lösung vor, um die Meere von Plastikmüll zu befreien: Was wäre, wenn wir einen Kunststoff erschaffen könnten, der sich in Meer und Wald nicht viel anders verhält als eine Eierschale? Der einen guten Schutz für die Produkte darstellt, sich aber im Meerwasser oder in der Erde in Kontakt mit Sauerstoff oder Sonnenlicht einfach abbaut? Ein Kunststoff, der nach und nach verschwindet?

Die Deutsche Umwelthilfe ist nicht irgendeine Umweltorganisation, sie gehört zu den mächtigsten in Europa. In Deutschland hat sie sich etwa erfolgreich mit Autobauern angelegt, hat gleich in mehreren Städten Fahrverbote für Dieselfahrzeuge durchgesetzt und verklagte selbst die Bundesregierung, weil deren Klimaschutzgesetz nicht ausreichend sei. Doch ein Streit um angeblich kompostierbares Plastik hätte die Organisation beinahe in den Ruin getrieben.[17]

Jürgen Resch, Chef der Deutschen Umwelthilfe, kritisierte 2012 die deutschen Supermarktketten Rewe und Aldi in einer Pressemitteilung für deren angebliche Bioplastik-Einkaufstüten: »Sie werden überhaupt nicht kompostiert, lassen sich auch nicht recyceln und bestehen hauptsächlich aus Erdöl.«[18]

Der Satz hätte Resch beinahe Millionen gekostet. Denn der Hersteller der Tüten zerrte Resch für die Aussage vor Gericht.

Jürgen Resch hat mit seiner Aussage einen Markt attackiert, der schon damals als Zukunftshoffnung der Plastikbranche galt: Bioplastik. Heute gibt es nicht nur Tüten aus angeblich abbaubarem Plastik, es gibt auch Kaffeekapseln, Verpackungen für Schokoriegel, Einwegbesteck und sogar Einwegrasierer. Mehr als 2 Millionen Tonnen Bioplastik wird heute bereits weltweit produziert.[19] Und die meisten Verbraucher halten das für eine gute Idee: Eine Umfrage im Auftrag der Umwelthilfe kam zu dem Ergebnis, dass drei Viertel der Verbraucher in Deutschland Verpackungen aus Bioplastik für umweltfreundlicher halten als herkömmliche Plastikverpackungen.[20]

Nur entspricht dieser Eindruck nicht zwingend der Wahrheit. Entgegen aller Marketingversprechen ist Bioplastik häufig weder aus natürlichen Ressourcen gefertigt noch in der Natur abbaubar. Der Streit zwischen Industrie und Umwelthilfe zeigt deshalb nicht nur, wie Hersteller Bioplastikprodukte mit fragwürdigen Versprechen vermarkten – sondern auch wie sie gegen diejenigen vorgehen, die das öffentlich kritisieren.

Das Unternehmen, das Resch und die Umwelthilfe vor Gericht brachte, war die Victorgroup, der Produzent der Einkaufstüten. Reschs Aussagen, erklärte die Victorgroup, seien so nicht korrekt. Normalerweise begnügen Unternehmen sich damit, in solchen Fällen eine einstweilige Verfügung zu verlangen: Wenn die Gerichte diesen Verfügungen stattgeben, weil sich die Aussagen als unwahr oder nicht zu beweisen herausstellen, dürfen Organisationen oder Personen diese Aussagen nicht mehr verbreiten.

Die Victorgroup aber verlangte zusätzlich noch Geld, und das nicht nur von der Deutschen Umwelthilfe, sondern von Jürgen Resch persönlich. Das Unternehmen klagte auf Schadensersatz. Resch sollte mit seinem eigenen Vermögen dafür einstehen, dass Kunden der Victorgroup die Einkaufstaschen zurückgaben und Lieferverträge platzen ließen. Mehr als 2,7 Millionen Euro forderte die Victorgroup.[21]

Bioplastik ist ein irreführender Begriff. Er kann gleich mehrere Materialien bezeichnen, sowohl Kunststoffe aus nachwachsendem Rohstoff als auch solche, die sich angeblich biologisch abbauen. Die von der Victorgroup verkauften

Einkaufstaschen sollten gleich beides sein, aus natürlichen Ressourcen und abbaubar. Tatsächlich bestanden die Einkaufstüten aber aus einem Kunststoffmix namens Ecovio. Der bestand zwar bis zur Hälfte aus einem Bioplastik aus Maisstärke, die andere Hälfte aber waren Kunststoffe aus fossilen Rohstoffen. Aber waren die Taschen deshalb auch nicht kompostierbar, so wie Resch behauptete?

Wer den Streit verstehen will, muss einen Ausflug in das europäische Normrecht machen: Wann eine Verpackung als »kompostierbar« gilt, ist in der EU in der Norm *EN 13432* geregelt: Eine Plastikverpackung müsste sich nach zwölf Wochen in einer industriellen Kompostanlage mit ungefähr 60 Grad Celsius zu mindestens 90 Prozent aufgelöst haben.

Nur hat diese Norm mit der Realität in deutschen Kompostanlagen wenig zu tun, bewies die Umwelthilfe. 2018 veröffentlichte die Organisation die Ergebnisse einer Umfrage unter knapp 400 Kompostbetrieben in Deutschland. 95 Prozent der Betreiber gaben an, dass sie keine nach der Norm »biologisch abbaubaren« Plastikprodukte in ihren Anlagen kompostieren. Die Produkte würden auch kaum zwölf Wochen im Kompost bleiben, die üblichen Durchlaufzeiten lägen eher bei vier bis sechs Wochen. Rund Dreiviertel der befragten Kompostbetriebe versuchte, die angeblich biologisch abbaubaren Produkte deshalb von vornherein auszusortieren.[22]

Fünf Jahre lang kämpfen Resch und die Deutsche Umwelthilfe vor fünf verschiedenen Gerichten gegen die Victorgroup. Das Unternehmen legte 15 verschiedene Gutachten und wissenschaftliche Stellungnahmen vor, um Reschs Behauptungen zu widerlegen. Allein die Kosten für Gutachten und Anwälte dürften sechsstellige Summen verschlungen haben. Bei mehr als zehn der 15 Gutachten war der Auftraggeber jedoch nicht die Victorgroup, sondern ein wesentlich finanzkräftigerer Konzern: BASF. Deutschlands größter Chemiekonzern ist gleichzeitig der Hersteller von Ecovio.[23]

Resch hat so ein aggressives Vorgeben in all seiner Zeit als Umweltschützer nie erlebt. »Die Klage war ganz offensichtlich auf die Vernichtung der Umwelthilfe als Verband und mich als Person angelegt«, sagte er. »Und BASF hat diesen Prozess mit finanziellen Mitteln unterstützt.«[24]

Der Konzern hat eine starke Lobbymacht. Auf Branchenkongressen und politischen Konferenzen reist BASF regelmäßig mit der größten Delegation an. Allein für das EU-Parlament in Brüssel hat BASF 27 Lobbyisten zumindest in Teilzeit registriert, die für die Interessen des Konzerns kämpfen.[25] Das sind nicht immer gleichzeitig die Interessen der Umwelt. Der britische Thinktank InfluenceMap sieht BASF auf Rang drei der »negativsten und einflussreichsten« Unternehmen im Kampf gegen die Klimakrise, nach den US-Ölkonzernen Chevron und ExxonMobil. So habe sich der Konzern beispielsweise gegen eine Reform des Handels für CO_2-Zertifikate in der EU ausgesprochen.[26]

BASF wehrt sich gegen diese Charakterisierung. Die Analyse von InfluenceMap gebe die Positionen des Konzerns »nicht korrekt« wieder. »Auch wir wollen klimaneutral wirtschaften«, teilt der Konzern mit. BASF sei »zutiefst davon überzeugt, dass die langfristigen Klimaziele nur durch Innovation aus der Chemie nachhaltig erreicht werden können«. Auch mit der Klage gegen Resch und die Umwelthilfe wollte BASF nichts zu tun haben. Der Tütenhersteller Victorgroup habe die rechtlichen Maßnahmen »völlig eigenständig« ergriffen; BASF habe sich »lediglich dafür eingesetzt«, dass kompostierbarer Kunststoff »wissenschaftlich fundiert« betrachtet werde.[27]

Die von BASF beauftragten Studien brachten wenig. Die Hersteller unterlagen vor Gericht. Weder die Deutsche Umwelthilfe noch Resch mussten Schadensersatz zahlen, das Gericht sah seine Kritik als freie Meinungsäußerung.

Und nicht mehr nur die Deutsche Umwelthilfe zieht den Sinn und Zweck von kompostierbaren Produkten in Zweifel. Im Jahr 2015 vergruben etwa Forschende mit ihren Studierenden an der Plymouth University in Großbritannien eine Sammlung von fünf verschiedenen Plastiktüten im Garten der Universität, darunter angeblich »biologisch abbaubare« oder »kompostierbare« Tüten. Drei Jahre später gruben sie die Tüten aus. Ergebnis: Die Tüten waren noch so gut intakt, dass die Studenten damit noch über zwei Kilogramm an Lebensmitteln durch die Gegend tragen konnten.

Weitere Tüten versenkten die Forschenden in 2 Meter Tiefe im Meer oder hinterließen sie wie achtlos weggeworfenen Müll in Wind und Regen. Die Luft und Regen ausgesetzten Tüten waren in Fragmente zerfallen, aber noch gut erkennbar. Auch nach 27 Monaten konnten die Forschenden »kaum Veränderungen an der chemischen Struktur irgendeiner der Proben« feststellen.

Lediglich die kompostierbaren Tüten konnte das Forschungsteam nicht mehr im Meerwasser wiederfinden. Im Salzwasser hatte sich das Plastik zersetzt – vielleicht zu Mikroplastik, warnten die Studienautoren, mehr Forschung sei nötig.[28]

Für eine andere Studie in Großbritannien warb ein Forschungsteam Privatpersonen an, die auf ihren eigenen Komposthaufen im Garten untersuchen sollten, wie gut sich angeblich abbaubare Plastikprodukte zersetzen. Die Verbraucher sollten sich dafür Produkte auswählen, die als biologisch abbaubar und zuhause im Garten kompostierbar gekennzeichnet sind. Diese Produkte, etwa Plastiktüten, Einwegbesteck oder Becher, sollten die Versuchspersonen in einem nicht-abbaubaren Netz aus Plastik verpacken, um die Produkte am Ende der Studie im fertigen Kompost wiederzufinden und untersuchen zu können.

Die Studie zeigte auch, wie verwirrend die Bioplastiklabel für Verbraucher sind. 14 Prozent der von den Privatpersonen für den Versuch ausgewählten Produkte waren nur »industriell kompostierbar«, also in großen Anlagen, in denen konstante Bedingungen und vor allem höhere Temperaturen und Luftfeuchtigkeit herrschen als auf heimischen Komposthaufen zu erwarten wären. Doch selbst die mit Zertifikaten als »heimkompostierbar« beworbenen Produkte fischten die Testpersonen in den meisten Fällen als gut sichtbare Produkte wieder aus ihrem Kompost. In 12 Prozent hatten sich die Tüten und Becher immerhin in unter 2 Millimeter kleine Teile zersetzt. Nur bei 28 Prozent der Produkte konnten die Testpersonen keine Rückstände mit bloßem Auge entdecken.[29]

Führen die abbaubaren Produkte also zu noch mehr Mikroplastik? Das wäre auch für die Landwirtschaft eine Gefahr, wo abbaubare Folien zum Beispiel auf Äckern ausgebreitet werden sollen.

Hersteller wie BASF bestreiten das. Das Chemieunternehmen verweist auf eine andere Studie, für die ein Forschungsteam eine Testreihe in acht verschiedenen Kompostanlagen durchführte. »Diese Studie konnte eindeutig zeigen, dass die zertifiziert kompostierbaren Tüten nicht zu Mikroplastik im Kompost führen, alle konventionellen Tüten jedoch als Mikroplastik zu finden sind«, schreibt BASF. Die Menschen hatten ihre Bioabfälle also in Standardtüten entsorgt, obwohl das eigentlich in Deutschland verboten ist. Die Betreiber der Kompostanlagen konnten dieses herkömmliche Plastik nicht aussortieren.[30]

Die Frage ist nur, ob wirklich weniger Plastik in den Kompostanlagen und in der Umwelt landet, wenn sich Bioplastik weiterverbreitet. Denn damit könnte sich auch die Annahme verbreiten, dass sich bestimmte Plastikprodukte in der Natur zersetzen. Ob die Tüte oder der Joghurtbecher nun aus kompostierbarem Kunststoff oder eben doch nur aus den üblichen Materialien besteht, ist für Laien optisch nicht erkennbar. Auch die aufgedruckten Siegel sind für Verbraucher irreführend.

Was passiert in Ländern, in denen es keine umfassenden Sammelstrukturen gibt, in denen heute schon viel Plastik in Flüssen landet? Schafft die Idee von kompostierbarem Plastik für die Menschen in diesen Ländern vielleicht eher das Bild, es wäre akzeptabel, Plastikmüll im Fluss oder im Wald zu entsorgen?

Und was würde es bringen, wenn sich die Plastiktüten tatsächlich zersetzen würden? Auch die Produktion von biologisch abbaubaren und kompostierbaren Produkten braucht Rohstoffe, Energie, Zeit, vielleicht sogar Ackerfläche. Wenn sich diese Produkte zersetzen – im besten Fall rückstandslos – dann verschwinden auch die eingesetzten Ressourcen. Weder Rohstoffe noch Energie können wiederverwendet werden. Für einen Planeten, der schon jetzt unter einem enormen Ressourcenengpass leidet, wirkt das wie eine schlechte Lösung.

Die Umwelthilfe hat nicht aufgehört, auf die Probleme von Bioplastik hinzuweisen. Heute erklärt die Organisation: »Bioplastik-Verpackungen tragen nicht dazu bei, die Müllberge durch den viel zu hohen Verpackungskonsum zu reduzieren. Eher im Gegenteil«. Fakt sei: »Einwegverpackungen und kurzlebige Produkte sind umweltschädlich – egal aus welchem Material.«[31]

Dem Geschäft mit Bioplastik haben all diese Warnungen bisher nicht geschadet, im Gegenteil. Der Verband European Bioplastics prognostiziert, dass sich die Kapazitäten für Bioplastik bis 2027 weltweit mehr als verdoppeln werden. Dabei ist es nicht das Plastik aus nachwachsenden Ressourcen, das dieses Wachstum treibt. Es ist das Kompostplastik. Die biologisch abbaubaren Kunststoffe sollen dann 56 Prozent des Marktes ausmachen, prognostiziert der Verband.[32]

Irreführende Versprechen: Alles recyclingfähig

Das dreilagige Klopapier Kamille ist weich, extra saugfähig und stark, verspricht ein Aufdruck auf der Folie um die acht Rollen. Doch auch die Verpackungsfolie für die Klopapierrollen scheint außergewöhnliche Fähigkeiten zu haben: Sie ist eine »CO_2 reduzierte Verpackung« und außerdem »recycelbar«. Um das zu verdeutlichen, sind gleich über dem Wort »Recycelbar« noch drei abgeknickte Pfeile abgedruckt, die ein Dreieck bilden: das Recyclingsymbol.

Das Klopapier ist nicht allein mit seinem Versprechen. Im Drogerieregal taucht der Begriff »recycelbar« immer wieder auf. Das Waschmittel für schwarze Kleidung in der ebenfalls schwarzen Verpackung hat eine »100 Prozent recycelbare Flasche«, die Dose für das Deo mit Jasmin-Duft ist ebenfalls »zu 100 % recycelbar (ohne Sprühkopf)«.

Der Wettbewerb im Drogerieregal ist hart. Die Konsumenten wollen ein gutes Gewissen haben, wenn sie hier zu einem Produkt greifen. Ob ein Produkt umweltfreundlich und sogar recyclingfähig ist oder nicht, kann für sie ein Kaufargument sein. Für Unternehmen heißt das: Jeder will so grün wie möglich sein. Manche Verpackungen wirken wie ein ganzes Lexikon für Nachhaltigkeit. Die »Totes Meer Schlamm Maske«, vegan, beugt nicht nur Pickeln und Mitessern vor, sie enthält außerdem »0 % Mikroplastik«, ist nicht nur »klimaneutral, sondern auch plastikneutral« und zu 93 Prozent recyclingfähig, bestätigt ein Zertifikat. Andere Versprechen auf den Verpackungen sind weniger konkret, kommen ganz ohne Zertifikate aus.

Nachhaltigkeit ist heute für Verbraucher ein wichtiges Kaufargument, auch bei der Frage der Verpackung. Unternehmen preisen deshalb ihre Verpackung heute beinahe genauso sehr an wie ihr Produkt. Nur müssen die abgedruckten Versprechen nicht zwingend stimmen. Umweltschützer sprechen von *Greenlabelling*, wenn Unternehmen mit irreführenden Versprechen ihre Produkte als grün oder nachhaltig vermarkten. Laut der Organisation Planet Tracker ist Greenlabelling heute die vielleicht am weitesten verbreitete Form des Greenwashing.«[33]

Dieses Greenwashing ist ein Problem für die ganze Wirtschaft: Wenn einige Unternehmen aufgrund ihrer irreführenden Werbestrategie einen Vorteil im Wettbewerb erlangen, lohnt es sich für die Konkurrenz weniger, echte Lösungen für mehr Nachhaltigkeit zu verfolgen. Oder im Fall von Plastik: Wenn Kunden Produkte kaufen, die »recyclingfähig« oder »plastikneutral« sind, wieso sollten Unternehmen dann daran arbeiten, ihren Plastikverbrauch zu reduzieren? Wieso sollten sie tatsächlich ihre Produkte verbessern, wenn sie den Konsumenten einfach mit einem Label überzeugen können?

Laut einer Schätzung der EU-Kommission gibt es allein in der EU mehr als 200 solcher Schlagworte und Labels, mit denen Unternehmen ihre Produkte als nachhaltig oder umweltfreundlich bewerben. Das macht es für Verbraucher immer schwieriger, die Umweltfreundlichkeit von Produkten und Unternehmen einzuschätzen, erklärt auch die EU-Kommission.[34] Denn viele der Werbeversprechen sind irreführend: Die drei Umweltorganisationen Ecos, Rethink Plastics und Break Free From Plastic untersuchten 82 Plastikprodukte auf ihre Nachhaltigkeitsversprechen. Knapp die Hälfte der Werbewörter sei »vage« und unkonkret, urteilten die Studienautoren. Drei Viertel der untersuchten Versprechen hatten sich die Unternehmen wahrscheinlich selbst bescheinigt und nicht von unabhängigen Parteien überprüfen lassen.[35]

In der Plastikindustrie haben diese Methoden eine lange Tradition. Bestes Beispiel: das Recyclingsymbol. Drei abgeknickte Pfeile, die ein Dreieck formen. Das Symbol ist heute weltbekannt. Zu finden ist es auf Werbeplakaten, Informationsbroschüren von Regierungen und meist auch auf Verpackungen.

Das Recyclingsymbol ist bereits über 50 Jahre alt, es stammt von Gary Anderson, einem Architekturstudenten aus Südkalifornien. Auf seinem Campus sah er ein Plakat für einen Designwettbewerb. Der amerikanische Kartonhersteller Container Corporation of America (CCA) suchte ein neues Label für recycelte Pappe und noch mehr: ein Symbol, das den Wert von Recycling verdeutlichen könnte. 500 Designs wurden eingereicht, die drei von Anderson gezeichneten Pfeile gewannen den Wettbewerb. Anderson bekam ein Preisgeld von 2500 US-Dollar.

Die CCA druckte fortan ein leicht abgewandeltes Design auf ihre Kartons und kennzeichnete so, ob diese Altpapier enthalten oder recyclingfähig sind.

Die Idee kam bei anderen Unternehmen gut an, viele zogen nach. Innerhalb kürzester Zeit wurden die drei Pfeile zum Symbol für Recycling. Dann entdeckte die Plastikindustrie das Symbol für sich.[36]

Das amerikanische Society of Plastics Institut (ein Vorgänger des amerikanischen Industrieverbands Plastic Industry Association) arbeitete 1988 an einem System, um verschiedene Kunststoffe zu kennzeichnen. Sie brauchten Codes oder Symbole, die eindeutig und aussagekräftig waren. Sie wählten die drei Pfeile und schrieben kleine Nummern in die Mitte des Dreiecks. *Resin Identification Code* taufte der Plastikindustrieverband das neue Erkennungssystem für die unterschiedlichen Kunststoffe. In Ländern wie Großbritannien und China wurde das System übernommen. 2010 wurde die Idee der amerikanischen Plastikindustrie Grundlage für einen internationalen Standard – heute findet man die kleinen Pfeile mit den Nummern in der Mitte deshalb auf Plastikprodukten auf der ganzen Welt.[37]

Das Resin-Code-System ist zwar kein Greenwashing im klassischen Sinne. Aber es zweckentfremdet das Symbol, das einst für Recycling stehen sollte. Und es nimmt vielleicht auch in Kauf, dass es bei Verbrauchern einen irreführenden Eindruck hinterlässt. Die Pfeile des Resin-Code-Systems sagen heute nichts darüber aus, ob sich ein Produkt recyceln lässt, sondern informieren lediglich darüber, aus welchem Plastiktyp ein Produkt besteht.

Das ist das Problem mit dem Begriff »recyclingfähig« – in der Theorie lässt sich beinahe jedes Produkt und jedes Material recyceln. Im Labor etwa, wo sich auch Kleinstmengen eines Materials trennen und verarbeiten lassen, wo Energieaufwand oder Kosten keine Rolle spielen. Für die Betreiber von Recyclinganlagen allerdings sind Kosten und Aufwand wichtige Faktoren. Sie konzentrieren sich häufig nur auf den Stoff, der den größten Anteil an einem Produkt oder einer Verpackung hat (siehe dazu auch Kapitel 3). Sie müssen mit dem Recycling Geld verdienen – das geht nicht mit allen Plastiktypen. Mit der Recyclingfähigkeit ist es daher ein bisschen so wie mit dem Fitnessstudio. Nur weil man Mitglied in einem Fitnessstudio ist, heißt das noch lange nicht, dass man auch hingeht und trainiert. Nur weil etwas recyclingfähig ist, heißt es nicht, dass es auch recycelt wird.

Natürlich hängt das auch davon ab, wie gut das Recyclingsystem eines Landes ist, in dem ein Produkt verkauft wird. In Deutschland, wo mehr als 63 Prozent der gebührenpflichtigen Verpackungen in der gelben Tonne recycelt werden müssen, ist die Wahrscheinlichkeit, dass ein Produkt im Recycling landet, wesentlich höher als in anderen Staaten.[38] In den USA zum Beispiel hat die Recyclingrate von Plastik nie eine Schwelle von 10 Prozent überschreiten können.[39] Rechtfertigt dies, dass ein Produkt als »recyclingfähig« beworben wird?

Bisher gibt es nur in wenigen Ländern verbindliche Definitionen, wann der Begriff verwendet werden darf. Zwar gibt es Industrienormen für die Recyclingfähigkeit einer Verpackung. Laut der Ellen MacArthur Foundation gelten Produkte dann als recyclingfähig, wenn die Verpackungen nachweisbar in mehreren Regionen und mit einer Quote von mindestens 30 Prozent recycelt werden.[40] Aber für Verbraucher ist im Zweifelsfall nicht nachvollziehbar, auf welche Norm und Standards sich die Hersteller auf ihren Verpackungen beziehen.

Wenn Greenlabelling illegal wird

Die ersten Regierungen wollen dem Greenlabelling deshalb ein Ende bereiten. Der US-Bundesstaat Kalifornien etwa hat ein Gesetz erlassen, das irreführende und falsche Marketingversprechen zur Umweltfreundlichkeit auf einer Verpackung unter Strafe stellt – das gilt auch für den Missbrauch des Begriffs *recyclable* und des Recyclingsymbols.[41]

Zu den ersten Opfern des neuen Gesetzes könnten die Hersteller von Mehrweg-Einkaufstüten gehören. Der kalifornische Oberstaatsanwalt Rob Bonta will die Versprechen untersuchen, dass die Einkaufstüten wie von den Herstellern beworben »100 Prozent recycelbar sind«.[42] Die Taschenhersteller müssen nun gegenüber der Staatsanwaltschaft nachweisen, wie viele ihrer Taschen in Kalifornien recycelt werden. Wenn sie ihre Behauptungen nicht belegen können, wenn recyclebar nicht heißt, dass auch recycelt wird, dann drohen ihnen Strafen in Millionenhöhe.[43]

Die Oberstaatsanwaltschaft Bonta gilt dank Verfahren wie diesem mittlerweile als einer der größten Gegner der Plastikindustrie. Oberstaatsanwalt ist in den USA ein politisches Amt, Bonta ist Demokrat und dazu noch aus Kalifornien, dem Bundesstaat, der sich mit dem Silicon Valley eigentlich für einen Innovationsmotor und Vorreiter in Sachen Nachhaltigkeit hält.

»Seit mehr als einem halben Jahrhundert betreibt die Kunststoffindustrie eine aggressive Kampagne, um die Öffentlichkeit zu täuschen und den Mythos aufrechtzuerhalten, dass Recycling die Kunststoffkrise lösen kann«, erklärte Bonta im März 2022 vor der Öffentlichkeit. Er hat Ermittlungen eingeleitet, um die »historischen und aktuellen Versuche der Plastikindustrie, die Öffentlichkeit zu täuschen«, zu untersuchen. Seine Staatsanwaltschaft will prüfen, ob die Plastikindustrie mit ihren Lobbymethoden in den vergangenen Jahrzehnten gegen Gesetze verstoßen hat.[44] Dafür ließ Bonta sogar ExxonMobil vorladen – einen der mächtigsten Konzerne der USA. ExxonMobil streitet ab, für die Plastikverschmutzung eine Mitverantwortung zu tragen. »Wir konzentrieren uns auf Lösungen und unbegründete Anschuldigungen wie diese lenken von der wichtigen gemeinsamen Arbeit ab, die im Gange ist, um die Abfallbewirtschaftung und die Zirkularität zu verbessern«, erklärte der Konzern gegenüber der Nachrichtenagentur Reuters.[45]

Auch andere Staaten wollen härter gegen Greenwashing und Greenlabelling vorgehen und die Unternehmen dafür auch zur Verantwortung ziehen. Die EU will zukünftig verbindliche Regeln einführen, wann ein Produkt als recycelbar beworben werden darf. So steht es im Entwurf der EU-Kommission für eine neue Regulierung des Plastikverpackungsmülls.[46] In Frankreich wollen Umweltorganisationen insgesamt neun Konzerne – darunter McDonalds, Nestlé und Danone – mit dem neuen Gesetz zur Sorgfaltspflicht gerichtlich dazu zwingen, Pläne vorzulegen, um ihren Plastikverbrauch zu reduzieren. Gegen Danone haben die Umweltaktivisten bereits Klage eingereicht. Der Konzern zeigte sich davon »sehr überrascht«.[47]

Keine Lösung: Plastikmüll chemisch zerlegen

»Stell dir eine Welt vor, in der wir dieses Plastik wieder in seine ursprünglichen Bausteine umwandeln könnten«, wirbt ExxonMobil in einem Video, in dem lange Molekülketten vor blauem Hintergrund schweben und sich ganz gemächlich und ohne Fremdeinwirkung in kleinere Ketten und schließlich Teile trennen. »Falls das für dich nach Science-Fiction klingt – das ist es nicht«, sagt eine Stimme.[48]

Wovon die Stimme im Auftrag von ExxonMobil spricht, ist das sogenannte Chemische Recycling. Dahinter steht die Idee, Plastikpolymere chemisch aufzusprengen und wieder in seine Bauteile zu zerlegen. Statt Rezyklaten bekäme die Industrie einen noch viel wertvolleren Rohstoff: ein Recycling-Öl. Einen Rohstoff, der sich ebenso wie Erdöl in Hunderte und Hunderttausende Produkte verwandeln ließe. In Flugzeugbenzin. In Treibstoff. In Kunststofffasern, oder eben in Plastikverpackungen.

Die Idee klingt wie ein Versprechen auf ein Goldenes Zeitalter für die Öl- und Chemieindustrie. Sie würde gleich mehrere Probleme auf einen Schlag lösen. Die Chemiekonzerne kämen endlich los von den fossilen Rohstoffen, die dem Klima so sehr schaden. Und nicht nur das, sie könnten Öl und Gas durch einen Rohstoff ersetzen, von dem es ohnehin viel zu viel gibt: Plastikmüll. Statt dem ewigen Klimasünder wäre die Chemieindustrie damit plötzlich ein Vorreiter der Circular Economy, sie würde die Welt vom Müll befreien. So die Vision. »Advanced Recycling« sagen manche in der Branche deshalb bereits, übersetzt heißt das so viel wie »fortschrittliches Recycling«.

Noch ist die Müll-zu-Öl-Technologie eher Theorie als Praxis – und doch bereits ein Milliardenmarkt. Industrielle Großanlagen sind bisher kaum im Betrieb, dafür befinden sich rund hundert Anlagen weltweit im Bau. Ölkonzerne, Chemieunternehmen, Start-ups und selbst Verpackungsunternehmen investieren. Allein ExxonMobil will bis 2026 bis zu 500 000 Tonnen Plastikmüll im Jahr chemisch zerlegen können. Konkurrenten wie BASF oder Dow peilen ähnliche Mengen an. Nur in Europa könnten bis zum Ende dieses Jahrzehnts mehr als 7 Milliarden Euro in das Chemische Recycling investiert werden, schätzt der Verband Plastic Europe.

Umweltorganisationen sehen das als Gefahr. Das Chemische Recycling ist enorm energieintensiv, damit auch teuer. Bei dem Prozess entstehen nicht nur Klimaschädliche Emissionen, sondern wahrscheinlich auch Schadstoffe.

Wie nachhaltig das Chemische Recycling wirklich ist, steht infrage. Möglicherweise ist es sogar klimaschädlicher als die Plastikfabriken, die heute Millionen Tonnen von Öl in Plastikpolymere und Produkte verwandeln.

Wie schädlich das Chemische Recycling genau ist, dazu gibt es heute eher Vermutungen als Daten. Die Industrie hält Studien zum Chemischen Recycling unter Verschluss, sieht viele der Daten als Geschäftsgeheimnis. Trotzdem fordern Industrieverbände und Lobbyisten bereits staatliche Unterstützung. Sie setzen ihre ganze Macht ein, um sich staatliche Förderungen zu sichern und Gesetze umzuschreiben. Um das Chemische Recycling tobt ein Kampf – und bisher sieht es so aus, als würden die Befürworter der Technologie gewinnen.

Dabei sind es eigentlich drei Verfahren, die unter dem Überbegriff Chemisches Recycling zusammengefasst sind. Das Erste: Man könnte Plastik mit Lösemitteln zu einer Reaktion zwingen. Das Zweite: Man könnte Plastik vergasen. Die vielversprechendste Methode, um die Plastikabfälle aus den Privathaushalten wieder in Öl zu verwandeln, ist die sogenannte Pyrolyse: Dabei werden die Plastikpolymere mit gewaltiger Hitze in ihre Einzelteile gesprengt, ohne zu verbrennen.

Die Pyrolyse ist keine neue Technologie: Die Menschheit nutzt diesen chemischen Prozess bereits seit Tausenden Jahren. Holzkohle etwa entsteht durch Pyrolyse, Schiffsteer wurde durch Pyrolyse hergestellt, beim Braten und Backen laufen Pyrolysevorgänge ab. Selbst die Idee, Abfälle zu pyrolysieren ist nicht neu. Bereits Mitte der 1990er-Jahre wollten Energie- und Ölkonzerne Pyrolyseanlagen im großen Stil aufbauen. Die allermeisten setzten ihre Pläne nie um. Der deutsche Chemiekonzern BASF etwa plante eine Anlage, die 300 000 Tonnen Plastikmüll im Jahr umwandeln sollte. Eine Investition, die BASF einen mittleren dreistelligen Millionenbetrag gekostet hätte.[49] Gebaut wurde die Anlage nie – weil es damals noch weniger Kunststoffabfälle gab, erklärt BASF heute. Auch die Nachfrage der Kunden nach der Technologie sei noch nicht groß genug gewesen.

Ein anderes Projekt wurde tatsächlich Realität. Im ostdeutschen Cottbus im Industriepark des Kohlekraftwerks *Schwarze Pumpe* verwandelte eine Anlage Restmüll und Plastik in Gas. Die Anlage, 1997 gestartet, kam schnell ins Stottern. Immer wieder kam es zu Ausfällen. Die Besitzer wechselten mehrfach, der Staat schob fleißig Geld nach, trotzdem musste der Betrieb der Vergasungsanlage 2007 endgültig eingestellt werden. Der Betrieb lohnte sich einfach nicht.[50]

In den USA kam nach der Jahrtausendwende die nächste Welle der Begeisterung für das Chemische Recycling auf. Mindestens 37 Anlagen sollten seitdem in den USA gebaut werden, schreibt die Umweltorganisation Gaia in einem Report. Doch bis 2020 wurde nur rund die Hälfte der Projekte umgesetzt oder befand sich zumindest im Bau. Fünf der fertigen Anlagen standen zum Zeitpunkt des Berichts still, nur drei Projekte produzierten tatsächlich.[51]

Damit hat das Chemische Recycling bisher keine gute Erfolgsbilanz. Trotzdem kündigen Unternehmen beinahe jeden Monat weitere Anlagen für das Chemische Recycling an. Sie versprechen: Der Durchbruch kommt. Bald.

Dabei hat sich ein Faktor in den vergangenen Jahren tatsächlich geändert. Die Nachfrage. Die Kunden der Chemieindustrie wollen eine nachhaltigere Lösung, sie brauchen einen neuen Rohstoff für ihre Plastikprodukte. Modekonzerne wie Autobauer wollen Teil der Kreislaufwirtschaft sein – auch wenn dieser Kreislauf nur zustande kommt, indem sie ihre Produkte chemisch wieder in ihre Ausgangsstoffe zerlegen lassen. »Viele Unternehmen spüren den behördlichen und öffentlichen Druck, den Anteil an recycelten Materialien zu erhöhen, und haben sich daher zum Ziel gesetzt, in einigen Jahren beispielsweise nur noch Verpackungen aus recycelten Materialien zu verwenden«, heißt es etwa von BASF.

Markenkonzerne wie Barilla, Danone, Ferrero oder PepsiCo versprechen bereits in öffentlichen Briefen, dass sie Hunderttausende Tonnen Kunststoffe aus dem Chemischen Recycling abnehmen wollen.[52] Der amerikanische Konzern Mars hat mit Hilfe von deutschen Verpackungsunternehmen bereits einen Nussriegel in Folie aus Chemischem Recycling gekleidet.[53] Zumindest in der Theorie. Praktisch lässt es sich kaum nachverfolgen, ob tatsächlich ein Polymer aus Plastikabfall in der Verpackung steckt.

Das liegt auch daran, dass das Verfahren so komplex ist. Bevor Plastikmüll überhaupt pyrolisiert werden kann, muss er sortiert und zerhäckselt werden.

Die Plastikfetzen werden in einen Reaktor gesogen, viele Anlagen nutzen außerdem ein Trägermaterial wie Sand, in dem sich Fremdstoffe sammeln können. Kein Sauerstoff darf in den Reaktor gelangen. Darin herrschen gewaltige Temperaturen, je nach Verfahren sogar bis zu 1500 Grad Celsius. Bei dieser Hitze zerspringen die Plastikpolymere in klitzekleine Monomere – die Plastik-Bausteine. In Gasform werden diese Grundchemikalien wieder aus dem Reaktor abgesogen, das Gemisch wird abgekühlt, ein Teil verflüssigt sich. Diese Flüssigkeit ist das Pyrolyseöl.

Doch genauso wie das Öl aus dem Erdreich muss das Pyrolyseöl aufbereitet werden, bevor es weiterverarbeitet werden kann, es muss aufgetrennt, gefiltert und verfeinert werden. Denn die Chemieunternehmen wollen es in ihren Steam Crackern verarbeiten wie die fossilen Rohstoffe auch. Diese gigantischen Spaltöfen verarbeiten an einem Tag Zehntausende Tonnen, sie sind das Herz jedes Chemiekomplexes. In den Steam Crackern werden die fossilen Rohstoffe in die Grundchemikalien verwandelt. Bis zum fertigen Produkt können Dutzende oder sogar Hunderte weitere Produktionsschritte erfolgen, häufig reisen die Chemikalien dafür über mehrere Kontinente. Wie also soll sich noch nachverfolgen lassen, ob eins der Polymere in der fertigen Plastikverpackung jemals als Plastikabfall auf der Welt war? Chemisch betrachtet sind die Moleküle identisch, egal ob sie aus Pyrolyseöl oder Erdöl stammen.

Die Chemiekonzerne behelfen sich mit einer Massenbilanz: Sie rechnen aus, wie viel Pyrolyseöl in den Steam Cracker hineinkam – und wie viel rein theoretisch davon prozentual später in einem Produkt vorhanden sein könnte.[54] Kunden zahlen also nicht dafür, dass ihre Produkte tatsächlich aus Pyrolyseöl hergestellt worden sind. Sie zahlen nur für das Zertifikat, dass die Chemiekonzerne Pyrolyseöl in ihren Steam Crackern eingesetzt haben. Kritiker sprechen deshalb auch von *Mystery Oil.*

Konkurrenz und Klimagefahr

Das Prinzip der Massenbilanz funktioniert ähnlich wie bei Ökostrom. Wenn Verbraucher Tarif für grünen Strom abschließen, heißt das nicht, dass nur

Solar- und Wind-Energie in ihrer Steckdose ankommt. Es heißt nur, dass die Stromanbieter mehr Solar- und Windenergie für ihr Netz einkaufen. Allerdings gibt es einen wesentlichen Unterschied: Wenn die Stromanbieter mehr Windräder bauen, müssen die Solaranlagenbetreiber keine Angst haben, dass ihnen morgen die Sonne ausgeht. Die beiden Arten der Energieerzeugung stehen nicht in Konkurrenz zueinander, weil sie verschiedene Rohstoffe verwenden.

Das ist beim Recycling anders. Chemische Recycler und mechanische Recycler könnten sich sehr wohl Konkurrenz machen. Klimatechnisch ist das mechanische Recycling eindeutig im Vorteil – laut einer Studie könnte es sogar bis zu neun Mal weniger Emissionen verursachen als das Chemische Recycling.[55] Deshalb wäre es umso problematischer, sollten ausgerechnet die Plastikabfälle pyrolysiert werden, die auch auf dem herkömmlichen Weg recycelt werden könnten.

Zwar werden auch heute viele Plastikabfälle verbrannt, weil sich viele Kunststoffe auch einfach nicht gut oder nicht wirtschaftlich recyceln lassen. Der Kunststoff PVC zum Beispiel ist für viele mechanische Recycler ein Problem, es kann die Qualität von Rezyklat vermiesen. Doch PVC wäre auch für die Pyrolyseanlagen ein Risiko. Denn PVC enthält Chlor-Atome, die toxische Schadstoffe wie Dioxine bilden können. Das wollen auch die Chemieunternehmen nicht in ihren Steam Crackern haben.

Es geht nicht nur um die Schadstoffe, es geht auch um die Frage, wie viel Pyrolyseöl eine Anlage überhaupt ausspucken kann. Denn Reaktoren schlucken mehr Plastikmüll, als sie Öl produzieren. Ein Teil bleibt gasförmig. Laut BASF sollen einige Partner beim Testen bereits Ausbeuten von über drei Vierteln erzielt haben, das restliche Gas soll als Energiequelle für die Reaktoren genutzt werden.[56] Doch überprüfen lässt sich das bisher nicht, die Daten sind nicht öffentlich.

Das beste Pyrolyseöl – und auch die höchste Ausbeute – können Chemische Recycler aus Kunststoffen wie Polyethylen gewinnen, aus dem Folien oder Shampooflaschen hergestellt werden. Gut geeignet ist auch Polypropylen, das in Joghurtbechern steckt. Doch Recyclingverbände wie der deutsche BVSE warnen: »Genau die eignen sich hervorragend für das werkstoffliche

Recycling.« Chemisches Recycling sei »Schönfärberei« und »Greenwashing«, wettern die Verbandsvertreter.[57]

Selbst manche Markenkonzerne sehen die Chemischen Recycler bereits als Konkurrenz oder sogar Gefahr – etwa der deutsche Waschmittelhersteller Frosch, der Vorreiter für recycelbare Plastikverpackungen sein will: »Diese Plastikfraktionen, von denen behauptet wird, dass sie schlecht mechanisch zu recyceln sind, ergeben auch ein deutlich schlechteres Pyrolyseöl«, warnt Frosch-Chef Reinhard Schneider. »Deswegen haben die Betreiber der Pyrolyse ein großes Interesse, die Plastikabfälle zu bekommen, die weniger kontaminiert sind.«[58]

Wie umweltfreundlich die Pyrolyse tatsächlich ist, dazu gibt es nicht viele Daten. Die meisten Unternehmen halten ihre Analysen geheim. Lediglich BASF und das Unternehmen Plastic Energy haben bisher umfassende Analysen vorgelegt – und selbst bei diesen Studien konnten Gutachter nicht alle Daten überprüfen, weil ein wesentlicher Teil als Geschäftsgeheimnis gilt. In einer großen Kooperation haben Umweltorganisationen wie die Deutsche Umwelthilfe und Gaia die vorliegenden Studien zur Pyrolyse von Plastik untersucht. Sie warnen: »Diese Bilanzen weisen erhebliche Mängel und Schwächen in Bezug auf wissenschaftliche Genauigkeit, Datenqualität, Berechnungsmethoden und Interpretation der Ergebnisse auf.«[59]

Tatsächlich ist bisher nicht einmal klar, ob das Chemische Recycling überhaupt besser wäre als die Herstellung von Plastik aus Erdöl. Die von BASF beauftragte Studie etwa sagt aus, dass das Pyrolyseverfahren 77 Prozent mehr Treibhausgasemissionen verursacht als die Herstellung desselben Kunststoffs aus fossilen Rohstoffen.[60] Die Analyse von PlasticEnergy zeigt, dass die Emissionen in der Pyrolyse bei über 3 Kilogramm CO_2 je Kilogramm des Kunststoffs LDPE liegen. LDPE aus Rohöl liegt mit nicht einmal 2 Kilogramm CO_2 deutlich darunter.[61] Die beiden Studien kommen in ihrem Fazit trotzdem zu einer positiven Klimabilanz, weil sie einen Trick nutzen: Sie schreiben sich die Emissionen gut, die vielleicht entstanden wären, wenn das chemisch recycelte Material stattdessen in einer Müllverbrennungsanlage gelandet wäre. Bei diesem Vergleich schneidet das Chemische Recycling tatsächlich etwas besser ab.

Und auch in einer Hinsicht ist das Chemische Recycling nachhaltig. Es sorgt dafür, dass die Chemieindustrie ihre Zukunft sichert.

Denn Plastikmüll als neuen Rohstoff einzusetzen, hat einen großen Vorteil für die Chemieindustrie: Es wäre ein Rohstoff, der möglichst wenig Veränderung benötigen würde. Verpackungen müssten nicht mit großer Mühe recyclingfreundlicher gestaltet werden, wieso auch? Sie kommen doch in das Chemische Recycling. Auch die Chemieindustrie müsste ihre Infrastruktur nicht groß umbauen. Sie könnte weiter ihre Steam Cracker nutzen, die Prozesse blieben weitgehend gleich. Die Industrie müsste nicht einmal die Anlagen umstellen oder abbauen, die heute Plastik produzieren. All die Anlagen für die Massenkunststoffe bekämen mit dem Chemischen Recycling eine neue Zukunftsperspektive.

Einige davon werden gerade erst gebaut. Allein in den USA befanden sich Projekte für 37 Milliarden US-Dollar in der Planung.[62] Das übertrifft selbst die Investitionen für die Pyrolyse um ein Vielfaches. Chemisches Recycling ist deshalb »eine wirtschaftliche Lösung«, schreibt etwa BASF. Es kann die vorhandene Infrastruktur sichern und beleben. Eine Infrastruktur, deren Wert weltweit bei 2,5 Billionen US-Dollar liegt.[63]

Veränderung ist eben immer nur in einem gewissen Maß gut für das Geschäft. Kein Unternehmen kann sich die eigenen Gewinne abgraben – oder die eigenen Anlagen überflüssig machen. Wenn es um Plastik geht, dann sind auch die Konzerne abhängig, schon allein finanziell. Viele haben ihr Geschäftsmodell darauf ausgerichtet, dass die Menschen weiter wie bisher kaufen und konsumieren – und dass auch sie so weitermachen können wie bisher. Hauptsache, es fällt dabei nicht mehr ganz so viel Müll an.

Dass diese Taktik aufgeht, ist unwahrscheinlich. Seit über 30 Jahren kämpfen Regierungen und Umweltschützer gegen die Plastikmüllmengen an, ohne dabei allzu viel erreicht zu haben. Wir können uns aus dieser Krise nicht herausrecyceln, heißt es bereits. Und wir werden sie auch nicht lösen, indem wir einfach nur ein bisschen mehr Ozeanplastik sammeln, mehr Bioplastik einkaufen oder die ganz schlimmen Abfälle in das Chemische Recycling geben. Weiter wie bisher heißt im Fall der Plastiksucht: Es wird immer schlimmer.

LEBEN IN DER
PLASTIKPANDEMIE 2050

Im Jahr 2050 schwimmen mehr Verpackungen und Netze aus Kunststoff als Fische in den Weltmeeren. Dann segeln auf der Oberfläche Joghurtbecher, Trinkpäckchen und Folien in großen Teppichen vor sich her. Eine Etage tiefer, unter der Meeresoberfläche treiben Fischernetze, gemischt mit Plastikflaschen und vollgesogenem Styropor. Flüsse führen mehr Plastikmüll als Wasser, zumindest wird es von oben betrachtet so aussehen. Am Ufer haben Folien und Tütenreste Pflanzen und Bäume umschlungen. Die Menschen im Globalen Süden, in Südostasien, Afrika und Lateinamerika, waten knöcheltief in einer Soße aus Nudelverpackungen, Chips- und Reistüten, Fischköpfen und Hundekot.

Dunkler Rauch wird den Himmel verhüllen, die nächste Müllverbrennungsanlage ist schon in Sichtweite. Wohin mit all den Filtern voller Giftstoffe? Wohin mit den Rückständen auf dem Rost? In den reicheren Ländern der Erde – wie Deutschland – wird es Diskussionen geben: Nicht noch eine Grube als Endlager für giftige Abfälle, als Endlager für Verbrennungsrückstände. Die Grube Teutschenthal im Osten ist so eine Art Gorleben der Müllverbrennung, ein ehemaliges Kalibergwerk, in das weiße Riesenbeutel gefüllt mit Filterkuchen aus den Verbrennungsanlagen eingelagert werden müssen. Die allerletzte Generation steht mit Plakaten vor dem Umweltministerium: »Müllverbrennungsanlagen – Nein, Danke.«

Es gibt sie schon heute, Bilder von Plastikflüssen und Müllteppichen im Ozean, von brennenden Deponien und Plastiklandschaften zwischen Dörfern.

Wir haben es selbst erlebt. Deswegen schreiben wir dieses Buch. Wir – Jacqueline und Benedict – sind häufig im Müll herumgewatet. Wir haben gesehen, wie Ihr Plastikmüll von riesigen Greifarmen ins Feuer geworfen wird. Wir haben gesehen, wie gepresste Verpackungen in Schiffscontainern verschwinden und wie, viele Flugstunden und Jetlags weiter weg, Plastikabfall aus unserem Heimatland und seinen Nachbarländern im Dschungel wieder auftaucht.

Wir haben Müllhändler bei ihren unmoralischen Angeboten gefilmt, wir sind nachts über Zäune geklettert und um gelbe Säcke herumgeschlichen, um zuzuschauen, wie andere dort GPS-Tracker einbauen. Wir haben versucht, aufgrund von Mindesthaltbarkeitsdaten und Labels zu erkennen, wie lange der Müll schon dort steht und wo er herkommt. Wir haben auf illegalen Müllhalden Proben gesammelt, haben Folien und Verpackungsmüll zurück nach Deutschland gebracht, um diese Abfälle den Unternehmen zu präsentieren, die das verursacht haben. Bei diesen Recherchen wurden wir bedroht, wir wurden verfolgt und rechtlich unter Druck gesetzt.

Wir haben Tausende Stunden in unseren Dateien, über Studien und Artikeln, über Fotos, Aufzeichnungen und Entwürfen verbracht. Wir haben die Entscheider von großen Konzernen mit ihren Recyclingproblemen und leeren Versprechen konfrontiert. Manche Fragen trieben ihnen Schweiß auf die Stirn. Wir haben im Fernsehen, auf Konferenzen und Branchenstammtischen über unsere Rechercheergebnisse gesprochen. Und häufig haben wir eine Erfahrung gemacht: Die Branche hatte nur begrenztes Interesse an den Problemen, die wir recherchiert haben. Sie wollten stattdessen von uns wissen, warum wir so kritisch berichten, warum wir nicht mehr von den Fortschritten und gelungenen Beispielen erzählen, warum wir nicht mehr Hoffnung verbreiten.

Manche Idealisten in der Recyclingbranche wünschen sich, dass ihre Arbeit mehr geschätzt wird. Viele von ihnen sind stolz darauf, wenn sie sich als Wettbewerber an einen Tisch setzen und Pläne schmieden, wie mehr Plastik gesammelt und recycelt werden kann, wie Verpackungen einfacher und die Verbrennung sauberer wird. Sie sind stolz darauf, wenn sie Geld in die Hand nehmen, um in neue Technologien zu investieren und ihre Kapazitäten ausbauen, obwohl sie sich nicht sicher sein können, dass sie dieses Geld auch wiedersehen. Das können wir verstehen.

Aber so mancher in der Recyclingbranche scheint zu vergessen, dass Plastik ein globales Problem ist, das globale Antworten braucht. Davon sind wir noch weit entfernt. Wir sehen es als Journalisten als unsere Verantwortung an zu warnen, wenn wir in eine falsche Richtung steuern. Und das tun wir offensichtlich, immer noch, trotz aller Fortschritte und Bemühungen.

Die Welt wird 2050 eine andere sein. Die Digitalisierung verändert mit disruptiver Wucht alle Bereiche des Daseins. Schon heute prägen Verteilungskonflikte und Glaubenskriege die Nachrichten. Moderne Seuchen, bewaffnete Auseinandersetzungen und die Veränderung des Klimas werden wohl auch in Zukunft unseren Alltag bestimmen. Und wenn wir uns nicht ändern, dann wird diese neue Welt in Plastik verpackt sein.

In dieser Plastikpandemie sind die Marktplätze im globalen Süden verbaut. Wo vorher Bauern und ihre Familien frisches Obst, Gemüse und häufig auch lebende Tiere verkauft haben, reihen sich jetzt Supermarktketten mit langen Gängen aneinander, gefüllt mit internationalen Handelsmarken. Die Wirtschaft ist gewachsen, der versprochene Wohlstand hat sich eingestellt, die Metropolen Afrikas und Asiens ähneln jetzt New York oder Paris, Perlenketten von Shopping Malls in den Stadtzentren, umringt von Wolkenkratzern und Parks für die Generatoren von Klimaanlagen. Aber kaum ein Mensch läuft auf den Straßen, es ist zu heiß und zu hell. Die Natur um die globalen Metropolen ist verkommen, kein Vogel singt mehr, kein Wild grast. Überall finden sich Plastikfetzen.

In dieser Zukunft konnten wir die Klimakrise nicht bewältigen. Allein die Emissionen durch die Plastikproduktion haben sich beinahe verdoppelt, so wie es etwa die OECD prognostiziert hat.[1] Wir kämpfen noch immer damit, uns an diesen Wandel anzupassen. Die Korallenbleiche hat die Meere geleert.[2] An einigen Küsten gab es Projekte, anstelle der Korallenwälder wenigstens künstliche Riffe aus Plastik nachzurüsten, ein bisschen wie im Aquarium.[3] Einige Fische haben sich angepasst. Andere Tierarten haben den Anpassungskampf verloren.[4] Die Eisbären etwa. Weil sie keine andere Nahrung mehr fanden, verschlangen die letzten von ihnen den Hausmüll aus den

Mülltonnen in den wachsenden Städten nördlich des Polarkreises und füllten sich so die Mägen auch mit Plastik.[5]

Auch die menschliche Population wächst nicht mehr. Sie schrumpft, schneller als erwartet. Einige Menschen werden Opfer von Naturkatastrophen. Aber auch die Fertilität nimmt ab, vor allem in Gegenden, in denen hohe Belastungen mit Mikroplastik gemessen werden.[6] Das Testosteronlevel im Blut der Menschen sinkt, eine Folge der Weichmacher wie Bisphenol A und den Phthalaten im Plastik.[7]

Zugegeben: Wir malen eine dystopische Klima- und Kunststoff-Apokalypse in die Zukunft. Doch was wir hier beschreiben, entspricht den Zukunftsmodellen und den Warnungen von Wissenschaftlern. Nicht nur wir sehen eine Plastikpandemie heraufziehen: »Wir alle haben Kinder. Wir alle brauchen eine Zukunft. Deswegen hoffen wir selbst, dass es unser Geschäftsmodell eines Tages nicht mehr gibt.« So sprechen jene Menschen, die Entscheidungen in den börsennotierten Unternehmen entlang der Kunststoffe treffen. Oft hinter vorgehaltener Hand. Bei ausgiebigen Gesprächen am Telefon. Oder in ihrem Hobbykeller. Auch auf dem Flur von Messen oder Tagungen.

Gleichzeitig sind die Entscheider der Jagd nach Dividenden ihrer Anleger, dem Schutz ihrer Mitarbeiter und auch dem Geldbeutel ihrer Familien unterworfen. Es sind ihre Chefs, ihre Kollegen oder Investoren, die weiter Entscheidungen treffen, ungesunde Produkte in toxische Verpackungen wickeln zu lassen. Die ihre Expansion in Länder verkünden, die keine Sammel- und Sortieranlagen haben. Damit nehmen diese Konzerne in Kauf, dass ihre Produkte und Plastikverpackungen im Meer landen.

Ein Treiber dieser neuen, polarisierten Welt aus Plastik sind Ölkonzerne, die ihre Macht erhalten wollen. Die ankündigen, neue Plastikfabriken zu bauen und sich jedes Jahr eine Steigerung der Plastikmengen in ihre Geschäftsprognose schreiben. Sie präsentieren uns Rechnungen über kompensierte Emissionen und eingesparte und effizient genutzte Ressourcen, um uns das Gefühl zu geben, bis ins Jahr 2050 werde alles gut. Die Unternehmen der Petrochemie wollen, dass ihre Steam Cracker stehen bleiben und weiter mit genügend Rohstoffen gefüllt sind. Verpackungshersteller wollen frische Folien ziehen und Flaschen aufblasen. Genügend Rezyklate gibt es dafür immer noch nicht, sie brauchen frischen Kunststoff. Lebensmittelkonzerne preisen ihre Marken weiter als grün an. Ölkonzerne, Plastikproduzenten, Verpackungshersteller, Markenunternehmen, sie alle werben mit Recycling und müssen doch gleichzeitig mehr produzieren, um zu wachsen.

Das Jahr 2050 gilt als Stichjahr für Szenarien, wie eine vollständige Kreislaufwirtschaft erreicht werden soll. 2050 gilt auch als Stichjahr für Ziele der Vereinten Nationen, als Jahr, in denen Emissionen nahe null und Energiequellen erneuerbar sein sollen.[8] Sehen Sie das kommen? Oder sehen Sie auch die lineare Wirtschaft wachsen, in der Produkte nur von kurzer Dauer sind, bevor sie zu Müll werden? Von der Wiege zur Bahre: Dinge wie Verpackungen, Kleidung, Haushaltswaren, auch Elektroartikel, Autoreifen, alles aus Kunststoffen, und kaum jemals wiederverwendet.

Wir stehen am Scheideweg zur Plastikpandemie und haben doch noch alles in der Hand, um Kunststoff und Natur in Einklang zu bringen. In diesem Buch wollen wir nicht nur die Probleme aufzeigen, wir wollen auch erklären, wie wir der Plastiksucht entkommen können, was jede und jeder von uns dafür tun kann. Denn es gibt Maßnahmen, die diese Abhängigkeit von Plastik und Einwegprodukten durchbrechen können. Und die wirklich gute Nachricht lautet: Über viele dieser Ideen wird auf der Weltbühne bereits verhandelt. Und ob sie auch beschlossen werden, darauf können wir Einfluss nehmen.

Spurensuche auf Müllhalden: Autorin Jacqueline Goebel in Malaysia, wo Unbekannte importierten Plastikmüll illegal in einem Industriegebiet hinterlassen haben.

Recherche zwischen Ballen: Autor Benedict Wermter entdeckt auf einem Recyclinghof in Bulgarien vermutlich illegal importierte Abfälle aus Großbritannien.

DER ENTZUG

Dieses Kapitel erklärt:

- welche Konzepte es gibt, um die Plastikkrise zu lösen,
- wie der Supermarkt der Zukunft aussehen sollte,
- wie Regierungen um einen weltweiten Vertrag gegen die Plastikverschmutzung ringen,
- welche zwölf Maßnahmen wir für die besten halten, um die Plastiksucht zu behandeln.

Mehr Wohlstand bedeutet mehr Müll. »Wenn Nationen und Städte mehr Bevölkerung und Wohlstand bekommen, ihren Bürgern mehr Produkte und Dienstleistungen anbieten und am weltweiten Handel und Austausch teilnehmen, dann sind sie mit entsprechenden Mengen an Abfällen konfrontiert«, schreibt etwa die Weltbank. Abfall sei ein »natürliches Produkt von Urbanisierung, wirtschaftlicher Entwicklung und Bevölkerungswachstum«.[1]

Diese Relation zwischen Wohlstand und Müll ist die größte Herausforderung in dieser Krise. Es ist diese Entwicklung, die uns direkt auf die Plastikpandemie zusteuern lässt. Die Massen an Plastikmüll wachsen nicht nur mit der Wirtschaft, sie wachsen überproportional. Seit der Jahrtausendwende hat Plastikmüll das wirtschaftliche Wachstum um beinahe 40 Prozent übertroffen, ermittelte die OECD. Selbst in Ländern, die sich gerade erst ein Entsorgungssystem aufbauen, verpuffen die positiven Effekte schnell, wenn die Bevölkerung gleichzeitig immer mehr Plastik konsumiert.[2]

Bisher ist es nicht gelungen, diese Kausalität zu durchbrechen – weder durch die Müllverbrennung noch durch das Recycling und auch nicht durch Verpackungsgebühren. Die heftigsten Einbrüche für die Nachfrage nach Plastikprodukten – und bei den Mengen an Plastikmüll – gab es bisher, wenn auch die Wirtschaft einsank, wenn die Menschen also einfach weniger Geld hatten, um zu konsumieren.

Die meisten Staaten auf der Welt streben weiter nach wirtschaftlichem Wachstum. Die Menschen im Globalen Süden haben ein Recht an dem Konsum und Handel teilzuhaben, den die Menschen in den reicheren Industriestaaten seit Jahrzehnten genießen. Wenn es unser Ziel ist, dass dieses Wohlstandswachstum nicht mit noch größeren Müllbergen einhergeht und nicht mit noch mehr Ressourcenverschwendung, dann haben wir nur eine Chance: Wir müssen die Abhängigkeit durchbrechen. Wir müssen verhindern, dass Wohlstand gleichzeitig mehr Plastikkonsum bedeutet, der unweigerlich irgendwann zu Müll wird.

Können wir ohne Plastik leben? Vermutlich nicht. Nicht nur weil wir süchtig sind oder weil unsere Bequemlichkeit ungesunde Gewohnheiten hervorgebracht hat. Sondern auch weil Plastik als Werkstoff wichtig und wertvoll ist. Aber deshalb sollten wir es erst recht nicht verschwenden.

Wer sich mit dem Thema Suchterkrankungen beschäftigt, stellt schnell fest, dass ein Entzug nur ein Schritt zur Linderung ist. Eine Sucht ist eine Sucht, weil sie immer wieder durchbrechen kann. Ein trockener Alkoholiker, der über Jahre keinen Tropfen Alkohol im Mund hatte, bleibt immer noch abhängig. Wer Heroin konsumiert hat, der wird die Versuchung danach immer spüren, heißt es. Der Kampf beginnt mit dem Entzug, aber er geht danach jeden Tag weiter, jeder Tag braucht Widerstandskraft.

Es gibt viele Konzepte, die Suchtkranken dabei helfen sollen, diesen Weg zu gehen. In amerikanischen Fernsehserien gibt es Protagonisten, die das *12-Step-Programme* bewältigen, sich ihr Problem eingestehen und bei jenen um Vergebung bitten, denen ihre Sucht geschadet hat. Die Schweiz, die mit Zürich in den 1990ern einst als Heroin-Zentrum Europas galt, hat die Sucht mit einer Vier-Säulen-Politik erfolgreich eingedämmt.[3] Diese vier Säulen bestehen aus *Prävention, Therapie, Schadensminderung* sowie *Repression* und *Vollzug*:

- *Prävention*: Präventionsmaßnahmen sollen dazu führen, dass weniger Menschen in Versuchung geraten, mit dem Drogenkonsum zu beginnen.
- *Therapie*: Suchtkranke sollen Zugang zu Hilfs- und Beratungsangeboten, Entzug und Heilung bekommen, um ihre Abhängigkeit zu bekämpfen.
- *Schadensminimierung:* Soll die negativen Effekte von Sucht auf die Gesundheit der abhängigen Personen und auch auf die Gesellschaft mildern.
- *Repression und Vollzug:* Staatliche Maßnahmen, um Suchtmittel strenger zu kontrollieren und Verbote illegaler Substanzen durchzusetzen.

Das Konzept zeigt, dass ganzheitliche Lösungsansätze die größten Chancen auf Erfolg haben. Natürlich lässt sich unsere Abhängigkeit mit Plastik nicht mit einer Drogensucht gleichsetzen. Eine Suchterkrankung manipuliert das menschliche Belohnungssystem und damit die Psyche. Eine Suchterkrankung kann schwerwiegende Folgen haben, den Körper zerstören, die psychische Gesundheit schädigen und auch menschliche Beziehungen.

Die Abhängigkeit von Plastik ist keine körperliche, sie ist eine wirtschaftliche. Plastik als Wertstoff bietet finanzielle Vorteile, Effizienz, es bietet auch Bequemlichkeit. Plastik ist deshalb so begehrenswert, weil es so leicht, formbar, vielfältig einsetzbar und vor allem so billig ist. Wenn wir auf Abstinenz von Einwegplastik gehen, dann fällt die Bequemlichkeit dieser Produkte weg. Was bleibt, ist der Mehraufwand, die Umständlichkeit, wahrscheinlich auch höhere Kosten. Natürlich ist es da einfach, in alte Gewohnheiten zurückzufallen. Mit einem Griff ins Regal.

Wir sind nicht die Ersten, die sich Gedanken darüber gemacht haben, wie sich die Plastikkrise lösen lässt. Einige Modelle haben wir im Buch vorgestellt, unter anderem das Konzept der Circular Economy, in dem Rohstoffe möglichst lange in einem Kreis geführt werden. Doch noch bevor es die Idee eines Kreislaufs gab, kursierte die Idee einer Leiter. Genauer gesagt: *Lansinks Leiter.*

Das Konzept ist nach Ad Lansink benannt, einem niederländischen Politiker. Lansink ist 1934 geboren, er studierte Naturwissenschaften, unterrichtete an der Universität von Nijmegen und engagierte sich dort auch als Kommunalpolitiker für die christlich-demokratische Partei CDA. 1977 zog er in das Parlament der Niederlande ein. Auch die Niederlande kämpfte damals mit dem zunehmenden Müll. Für Deponien ist in dem kleinen Land nur begrenzt Platz. Stattdessen sollten Müllverbrennungsanlagen gebaut werden, auch in Lansinks Heimatstadt Nijmegen. Im Jahr 1979 diskutierte das niederländische Parlament über ein Budget für Umwelt- und Naturschutz. Lansink hielt seine erste große Rede über den richtigen Umgang mit Abfällen.

Die Vermeidung von Müll müsse erste Priorität haben, erklärte Lansink in seiner Rede. Müll müsse schon an seiner Quelle sortiert und getrennt werden, also am besten gleich in den Haushalten. Dass er nach dem Sammeln erneut getrennt werden müsste, damit man die Stoffe wiederverwerten könnte. Dass möglichst viele Abfälle wiederverwertet werden sollten, bevor sie für die Gewinnung von Energie verbrannt werden sollten. Als schlechteste Option sah Lansink die Deponierung.

Diese Ideen waren damals neu, Lansinks Kollegen waren begeistert. Lansink reichte sein Konzept als Vorschlag für die Regierungspolitik ein. Es dauerte trotzdem noch bis zum Jahr 1993, bis die niederländische Regierung Lansinks Idee in Gesetzesform brachte. Auf der zweiten und dritten Sprosse der Leiter standen nicht wie von Lansink zuvor angedacht die Sortierung von Abfällen, sondern bereits Wiederverwertung und Recycling. Die Industrie war davon nicht begeistert. Das Branchenmagazin *AfvalForum* (deutsch: »Abfallforum«) druckte eine Titelseite, auf der Lansinks Leiter in Flammen steht. Doch sein Konzept wirkte. Zwischen 1993 und 2004 sank die Menge an Haushaltsmüll in den Niederlanden beinahe jedes Jahr – und ganz besonders die Entsorgung dieses Haushaltsmülls auf Deponien.[4]

Später übernahm die EU die Idee, allerdings nicht in Form einer Leiter. Sie führte 2008 mit ihrer Abfall-Richtlinie das Konzept einer *Abfallhierarchie* als Grundlage für ihre Politik ein.[5] Eine *Hierarchie* regelt Herrschaft, sie beschreibt Prinzipien, wer sich wie unterzuordnen oder sogar zu unterwerfen hat. Genauso ist die Abfallhierarchie gemeint. Sie setzt klare Prioritäten, denen sich Müllverursacher und Abfallverarbeiter unterwerfen sollten. Sie definiert höhere Stufen der Abfallverwertung – und solche, die weniger wünschenswert sind und deshalb in der Hierarchie unten stehen.

Ganz oben in dieser Hierarchie steht die *Vermeidung*. Der beste Müll ist derjenige, der niemals entsteht. Das Material mit der besten Umweltbilanz ist das Material, das der Natur niemals entnommen wird. Danach folgt die *Wiederverwendung*. Ein Produkt sollte möglichst lange und möglichst häufig verwendet werden, um seine maximale Nutzungsdauer auszuschöpfen. So lohnt sich der Einsatz von Energie und Material am meisten, auch wenn das Produkt irgendwann zu Müll wird. Erst auf Stufe drei steht das *Recycling*. Wenn die Nutzungsdauer ausgeschöpft ist, sollte möglichst viel Material eines Produkts wiedergewonnen werden. Recycling braucht mehr Energie und Material als Wiederverwendung, ist deshalb also weniger wünschenswert.

Stufe vier bezeichnet die *sonstige Verwertung*, üblicherweise die Umwandlung von Müll in Energie. Für Plastik spricht man von der sogenannten thermischen Verwertung, also der Verbrennung in Müllverbrennungsanlagen und Zementwerken. Die Verbrennung verursacht Emissionen. Aber wenigstens nutzt sie die fossilen Rohstoffe des Plastiks für Energie und Wärme. Am Ende der Abfallhierarchie – auf der Stufe, die möglichst vermieden werden sollte – steht dann die *Entsorgung*. Sie umfasst zum Beispiel die Deponierung – und sollte nur dann erforderlich sein, wenn mit einem Abfall nichts anderes mehr anzufangen ist, wenn alles Material und alle Energie bereits herausgezogen sind.

Eine Hierarchie für Abfälle
Diese Prioritäten setzt die EU

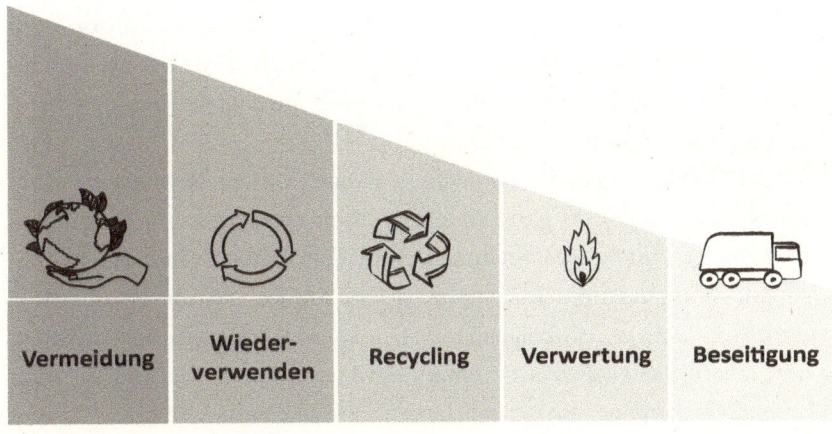

| Vermeidung | Wieder-verwenden | Recycling | Verwertung | Beseitigung |

Quelle: Europäische Union

Auch wenn es die Abfallhierarchie bereits seit 2008 in der EU gibt: Erfolge brachte sie nur begrenzt. Das lag vielleicht auch daran, dass die EU zwar das Konzept einführte, aber nur wenig konkrete Ziele damit verband. »Die Abfallhierarchie steht Kopf«, lautet eine häufige Kritik. Schließlich soll laut der Hierarchie die Vermeidung Priorität haben. Sowohl in der Öffentlichkeit als auch bei der Umsetzung von politischen Maßnahmen standen jedoch in den vergangenen Jahren häufig die unteren Stufen und vor allem das Recycling im Vordergrund.

Erst jetzt will die EU bei der Überarbeitung ihrer Regulation auch konkrete Ziele für die anderen Stufen der Abfallhierarchie einführen, auch für die Vermeidung. So will die EU den Verpackungsmüll in den Mitgliedsstaaten bis 2030 um 5 Prozent reduzieren, bis 2040 sogar um 15 Prozent. Die Verordnung allerdings ist noch in Verhandlungen. Das Konzept der Abfallhierarchie bezieht sich nicht nur auf Plastik, es lässt sich ebenso auf Papier anwenden, auf Kompostmüll, eigentlich auf jeden ungefährlichen Abfall. Allerdings hat sie einen Fehler: Sie betrachtet eben nur die Frage, wie man mit Müll umgehen sollte. Die Plastikpandemie ist jedoch mehr als nur eine Müllkrise. Nicht nur die Plastikabfälle stellen ein gesellschaftliches Problem dar, sondern auch die Plastikproduktion mit ihren Emissionen. Plastik trägt zum Verlust der Artenvielfalt bei, wenn Mikroplastik Lebensräume von Tieren bedroht. Kunststoffe können der Gesundheit von Mensch und Natur schaden. Damit wirft die Plastikkrise Fragen darüber auf, wie Menschen konsumieren und wie die Wirtschaft aufgebaut ist. Deshalb brauchen wir bei der Abhängigkeit von Plastik mehr als einen Entzug, wir brauchen zugleich eine Neuausrichtung unseres modernen Lebensstils.

Die perfekte Lösung haben wir nicht. Das eine Konzept, das alle Fragen beantwortet, gibt es nicht. Es gibt keine Innovation, die Plastik in Luft auflösen würde, keine gesetzlichen Maßnahmen, die für alle Bereiche und in allen Regionen gut genug wirken würden. Aber es gibt Ansätze, die uns einen Schritt weiterbringen können. Im Folgenden haben wir zwölf Schritte ausgearbeitet, die der Abhängigkeit von Plastik entgegenwirken können. Sie sind das Fazit aus unseren Recherchen, aus Gesprächen mit Entscheidern, Umweltschützern, mit Unternehmen oder aus klugen Modellen, die uns begegnet sind.

Zwölf Schritte gegen die Plastiksucht

Um die Abhängigkeit von Plastik zu durchbrechen, müssen alle Akteure in der Plastiklieferkette zusammenarbeiten: die Industrie, der Handel, Konsumenten und auch Gesetzgeber. Angelehnt an das Vier-Säulen-Modell zur Bekämpfung von Suchtkrankheiten haben wir ein Maßnahmenpaket erstellt, das Schritt für Schritt aus der Plastikkrise führen soll.

Prävention: Weniger ist mehr
- Schritt 1: Plastik sparen
- Schritt 2: Einwegplastik verbieten
- Schritt 3: Plastik verteuern

Therapie: Konsum der Zukunft
- Schritt 4: Mehr Mehrweg
- Schritt 5: Mehr Pfand und Kooperation
- Schritt 6: Ein Markt für Rezyklat

Schadensminimierung: Verantwortungsvolles Design und ehrliches Aufräumen
- Schritt 7: Schaden beseitigen
- Schritt 8: Schadstoffe auslöschen
- Schritt 9: Design für die Zukunft

Regulierung: Ein Plastikpakt für die Welt
- Schritt 10: Weltweite Regeln
- Schritt 11: Weltweite Einschränkungen
- Schritt 12: Weltweite Finanzierung

Prävention: Weniger ist mehr

Schritt 1: Plastik sparen

Jeder Mensch kann sich bemühen, weniger Plastik zu verbrauchen. Aber es ist nicht allein Aufgabe der Konsumenten, Kunststoff zu vermeiden. Unternehmen und Staaten müssen die Vermeidung zur Priorität machen – und entsprechende Maßnahmen konsequent umsetzen.

Ein Haus im Berliner Stadtteil Wedding: Einmal pro Woche bringen die Mitarbeiter des Betriebs Biokräuterei hier Gemüse, Gewürze, manchmal auch Obst vorbei, Lebensmittel, die aus dem märkischen Sand Brandenburgs stammen. Dabei sind etwa Mairüben, Sauerampfer, Postelein – Gemüsesorten, die schon lange vergessen schienen. Auch Rettiche, Kartoffeln und verschiedene Spinatsorten liefert die Biokräuterei, Lebensmittel, die längst aus der globalen Handelskette und den Supermarkregalen verdrängt wurden. All diese Lebensmittel erlebten hier nicht nur eine Renaissance, sondern sie wurden auch ohne Plastik verpackt und in Mehrweg-Containern transportiert.

Leider ein bisher wenig verbreitetes Konzept. Wir brauchen konkrete Ziele zur Vermeidung von Plastik. Konsumenten können mit ihrem Kaufverhalten und bewusstem Verbrauch dazu beitragen, Plastik zu reduzieren. Gut zwei Jahre war ich – Benedict, Co-Autor dieses Buchs – Teil einer solidarischen Landwirtschaftsgruppe, kurz: Solawi. Gemeinsam mit vier anderen Berliner Regionalgruppen, jeweils circa 40 Haushalte stark, habe ich ein Feld nahe Oranienburg von zwei ökologischen Landwirtinnen bestellen lassen. *Community Supported Agriculture* heißt das Konzept, in der sich Abnehmer in einer Genossenschaft oder einem Verein organisieren und mit den Landwirten in ihrer Nähe Verträge über den Anbau von Lebensmitteln schließen. Manche schließen sich gleich zu Unternehmen zusammen, bei denen die Gemeinschaften Eigentümer der Landwirtschaftsbetriebe sind. Nicht nur im deutschsprachigen Raum, sondern auch in den USA, in Kanada, in England, Frankreich, Belgien, Portugal und Japan gibt es solche Genossenschaften.

Unsere Haushalte aus dem Weddinger Einzugsgebiet sind Singlemütter, Studenten, junge Paare. Sie bezahlen den Einsatz von Saatgut, Düngemitteln und Geräten sowie das Gehalt der beiden Landwirtinnen und die Pacht für das Feld. Die Lieferfläche – der Gemeinschaftsraum eines Wohnhauses – ist hingegen gratis. Die Lieferung erfolgt selbst organisiert mit eigenen Lieferwagen. Die Kosten: rund 80 Euro pro Monat je Haushalt. Trotzdem musste ich wöchentlich in den Supermarkt, um diese Biokiste zu ergänzen. Doch mein gelber Sack war spürbar leichter.

Solidarische und regionale Landwirtschaft hat viele Vorteile. Unser Essen war gesund, es war nur ein paar Tage alt, es kam ja aus der Nähe. Es war frei von Zusatzstoffen und vor allem: Es brauchte keine Verpackung – außer ein paar ausgedienter Transportkörbe, die zwischen den Abholstellen und der Biokräuterei hin und her gefahren wurden.

Jacqueline und ich schreiben seit Jahren über den Werkstoff Plastik und die daraus resultierenden Probleme. Natürlich denken wir da auch über unser eigenes Konsumverhalten nach. Wie soll man Konzerne für ihre Abhängigkeit von Plastik kritisieren, wenn man selbst eine Mülltonne nach der anderen mit Verpackungsmüll füllt? »Regional schlägt Plastik«, sagte mir einst Klaus Töpfer, der Erfinder des gelben Sacks. Die Solawi war mein kleiner Beitrag zum Plastiksparen.

Wir haben viel ausprobiert, um ressourcenschonender zu konsumieren und Plastik zu sparen. Nur einige Beispiele: Wir haben auf Bauernmärkten, in Hofläden und in Unverpacktmärkten eingekauft. Allein in Deutschland soll es rund 200 Unverpacktläden geben. Mal werden sie als Antwort auf die Konsumgesellschaft betrieben, mal weht ein Hauch von Esoterik hindurch, mal stehen dahinter gut situierte und gesundheitsbewusste Idealisten. Kunden wie wir bringen ihre Einmachgläser, Dosen oder andere Behälter mit, wiegen diese im Leergewicht, zapfen den Einkauf ab und wiegen dann vor der Bezahlung noch einmal die gefüllten Behälter.

Ich – Jacqueline, die Co-Autorin dieses Buchs – versuche Kleidung und elektronische Geräte nur aus zweiter Hand zu kaufen. Ich habe ein Abo für eine Gemüsekiste von Landwirten aus der Umgebung, die mir einmal in der Woche Kohl oder Schwarzwurzeln liefern. Jetzt bin ich ständig auf der Suche nach neuen Rezepten für heimisches Gemüse, das nur ein paar Kilometer von meiner Wohnung entfernt wächst und dass ich trotzdem vorher noch nie in meinem Leben gegessen habe.

Wahrscheinlich gleichen unsere Versuche ziemlich genau dem, was die meisten umweltbewussten Millennials in Europa früher oder später ausprobieren. Einige unserer guten Vorsätze haben wir erfolgreich in unsere Gewohnheiten eingebaut, so wie Unverpackt-Supermärkte. Andere sind gescheitert. Auch wir leben folglich nicht plastikfrei. Aber diese Versuche helfen dabei, Ideen zu sammeln, wie wir die wichtigste Maßnahme im Kampf gegen die Plastikkrise umsetzen können: die Prävention.

Der beste Plastikabfall ist derjenige, der niemals anfällt. Das sicherste Prinzip, um dieses Ziel zu erreichen: Es sollte weniger Plastik auf den Markt kommen. Es geht also nicht nur um die Vermeidung von Abfällen, sondern auch um die Vermeidung von einem Überangebot an Plastikprodukten. Vor allem von Einwegprodukten.

Das ist längst auch ein politisches Ziel in vielen Ländern. Nicht nur die EU plant, den Verpackungsmüll bis 2040 um 15 Prozent zu senken.[6] In Frankreich liegt das Ziel sogar bei 20 Prozent und soll noch früher erreicht werden. Slowenien will bis 2026 mindestens ein Fünftel weniger Einwegplastikprodukte verkaufen lassen, Spanien und Schweden wollen ihren Verbrauch bis 2026 halbieren.[7]

Vermeidung ist als Konzept nicht besonders sexy, eher nervig. Viele Menschen setzen Vermeidung mit Verzicht gleich. Oftmals verlangt es von uns, dass wir unser Verhalten ändern, ohne dass wir dafür einen unmittelbaren Nutzen spüren.

Doch manchmal gelingt es auch, dass Vermeidung Spaß macht. Während ich, Benedict, in der Solawi war, fanden regelmäßig Plenarsitzungen statt, um Finanzen zu besprechen, Teamleiter zu wählen oder zu entscheiden, was angebaut werden sollte. Es gab immer viel zu bereden, mal waren die Kartoffeln zu klein, mal wuchsen die Salate nicht gut, mal war das Feld geflutet, mal zu trocken. Aber das half, die Ernteausfälle zu verstehen und zu ertragen. Die Nachfrage war stets groß, die Warteliste viel zu lang. Mitglieder der Gruppe fingen an, selbst anzubauen und zu züchten. Manche hatten eben viel Freude an der Sache. Der eine brachte plötzlich Eier in die Gemeinschaft ein, die andere bot Honig an, gar Biofleisch stand eine Zeitlang auf der Agenda.

Für manche Menschen ist das Plastiksparen zu einem Wettbewerb geworden. Rund um die Welt gibt es mittlerweile eine Bewegung namens *Zero Waste*. Null Abfälle bedeutet für diese Bewegung: »Die Schonung aller Ressourcen durch verantwortungsbewusste Produktion, Verbrauch, Wiederverwendung und Verwertung aller Produkte, Verpackungen und Materialien, ohne sie zu verbrennen und ohne sie in Land, Wasser oder Luft zu entladen oder die Umwelt oder die menschliche Gesundheit zu gefährden.«[8] Die Menschen in dieser Bewegung teilen auf Blogs und in Büchern Tipps, wie sie auf Plastikprodukte verzichten, Geschenke in Handtücher und Beutel verpacken, statt in Zeitungspapier und schicken sich gegenseitig Links zu Onlineshops.

Wettkampf ums Plastiksparen

In Europa hat sich die *Zero-Waste*-Bewegung mittlerweile in den Rathäusern von Städten und Kommunen eingerichtet. Knapp 450 Städte und Gemeinden tragen bereits offiziell den Titel »Zero Waste City«. Auch in Asien und Lateinamerika kommen mehr und mehr Städte hinzu. Die erste Stadt mit einer Zero-Waste-Strategie war Capannori in der Toskana. Die Stadt entwickelte bereits 2007 einen Plan, wie weniger Haushaltsmüll auf Deponien landen könnte. Sie informierte ihre Einwohner über das gezielte Sammeln von Haushaltsabfällen, sie führte auch Steuervorteile für lokale Läden ein, die Nachfüll-Lösungen anboten. Die Stadt installierte öffentliche Trinkbrunnen und zwei Automaten zur Selbstbedienung für Milch von örtlichen Bauernhöfen.[9] In 15 Jahren sank die Menge an Haushaltsabfällen auf 59 Kilogramm pro Kopf und liegt damit etwa 60 Prozent unter dem italienischen Durchschnitt.[10]

Auch in deutschen Städten entstehen immer mehr Initiativen. Im norddeutschen Rostock gibt es die »Plastikfreie Stadt«, eine private Initiative eines Gastronomen, der weniger Einwegplastik in Verkehr bringen wollte. Heute helfen die Mitarbeiter von Unternehmen in der Region dabei, ihren eigenen Plastikverbrauch zu senken. »Wir beraten Wirtschaftsakteure, bestmögliche, realistische Ansätze für die Vermeidung zu finden«, sagt Franziska Beez von der Initiative. Dazu lassen sie auf freiwilliger Basis eine Plastikinventur erstellen, bei denen Hotels oder Restaurants erstmals aufzählen, wie viel Einwegplastik sie eigentlich tatsächlich in Kilogramm pro Jahr verbrauchen – und wofür. »Für viele sind die Zahlen eine Überraschung«, sagt Beez. Die Inventur ist daher ein wichtiger Beitrag zur Prävention. Denn vermeiden können Unternehmen nur Plastikprodukte, von denen sie wissen, dass sie diese auch nutzen.

In einem zweiten Schritt definieren die Unternehmen mit Hilfe der Initiative Ziele, wie Plastikmüll vermieden werden kann; welche Mülltüten unter dem Schreibtisch oder Einwegseifenspender sie austauschen oder einfach weglassen können. Mindestens 10 Prozent Plastikvermeidung halten die Berater für machbar. Bestes Beispiel: Ein Friedhof in Hamburg verbrauchte jährlich 128 000 Blumentöpfe aus Einwegplastik. Der Friedhof musste auch noch für deren Entsorgung zahlen. Heute sammelt der Blumenlieferant die Töpfe am Friedhof wieder ein und befüllt sie einfach neu.

Aber die wenigsten Unternehmen gehen solche Wege. Es ist zu aufwändig. Nur große Namen müssen fürchten, dafür an den Pranger gestellt zu werden. Doch für kleine Firmen oder Unternehmen im Globalen Süden ist Plastik häufig die günstigste Lösung. Also bieten sie weiter Plastikprodukte an, auch solche, auf die wir als Gesellschaft verzichten könnten.

Natürlich haben Konsumenten eine gewisse Macht. Wir können sie ausspielen, indem wir schädliche Produkte nicht kaufen. Wer zu Plastik und Zero Waste recherchiert, findet eine ganze Reihe von Ratgebern zum Plastiksparen. Die erklären zum Beispiel, wie man aus Kokosöl, Natronpulver, Minzöl und Süßungsmitteln Zahnpasta selbst machen kann – und sich so die Zahnpastatube spart. *Do it yourself.* Nur: Wie komme ich an Süßungsmittel, das nicht auch in einer Plastikverpackung steckt? Woher kommt das Kokosöl, ist es aus nachhaltigem Anbau? Und welche Chemikalien stecken in dem Minzöl?

Es ist eine Herausforderung für Konsumenten, sich all dieses Wissen anzueignen. Auch Unternehmen beschweren sich immer wieder über die gestiegenen Anforderungen, alle Umweltregeln und Lieferketten im Blick zu behalten, über Bürokratie und die Kosten für das dazu nötige Personal. Bloß: Wenn die Hersteller der Produkte schon keinen Überblick haben, wer dann? Die gesellschaftliche Verantwortung liegt bei den wirtschaftlichen Akteuren. Wir brauchen keine *Do-it-yourself*-Wirtschaft, sondern eine *Do-it-themselves-Economy*.

Also, was tut die Wirtschaft, um Plastik zu sparen? Die Verpackungshersteller weisen an dieser Stelle gerne darauf hin, wie viel leichter die Verpackungen in den vergangenen Jahren geworden sind, weil sie immer weniger Material verbrauchen. »Früher hat eine 1,5 Liter Flasche um die 30 Gramm gewogen«, sagte etwa der Marketingleiter des österreichischen Verpackungsherstellers Alpla im Interview. »Heute sind es nur noch 25 Gramm.«

Solche Diäten haben auch Joghurtbecher, Shampooflaschen oder Nudelpackungen hingelegt. In 30 Jahren hat die Industrie in Deutschland Verpackungen leichter und schlanker gemacht und so 23 Millionen Tonnen Material eingespart. Das Problem ist nur: Gleichzeitig haben die Verpackungshersteller mehr Verpackungen verkauft. »Jeder Fortschritt wird vom wachsenden Konsum gleich wieder aufgefressen«, schlussfolgert das Deutsche Verpackungsinstitut.[11]

In der gesamten EU steigt das Aufkommen an Verpackungsmüll seit Jahren an. Mittlerweile liegt das Gewicht des gesamten Verpackungsmülls bei rund 80 Millionen Tonnen an – ein Rekordwert.[12] Diese Mengen kann das Recycling nicht auffangen, im Gegenteil. In vielen Mitgliedsstaaten sind die Recyclingquoten sogar noch gesunken. Auf die Selbstregulierungskräfte der Wirtschaft wirft das kein gutes Licht. Und deshalb ergreifen nun auch politische Entscheider ein Mittel, vor dem sie üblicherweise zurückscheuen: Verbote.

Schritt 2: Einwegplastik verbieten

> Manche Einwegprodukte verursachen mehr Schaden und Kosten, als sie Nutzen bringen. Viele Staaten wollen solche Wegwerfprodukte verbieten. Das ist durchaus sinnvoll - wenn die Verbote gut gemacht sind und es ökologische Alternativen gibt.

Die Plastiktüte hat es zuerst erwischt. Rund um die Welt packen die Menschen Einkäufe gerne in Einwegtüten, die allerdings auch häufig im Müll landen. Es gibt etliche Fotos von Tieren, zum Beispiel Schildkröten, die sich in solchen Plastiktüten verheddert haben, sie fressen und daran sterben.

Die Plastiktüte ist jenes Einwegprodukt, an dem Regierungen weltweit ihre Anti-Plastikstrategie getestet und propagiert haben. Bereits seit über 20 Jahren gibt es Gesetze, die verbieten, kostenlose Einwegplastiktüten in Umlauf zu bringen. Der erste Staat, der eine Gebühr auf Plastiktüten einführte, war Irland im Jahr 2001. Das Gesetz war durchaus erfolgreich. Die Menge an Plastiktüten sank dramatisch, von 328 auf unter 20 Tüten im Jahr pro Person.[13]

Andere Länder zogen nach. Kostenlose Plastiktüten sind heute in Ruanda und Botswana ebenso verboten wie in Kolumbien oder Chile. Eine Untersuchung der Vereinten Nationen aus dem Jahr 2018 zählte bereits 127 Staaten, die eine Regulation von Plastiktüten eingeführt haben.[14]

Verbote bestimmter Produkte sind im Kampf gegen die Plastikkrise zu einem beliebten Mittel geworden, bestätigt auch eine Studie von Wissenschaftlern des Duke Nicholas Instituts in den USA. Das Forschungsteam hat eine Datenbank zu weltweiten gesetzlichen Maßnahmen im Kampf gegen die Plastikverschmutzung entwickelt und dazu auch die Wirkung dieser Regulierungen in einem Zeitraum von 20 Jahren untersucht – vor allem zu Plastiktüten. Von den 60 untersuchten Regulierungen zielten mehr als die Hälfte auf eine Reduzierung von Plastiktüten ab.[15]

So gesehen war die EU mit ihrem Verbot von Einwegplastikartikeln 2021 eher ein Nachzügler. Dafür umfasst die Liste der in der EU verbotenen Artikel gleich acht Plastikprodukte: Einwegbesteck aus Plastik, Einweggeschirr, To-go-Becher und Lebensmittel-Einwegbehälter aus Styropor, Einwegtrinkhalme und Rührstäbchen sowie Wattestäbchen und Ballonstäbe aus Plastik.

Allerdings bedeutet nicht jedes Verbot automatisch ein Erfolg. Bei der Langzeitbetrachtung stellte das Forschungsteam des Duke Nicholas Institutes fest, dass einige Verbote nach einiger Zeit in ihrer Wirkung nachlassen. Auch die EU-Regularien haben ihre Lücken. Trotz Verbot produzierten viele Hersteller weiter Plastikgabeln und Löffel, nur dass diese nun dicker und stabiler waren. Damit seien sie für den mehrfachen Gebrauch geeignet und vom Verbot ausgenommen, argumentieren die Hersteller. In einigen Läden wurden Plastiklöffel und -Gabeln gegen Bambusbesteck ausgetauscht und Plastiktrinkhalme durch

Trinkhalme ersetzt, die überwiegend aus Papier bestehen und noch schneller im Müll enden als die Plastikalternativen.

Das heißt nicht, dass diese Maßnahmen gegen Plastikverschmutzung keinen Sinn haben. Sie müssen nur gut gemacht sein. Das Forschungsteam empfiehlt dazu vier Maßnahmen: Erstens müssen die Gebühren auf Einwegprodukte hoch genug angesetzt werden, damit für die Verbraucher ein Anreiz besteht, ihr Verhalten zu ändern. Das heißt auch, dass die Gebühren mit der Zeit vielleicht erhöht werden müssen. Zweitens sollte es günstige und praktikable Mehrwegalternativen geben, damit die Kunden nicht zur nächstschlechteren Einweglösung greifen. Drittens helfen Bildung und Kampagnen, um den Sinn und Zweck der Verbote den Bürgern begreiflich zu machen. Wenn sich diese Gebote in der Gesellschaft als Norm verankern, sind sie viel effektiver. Und viertens müssen die Regulierungen auch kontrolliert und durchgesetzt werden. Wenn Ladenbetreiber keine Strafen fürchten müssen, tauchen die verbotenen oder kostenlosen Einwegtüten schnell wieder auf.

Schritt 3: Plastik verteuern

> Plastik hat einen enormen Wettbewerbsvorteil gegenüber anderen Materialien: Es ist günstig. Zu günstig. Die Kosten, die durch Umweltverschmutzung und Klimakrise entstehen, tragen Staat und Steuerzahler. Sie sind in den Plastikpreisen nicht abgebildet. Regierungen können diesen Vorteil mit Steuern und Gebühren aushebeln.

Aus der Geschichte der Plastiktüten-Gesetze lässt sich noch eine andere Lehre ziehen: Plastik ist häufig zu billig. Wenn die Jute-Tasche wesentlich teurer ist als die Plastiktüte, dann greifen viele eben doch zur Einwegtüte.

Das Gleiche gilt für die Wirtschaft. Wieso sollte sie auf andere Materialien zugreifen, auf Holz, Papier, Baumwolle oder Metall, wenn diese teurer sind als Plastik? Und auch die Rezyklate kosten mehr als das Neuplastik aus fossilen Rohstoffen. Preisaufschläge von 20 Prozent, manchmal sogar 50 Prozent kommen durchaus vor.

Nestlé etwa hat ausgerechnet, dass das Unternehmen in fünf Jahren 1,5 Milliarden Schweizer Franken für Rezyklat ausgeben wird.[16] Der Umsatz des weltgrößten Lebensmittelkonzerns liegt bei beinahe 100 Milliarden Franken im Jahr, so gesehen sind die Mehrkosten noch verkraftbar. Doch was, wenn die Rezyklatkosten noch weiter steigen? Wenn andere Probleme aufkommen, wenn Investoren und Aktionäre ihre Gewinne schwinden sehen? Das Risiko ist da, dass Unternehmen ihre Versprechen dann erneut vergessen.

Denn es gibt einen Faktor, den die Investoren bisher nicht berücksichtigen müssen: die Kosten, die durch Plastikmüll in der Umwelt entstehen. Um Abfälle aus Meeren und Flüssen zu fischen, braucht es Zeit, Geld und auch Arbeitskraft. Häufig bleiben diese Kosten an der Gesellschaft hängen. Im Preis der eigentlichen Produkte ist das nicht eingerechnet, die Hersteller *externalisieren* die Kosten.

Der Ökonom Arthur Cecil Pigou ärgerte sich schon in den 1920er-Jahren über externalisierte Kosten von Produkten. Er sah darin ein Versagen des Markts und schlug vor, das Problem mit Steuern zu korrigieren. Der Staat solle die für die Gesellschaft entstandenen Unsummen bei den Verursachern wieder eintreiben.[17] Diese Steuern müssen natürlich fair und angemessen sein; sie sollten sich auf die Produktion der schädlichen Substanzen beziehen und die Kosten für die Schäden decken, aber auch nicht darüber liegen. Aber wenn diese Voraussetzungen erfüllt sind, könnten nicht nur die Umweltschäden vermieden werden, der Staat könnte noch Einnahmen erzielen. Und alle sind glücklich. So die Theorie.

In der Praxis liegt die Herausforderung darin, die Schäden zu beziffern. Wie teuer es ist, Plastikabfälle einzusammeln, hängt zum Beispiel davon ab, wo man sie sammeln muss, wie groß oder klein sie sind, wie gut sich automatisierte Lösungen nutzen lassen. Schäden an der Natur zeigen sich oft erst nach Jahren und Jahrzehnten, lassen sich also schwer einschätzen. Eine vom WWF beauftragte Studie kam zu dem Ergebnis, dass Plastik allein 2019 einen Schaden von rund 3,7 Billionen US-Dollar an Menschen, Tieren, Umwelt und Klima verursacht haben soll. Das wäre mehr als das Bruttoinlandsprodukt von Indien. Damit wären »mehr als 90 Prozent dieser Kosten nicht im Marktpreis für Kunststoff enthalten«, erklärt der WWF. [18]

Diese Summe von Plastikproduzenten oder Umweltverschmutzern zurückzuverlangen, scheint politisch kaum machbar. Trotzdem versuchen Staaten immer häufiger, Pigous Prinzip auf Plastik anzuwenden.

Die EU etwa will ihren Weg zu null Klima-Emissionen auch mit einer Plastiksteuer finanzieren. Seit Anfang 2021 müssen Mitgliedsstaaten monatlich eine Abgabe von 800 Euro für jede Tonne Plastikmüll zahlen, der nicht recycelt wird.[19] Laut den ersten Prognosen liegen die Kosten dafür in Deutschland oder Frankreich bei 1,3 Milliarden Euro im Jahr. Portugal oder Belgien kommen mit bis zu 200 Millionen Euro davon.[20] Allerdings überließ die EU den Mitgliedsländern, wie sie das Geld für diese Abgabe eintreiben. Es ist keinesfalls Pflicht, dass die Länder das Geld von den Plastikproduzenten nehmen. Die meisten Staaten überwiesen die geforderten Summen deshalb einfach aus Steuermitteln nach Brüssel. Die Wirkung der Steuer? Wird damit ausgehebelt.

Teilweise genießt Plastik sogar Steuervorteile. So nimmt der deutsche Staat für Kraftstoffe und Heizstoffe eine Energiesteuer – Kunststoffe aber sind davon ausgenommen. Dabei wird der Kunststoff genauso wie die Kraftstoffe aus Öl gewonnen. Der Großteil des Plastikmülls endet in der Verbrennung – und wird damit ebenso wie Heizstoffe zur Energiegewinnung verwendet. Der deutsche Staat subventioniert Kunststoffe so mit mehreren hundert Millionen Euro. Manche Schätzungen kommen sogar auf 1,5 Milliarden Euro.[21]

Erst nach und nach führen die Staaten eigene Steuern ein, die sich tatsächlich auf die Plastikprodukte und Plastikverschmutzung beziehen. Italien und Spanien etwa streichen 450 Euro für jede Tonne Plastik ein, die nicht recycelt wird. Großbritannien belohnt Recycling, indem Verpackungen mit mehr als 35 Prozent Rezyklatanteil steuerfrei werden.[22]

Für einige Kritiker fangen diese Ideen am falschen Ende an, mal wieder *Downstream* statt *Upstream*. Es landen nun mal nicht nur Verpackungen in der Umwelt, sondern auch Textilmüll, Billig-Kinderspielzeug oder kaputte Plastikstühle. Jeden dieser Produkthersteller zu belangen, wäre ein riesiger bürokratischer Aufwand und macht ein Gesetz dazu noch anfällig für Lobbyismus, weil Produkthersteller oder Branchen versuchen könnten, Ausnahmen für ihre Produkte zu erwirken. Stattdessen gibt es Vorschläge, bereits in den Plastikfabriken Steuern einzutreiben. Statt dass einzelne Produkte besteuert oder verboten werden, könnten auch die Bausteine für Polyethylen, Polypropylen und andere Polymere besteuert werden. Das würde Plastik als Ganzes verteuern. Betroffen wären natürlich nicht nur Wegwerf- und Einwegprodukte, sondern auch alle Branchen, die Plastik langfristig für ihre Produkte nutzen, etwa Autohersteller oder die Elektronikbranche. Andererseits: Diese Produkte sind heute schon hochpreisig und nutzen Kunststoffe tatsächlich aufgrund ihrer technischen Eigenschaften, weil sie nun einmal besonders leicht sind oder gut schützen. Wenn sich das Plastik für das Armaturenbrett um ein paar Prozentpunkte verteuert, dürfte das angesichts der Materialkosten anderer Bauteile die Herstellungskosten eines Autos nur wenig anheben.

Wenn alle bisherigen Versuche, Plastik einzusparen nie dazu geführt haben, dass der Plastikkonsum und die Mengen an Müll tatsächlich zurückgegangen sind, können wir nicht mehr nur weiter versuchen, diese Versuche zu optimieren. Es geht nicht mehr nur darum, unseren Plastikkonsum effizienter zu gestalten. Wir müssen unsere Systeme alter Verhaltensweisen durchbrechen – und neue erlernen.

Wie sieht also die Therapie gegen die Plastiksucht aus? Wir machen einen Ausflug in den Supermarkt der Zukunft.

Therapie: Konsum der Zukunft

Schritt 4: Mehr Mehrweg

> Einweg ist Vergangenheit, der Wiederverwendung gehört die Zukunft. Mehrweg muss der neue Standard werden - das gilt nicht nur für Verpackungen. Dazu müssen sich nicht nur Verbraucher umstellen. Es braucht mutige Unternehmen und Händler, die Mehrweg-Systeme entwickeln und vorantreiben.

Am Eingang der Gemüseabteilung steht eine kleine Schleuse. Dort können sich die Kunden desinfizieren lassen und sich die sterilisierten Mehrweghandschuhe nehmen. Wenn sich die Schranken des Markts öffnen, liegen dahinter Bananen, Äpfel, Orangen und Birnen – ganz nackt, so wie sie gepflückt oder geschlagen worden sind. Auch Möhren, Zwiebeln und Paprika liegen ohne Verpackung in ihren Transportboxen. Pilze wachsen gleich vor Ort in Pilzkisten, Kräuter können aus bewegbaren Treibhäusern geerntet werden.

Für den Transport stehen Mehrwegkörbe und Taschen bereit, die Kunden mitnehmen können. Nüsse, Linsen, Nudeln und Müsli können die Käufer aus großen Säulen in die Mehrwegbehältnisse ihrer Wahl abfüllen. Die Abteilungen für Putzmittel, Körperpflege, Shampoo und Parfüms und auch die Elektronik- und Baumärkte betreten die Menschen nun mit intelligenten Brillen. Wer seine Datenbrille vergessen hat, kann sich eine ausleihen. Ohne wären die Regale kaum von Interesse. Darin stapeln sich nun nur noch Mehrwegverpackungen in Standardgrößen, meist zwar durchsichtig, so dass man einen Blick auf die Ware werfen kann. Viele sind jedoch einfach nur mausgrau. Auf den Verpackungen sind Markennamen und kleine QR-Codes angeheftet, auch die lassen sich jederzeit austauschen.

Mit Datenbrille verwandeln sich die Regale in eine Erlebniswelt. Die Brille wirft Preisschilder, Angebote und Werbung in die Regale. Wer ein Produkt in die Hand nimmt, kann mit seinen Pupillen Gewicht und Qualitätskriterien eines Produkts ansehen, eine Geruchsprobe auslösen oder in die Lieferkette eintauchen. Karten zeigen die Transportrouten der einzelnen Zutaten, mit ihren blinzelnden Pupillen können sich die Supermarktbesucher an den einzelnen Stationen informieren. Bilder von Landwirten und ihren Betrieben werden gezeigt. Wer will, kann den Erzeugern oder Handwerksbetrieben in der Lieferkette direkt eine Spende zukommen lassen.

In den Elektronik- und Baumärkten ist nun Leihen statt Kaufen die Standardoption. Es gibt einen Workshop-Bereich, in dem das Personal den richtigen Umgang mit Elektrogeräten und Werkzeugen erklärt. Im DIY-Bereich lassen sich kleinere Bastelprojekte sofort umsetzen, gegen eine zeitliche Nutzungsgebühr. Jeder größere Supermarkt und jedes Einkaufszentrum verfügen nun über Rückgabestationen für Mehrwegbehälter. Dort stehen nicht mehr nur Automaten für Getränkeflaschen, sondern auch für die harten Plastikflaschen für Reiniger und Duschgel, für die Boxen für Snacks und Schokolade. Manche Rückgabestationen sind an eine Waschküche angeschlossen, in der die Verpackungen gleich vor Ort gereinigt werden. Scanner erkennen Verschleiß und leiten beschädigte Verpackungen an das Recyclingzentrum weiter.

In einigen Nachbarschaften gibt es bereits Rückgabestationen für die vielen Mehrwegverpackungen. Manchmal werden sie gleich vor Ort in industriellen Waschküchen gereinigt. Diesen Service können Restaurants und kleinere Betriebe in Anspruch nehmen, die selbst nicht den Platz oder die Ressourcen haben, um in ihren eigenen Räumen diesen Teil der Mehrweglogistik zu übernehmen. Lieferdienste nehmen Mehrwegverpackungen gegen eine kleine Gebühr mit. Für ältere Mitbürger oder Menschen, die krankheitsbedingt in ihrer Mobilität eingeschränkt sind, ist der Service umsonst.

Ende des Ausflugs in die Zukunft. Einige dieser Ideen mögen utopisch klingen. Aber sie fußen auf realen Lösungen. Viele der im Mehrwegmarkt der Zukunft beschriebenen Methoden und Technologien sind heute schon in kleinerem Maßstab im Einsatz, andere werden zumindest getestet und entwickelt.

Die Verpackung digitalisieren

Etwa die digitale Verpackung: In Deutschland arbeitet ein Start-Up namens Vir2Pac daran, Verpackungsinformationen durch Werbung digital erlebbar zu machen. Um die Vermeidung von Plastikmüll sei es ihm am Anfang gar nicht gegangen, sagt Gründer Johannes Büld: »Unser Ansatz ist, dass es wahnsinnig viele Informationen über ein Produkt gibt, die über die klassische Verpackung nicht transportiert werden können. Warum also nicht diese Informationen ins Ambiente des Ladens transportieren, Erlebnisse schaffen und dadurch mehr Umsatz erzielen«. Als Nebeneffekte könne man so eben Plastik einsparen. »Erst die Vertriebsrevolution. Dann in logischer Folge auch die Verpackungsrevolution. Nur der Schutz des Produkts bleibt. Der Rest geht digital«, erklärt er.

Büld und seine Partner aus dem Fraunhofer-Institut Umsicht sind bei etlichen Konzernen und Handelsketten vorstellig geworden, um Vir2Pac zu bewerben. »Mit mäßigem Erfolg«, sagt er leicht frustriert. »Es fehlt am unbedingten Willen umzustellen.«

Das könnte sich irgendwann ändern, hofft er. Auch in anderen Ländern gibt es bereits Versuche, Verpackungen zu digitalisieren. Körperpflege-Marken bringen zahlreiche Apps auf den Markt, damit Interessierte analysieren können, welche Lidschattenfarbe zu ihnen passt oder welche Pflegeserie die richtige für sie wäre. In einer virtuellen Zukunft des Einkaufs würden sie diese Apps vielleicht gleich im Laden aufrufen können. Die Frage ist nur, ob die Hersteller gleichzeitig auch Mehrwegdosen und wieder befüllbare Lidschatten-Paletten einführen werden.

Die digitale Verpackung hätte das Potenzial, den Konsum künftig an den Klimawandel anzupassen. Sie könnte die physische Verpackung vereinfachen und vereinheitlichen und dadurch einerseits Material einsparen und andererseits zu wahrhaftiger Recyclingfähigkeit beitragen. Nur müssten dafür Konsumgüterindustrie und auch deren Kundschaft Gewohnheiten und Verhaltensweisen ändern. Die Mehrweg-Gegenwart zeigt: Das ist gar nicht so einfach.

Die Unverpackt-Läden etwa haben es noch immer schwer, obwohl diese neuen Einkaufskonzepte in jedem Ratgeber zum Plastik Vermeiden vorkommen. Durch den Krieg Russlands gegen die Ukraine, höhere Energiepreise und die daraus resultierende Inflation sparten Verbraucher offenbar lieber Geld als Plastik. Die Gewinnmargen sind zu eng, den Kunden ist der Aufwand zu groß, berichteten uns Betreiber solcher Läden selbstkritisch. Viele Menschen gehen lieber spontan einkaufen – das ist im Unverpackt-Laden schwierig. Wer hat schon immer einen Stapel Tupperdosen im Rucksack? »Gut gemeint, aber nicht praxistauglich«, heißt es etwa in einem Artikel von *Zeit Online*.[23] Und so mussten viele Unverpackt-Läden bereits nach einigen Jahren wieder aufgeben.[24]

Auch die Mehrwegversuche von Handel und Drogerie waren bisher mäßig erfolgreich. Die beiden großen deutschen Drogerieketten dm und Rossmann testeten schon Zapfstationen für Waschmittel oder Duschgel in Österreich und Tschechien. Auch der Waschmittelhersteller Henkel installierte Nachfüllstationen für Shampoo und Waschmittel in Drogeriemärkten und Supermärkten in Deutschland. Doch die Abfüllanlagen schafften es nicht über 0,1 Prozent Marktanteil, berichtete das *Handelsblatt*. Die Kunden seien ausgeblieben, heißt es bei Henkel, die Pilotprojekte wieder gestoppt.[25]

Trotzdem wird weiter experimentiert. Nach Daten des Weltwirtschaftsforum steigen die Patentanmeldungen für Mehrweglösungen rapide an. Jeweils rund ein Fünftel dieser Patente beziehen sich auf Mehrwegkonzepte für Nahrungsmittel, Reinigungsprodukte und Kosmetik.[26]

Die Unternehmen könnten bald verpflichtet werden, mehr solcher Lösungen zu testen. Denn viele Regierungen arbeiten bereits an Mehrwegzielen. In Deutschland etwa gilt seit Anfang 2023 eine Pflicht, Mehrwegverpackungen zumindest anzubieten: Cafés, Restaurants und Imbissbuden müssen seit 2023 den Kunden die Wahl geben, ob sie ihren Kaffee oder ihren Salat nicht lieber für den gleichen Preis doch in einem Mehrwegbehälter mitnehmen würden statt in der Einweglösung.[27] Das gilt auch für Fast-Food-Ketten wie McDonalds und Co. Ausgenommen sind von der Mehrwegpflicht nur kleine Betriebe mit weniger als fünf Beschäftigten.

Auch die EU will Unternehmen und Mitgliedsstaaten bald Mehrwegquoten vorschreiben. So sollen in der EU ab 2030 bereits 30 Prozent aller heißen und kalten Getränke in Mehrwegverpackungen verkauft werden, für große Haushaltsgeräte sieht die EU laut einem Entwurf für die überarbeitete Verpackungsverordnung sogar 90 Prozent vor.[28] Vielleicht geht es also gar nicht mehr um die Frage, ob Handel und Konsumgüterindustrie überhaupt Mehrweg einführen – sondern darum, wie das am besten funktionieren kann.

Schritt 5: Mehr Pfand und Kooperation

> Damit Mehrwegkonzepte effektiv sind, sollten sie in großem Maßstab umgesetzt werden. Einzellösungen sind nicht zielführend. Mehr Kooperation ist nötig, zwischen Unternehmen und auch über Branchen hinweg. Ein angemessenes Pfand und eine Rückgabe machen die Wiederverwendung erfolgreich.

Die »Perlenflasche« ist in Deutschland so bekannt wie keine andere. Sie ist ein Design-Klassiker, mit ihrer schlanken Taille und den 230 kleinen Kreisen, die an spritzige, aufsteigende Kohlensäurebläschen erinnern. Die Deutschen mögen ihr Wasser gerne sprudelnd.

Als internationales Mehrwegvorbild gilt die Perlenflasche aus einem anderen Grund: Sie ist eine »Pool«-Flasche. Das heißt: Die Flaschen dürfen aus einem Pool von Unternehmen genutzt werden. Auch die deutschen Bierbrauer teilen sich solche Flaschen. Das Prinzip: Die Kunden können die leeren Flaschen in jedem Getränke- und Supermarkt zurückgeben. Von da aus wandern die Glas- und Plastikflaschen zu nahe gelegenen Betrieben – und nicht etwa zum Standort der Marke, deren Name gerade auf dem Etikett ist.

Die Betriebe waschen die Flaschen, sortieren sie, füllen sie neu, kleben ihre eigenen Etiketten darauf und bringen sie wieder in den Handel. Das spart Transportstrecken und damit auch Emissionen.

Rund 50 Mal lassen sich solche Glasflaschen wiederbefüllen.

Das Beispiel zeigt damit, wie Wiederverwendung funktionieren kann: Unternehmen müssen manchmal kooperieren, um eine relevante Größe für ihre Mehrwegsysteme zu erreichen. Und besonders effektiv sind diese Systeme, wenn Unternehmen nach festen Regeln in Leergut und Infrastruktur investieren. Und: Damit die Mehrwegverpackungen zurückkommen, sollten sie ein Pfand haben.

Auch auf die Perlenflaschen gibt es Pfand. Das Prinzip ist simpel, zumindest für Konsumenten. Wenn Kunden eine Mehrwegverpackung einkaufen, zahlen sie dafür ein paar Cent. Geben sie die Verpackung wieder ab, erhalten sie ihr Geld zurück. *Deposit Return Schemes* oder *DRS* ist der Fachbegriff für diese Pfandsysteme.

Das Konzept ist enorm erfolgreich. Verpackungen mit Pfand landen fast nie in der Umwelt. In Deutschland geben Verbraucher rund 95 Prozent der verkauften Flaschen wieder zurück. Würden Pizzakartons und Einweggrills auch so häufig am Flussufer oder Park liegen bleiben, wenn Pfand darauf wäre? Wahrscheinlich nicht. Allein in Deutschland werden pro Bürger fast eineinhalb Kilogramm Müll pro Jahr *gelittert* – also achtlos in der Natur entsorgt. Den Kommunen entstehen dadurch schätzungsweise Kosten von rund 700 Millionen Euro.[29]

In Deutschland hat sich durch diese Pfandsysteme mittlerweile eine eigene Kultur entwickelt. Es gibt mittlerweile Videos in sozialen Medien, in denen zum Beispiel nach Deutschland ausgewanderte Influencer zeigen, wie sie ihre Plastikpfandflaschen möglichst effektiv in Einkaufstaschen packen. Oder wie sie ihr Pfand zum Sparen nutzen.

Auch wenn das Pfand pro Flasche in Deutschland aktuell bei maximal 25 Cent liegt, ist ein ganzes Wirtschaftssystem rund um das Flaschensammeln entstanden. Geringverdienende oder Rentner bessern sich ihr Einkommen auf, indem sie von der Straße und aus Mülleimern Pfandflaschen sammeln und beim Supermarkt eintauschen. Bereits in den frühen 2000er-Jahren erlangte das interaktive Computerspiel *Pennergame* einen politisch inkorrekten Ruhm. Dabei schlüpfen die Spielenden in die Rolle von Obdachlosen, die ihr Revier in Kämpfen mit anderen Pfandflaschensammlern abstecken und heiß begehrte PET-Hotspots entdecken.

Heute gibt es Reportagen über Flaschensammler, der *Stern* porträtierte einmal einen von ihnen, der sich mit Pfand einen solide ausgestatteten Wohnwagen finanzierte.[30] Es gibt Internetseiten wie Pfandgeben.de, über die man Pfand an Bedürftige geben kann, die die Flaschen sogar abholen. In Großstädten wie Berlin und Hamburg sind die Menschen daran gewöhnt, ihre Pfandflaschen neben den Mülleimer zu stellen, statt sie hineinzuwerfen. So können die Pfandsammler das wertvolle Leergut schneller finden und es sinkt das Risiko, dass sie sich beim Griff in den Mülleimer verletzen. Auch in anderen Ländern, die Pfand auf PET eingeführt haben, ist ein informeller Sektor von Pfandsammlern entstanden, oft Menschen in prekären Lebenslagen.

Trotzdem wehrt sich die Industrie beinahe jedes Mal, wenn ein neues Pfandsystem eingeführt werden soll. In Europa lobbyierten etwa die Dualen Systeme und Grünen Punkte in Österreich und Spanien gegen Pfand, weil das Pfand ihr System gelbe Tonne und damit ihre Existenz infrage stellt.[31]

Auch der Handel gilt nicht als Freund von Pfandsystemen. Supermärkte brauchen Platz, um Rückgabeautomaten aufzustellen und dazu noch Personal, um die Pfandflaschen zu sortieren und sich um Maschinen zu kümmern. Die Aufteilung des Pfandgelds auf die Hersteller und Händler ist höchst komplex. Sie erfordert eine zentrale Stelle, die die entrichteten Pfandgebühren zwischen Inverkehrbringer, Handel und Konsumenten erstattet beziehungsweise hin und her schiebt. Das alles verursacht Kosten. Die Händler setzen deshalb lieber auf Einwegflaschen. Auch in Deutschland. Im Jahr 2000 lag der Anteil der pfandpflichtigen Getränke, die in Perlenflaschen und anderen Mehrwegflaschen verkauft wurden, noch bei rund 70 Prozent. 20 Jahre später waren es nur noch 43 Prozent.[32]

Trotzdem zeigt das Beispiel, was die Erfolgskriterien für Mehrweg sein können: Die Mehrweglösungen müssen so verbreitet sein, dass Verbraucher und Unternehmer nicht erst nach Rückgabemöglichkeiten suchen müssen. Damit Mehrweg auch umweltfreundlich ist, sollte der Transportweg nicht zu weit sein. Um Mehrwegflaschen zu reinigen, zu kontrollieren oder wieder zu befüllen, ist eine entsprechende Infrastruktur nötig. Wenn Unternehmen zusammenarbeiten, lassen sich all diese Ansprüche einfacher erfüllen. Dann zahlen sich auch Investitionen schneller aus.

Ein anderes Beispiel: In Schweden gibt es ein Mehrwegsystem für Paletten und Transportkisten, an dem über 1500 Unternehmen teilnehmen. Das System ist bereits seit 1997 im Einsatz. Die Kisten halten bis zu 15 Jahre, bevor sie ausgetauscht werden müssen. Rund die Hälfte der frischen Lebensmittel in Schweden werden in solchen Mehrwegkisten vermarktet.[33]

Die Vielfalt der Mehrwegmöglichkeiten wird heute längst noch nicht ausgeschöpft. Die Ellen MacArthur Foundation hat ein System entwickelt, um die unterschiedlichen Mehrwegansätze zu kategorisieren – und stellt auch einige Vorbilder vor, von denen andere Unternehmen lernen können.[34]

Die Mehrweg-Möglichkeiten

- **Refill at Home:** Produkte, die zuhause wiederbefüllt werden, wie zum Beispiel Nachfüllbeutel für Seifenspender.
  - **Vorzeigebeispiel:** Sodastream verkauft Geräte und Kartuschen, mit denen sich Menschen bereits in 13 Millionen Haushalten ihr Leitungswasser zuhause aufsprudeln oder sich mit Sirups Soft Drinks mischen können. Auf den Kartuschen für die Kohlensäure ist Pfand. Das System hat auch PepsiCo überzeugt: Der zweitgrößte Getränkehersteller kaufte Sodastream 2018 für über 3 Milliarden US-Dollar.
- **Return from Home:** Mehrweglösungen, bei denen man Verpackungen wieder abgeben muss, wie zum Beispiel Mehrweggetränkekisten.
  - **Vorzeigebeispiel:** Das Start-up RePack entwickelt wiederverwendbare Verpackungen für Onlinehändler. Die Kartons oder Versandtaschen werden mit Rücksendelabeln ausgestattet und einfach (mit Retouren) wieder in einem Paketshop abgegeben.
- **Refill on the Go:** Dazu zählen etwa Unverpacktläden oder Getränkespender, an denen sich die eigenen Becher und Flaschen auffüllen lassen.
  - **Vorzeigebeispiel:** Die Konsumgüterindustrie testet diese Lösungen immer weiter aus – mit Nachfüllstationen für Waschmittel oder Haarpflegeprodukten. Bisher sind diese Lösungen jedoch noch nicht weit verbreitet.
- **Return on the Go:** Mehrwegverpackungen, die ein Kunde unterwegs an verschiedenen Stellen zur Wiederverwendung abgeben kann, wie einen Mehrweg-Kaffeebecher.
  - **Vorzeigebeispiel:** Das Start-up Recup bietet Mehrwegbecher für Cafés und Bäckereien an. Die Becher können bis zu 1000-mal wiederverwendet und in allen Läden zurückgegeben werden, die an dem System teilnehmen.

Schritt 6: Weniger Öl, mehr Rezyklat

> Fossile Rohstoffe sind Gift für das Klima - auch in Form von Plastik. Wir müssen daher nicht nur den Verbrauch von Plastik reduzieren, sondern zusätzlich auch den Verbrauch von Öl. Das schaffen wir, indem wir mehr Rezyklate einsetzen und recycelbaren Kunststoffen aus natürlichen Materialien eine Chance geben.

Vielleicht ist es Ihnen beim ersten Stopp im Mehrwegmarkt der Zukunft noch nicht aufgefallen. Aber wenn Sie mit der Datenbrille ein Produkt recherchieren, dann können Sie auch in die Lieferkette der Mehrwegverpackung eintauchen. Sie können sich ansehen, wie diese Verpackung gefertigt wurde, wie viel Rezyklat dabei eingesetzt worden ist und woher dieses Rezyklat stammt. Sie können sehen, ob dafür Flaschen eingesetzt worden sind oder ob das Plastik in der Mehrwegflasche mit dem Reinigungsmittel vielleicht vorher für Spülmittel oder Shampoo genutzt wurde.

Im Mehrwegmarkt der Zukunft gibt es kaum noch Kunststoffe aus fossilen Rohstoffen. In der Klimakrise blieb der Kunststoffindutrie keine andere Wahl, als möglichst viele fossile Rohstoffe einzusparen, Plastik aus Öl oder Gas ist ein Relikt von vergangenen Zeiten. Nun bestehen Plastikprodukte beinahe vollständig aus Rezyklaten – oder aus Kunststoffen aus nachwachsenden Ressourcen.

Heute wird das Potenzial des Recyclings längst nicht ausgeschöpft. Weltweit werden nur etwa 29 Millionen Tonnen Sekundärplastik wieder zu neuen Plastikprodukten verarbeitet, schätzt die OECD. Gemessen an der weltweiten Plastikproduktion ist das ein Anteil von rund 6 Prozent.[35] In Deutschland können die Rezyklate bereits 12 Prozent des Neuplastiks ersetzen.[36]

Damit diese Quote steigt, braucht es eine ganze Reihe von Maßnahmen: mehr Sammlung von Plastikabfällen, eine bessere Sortierung, wesentlich mehr Recyclinganlagen – und vor allem mehr Nachfrage.

Es gibt zwei wesentliche Hebel, um diese Nachfrage zu schaffen. Rezyklate müssen im Verhältnis zu Neuplastik günstiger werden (siehe Schritt 3).

Die andere Möglichkeit sind gesetzliche Vorgaben – bisher haben diese Maßnahmen sich als wesentlich effektiver erwiesen.

In der EU müssen zum Beispiel ab 2025 alle PET-Flaschen zu 25 Prozent aus Rezyklat bestehen. Diese Quoten schaffen eine Nachfrage, die es vorher so nicht gab. Seitdem feststeht, dass die Getränkekonzerne Rezyklate verwenden müssen, können sie gar nicht aufhören, sich gegenseitig mit ihrem Ehrgeiz beim Recycling zu übertrumpfen (siehe dazu Kapitel 3, ab Seite 73). In den EU-Mitgliedsstaaten haben sich die Kapazitäten im Recycling dadurch um 17 Prozent gesteigert – in nur einem Jahr.[37] Nun will die EU solche Quoten auch bei anderen Verpackungen durchsetzen.

Die Verpackungsindustrie fordert noch einen weiteren Schritt: Sie will auch für die Kunststoffe selbst Quoten einführen. Dann müssten zum Beispiel Plastikfabriken nachweisen, dass ein bestimmter Marktanteil einzelner Kunststoffe (zum Beispiel von Polyethylen) aus Rezyklaten kommt. Die Plastikproduzenten müssten dafür entweder selbst ins Recycling investieren – oder Zertifikate von Recyclern kaufen.[38] Der Vorteil dieser Maßnahme: Sie setzt oben in der Plastiklieferkette an, wo auch die meisten Emissionen durch Plastik entstehen. Mehr *Upstream* als *Downstream* also.

Es gibt noch eine zweite Möglichkeit, wie die Plastikindustrie sich von fossilen Rohstoffen lösen kann. Sie kann zu ihren Wurzeln zurückkehren – zu Kunststoffen aus nachwachsenden Rohstoffen. Denn nicht nur in der Theorie lassen sich Polymerketten auch aus natürlichen Bausteinen bauen. John W. Hyatt experimentierte auf der Suche nach dem geeigneten Billardball mit Zellstoff aus Baumwolle und erfand so Zelluloid (siehe Kapitel 1, Seite 21).

Die ersten Pflanzen-Kunststoffe sind noch viel älter. Ein Benediktinermönch aus Augsburg veröffentlichte bereits 1530 ein Rezept, um einen Kunststoff aus Ziegenkäse zu kochen. Er sei »schön wie Horn«, befand der Pater damals.[39] Im Vergleich zu Plastik aus fossilen Rohstoffen könnte das Plastik aus nachwachsenden Ressourcen wesentlich weniger CO_2-Emissionen verursachen. Trotzdem machte Plastik aus nachwachsenden Rohstoffen im Jahr 2019 nur 0,6 Prozent des Gesamtmarkts aus, berichtete die OECD.

Das liegt auch daran, dass die heute verfügbaren Lösungen nicht wirklich nachhaltig sind. Zwar gibt es bereits Kunststoffe aus pflanzlicher Stärke oder

Zucker. Polymilchsäure (PLA) etwa wird aus Maisstärke hergestellt und heute schon für Getränkebecher oder sogar im 3D-Druck eingesetzt. Aus Zuckerrohr lässt sich Polyethylen (PE) fertigen, der Spielzeughersteller Lego hat bereits kleine Plastikbäumchen daraus hergestellt.[40]

Nur: Diese Kunststoffe bauen damit auf nachwachsende Rohstoffe, die auch auf dem Teller landen könnten, oder zumindest im Trog von Tieren. Der Verband European Bioplastic schätzt zwar, dass 2019 nicht mehr als 0,02 Prozent der weltweiten Agrarfläche genutzt wurde, um Ressourcen für biobasierte Kunststoffe anzubauen. Aber die wachsende Weltbevölkerung zu ernähren, wird schwierig genug. Und Mais oder Zuckerrohr sollen auch für Biobenzin oder Flugzeugtreibstoffe eingesetzt werden. Woher sollen diese Anbauflächen kommen? Wenn für Bioplastik noch Regenwald abgeholzt würde, wäre nichts gewonnen. »Wenn Tropenwald oder andere natürliche Umgebungen geopfert würden, um Platz für zusätzliche landwirtschaftliche Flächen zu schaffen, würde dies einen Verlust der Biodiversität und einmalige CO_2-Emissionen zur Folge haben«, warnt auch die OECD. [41]

Auch für Pflanzen-Plastik bleibt deshalb nur eine nachhaltige Rohstoffquelle übrig: Pflanzen-Abfälle. Manche Kunststoffe könnten sich auch aus biologischen Abfällen herstellen lassen, die etwa in der Landwirtschaft anfallen. Lingin, ein Abfallstoff der Papierwirtschaft, könnte als Plastik taugen. Selbst aus Bananenschalen ließen sich Kunststoffe herstellen.

Die wahre Herausforderung besteht auch für diese neuen Kunststoffe darin, nicht die Fehler der Vergangenheit zu wiederholen. Das Pflanzen-Plastik muss tatsächlich nachhaltig sein, darf nicht mit problematischen Additiven oder noch mehr fossilem Plastik durchmischt sein. Und: Es muss ebenso recycelt werden. Auch aus Zucker produziertes Polyethylen lässt sich wieder einschmelzen und neu formen, auch bei PLA ist das in der Theorie möglich. Die Verpackung im Mehrwegmarkt der Zukunft? Mit etwas Glück wird sie nach ihrer Verwendung zu neuem Pflanzen-Rezyklat – und nicht mehr zu Plastikabfall.

Schadensminimierung:
Gutes Design und ehrliches Aufräumen

Schritt 7: Schaden beseitigen

> Für beinahe ein Jahrhundert entsorgt die Menschheit ihren
> Plastikmüll nun in der Umwelt – mit verheerenden Folgen. Wir
> werden diese Schäden wahrscheinlich nie vollständig beseiti-
> gen können. Trotzdem müssen wir zumindest versuchen aufzu-
> räumen.

Mindestens einmal im Jahr räumt die deutsche Umweltministerin auf. Im September zieht sich Steffie Lemke Handschuhe an, greift sich eine Zange und marschiert durch Parks und über Plätze, um Abfall einzusammeln.[42] Sie mache das bereits seit mehreren Jahren, erzählte Steffie Lemke beim vergangenen Weltaufräumtag.[43] Seitdem sie Umweltministerin ist, wird sie dabei auch fotografiert, wühlt auch für die Kameras zwischen den Blättern.

Der Weltaufräumtag heißt eigentlich *World Clean Up Day* und ist auf der ganzen Welt verbreitet. 2022 waren 15 Millionen Menschen in 190 Ländern dabei, schreiben die Organisatoren auf ihrer Homepage. 60 000 Tonnen Abfälle haben die Freiwilligen eingesammelt.[44]

Seinen Anfang nahm der Weltaufräumtag im Jahr 2007, im kleinen nordeuropäischen Staat Estland. Eine kleine Gruppe Umweltschützer kam damals auf den Techunternehmer Rainer Nõlvak zu, um ihm vorzuschlagen, das Land in fünf Jahren von Müll zu befreien. »Stopp, wir machen das, aber wir machen das in nur einem Tag«, antwortete er. So lautet die Legende.[45] Ein Jahr später räumten tatsächlich 50 000 Menschen Estland auf – ungefähr 4 Prozent aller Esten. In nur fünf Stunden sollen sie mehr als 10 000 Tonnen eingesammelt haben. Videos der Aktion auf Youtube gingen viral, es meldeten sich mehr und mehr Menschen bei Nõlvak und seinen Mitstreitern. Die machten aus ihrer Idee eine Umweltorganisation und dann den Weltaufräumtag. Die Bewegung wächst, in Slowenien sollten im Jahr 2010 angeblich 12 Prozent der Bevölkerung angepackt haben.

Heute gibt es rund um die Welt solche Aufräuminitiativen. Es gibt International *Coastal Clean Up Days* an Stränden und Küsten; es gibt Wandertouren, bei denen Abfall gesammelt wird; es gibt sogar Jogger, die bei jedem Lauf einen Müllbeutel mitnehmen, um Plastik einzusammeln (und das dann *Plogging* nennen). Es gibt eine Vielzahl technischer Ideen und Innovationen: etwa Maschinen, um Müllstrudel im Meer aufzuräumen oder blubbernde Barrieren in Flüssen, an denen sich Plastik stauen soll. Keine dieser Initiativen und Technologien ist nur annähernd für das ausreichend, was wir tatsächlich an Aufräumarbeit leisten müssten. Rund 5 Milliarden Tonnen Plastik lagern bereits in der Umwelt, vieles davon mittlerweile fein zersetzt oder so weit abgetrieben, dass es der Mensch kaum noch erreichen kann.[46] Und trotzdem sollten wir es versuchen.

Wenn man über körperliche Abhängigkeiten wie schwerwiegende Suchterkrankungen spricht, dann bedeutet Schadensminimierung, dass in einem gewissen Maß akzeptiert werden muss, dass es Sucht gibt, dass Menschen daran erkranken können. Schadensminimierung bedeutet, die Auswirkungen dieser Abhängigkeit möglichst gering zu halten. Wenn es um die wirtschaftliche Abhängigkeit von Plastik geht, dann sind Aufräumaktionen so etwas wie Schadensminimierung in Reinform. Ja, Plastik ist und bleibt ein wichtiger Wertstoff, der auch zukünftig seine Rolle in der Wirtschaft haben wird. Deshalb wird Plastik weiter in der Umwelt landen, das lässt sich nicht gänzlich verhindern. Den dadurch verursachten Schaden zu beseitigen, wäre das Mindeste.

Als Steffi Lemke in Berlin beim Weltaufräumtag durch den Park strich, um mit der Holzzange den Müll aufzugreifen, da hatte sie bereits einen Plan gegen diese Verschmutzung im Kopf. Sie kündigte an, dass sie künftig auch Unternehmen am Aufräumen beteiligen will, zumindest finanziell. Lemke nutzte den Tag, um die Idee des *Einwegkunststofffonds* zu präsentieren. Ab 2025 sollen Hersteller von Einwegplastik die Aufräumkosten dafür tragen, wenn ihre Produkte in der Umwelt landen. Das trifft Hersteller von Zigaretten, Getränkebechern, Feuchttüchern, Luftballons, Schokoriegeln und fertig verpackten Snacks. 430 Millionen Euro will die Bundesregierung so eintreiben.[47] Das deckt immerhin einen Teil der Kosten ab, die Plastikmüll in der Umwelt verursacht. Was es kosten würde, all das Makro- und Mikroplastik einzusammeln, lässt sich in wirtschaftlichen Größen kaum ausdrücken.

Es braucht auch eine Infrastruktur, um all den Müll zu entsorgen. Insbesondere Kleinteile lassen sich kaum recyceln. Das heißt, dass kein Weg um Deponien und Müllverbrennungsanlagen herumführt. Die Aufräumaktionen können allenfalls abschrecken und Information darüber beschaffen, welche Produkte von Unternehmen besonders häufig in der Umwelt landen. Und im besten Fall werden Aufräumaktionen künftig auch mit wissenschaftlichen Studien verbunden, um gleichzeitig zu überprüfen, welche Auswirkungen die Chemikalien im Plastikmüll auf die Umwelt tatsächlich haben. Unternehmen müssen nicht nur finanziell mehr Verantwortung übernehmen – sie tragen auch eine Verantwortung zu verhindern, dass Schäden entstehen. Das heißt: Sie müssen ihre Produkte entsprechend gestalten.

Schritt 8: Schadstoffe auslöschen

> Wir wissen heute zu wenig über gefährliche Chemikalien, die in den Produkten enthalten sind, die wir jeden Tag nutzen. Wir brauchen mehr Transparenz über Additive und Zusatzstoffe. Besorgniserregende Chemikalien müssen wir verbannen und ersetzen. Das ist nicht nur nötig, um die Umwelt zu schützen, sondern auch um eine sichere Kreislaufwirtschaft zu ermöglichen.

Ein Kind, das heute in einer westlichen Industrienation aufwächst, besitzt durchschnittlich 18 Kilogramm Plastik-Spielzeug. Sie besitzen Bausteine aus Plastik, Bälle aus Plastik, Puppen aus Plastik, Hörbücher-Figuren aus Plastik, sie besitzen Lernspielzeug aus Plastik. Eltern ziehen vielleicht Holz und gedämpfte Farben vor, aber für Kinder kann Spielzeug häufig gar nicht grell genug und laut genug sein. Selbst wenn dieses Spielzeug möglicherweise nicht besonders gesund ist.[48]

Ein Forschungsteam hat dieses Spielzeug in einer großangelegten Studie im Auftrag des Umweltprogramms der Vereinten Nationen untersucht. Sie analysierten Spielzeug aus Hartplastik, aus biegsamen Kunststoffen, aus

Schaumstoffen. Sie fanden mehr als 400 verschiedene Chemikalien – und musste bei beinahe einem Drittel davon feststellen, dass diese Chemikalien für Kinder höchst schädlich sind. Vor allem weiche Plastikspielzeuge enthielten viele besorgniserregende Chemikalien, berichteten die Wissenschaftler. Ein Grund: Damit Plastik möglichst grell, möglichst biegsam und möglichst strapazierfähig ist, wird es häufig mit Additiven wie Weichmacher versetzt.[49] Das gilt zum Beispiel auch für den Kunststoff PVC.

Die Risiken sind bekannt. Einige Spielzeughersteller haben sich deshalb bereits vor Jahren von manchen Kunststoffen abgewendet. Hasbro, Hersteller von *Barbie* und *Monopoly*, verwendet etwa seit 2013 kein PVC in seinen Produkten[50], weil es besonders häufig Weichmacher oder Flammschutzmittel enthält, die heute als giftig gelten. Lego hat damit schon im Jahr 1985 aufgehört. Auch Elektronikhersteller wie Apple oder Google haben sich von PVC getrennt. Das zeigt: Es ist möglich, schädliche Kunststoffe zu ersetzen. Selbst, wenn sie so verbreitet sind wie PVC.

Toxische Chemikalien haben nicht nur in Spielzeug nichts zu suchen, sie gehören generell nicht in die Lieferkette von Plastikprodukten. Nur ist das bisher kaum zu kontrollieren, allein schon wegen der unglaublichen Zahl und Vielfalt an synthetischen Stoffen, die es auf der Welt gibt. Satte 190 Millionen synthetische Chemikalien sind weltweit registriert. Alle 1,4 Sekunden kommen neue Substanzen hinzu.[51] Welche Gesundheitsgefahren diese Stoffe mit sich bringen oder wie diese Stoffe die Natur schädigen, stellt sich oft erst nach Jahren oder Jahrzehnten heraus.

Zwar haben Regierungen auch in der Vergangenheit einzelne Chemikalien wegen ihrer Gesundheitsgefahren verboten, aber eben nur einzelne Stoffe. Häufig galten die Verbote nur für den Einsatz in bestimmten Produkten. Bestes Beispiel: *Bisphenol A.* Die EU verbannte den Weichmacher etwa aus Babyflaschen. Doch die Industrie hat solche Einschränkungen ausgehebelt. Statt Bisphenol A setzte sie *Bisphenol S* ein, eine sehr ähnliche Chemikalie, die nicht so gut erforscht ist. Wissenschaftler nennen diese Taktik *Regrettable Substitutions* – bedauerliche Ersatzlösungen.[52]

Die EU-Kommission will nun gegen diese bedauerlichen Ersatzlösungen vorgehen. »In den meisten Fällen bewerten wir diese Chemikalien heute einzeln – und entfernen sie, wenn wir feststellen, dass sie unsicher sind«, gibt EU-Kommissar Frans Timmermans zu. »Wir werden diese Logik einfach auf den Kopf stellen.«[53] Die EU-Kommission will besorgniserregende Substanzen verbieten – und zwar nicht nur einzelne Chemikalien, sondern gleich ganze Gruppen.

Der Plan der EU zielt insbesondere auf Kunststoffe ab. Auf dem Prüfstand stehen nun nicht nur PVC, sondern auch Flammschutzmittel wie die Gruppe der *Phthalate* und die *Ewigkeitschemikalien PFAS* (siehe dazu auch Kapitel 3, Seite 83).[54] Insgesamt könnten bis zu 12 000 Substanzen betroffen sein. Es wäre das »größte Verbot giftiger Chemikalien aller Zeiten«, erklärten Umweltorganisationen anerkennend.[55]

Solche großen Schritte sind auch nötig, wenn es eine Kreislaufwirtschaft für Plastik geben soll. Heute ist in der Regel nicht ersichtlich, ob und wie viele Additive in einem Plastikprodukt enthalten sind. Hersteller wollen nicht, dass die Konkurrenz die Zauberformel für ihre Materialien einsehen kann. Doch diese Intransparenz ist gefährlich. Studien haben gezeigt, dass diese Chemikalien durch Recycling weitergereicht werden können (siehe Kapitel 3, Seite 88). Eine Kreislaufwirtschaft kann also nur funktionieren, wenn auch die Produkte in diesem Kreislauf so designet sind, dass sie sicher und sauber sind.

Für den Fall, dass einige Chemikalien sich tatsächlich nicht vollständig verbannen lassen (weil sie wie zum Beispiel bei Flammschutzmitteln selbst eine schützende Funktion haben und sich nicht einfach durch ungefährlichere Chemikalien ersetzen lassen) muss sichergestellt werden, dass diese niemals ins Recycling gelangen können. Dafür müssen diese Produkte entsprechend gekennzeichnet werden. Und am besten so, dass auch die Infrarotscanner in den Sortieranlagen diese Kennzeichnungen erkennen.

Es gibt Schätzungen, dass die Gestaltung eines Produkts bereits zu 80 Prozent entscheidet, welche Umweltauswirkungen es haben kann.[56] Das betrifft natürlich nicht nur Schadstoffe. Das Design eines Produkts kann auch dazu beitragen, ob ein Produkt gesammelt und ob es recycelt wird. Sachets zum Beispiel gelten deshalb als Herausforderung, weil sie eben zu klein zum Sammeln und Recyceln sind (siehe dazu auch Kapitel 2, Seite 55). Das zeigt: Der Ausweg aus der Plastikkrise fängt beim Produktdesign an.

Schritt 9: Verantwortungsvolles Design für die Zukunft

Wir brauchen sicheres und effektives Recycling, das echte Kreisläufe schafft. Die Verpackung muss wieder im Regal landen, und nicht im Downcycling. Dazu müssen wir Produkte so designen, dass sie bestmöglich recycelt werden können. Das gilt nicht nur für Plastik. Auch andere Branchen und Materialien müssen sich an der Abfallhierarchie orientieren.

Der Verpackungshersteller Alpla hat für die Frage, wie die Verpackung der Zukunft aussehen soll, einen Teil einer Etage in seinem Hauptquartier im österreichischen Hard freigeräumt. »Studio A« nennt Alpla den langen, offenen Raum: Breite, weiße Tische nehmen den Großteil des Platzes ein. An den Wänden stehen Vitrinen und weiße, raumhohe Schrankfronten. Das Design gleicht einer Mischung aus Besprechungsraum und hochmoderner Arztpraxis, nur dass in den Regalen keine medizinischen Apparate stehen, sondern eben Verpackungen. Alpla hat dort zum Beispiel eine neuartige Verpackung für eine Bodylotion ausgestellt, die sich zusammenrollen und dadurch besser aufbrauchen lässt. Die Flasche für 200 Milliliter Bodylotion wiegt nur 11,5 Gramm, das sind 50 Prozent weniger Gewicht, so steht es auf einem Hinweisschild.

In einem anderen Schrank sammeln sich Flaschen für Trinkjoghurts. Die Verpackungen sind weiß, aber mit einem bunten Folienetikett umwickelt. Zumindest die Flaschenkörper lassen sich so gut recyceln, sagen die Recyclingexperten von Alpla. Das Verpackungsunternehmen lädt seine Kunden hierhin ein, um gemeinsam an einer besseren Verpackung zu tüfteln. Ein bis zwei Tage dauern die Workshops. Die neuen Verpackungsdesigns können die Kunden später per Virtual Reality digital im Supermarktregal betrachten.

Früher waren es die Marketingabteilungen, die über Haptik und Optik einer Verpackung entschieden. Die Verpackung musste sich verkaufen, alles weitere war zweitrangig. Das ändert sich. Stattdessen gibt es nun immer mehr Experten für das *Design4Recycling*. Sie sollen Verpackungen neu erdenken, um ihre Recyclingfähigkeiten zu optimieren. Nicht nur Verpackungshersteller wie Alpla, auch viele Konsumgüterkonzerne haben mittlerweile eigene Fachexperten oder sogar Abteilungen, die erklären sollen, wann ein Scanner eine Verpackung erkennt und wie Recyclinganlagen arbeiten. Sie entwickeln Kataloge mit Leitlinien für das Design4Recycling. Wie das Produktdesign im Detail verändert werden soll, würde hier jeden Umfang sprengen. Aber die folgenden wichtigsten Grundlagen vermitteln zumindest einen Eindruck:

- **Niemals schwarz:** Schwarzes Plastik wird oft mit Rußfarbe gefärbt – die Scanner in den Sortieranlagen können diese Plastikprodukte nicht von den ebenfalls schwarzen Förderbändern unterscheiden, die Stoffe werden somit nicht sortiert. Die dunkle Farbe mindert außerdem die Qualität von Rezyklaten.
- **Transparent und hell:** Dunkles Plastik lässt sich nicht wieder in helles Plastik verwandeln. Wenn die ursprünglichen Verpackungen durchsichtig oder hell sind, sind die Rezyklate am besten einsetzbar.
- **Wenig Materialvielfalt:** In den meisten Fällen kann nur ein Material einer Verpackung oder eines Artikels effektiv recycelt werden. Auch Verschlüsse, Kappen oder Etiketten sollten deshalb aus demselben Kunststoff bestehen wie der Rest der Verpackung.
- **Einfach zu trennen:** Wenn eine Verpackung aus mehreren Materialien oder Plastikschichten besteht, sollten diese sich leicht und einfach trennen lassen, sowohl von den Verbrauchern zuhause als auch von den Sortierern und Recyclern. Das gilt zum Beispiel auch für Etiketten – der Klebstoff sollte wasserlöslich sein.
- **Wenige Additive:** Viele Verpackungen enthalten Zusatzstoffe, zum Beispiel Additive für Perleffekte, glatte Oberflächen oder Zugfestigkeit. Diese Zusatzstoffe können das Recycling stören oder erschweren. Im Zweifelsfall müssen Plastikprodukte wegen der Additive aussortiert und verbrannt werden.
- **Keine übermäßige Verzierung:** Schlichte Verpackungen lassen sich in der Regel besser recyceln. Große Werbeetikette oder gar Folien können verhindern, dass die Scanner den Kunststoff darunter richtig erkennen.

Auch aus Recyclingsicht macht es Sinn, sich von einigen Plastiksorten zu verabschieden – etwa von PVC. Wenn PVC beim Recycling mit anderen Plastiksorten gemischt wird, kann es die Qualität der Rezyklate beeinträchtigen, sie gar kontaminieren und unbrauchbar machen. Ein anderes Beispiel ist Polystyrol, in der aufgeschäumten Variante besser bekannt unter dem Handelsnamen Styropor. Es gibt nur noch wenig Verpackungen aus Polystyrol, daher lohnt es sich bereits jetzt kaum, das Material zu sortieren und dafür Recyclingkapazitäten aufzubauen. Das *Consumer Goods Forum* – ein Zusammenschluss von Konsumgüterkonzernen und Herstellern – setzt sich deshalb dafür ein, PVC oder Polystyrol zu verbannen.[57]

Einige Händler und Hersteller gehen noch einen Schritt weiter. Sie setzen nicht nur auf das Design4Recycling, sie steigen auch in das Recyclinggeschäft ein. Bestes Beispiel: Die Schwarz Gruppe hinter den Supermarktketten Lidl und Kaufland hat sich seine eigene Recyclingtochter aufgebaut, PreZero. Zu dem Unternehmen gehören nicht nur Recylinganlagen, sondern auch Müllabfuhren und Sortieranlagen, die Discounter sichern sich so ihr eigenes Granulat und können es dann auch wieder in ihren Verpackungen einsetzen. 30 000 Beschäftigte hat PreZero bereits weltweit.[58]

Der Verpackungshersteller Alpla betreibt weltweit 13 Recyclinganlagen. Damit kann Alpla rund 15 Prozent seines Plastikverbrauchs durch eigene Rezyklate ersetzen. Das Unternehmen schafft sich so ein Granulat, dessen Preis es selbst kontrollieren kann und macht sich so von Preisschwankungen unabhängiger. Ein weiterer Vorteil: Wenn eine von Alpla produzierte Verpackung in den von Alpla betriebenen Recyclingwerken für Probleme sorgt, dann fällt das hoffentlich auf.

Dennoch: Bei allem, was wir über das Recycling wissen – über mögliche toxische Belastungen, über den benötigten Energieeinsatz, verursachte Kosten, über limitierte Kapazitäten und dysfunktionale Märkte (siehe Kapitel 3) – müssen wir uns eingestehen, dass Recycling allein nicht die Lösung ist. Nicht ohne Grund steht Recycling in der Abfallhierarchie nur auf der dritten Stufe. Wir können uns nicht aus dieser Plastikkrise heraus recyceln. Recycling ist so gesehen eine Schadensminimierung am Ende des Prozesses, eine *End of Pipe Solution*.

Wenn wir beim Design eines Produktes die Recyclingfähigkeit in den Vordergrund stellen, dann kann das einige Probleme nach dem Verbrauch abmildern. Wenn wir besorgniserregende Stoffe aus allen Produkten verbannen, die im Recycling landen könnten, sinken die Gesundheitsgefahren. Wenn wir die Recyclingfähigkeit priorisieren, sinkt der wirtschaftliche Aufwand im Recycling.

Die Bewegung rund um das Design4Recycling gewinnt an Bedeutung, die EU und auch andere Staaten wollen Rahmen für das Verpackungsdesign schaffen. Aber das ist noch zu klein gedacht.

Viele Branchen liegen in Sachen Kreislauffähigkeit von Kunststoffen noch weit zurück – etwa die Autoindustrie, das Baugewerbe, auch die Landwirtschaft, einer der größten Nutzer von Plastikfolien. Auch dort macht Design-4Recycling Sinn. Auch dort müssen Stör- und Schadstoffe beseitigt werden.

Plastikfrei ist nicht per se besser

Leitlinien gibt es bisher beinahe nur für Verpackungen – und selbst da häufig nur für Plastik. »Die Papierverpackungen hängen in der Diskussion bestimmt fünf bis zehn Jahre hinter Plastik hinterher«, sagte uns ein Manager aus der Nachhaltigkeitsabteilung für Verpackungen eines großen Konsumgüterherstellers.

Die Plastikverpackung ist schwierig im Recycling, doch das heißt nicht, dass ihre Alternativen automatisch besser sind. Wenn wir Einwegplastik durch ähnlich schlecht designte Produkte aus Papier oder Bambus ersetzen, ist nichts gewonnen. Jedes Material hat ökologische Auswirkungen und Nachteile: Papier ist energieintensiv und verbraucht mehr Wasser als die Kunststoffherstellung. Das Gleiche gilt für Glas, das viel Gewicht mit sich bringt und beim Transport herausfordernd ist. Angebliche Bambusprodukte sind vielfach mit Plastik beschichtet und lassen sich daher nicht recyceln. Jute und Baumwolle verbrauchen im Anbau landschaftliche Fläche und ebenfalls Wassermassen. Und ob der Jutebeutel tatsächlich besser ist als die Plastiktüte, hängt häufig davon ab, wie oft er tatsächlich zum Einsatz kommt.

Die *Weltbank* hat dazu gemeinsam mit Wissenschaftlern einen Simulator gebaut: den *Plastic Substitution Tradeoff Estimator*. Das Modell rechnet Umweltfolgen – etwa den CO_2-Ausstoß, den Wasserverbrauch und Energieeinsatz – in Geld um, um so die wahren Kosten einer Verpackung abzubilden. Insgesamt 30 Faktoren kann der Simulator einbeziehen, etwa Daten, ob ein Produkt schneller verderben oder zerbrechen könnte, weil es anders verpackt ist.

Die Weltbank konnte so etwa ausrechnen, dass eine Baumwolleinkaufstasche in Asien über 20-mal wiederverwendet werden müsste, um bessere Werte zu erzielen als die Einwegplastiktasche. In einem afrikanischen Land kam der Simulator zu dem Ergebnis, dass ein Mehrwegbecher aus Polypropylen nur sechsmal zum Einsatz kommen müsste, um besser abzuschneiden als ein Einwegbecher aus Styropor oder auch ein Becher aus einem bioabbaubaren Material.

Der Simulator nimmt auch Rücksicht auf regionale Besonderheiten. In beinahe allen Regionen sind die CO_2-Emissionen der entscheidende Größenfaktor dafür, ob eine Verpackungslösung besser ist als eine andere: Häufig machen die Emissionen sogar 70 bis 90 Prozent der von dem Simulator errechneten Umweltkosten aus – außer in Inselstaaten. Auf Inseln, die wirtschaftlich unterentwickelt sind, steigen die Umweltkosten durch falsch entsorgten und in der Umwelt abgeladenen Müll. Dort treibt die Verschmutzung die Kosten für Aufräumaktionen an Stränden in die Höhe, der Plastikmüll hat außerdem negative Auswirkungen auf die Fischerei oder den Tourismus.[59]

Wir brauchen deshalb nicht nur ein *Design4Recycling*, wir brauchen ein *Design4Future*. Ob eine Verpackung oder ein Plastikprodukt wie ein Trinkbecher aus Plastik, Bambus oder Papier besteht, das Design muss sich an der Abfallhierarchie orientieren. Und die besagt: Der beste Abfall ist jener, der nicht anfällt. Die beste Schadensminimierung ist jene, die gar nicht nötig ist.

Wenn wir diese Ansätze befolgen, können wir Plastik reduzieren und vermeiden. Wir können neue Formen des Konsums austesten und dadurch sogar lernen, weniger Ressourcen einzusetzen. Und wo es nicht funktioniert, müssen wir Schaden vermeiden. Das Problem ist nur: Für beinahe jede Regelung, die eingeführt wird, gibt es ein Schlupfloch.

Solche Ausweichbewegungen haben wir im Kampf gegen die Plastikverschmutzung tausendmal gesehen. Ein Land schließt die Grenzen für dreckige Plastikimporte? Dann wandert der Müll eben ins nächste Land. Besteck aus Einwegplastik wird verboten? Schon landet dickeres Besteck auf dem Markt, etikettiert als Mehrweg. Eine Plastiksorte wurde als zu giftig eingestuft? Kein Problem, dann nehmen wir eben eine andere, die noch nicht so erforscht ist. In einigen afrikanischen Ländern wie Kenia gibt es bereits Berichte über einen Schwarzmarkt und Schmuggler für Plastiktüten.[60]

Ein Verbot ist immer nur so gut, wie es durchgesetzt wird. Regularien müssen nicht nur klug erdacht und nachvollziehbar sein, sondern vor allem kontrolliert werden. Wenn wir Produkte und Konsumwege neu denken und designen wollen, dann können wir das nicht in vielen Einzelinitiativen tun. Wir können nicht von Unternehmen verlangen, dass sie sich in jedem Land auf neue Designvorgaben und Recyclingsysteme einstellen. Schon heute ist es schwierig genug, auf die unterschiedlichen Systeme der Herstellerverantwortung und Verpackungsgebühren einzugehen. Und vor uns liegen noch viel größere Aufgaben.

Wir haben in diesem Kapitel einige Maßnahmen vorgestellt: Steuern, Gebühren, Quoten, Verbote. All diese Instrumente können Regierungen nutzen, um den Plastikkonsum zu steuern. Aber die Plastikkrise ist kein nationales Phänomen, sondern ein globales. Die Lieferkette von Kunststoffen zieht sich über Kontinente. Und auch die Plastikverschmutzung kennt keine Grenzen. Deshalb haben nationale Alleingänge nur begrenzte Wirkung. Für eine effektive Verminderung des Plastikkonsums, eine effektive Regulierung von Plastikprodukten und auch für eine effektive Verfolgung von Umweltschäden, brauchen wir deshalb eine internationale Zusammenarbeit.

Regulation: Ein Plastikpakt für die Welt

Schritt 10: Weltweite Regeln

Die Plastiklieferkette überschreitet Grenzen, Plastikmüll kennt sie erst gar nicht. Deshalb brauchen wir auch ein grenzübergreifendes Bündnis, um Maßnahmen gegen Plastik durchzusetzen. Der UN Treaty on Plastic Pollution stellt die bisher einmalige Chance dar, die Welt in diesen Bestrebungen zu vereinen.

Der norwegische Klima- und Umweltminister Espen Barth Eide blickt erwartungsvoll in den Saal. »Darf ich annehmen, dass die Versammlung diesen Resolutionsentwurf annehmen will?«, fragt er. Es herrscht Stille, ein kurzer Moment der Anspannung. »Ich sehe keine Einwände«, sagt Eide dann, »es ist so entschieden«. Er schlägt mit dem Hämmerchen in seiner rechten Hand kurz und entschlossen auf das Holz, neben ihm springt eine Frau in die Höhe, es ist die Direktorin des Umweltprogramms der Vereinten Nationen, Inger Anderson. Alle anderen erheben sich ebenfalls, sie jubeln und klatschen. Eine junge Frau hinter Eide hat ihr Smartphone in der Hand, um den historischen Moment zu filmen, auch die Delegierten im Saal schwenken ihre Handys. Einige umarmen sich, heben einander hoch, halten ihre Fäuste jubelnd in die Höhe, überall werden Schultern geklopft und Hände geschüttelt.[61]

Es ist der 2. März 2022. Die Delegierten von 175 Staaten in der Umweltversammlung der Vereinten Nationen haben gerade eine historische Entscheidung getroffen. Die Versammlung hat das Mandat erteilt, einen weltweiten Vertrag gegen die Plastikverschmutzung zu verhandeln: *The United Nations Treaty on Plastic Pollution.*

Wäre der Saal nicht so dunkel und schlecht ausgeleuchtet, wären die Vorhänge nicht zugezogen, würden die Delegierten nicht so verstreut auf ihren Stühlen sitzen, von den langen Verhandlungstagen ermattet, dann könnte dies eine Szene aus einem Hollywood-Film sein. Selbst die schlecht gedrehten Videos auf Youtube können eine Gänsehaut auslösen. Die Verhandlungen waren erst in der Nacht zuvor beendet. Noch gegen zwei Uhr haben die chinesischen Delegierten ihre Vorgesetzten in der Heimat angerufen, um die finale Zustimmung zu bekommen. Doch nun ist es geschafft. Für das Ereignis haben die norwegischen Entsandten sogar ein eigenes Hämmerchen aus Recyclingplastik herstellen lassen, er ist blau-grau und golden gemustert.[62]

Das Mandat für den Vertrag ist umfassend und ehrgeizig. Eine internationale Verhandlungsgruppe soll bereits Ende 2024 einen Vertrag vorlegen, der den »gesamten Lebenszyklus von Plastik« umfassen soll. Das Mandat hält auch fest, dass es mehr Infrastruktur braucht, um Plastikmüll zu sammeln und zu entsorgen, dass einige Staaten dabei »technische und finanzielle Unterstützung« benötigen.[63]

Ein Vertrag, der also nicht nur den Plastikmüll, sondern auch die Probleme angeht, die bei der Plastikproduktion und durch den Plastikkonsum entstehen, der Änderungen an Produkten an der ganzen Welt erzwingen könnte, der ärmere Staaten auch beim Sammeln und Sortieren und Recyceln finanziell unterstützen soll – das wäre tatsächlich ein Durchbruch, der seinesgleichen sucht. Gleich nach dem Treffen in Nairobi hieß es bereits, der Vertrag gegen Plastikverschmutzung könnte das zweitwichtigste internationale Abkommen für die Umwelt werden, gleich nach dem Pariser Übereinkommen. In der französischen Hauptstadt hatte sich die Staatengemeinschaft verpflichtet, die Erderwärmung auf 1,5 Grad Celsius zu begrenzen.[64]

Allerdings zeigt auch das Beispiel Paris: Internationale Abkommen sind ein kompliziertes Thema. Sie haben nur eine begrenzte Durchschlagskraft. Der ehemalige US-Präsident Donald Trump etwa verkündete 2017, die USA werde aus dem Pariser Übereinkommen austreten, weil der Vertrag die amerikanische Wirtschaft unterlaufen und für die USA »einen ständigen Nachteil« bedeuten würde[65] – und demütigte so die internationale Staatengemeinschaft. Zwar trat sein Nachfolger, US-Präsident Joe Biden, nach seinem Amtsantritt im Jahr 2021 gleich wieder in das Übereinkommen ein. Aber das änderte nichts daran, dass Wissenschaftler es für unwahrscheinlich halten, dass sich das Ziel noch einhalten lässt, die Erderwärmung auf 1,5 Grad Celsius zu beschränken. Auch wenn sich die Staaten in Paris einig waren, so geschieht einfach zu wenig.[66]

Doch es gibt Gegenbeispiele: Internationale Umweltabkommen, die tatsächlich ihren Sinn und Zweck erfüllen konnten, wie etwa das *Montreal-Protokoll* aus dem Jahr 1987. Damals bedrohten Chemikalien die Ozon-Schicht in der Erdatmosphäre. Jedes Jahr riss das Ozonloch weiter auf, mit verheerenden Folgen. Denn die Ozon-Schicht blockt einen Teil des UV-Lichts der Sonne ab, das schädlich für die menschliche Haut ist und auch zur Erderwärmung beiträgt. Die Staaten einigten sich darauf, für die Ozon-Schicht schädliche Chemikalien zu verbieten.[67] Die Liste umfasst heute rund hundert verschiedene Stoffe, darunter auch die Gruppe der Fluorchlorkohlenwasserstoffe (FCKW), damals weit verbreitet in Haarspray oder auch als Kältemittel in Kühlschränken.

In der Geschichte der Vereinten Nationen sticht das Abkommen hervor, weil es ausnahmslos von allen Mitgliedsstaaten bestätigt wurde – und weil es tatsächlich wirkte: Die schädlichen Chemikalien sind verbannt, das Ozonloch erholt sich. Bis zum Jahr 2040 soll die Schicht wieder so stark sein wie im Jahr 1980, berichtet das Umweltbüro der Vereinten Nationen in seinem aktuellen Bericht. Das *Montreal-Protokoll* hat damit eine weitere Erderwärmung um geschätzte 0,5 Grad Celsius vermieden.[68]

Zwischen den Ozonschädigenden Chemikalien und Plastik gibt es viele Parallelen. Für viele der Chemikalien kannte die Industrie damals noch keine Ersatzstoffe – so wie für Plastik. Doch einige der Chemikalien im *Montreal-Protokoll* waren eindeutig gesundheitsschädlich – so wie etwa PVC und einige PFAS die Gesundheit gefährden könnten. FCKW entwichen als Gase in die Atmosphäre, die Umweltbedrohung setzte sich damit über staatliche Grenzen und Kontinente hinweg. Das gilt auch für Plastikmüll, der in Flüssen und durch die Meere treibt und sich als Mikroplastik über alle staatlichen und natürlichen Grenzen hinweg verteilt. Eine dünnere und beschädigte Ozonschicht bedeutet mehr Klimaerwärmung – so wie die bei der Plastikproduktion entstehenden Emissionen den Klimawandel anheizen.

Als weiteres Vorbild gilt das *Übereinkommen von Minamata*. In der japanischen Stadt Minamata vergifteten sich in den 1950er-Jahren Tausende von Menschen mit Quecksilber, weil das Schwermetall über Jahre mit Abwasser aus der Industrie in die Bucht vor der Stadt geleitet wurde.[69] 2013 hielt die Staatengemeinschaft mit dem Übereinkommen von Minamata fest, dass die

Staaten fortan Daten dazu sammeln müssen, wie und wo Quecksilber freigesetzt wird. Außerdem schuf die Staatengemeinschaft einen Fonds, um Entwicklungsländer finanziell bei der Umsetzung des Vertrags zu unterstützen.[70] Denn das Ziel von Minamata war klar definiert: Die Produktion von Quecksilber muss nach und nach heruntergefahren werden.

Schritt 11: Weltweite Produktion einschränken

> Die Plastikproduktion schadet Klima und Umwelt. Wenn wir unseren Plastikkonsum reduzieren wollen, dann ist der effektivste und einfachste Weg, auch die Produktion einzuschränken. Wir brauchen klare Ziele und Kontrollmechanismen, um die Plastikproduktion rund um die Welt herunterzufahren.

Den Vertrag gegen die Plastikverschmutzung zu verhandeln, wird eine Herausforderung. Das beginnt schon mit der existenziellen Frage: Was genau gilt überhaupt als Plastik? Welche Stoffe und Produkte soll das Abkommen behandeln? Das Center für Internationales Umweltrecht (CIEL) schätzt, dass der Vertrag bis zu 200 000 Polymere umfassen müsste – und noch mal weitere 13 000 Plastik-Bausteine, Additive und Zusatzstoffe.[71] Die Staatengemeinschaft könnte sich entschließen, die schädlichsten dieser Stoffe zu verbieten oder zumindest ihren Einsatz nach und nach auslaufen zu lassen. Damit so ein Abkommen aber effektiv ist, müsste die Liste der eingeschränkten und verbotenen Chemikalien immer wieder angepasst werden – der Vertrag muss also wachsen. Die Plastikkrise begrenzt sich aber nicht nur auf Schadstoffe. Auch für die Gesundheit völlig unbedenkliche Plastikprodukte stellen für Umwelt und Klima eine Herausforderung dar. Wenn 90 Prozent der klimaschädlichen Emissionen durch Plastik während der Plastikproduktion entstehen, dann kommt ein gutes Abkommen gar nicht darum herum, sich auch diesen Teil der Lieferkette vorzunehmen: *Big Oil* und *Big Plastic*.

Für die Ölindustrie ist Plastik ein Geschäftsfeld, das noch Wachstum verspricht. Die Industrie baut neue Plastikfabriken und wettet so darauf, dass der Plastikkonsum rund um die Welt noch weiter steigen wird (siehe Kapitel 1).

Ein internationales Abkommen ist wahrscheinlich die einzige realistische Chance, an den ungestümen Wachstumsplänen der Plastikindustrie zu rütteln – wenn die Staaten gemeinsam einen Mechanismus beschließen würden, um die Plastikproduktion einzuschränken. Und zwar nicht nur, indem sie einzelne Produkte verbieten oder verbannen; sie könnten auch konkrete Ziele festlegen, wie sich die Produktionskapazitäten für Kunststoffe entwickeln sollen oder Steuern auf die Plastikproduktion vorschreiben.

Schritt 12: Weltweite Finanzierung

> In zu vielen Ländern wird Plastikmüll noch kaum gesammelt, wir müssen rund um die Welt eine entsprechende Infrastruktur und auch Recyclinganlagen aufbauen. Ärmere Staaten brauchen dabei Unterstützung – auch finanziell. Mit einem Abkommen gegen die Plastikverschmutzung kann auch ein Fonds aufgebaut werden, um diese Infrastruktur zu finanzieren.

Die Staatengemeinschaft muss einen Mechanismus finden, um an Geld zu kommen, das steht schon heute fest. Weltweit gibt es viele Regionen, in denen es keine Recyclinganlagen gibt, nicht einmal Müllverbrennungsanlagen, Deponien oder auch nur eine Müllabfuhr. Um diese Vermüllung des Ozeans bis 2040 zu stoppen, müsste jeden Tag eine halbe Million Menschen zusätzlich an Müllabfuhr und Abfallentsorgung angeschlossen werden. Diese Schätzung stammt aus einer Studie aus dem Jahr 2020, die Welt hängt dem Zeitplan also bereits einige Jahre hinterher.[72]

Solange Plastikabfälle nicht gesammelt und entsorgt werden, landet unweigerlich ein Teil davon in der Natur. Der Aufbau einer entsprechenden Infrastruktur ist also eigentlich eine Mindestbedingung eines internationalen Abkommens gegen die Plastikverschmutzung, vor allem in ärmeren Staaten. Auch wenn das kosten wird.

Wie dieses Finanzierungsmodell aussehen soll, ist bisher noch unklar. Einige Staaten stellen sich einen Mechanismus ähnlich wie die Herstellerverantwortung vor. Aber wie soll das aussehen? Sollen alle Staaten Grüne Punkte einführen, die dann einen Teil ihrer Einnahmen an den Fonds abführen müssen? Soll es so etwas geben wie ein internationales Duales System, das allen Produzenten auf der Welt für Plastikprodukte Gebühren abnimmt? Das wäre juristisch ein schwieriges Unterfangen und wahrscheinlich auch hochbürokratisch.

Das CIEL schlägt deshalb vor, die Gebühren nicht auf Einwegplastik und Verpackungen zu erheben, sondern auf die Plastikbausteine, aus denen diese Produkte bestehen. Das wäre zum Beispiel Ethylen oder Vinylchlorid. Dadurch würden nicht wie bisher die Konsumgüterkonzerne zur Kasse gebeten, sondern die Öl- und Chemieindustrie.

Der Vorteil: Während es weltweit Millionen von Markenkonzernen gibt, die Plastikprodukte verkaufen, gibt es wahrscheinlich nicht einmal hundert Unternehmen, die Plastikbausteine produzieren könnten.

Die Gebühr träfe nicht etwa einzelne Verpackungsprodukte, sondern die gesamte Plastikindustrie. Und sie wäre wesentlich leichter einzusammeln. So könnte die Staatengemeinschaft einfach eine Mindestgebühr auf jede produzierte Tonne der Plastikbausteine festlegen, schlägt CIEL vor. Die Staaten könnten diese Gebühren noch nach oben anpassen und so beispielsweise auch einen Teil des Gelds für ihre eigenen Kassen behalten – etwa um die wirtschaftlichen Folgen abzumildern, falls die Petrochemie- und Plastikindustrie in ihren Ländern tatsächlich schrumpfen sollte. Es sollte einfach sein, mit so einem Mechanismus Milliarden von Euro einzusammeln, vielleicht sogar Hunderte von Milliarden Euro.[73]

Damit könnten im Globalen Süden Sammel- und Recylingsysteme aufgebaut werden, es könnte der informelle Sektor der Müllsammler besser versorgt werden, ja es wäre sogar genug Geld übrig, um Plastikverschmutzung und die Gesundheitsrisiken oder auch mögliche Plastikinnovationen zu erforschen.

Politische Machtspiele

Aber ist das tatsächlich realistisch? Lässt sich in dieser Welt, mit all diesen Akteuren, die alle unterschiedliche geopolitische und wirtschaftliche Interessen haben, ein so revolutionärer Vertrag durchsetzen? Ist es realistisch, dass sich die Weltgemeinschaft dazu entschließt, die Produktion von Plastik zu kappen und zusätzlich noch Geld für eine Recyclinginfrastruktur aufbringt?

Immerhin gibt es viele Staaten, die einen weitreichenden Vertrag befürworten. Einige haben sich zur *High Ambition Coalition* zusammengeschlossen, zu einer Allianz mit hohen Ambitionen also. Die Forderungen: Erstens, Plastikverbrauch und Produktion sollen auf ein »nachhaltiges Niveau« beschränkt werden. Zweitens: Die Kreislaufwirtschaft muss die Umwelt und die menschliche Gesellschaft schützen. Und drittens: Ein umweltgerechtes System zu Entsorgung und Recycling von Plastikmüll soll aufgebaut werden. Um das zu erreichen, benennt die Länderkoalition auch ganz explizit Maßnahmen wie »Verbote und Einschränkungen« und »technische und finanzielle Unterstützung«. Nach der ersten Verhandlungsrunde über den Plastikpakt hatten sich bereits über 70 Länder aus aller Welt der Koalition angeschlossen, darunter auch Südkorea, die Vereinten Arabischen Emirate oder Chile.[74]

Damit gibt es mittlerweile eine breite Unterstützung für Maßnahmen, die auch die Plastikproduktion einschränken. Selbst China, machtpolitisch ein wichtiger Spieler in den Verhandlungen, erwähnt in seinen Vorschlägen für das Plastikabkommen Maßnahmen, dass der Plastikverbrauch und die Plastikproduktion durch »eine Vielzahl von Wirtschafts- und Marktinstrumenten« reduziert werden könnte – auch durch Verbote.[75]

Und es gibt auch eine *Business Coalition*, die solche weitreichenden Ansätze unterstützt. Der WWF und die Ellen MacArthur Foundation haben Unternehmen versammelt, die sich öffentlich für einen starken Plastikvertrag einsetzen. Dazu zählen etwa Verpackungshersteller wie Alpla und Amcor, der Sortieranlagenhersteller Tomra, aber auch große Handelsketten wie Walmart, Aldi und Konsumgüterkonzerne wie Henkel, Beiersdorf, PepsiCo, Coca-Cola, Danone und Mars.[76] Nestlé und Unilever forderten bei der ersten Verhandlungsrunde sogar öffentlich, dass der Vertrag die Plastikproduktion auf der Welt begrenzen sollte.

Aus Sicht der Konsumindustrie ergibt das wirtschaftlich durchaus Sinn: Nestlé oder Unilever haben keine Plastikfabriken, sie verdienen kein Geld mit Plastik als Rohstoff, aber ihre Marken werden immer wieder mit der Plastikverschmutzung in Verbindung gebracht. Dazu müssen sich die internationalen Konzerne in jedem Land auf andere Vorgaben, andere Recyclingsysteme einstellen. Wenn die Staaten ihre Systeme also anpassen würden, wenn es überall eine Herstellerverantwortung nach den gleichen Prinzipien gäbe, müssten die Konsumgüterkonzerne wahrscheinlich mehr zahlen, aber immerhin sänke der bürokratische Aufwand. Und kleinere, lokale Marken leiden mehr unter höheren Verpackungsgebühren, sie haben weniger Ressourcen, um in recyclinggerechtes Design oder Mehrwegsysteme zu investieren. Also gäbe es für Nestlé oder Unilever sogar Chancen, durch einen strengen Plastikvertrag Marktanteile zu gewinnen.

Aber es gibt auch mächtige Akteure, die sich gegen einen weitgehenden Vertrag sperren – etwa Saudi-Arabien und die USA. Dass die großen Öl- und Plastikproduzenten der Welt ihre Industrie beschränken und armen Ländern große Zuschüsse für den Aufbau ihrer Müllsammlung zukommen lassen, ist mehr als unwahrscheinlich. Die USA hat für die nächste Verhandlungsrunde den Vorschlag eingereicht, dass ein mögliches Abkommen schon in seiner Einleitung die »vorteilhafte Rolle von Kunststoff, auch für die menschliche Gesundheit und die Lebensmittelsicherheit« betonen solle.[77] Schon in der Vergangenheit hat die USA internationale Abkommen, die das Interesse der USA nicht genügend berücksichtigte, nicht verabschiedet. Im Hintergrund der Verhandlungen drohten Vertreter bereits damit, dass die USA ohnehin kein Plastikabkommen unterschreiben werde, berichten mehrere Verhandlungsteilnehmer in vertraulichen Gesprächen übereinstimmend. Vor allem kein Abkommen, das die Produktion von Einwegplastik beschränkt.

Stattdessen stellt sich diese Fraktion ein Abkommen vor, das lediglich ein Rahmenwerk darstellt. Die einzelnen Länder sollen die Plastikverschmutzung lieber mit »Nationalen Aktionsplänen bekämpfen«.[78] Im Klartext: Der Vertrag gegen Plastikverschmutzung darf zwar Ziele und Versionen benennen, aber wie diese zu erreichen sind, soll jeder Staat selbst entscheiden. Besonders effektiv sind solche Abkommen nicht, warnen Umweltorganisationen.

Dieses Buch erscheint, wenn die zweite Verhandlungsrunde für ein Plastikabkommen beginnt. Mindestens fünf sind angesetzt, dann soll ein Vertrag vorliegen, den die Regierungen der Welt 2025 verabschieden sollen. Wie dieser Vertrag aussehen soll, welche Seite sich in welchen Punkten wie stark durchsetzen kann, ist noch unklar. Jede Verhandlungsrunde bietet für beide Seiten neue Möglichkeiten, ihre Interessen durchzusetzen. Vielleicht spielen einige Akteure auch einfach auf Zeit, versuchen die Zeitfristen immer weiter nach hinten zu verschieben. Damit das Abkommen tatsächlich 2025 verabschiedet werden kann, müsste es schnell gehen. Sehr schnell. Normalerweise dauert es selten weniger als vier Jahre, bis aus einem Mandat ein Abkommen wird. Das *Montreal-Protokoll* trat nach dreieinhalb Jahren in Kraft.

Aber was Plastik angeht, hat die Staatengemeinschaft bereits an anderer Stelle bewiesen, dass sie schnell sein kann. Das *Basler Übereinkommen*, das den Handel mit Abfällen und auch Plastikmüll regelt, wurde etwa in nur neun Monaten überarbeitet.[79] »Der wahre Wert des Abkommens liegt nicht darin, es zu adaptieren, sondern darin, es umzusetzen«, warnte Espen Barth Eide bereits bei der Konferenz in Nairobi, wo er mit seinem Rezyklat-Hämmerchen festhielt, dass die Staatengemeinschaft ein Plastikabkommen aushandeln wird. »Ich hoffe, dass wir uns wirklich an den Geist von Nairobi erinnern und keine Zeit verlieren«, fordert der norwegische Minister die Staatengemeinschaft vom Rednerpult aus auf. »Es ist Zeit, Freunde, für die Natur zu handeln.«[80]

Lieber mit Pfand: Wenn Pfand auf einem Produkt ist, landen diese Verpackungen seltener in der Umwelt.

Tschüss Einweg: Salate, Cappuccino, Wasser und selbst Kaffeebohnen und Joghurt gibt es auch in Mehrweg-Verpackungen zu kaufen.

Lieber Unverpackt: Supermärkte ohne Verpackungen gibt es in Berlin heute genauso wie auf Bali.

NACHWORT

Dass die digitale Verpackung oder der Mehrwegmarkt der Zukunft in absehbarer Zeit Realität wird, ist eher unwahrscheinlich. Dass Staaten Schadstoffe aus Plastik verbannen und die Plastikproduktion für die Zukunft beschränken, ist schon eher realistisch. So oder so: Wir brauchen mutige Ansätze, wir brauchen Wandel.

Denn das Plastikproblem ist so etwas wie ein Krisenjackpot. Es ist eine Umweltkrise, weil die Verschmutzung mit Plastikabfällen die Natur belastet. Es ist eine Biodiversitätskrise, weil Plastik Korallenriffe, Mangroven und Wälder schädigt, weil Vögel, Fische, selbst Wale und Eisbären Plastik verzehren und daran verenden. Es ist eine Gesundheitskrise, weil mikroskopisch kleine Plastikpartikel Menschen krank und weniger fruchtbar machen. Die Plastikkrise ist eine Klimakrise, weil für Plastikpolymere Öl aufwändig gefördert und verarbeitet wird, was immense Mengen Treibhausgase verursacht. Es ist eine Verteilungskrise, weil die Menschen im Globalen Süden unter all diesen Problemen besonders leiden, obwohl sie im Vergleich weniger Plastikmüll erzeugen. Die Plastikpandemie ist schließlich eine politische Krise, weil Gesetze und Verbote von der Plastikindustrie immer wieder ausgehebelt und umgangen werden. Und sie hat das Potenzial, eine wirtschaftliche Krise zu werden, wenn die Kosten für all diese Probleme bei der Plastikindustrie ankommen, wenn die Konzerne feststellen, dass der Wert ihrer Anlagen und Investitionen verpufft.

Mehr Krise geht kaum. Das ist der Grund, warum wir uns entschieden haben, in diesem Buch eine Dystopie zu zeichnen. Die Plastikkrise wird oft auf Umweltverschmutzung verkürzt und deshalb auch in ihrer Komplexität unterschätzt. Damit muss Schluss sein. Wir müssen das Plastikproblem in all seinem Ausmaß ernst nehmen.

Staaten und Industrien ringen mit Verträgen um Gegenmaßnahmen, sie ringen vor allem damit, irgendwie Wohlstand und Reduktion in Einklang zu bringen. Aus Linien einen Kreis zu machen. Diese Ansätze sind komplex, und sie sind unbequem. Sie erfordern Veränderung, und das nicht nur von Industrien, sondern auch von uns Verbrauchern.

Wer Müll aus Plastik oder anderen Materialien vermeiden will, wird zwangsläufig anders konsumieren müssen, mit mehr persönlichem Einsatz, mit höheren Kosten, und vor allem insgesamt weniger. Dabei geht es nicht um Verbote oder das Dasein als Gutmensch, sondern darum, die eigene Lebensweise mit der Umwelt in Einklang zu bringen. Das ist eine ziemlich persönliche Sache, bei der einige sicher schon resigniert haben und der Konsum-Apathie anheimgefallen sind. Ex und hopp – nach mir die Plastikflut. Doch wer gesund und sauber will, sollte sich die Verzichtsfrage noch einmal neu stellen. Es geht nicht anders.

Konsumenten müssen nicht nur ihr Verhalten ändern, sondern vielleicht auch ihre Werte. Wir müssen neue Definitionen dafür finden, was Erfolg, Genuss und Wohlstand bedeuten. Denn bei diesem Wandel geht es nicht nur um Kunststoffe, es geht auch um andere fossile Rohstoffe, um Energie, um Düngemittel, oder auch seltene Erden, um alle möglichen Ressourcen, die wir bisher verschwendet haben – zu unserem eigenen Schaden.

Die Plastikkrise ist in gewissem Maß ein Symbol für all die anderen Abhängigkeiten, die unsere moderne Gesellschaft in einen Konflikt zwischen Konsum und Wirtschaft bringen, zwischen Wachstum, Wohlstand und Zukunftsperspektive – und dem Schaden, den wir durch eben diese Wachstumsphilosophie unserer aller wichtigsten Ressource zufügen: der Umwelt.

Wir können aus dieser Plastikkrise lernen. Wenn wir dieses Problem gebannt bekommen, haben wir die Chance, daraus einen Katalog an Handlungsmöglichkeiten zu entwickeln, den wir auf andere Konflikte anwenden können. Wenn wir die Plastikkrise lösen, könnte das aufzeigen, wie sich die internationale Gemeinschaft auf Auswege aus diesem Gefangenendilemma zwischen persönlichen Konsumgewohnheiten und natürlichen Ressourcen einigen kann, wie sich Konzerne überzeugen oder lenken lassen und hoffentlich auch, wie sie umsteuern können.

Es geht eben nicht nur um Kunststoffe, um ein bisschen Einwegplastik. Es geht um die Zukunft.

Wir bedanken uns bei all den Menschen, die uns bei unseren Recherchen unterstützt haben, die geduldig erklärt und sich trotz widriger Umstände geöffnet haben. Ohne Sie und Euch wäre dieses Buch nicht möglich.

QUELLENVERZEICHNIS

Vorwort

1   Heather A. Leslie, Martin J.M. van Velzen, Sicco H. Brandsma et al. (2022): *Discovery and quantification of plastic particle pollution in human blood.* In: Environment International, 163. https://doi.org/10.1016/j.envint.2022.107199

2   Johanna N.J. Weston, Priscilla Carillo-Barragan, Thomas D. Linley et al. (2020): *New species of Eurythenes from hadal depths of the Mariana Trench, Pacific Ocean (Crustacea: Amphipoda).* Zootaxa, 4748. https://doi.org/10.11646/zootaxa.4748.1.9

3   Organisation for Economic Co-operation and Development (2022): Global Plastics Outlook: *Economic Drivers, Environmental Impacts and Policy Options.* OECD Publishing. https://doi.org/10.1787/de747aef-en

4   Roland Geyer, Jenna R. Jambeck und Kara Lavender Law (2017): *Production, use, and fate of all plastic ever made.* In: Science Advances, 3. https://www.science.org/doi/10.1126/sciadv.1700782

5   Jan Zalasiewicz, Colin N. Waters, Juliana A. Ivar do Sul, et al. (2016): *The geological cycle of plastics and their use as a stratigraphic indicator of the Anthropocene.* In: Anthropocene 13. https://doi.org/10.1016/j.ancene.2016.01.002

Kapitel 1

1   Deutsche Presse-Agentur, (2022): *Ölteppich im Golf von Thailand – Gefahr für Urlaubsinsel.* Zeit Online. https://www.zeit.de/news/2022-01/27/oelteppich-im-golf-von-thailand-gefahr-fuer-urlaubsinsel

2   Prapan Chankaew, Chayut Setboonsarng, Alison Williams (2020): *Thailand kicks off 2020 with plastic bag ban.* Reuters. https://www.reuters.com/article/us-thailand-environment-plastic-idUSKBN1Z01TR

3   Matthew Campbell, Anuchit Nguyen (2022): *Thailand Is Tired of the Noxious Fumes From Recycling Your Trash.* Bloomberg. https://www.bloomberg.com/features/2022-thailand-plastic-waste-recycling-import-ban/

4   Chanthip Intawong, Naiyana Phankote, Manusdaw Naewpana (2016): *Using popular epidemiology to empower community residing around integrate refinery petro-*

chemical complex (IRPC) industrial zones, Rayong Province, Thailand. Chiang Mai Med Journal, 55. https://he01.tci-thaijo.org/index.php/CMMJ-MedCMJ/article/view/87720/0

5   Break Free From Plastic (2023): *Toxic Tours. Jamnagar, India. The biggest oil refining hub of the world pollutes a national park with impunity.* https://toxictours.org/india-jamnagar/

6   Jamiles Lartey, Oliver Laughland (2019): *Almost every household has someone that has died from cancer.* The Guardian. https://www.theguardian.com/us-news/ng-interactive/2019/may/06/cancertown-louisana-reserve-special-report

7   Reuters (2014): *UPDATE 1 – Fire damages diesel unit at IRPC's Thai Rayong refinery – CEO.* https://jp.reuters.com/article/thailand-refinery-firefighters-idAFL4N0OQ37A20140609

8   Joan O'Callaghan, Rachel Head (2021): *Klimakrise Unverpackt.* Greenpeace. https://www.greenpeace.org/usa/wp-content/uploads/2021/09/1001_GP_Unpacked_Report_GERMAN_FINAL-1.pdf

9   OECD (2022): *Global Plastics Outlook: Economic Drivers, Environmental Impacts and Policy Options,* OECD Publishing. https://doi.org/10.1787/de747aef-en

10   Grand View Research (2023): *Plastic Market Size, Share & Trends Analysis Report By Product (PE, PP, PU, PVC, PET, Polystyrene, ABS, PBT, PPO, Epoxy Polymers, LCP, PC, Polyamide), By Application, By End Use, And Segment Forecasts, 2022 – 2030.* https://www.grandviewresearch.com/industry-analysis/global-plastics-market

11   Dominic Charles, Laurent Kimman (2023): *Plastic Waste Makers Index 2023.* Minderoo Foundation. https://cdn.minderoo.org/content/uploads/2023/02/04205527/Plastic-Waste-Makers-Index-2023.pdf

12   Sandra Laville (2021): *Twenty firms produce 55% of world's plastic waste, report reveals.* The Guardian. https://www.theguardian.com/environment/2021/may/18/twenty-firms-produce-55-of-worlds-plastic-waste-report-reveals

13   Global Data (2021): *Top 10 Oil Refining Companies in the World in 2021 by Capacity.* https://www.globaldata.com/companies/top-companies-by-sector/oil-gas/global-oil-refining-companies-by-capacity/

14   The World Bank (2023): *Global Gas Flaring Reduction Partnership (GGFR). Gas Flaring Explained.* https://www.worldbank.org/en/programs/gasflaringreduction/gas-flaring-explained

15   Susan Freinkel (2011): *Plastic: A Toxic Love Story.* Houghton Mifflin Harcourt. New York.

16   Livia Cabernard, Stephan Pfister, Christopher Oberschelp et al. (2022): *Growing environmental footprint of plastics driven by coal combustion.* Nature Sustainability, 5. https://doi.org/10.1038/s41893-021-00807-2

17 Organisation for Economic Co-operation and Development (2022): *Global Plastics Outlook: Economic Drivers, Environmental Impacts and Policy Options.* OECD Publishing. https://doi.org/10.1787/de747aef-en

18 Plastics Europe (2022): *Plastics – the Facts 2022.* https://plasticseurope.org/knowledge-hub/plastics-the-facts-2022/

19 Organisation for Economic Co-operation and Development (2022): *Global Plastics Outlook: Economic Drivers, Environmental Impacts and Policy Options,* OECD Publishing. https://doi.org/10.1787/de747aef-en

20 The Miriam and Ira D. Wallach Division of Art, Prints and Photographs (2023): *Michael Phelan's billiard saloons, corner Tenth Street and Broadway. Picture Collection,* The New York Public Library (1859). https://digitalcollections.nypl.org/items/510d47e0-d77d-a3d9-e040-e00a18064a99

21 Untold stories: billiards history (2015): *Michael Phelan, the Father of American Pool — A Timeline.* http://untoldstoriesbilliardshistory.blogspot.com/2015/06/michael-phelan-father-of-american-pool.html

22 Michael Phelan (1850): *Billiards without a master.* D.D. Winant. New York.

23 Susan Freinkel (2011): *Plastic: A Toxic Love Story.* Houghton Mifflin Harcourt. New York.

24 Tim Palucka (2005): *Artificial Billiard Balls.* MRS Bulletin 30, 614. https://doi.org/10.1557/mrs2005.186

25 Joe Schwarcz (2016): *From Bugs to Plastics.* McGill. https://www.mcgill.ca/oss/article/history/bugs-plastics

26 Thomas Frey (2012): *A Brief History of Prize Incentives: Why We Need to Compete.* The Futurist 46. https://www.proquest.com/openview/089910fd93f81275b05ab9226cbec0da/1?pq-origsite=gscholar&cbl=47758

27 Tim Palucka (2005): *Artificial Billiard Balls.* In: MRS Bulletin 30, 614. https://doi.org/10.1557/mrs2005.186

28 Leo H. Baekeland (1910): *Bakelite, a condensation product of phenols and formaldehyde, and its uses.* Journal of the Franklin Institute, 169. https://doi.org/10.1016/S0016-0032(10)90300-1

29 Susan Freinkel (2011): *Plastic: A Toxic Love Story.* Houghton Mifflin Harcourt. New York.

30 Dietrich Braun (2017): *Kleine Geschichte der Kunststoffe.* Carl Hanser Verlag, München.

31 Deutsches Kunststoff Museum (2023): *Kunststoff oder Plastik.* https://www.deutsches-kunststoff-museum.de/kunststoff/einfuehrung/

32 Deutsches Kunststoff Museum (2023): *Hermann Staudinger (1881-1965)*. https://www.deutsches-kunststoff-museum.de/kunststoff/erfinder/hermann-staudinger/

33 Deutsches Kunststoff Museum (2023): *Zeittafel zur Geschichte der Kunststoffe*. https://www.deutsches-kunststoff-museum.de/kunststoff/geschichte/

34 Chemeurope (2023): *DuPont*. https://www.chemeurope.com/en/encyclopedia/DuPont.html#:~:text=of%20General%20Motors.-,1920,followed%20a%20few%20years%20later

35 Jeffrey L. Meikle (1995): *American Plastic: A cultural history.: A Revolution in Textiles*. Rutgers University Press. New Brunswick, London.

36 Ntv (2016): *Teflon revolutionierte mehr als Pfannen*. https://www.n-tv.de/wissen/Teflon-revolutionierte-mehr-als-Pfannen-article16918261.html

37 Gerhard Pretting, Werner Boote (2010): *Plastic Planet. Die dunkle Seite der Kunststoffe*. Orange Press. Freiburg.

38 BASF (2023): *Kampfstoffe und Zyklon B*. https://www.basf.com/global/de/who-we-are/history/chronology/1925-1944/1939-1945/kampfstoffe-und-zyklon-b.html

39 Auschwitz-Birkenau State Museum (2023): *IG Farben*. https://www.auschwitz.org/en/history/auschwitz-iii/ig-farben/

40 Stephan H. Lindner (2020): *Aufrüstung – Ausbeutung – Auschwitz. Eine Geschichte des I.G.-Farben-Prozesses*. Wallstein Verlag. Göttingen.

41 Peer Heinelt (2008): *Die Entflechtung und Nachkriegsgeschichte der I.G. Farbenindustrie AG*. Norbert Wollheim Memorial. http://www.wollheim-memorial.de/files/994/original/pdf_Peer_Heinelt_Die_Entflechtung_und_Nachkriegsgeschichte_der_IG_Farbenindustrie_AG.pdf

42 Bernd Kramer (2014): *Sie brauchen dieses Zeug*. fluter. https://www.fluter.de/sie-brauchen-dieses-zeug

43 Shaun R. McCann (2021): *Plastic in blood and wine*. Bone Marrow Transplant 56. https://doi.org/10.1038/s41409-020-01052-5

44 DuPont (2019): *Apollo 11: How Innovation and Partnership Prepared us for Space*. https://www.dupont.com/news/innovation-and-partnership-prepared-us-for-space.html

45 Anne M. Platoff (1992): *NASA Contractor Report 188251. Where No Flag Has Gone Before: Political and Technical Aspects of Placing a Flag on the Moon*. https://historycollection.jsc.nasa.gov/JSCHistoryPortal/history/flag/flag.htm#TX10

46 Andrea Westermann (2007): *Plastik und politische Kultur in Westdeutschland*. Chronos Verlag. Zürich. https://doi.org/10.3929/ethz-a-005303277

47 David Rosner, Gerald Markowitz (2002): *Deceit and Denial: The Deadly Politics of Industrial Pollution*. University of California Press. Berkeley.

48 International Pollutants Elimination Network (2019): *Plastic Waste Poisons Indonesia's Food Chain.* https://ipen.org/sites/default/files/documents/indonesia-egg-report-v2_0-web.pdf

49 Greenpeace (2003): *PVC: The Poison Plastic.* https://www.greenpeace.org/usa/wp-content/uploads/legacy/Global/usa/report/2009/4/pvc-the-poison-plastic.html

50 Helene Wiesinger, Zhanyun Wang, Stefanie Hellweg (2021): *Deep Dive into Plastic Monomers, Additives, and Processing Aids.* Environmental Science & Technology, 55. https://pubs.acs.org/doi/10.1021/acs.est.1c00976

51 ClientEarth (2021): *Court Win: Game over for plastics lobby in BPA human health impacts case.* https://www.clientearth.org/latest/press-office/press/court-win-game-over-for-plastics-lobby-in-bpa-human-health-impacts-case/

52 Jitka Straková, Valeriya Grechko, Sara Brosché et al. (2022): *A call to action: free children from BPA's toxic legacy.* International Pollutants Elimination Network (IPEN), February 2022. https://ipen.org/sites/default/files/documents/ipen-bpa-2021-v1_6q.pdf

53 The Forever Pollution Project (2023): *Journalists tracking PFAS across Europe.* https://foreverpollution.eu/

54 ARD Mediathek (2022): *Jahrhundertgift: Warum wird es nicht verboten?* STRG_F. https://www.ardmediathek.de/video/strg_f/jahrhundertgift-warum-wird-es-nicht-verboten-strg_f/funk/Y3JpZDovL2Z1bm-submV0LzExMzg0L3ZpZGVvLzE4MzgwMjEvc2VuZHVuZw

55 Sharon Lerner (2015): *The Teflon Toxin. DuPont and the Chemistry of Deception.* The Intercept. https://theintercept.com/2015/08/11/dupont-chemistry-deception/

56 Arathy S. Nait (2017): *DuPont settles lawsuits over leak of chemicals used to make Teflon.* Reuters. https://www.globaldata.com/companies/top-companies-by-sector/oil-gas/global-oil-refining-companies-by-capacity/

57 Marc S. Reisch (2018): *3M to pay $850 million to settle fluorosurfactants lawsuit.* CEN. https://cen.acs.org/articles/96/i9/3M-pay-850-million-settle.html

58 Bloomberg Law (2022): *Companies Face Billions in Damages as PFAS Lawsuits Flood Courts.* https://news.bloomberglaw.com/pfas-project/companies-face-billions-in-damages-as-pfas-lawsuits-flood-courts

59 Reuters (2022): *California sues 3M, DuPont over toxic ›forever chemicals‹.* https://www.reuters.com/business/environment/california-sues-3m-dupont-over-toxic-forever-chemicals-2022-11-10/

60 Umweltbundesamt (2022): *EU beschränkt Verwendung weiterer PFAS.* https://www.umweltbundesamt.de/eu-beschraenkt-verwendung-weiterer-pfas

61   United States Environmental Protection Agency (2023): *What is Acid Rain?*
     https://www.epa.gov/acidrain/what-acid-rain

62   Umweltbundesamt (2016): *Welche gesundheitlichen Wirkungen
     können VOC haben?* https://www.umweltbundesamt.de/themen/
     gesundheit/umwelteinfluesse-auf-den-menschen/chemische-stoffe/
     fluechtige-organische-verbindungen#fluchtige-organische-verbindungen-voc-

63   Ineos (2022): *Construction ethane cracker INEOS Project One kicks off with
     sheetpiling.* News. https://project-one.ineos.com/en/news/construction-ethane-
     cracker-ineos-project-one-kicks-off-with-sheet-piling/

64   Oliver Milman (2023): *Revealed: Exxon made 'breathtakingly' accurate climate
     predictions in 1970s and 80s.* The Guardian. https://www.theguardian.com/
     business/2023/jan/12/exxon-climate-change-global-warming-research

65   International Energy Agency (2022): *World Energy Outlook 2022.* https://www.
     iea.org/reports/world-energy-outlook-2022/outlook-for-liquid-fuels

66   David Sheppard (2022): *IEA forecasts fossil fuel demand will peak this decade.*
     Financial Times. https://www.ft.com/content/1fd06f38-ec60-4043-bcdd-
     adcba8beb006

67   Tim Fitzgibbon, Theo Jan Simons, Gustaw Szarek, Sari Varpa et al. (2022):
     From crude oil to chemicals: How refineries can adapt to shifting demand.
     McKinsey&Company. https://www.mckinsey.com/industries/chemicals/
     our-insights/from-crude-oil-to-chemicals-how-refineries-can-adapt-to-shifting-
     demand

68   International Energy Agency (2022): *World Energy Outlook 2022.* https://www.
     iea.org/reports/world-energy-outlook-2022/outlook-for-liquid-fuels

69   United Nations Department of Economic and Social Affairs: (2023): *8 billion
     strong – infinite possibilities for people and planet.* https://www.un.org/en/desa/8-
     billion-strong-infinite-possibilities-people-and-planet

70   Scott Carpenter (2020): *Why The Oil Industry's $400 Billion Bet
     On Plastics Could Backfire.* Forbes. https://www.forbes.com/sites/
     scottcarpenter/2020/09/05/why-the-oil-industrys-400-billion-bet-on-plastics-
     could-backfire/?sh=2717d44b43fe

71   International Energy Agency (2018): *The Future of Petrochemicals. Towards
     more sustainable plastics and fertilisers.* https://iea.blob.core.windows.net/assets/
     bee4ef3a-8876-4566-98cf-7a130c013805/The_Future_of_Petrochemicals.pdf

72   Tim Fitzgibbon, Theo Jan Simons, Gustaw Szarek et al. (2022): *From crude oil
     to chemicals: How refineries can adapt to shifting demand.* McKinsey&Company.
     https://www.mckinsey.com/industries/chemicals/our-insights/from-crude-oil-to-
     chemicals-how-refineries-can-adapt-to-shifting-demand

73 Carbon Tracker (2020): *The Future's Not in Plastics: Why plastics demand won't rescue the oil sector.* https://carbontracker.org/reports/the-futures-not-in-plastics/

74 International Energy Agency (2021)*: Oil 2021 Analysis and forecast to 2026.* International Energy Agency Publications. https://iea.blob.core.windows.net/assets/1fa45234-bac5-4d89-a532-768960f99d07/Oil_2021-PDF.pdf

75 Auf Anfragen der Autoren keine Antworten bis zur Drucklegung im April 2023.

76 Philip Plickert (2022): *Jim Ratcliffe. Streitbarer Unternehmer und glühender Fußballfan.* FAZ. https://www.faz.net/aktuell/wirtschaft/unternehmen/chemieunternehmer-jim-ratcliffe-ist-ein-streitbarer-unternehmer-18385245.html

77 Amadeo Ghiotto (2021): *Who finances the plastic flood? The money behind INEOS and Borealis.* FairFin. https://www.fairfin.be/sites/default/files/2022-05/Who%20finances%20the%20plastic%20flood%3F.pdf

78 Ze Liu, Qian'en Huang, Hao Wang, Siyu Zhang (2022): *An enhanced risk assessment framework for microplastics occurring in the Westerscheldt estuary.* Science of The Total Environment, 817. https://doi.org/10.1016/j.scitotenv.2022.153006

79 Simon Hann, Chris Sherrington, Olly Jamieson, et. al. (2018): *Investigating Options for Reducing Releases in the Aquatic Environment of Microplastics Emitted by Products.* Eunomia. https://www.eunomia.co.uk/reports-tools/investigating-options-for-reducing-releases-in-the-aquatic-environment-of-microplastics-emitted-by-products/

80 Eos Wetenschap (2019): *Tienduizenden plastic pellets in Antwerpse haven.* https://www.eoswetenschap.eu/natuur-milieu/tienduizenden-plastic-pellets-antwerpse-haven

81 Fidra (2022): *More nurdles found than ever before – The Great Global Nurdle Hunt 2022.* https://www.nurdlehunt.org.uk/images/2022/GGNH_Report22_A4_Spreads.pdf

82 United Nations Environmental Programme (2021): *X-Press Pearl Maritime Disaster Sri Lanka – Report of the UN Environmental Advisory Mission (July 2021).* https://www.unep.org/resources/report/x-press-pearl-maritime-disaster-sri-lanka-report-un-environmental-advisory-mission

83 Karen McVeigh (2021): *Nurdles: the worst toxic waste you've probably never heard of.* The Guardian. https://www.theguardian.com/environment/2021/nov/29/nurdles-plastic-pellets-environmental-ocean-spills-toxic-waste-not-classified-hazardous

84 Deutsche Presse-Agentur (2022): *Plastikverschmutzung der Meere nimmt dramatisch zu.* Spiegel Online. https://www.spiegel.de/wissenschaft/mensch/plastikmuell-wissenschaftler-warnen-vor-plastikflut-im-meer-und-fordern-globales-abkommen-a-07fc3926-1670-4387-a58a-9fe68b8167e7

85 Laura Parker (2022): *Microplastics are in our bodies. How much do they harm us?* National Geographic. https://www.nationalgeographic.com/environment/article/

microplastics-are-in-our-bodies-how-much-do-they-harm-us https://www.nationalgeographic.com/environment/article/microplastics-are-in-our-bodies-how-much-do-they-harm-us

86   Borealis (2019): *Borealis holds groundbreaking ceremony for its new world-scale plant in Kallo, Belgium.* https://www.borealisgroup.com/news/borealis-holds-ground-breaking-ceremony-for-its-new-world-scale-plant-in-kallo-belgium

87   Docwerkers (2023): *Qatar Aan De Schelde – Uitbuiting in het hart van Europa.* Youtube. https://www.youtube.com/watch?v=4U_DQxL80B8&ab_channel=docwerkers

88   Daid van Turnhout (2022): *Voorlopig geen erkenning als slachtoffer mensen-handel voor Turkse arbeiders Borealiswerf.* GVA. https://www.gva.be/cnt/dmf20221208_95609759

89   Wouter Massink (2022): *Belgium's largest human trafficking case still troubles workers from Türkiye, other countries.* Bianet. https://m.bianet.org/english/migration/269399-belgium-s-largest-human-trafficking-case-still-troubles-workers-from-turkiye-other-countries

90   Borealis (2022): *Borealis restarts PDH construction site in Kallo wih Ponticelli as contractor.* https://www.borealisgroup.com/news/borealis-restarts-pdh-const-ruction-site-in-kallo-with-ponticelli-as-contractor

91   ClientEarth (2022): *€3bn INEOS plastics project finally faces court action.* https://www.clientearth.org/latest/press-office/press/3bn-ineos-plastics-project-finally-faces-court-action/

92   Ineos (2023): *Project One Groundbreaking.* https://www.ineos.com/businesses/ineos-olefins-polymers-europe/project-one-groundbreaking/

93   Jean-Francois Mercure, Pablo Salas, Pim Vercoulen et al. (2021): *Reframing incentives for climate policy action.* Nature Energy. 6. https://doi.org/10.1038/s41560-021-00934-2

94   Ineos (2023): *Frequently asked questions.* https://project-one.ineos.com/en/faq/#question1647

95   Fernando J. Gómez, Simonetta Rima (2019): *Setting the facts straight on plastics.* World Economic Forum. https://www.weforum.org/agenda/2019/10/plastics-what-are-they-explainer/

Kapitel 2

1   Organisation for Economic Co-operation and Development (2022): *Global Plastics Outlook: Economic Drivers, Environmental Impacts and Policy Options.* OECD, Publishing. https://doi.org/10.1787/de747aef-en

2   The University of Texas Marine Science Institute (2019): *How many nurdles does it take?* https://missionaransas.org/news/how-many-nurdles-does-it-take

3   Joan O'Callaghan, Rachel Head (2021): *Klimakrise Unverpackt.* Greenpeace. https://www.greenpeace.org/usa/wp-content/uploads/2021/09/1001_GP_Unpacked_Report_GERMAN_FINAL-1.pdf

4   Alpla Werke Alwin Lehner (2021): *Alpla Nachhaltigkeitsbericht 2020.* https://sustainability-report20.alpla.com/sites/default/files/2021-11/rz_nb_deutsch.pdf

5   Alpla Group (2022): *Geschichte der Verpackungen – Teil Eins.* https://blog.alpla.com/de/blog/produkte-innovation/von-der-schweineblase-ueber-glas-zum-verbundkarton-wie-sich-verpackungen

6   Lena Hennewig (2022): *Die Konservendose – so viel mehr als nur Lebensmittelverpackung.* https://www.deutsche-digitale-bibliothek.de/content/journal/entdecken/die-konservendose-so-viel-mehr-als-nur-lebensmittelverpackung

7   Alpla Group (2022): *Geschichte der Verpackungen – Teil Zwei.* https://blog.alpla.com/de/blog/produkte-innovation/von-der-schweineblase-ueber-glas-zum-verbundkarton-wie-sich-verpackungen

8   Thomas de Padova (1997): *Der Tod aus der Konservendose.* Tagesspiegel. https://www.tagesspiegel.de/gesellschaft/panorama/der-tod-aus-der-konservendose-559039.html

9   Campbell Soup Company (2023): *History of the Campbell's Soup Can.* https://www.campbellsoup.co.uk/blog/campbells-soup-can-design/

10   The Coca-Cola Company (2023): *The History of the Coca-Cola Contour Bottle.* https://www.coca-colacompany.com/company/history/the-history-of-the-coca-cola-contour-bottle

11   Manuell Schramm (2020): *Konsumgeschichte. Version 3.0.* In: Docupedia-Zeitgeschichte. http://dx.doi.org/10.14765/zzf.dok-1882

12   Pierre Bourdieu (1987): *Die feinen Unterschiede. Kritik der gesellschaftlichen Urteilskraft.* Suhrkamp Verlag. Frankfurt am Main.

13   Pfister, Christian (2010): *The »1950s syndrome« and the transition from a slow-going to a rapid loss of global sustainability.* In: Frank Uekoetter (2010): The Turning Points of Environmental History. 90–118.

14   Bill McCool (2020): *The History of Plastic: The Invention of Throwaway Living.* Dieline. https://thedieline.com/blog/2020/3/10/the-history-of-plastic-the-invention-of-throwaway-living?

15   Susan Freinkl (2011): *Plastic: A Toxic Love Story.* Houghton Mifflin Harcourt. New York.

16 Lloyd Stouffer (1963): *Plastics Packaging: Today and Tomorrow.* In: 1963. National Plastics Conference. The Society of Plastics Industry, Inc. https://discardstudies.files.wordpress.com/2014/07/stoffer-plastics-packacing-today-and-tomorrow-1963.pdf

17 Susan Freinkl (2011): *Plastic: A Toxic Love Story.* Houghton Mifflin Harcourt. New York.

18 Rebecca Altman (2018*): American Beauties. They catch in the wind, gather on the street, and clog our trash cans. How plastic bags came to rule our lives, and why we can't quit them.* Topic. https://www.topic.com/american-beauties

19 Jube Shiver, Jr. (1986): *Supermarkt Dilemma: Battle of the Bags: Paper or Plastic?* Los Angeles Times. https://www.latimes.com/archives/la-xpm-1986-06-13-mn-10728-story.html

20 BBC News (2021): *How can Coca-Cola solve its plastic problem?* https://www.bbc.com/news/av/science-environment-59017151

21 Flexible Packaging Association (2014): *The Value of Flexible Packaging in Extending Shelf Life and Reducing Food Waste.* https://www.worldpackaging.org/Uploads/SaveTheFood/FPAValueofflexiblepackaginginreducingfoodwaste.pdf

22 Eurostat (2022): *Food waste and food waste prevention – estimates.* https://ec.europa.eu/eurostat/statistics-explained/index.php?title=Food_waste_and_food_waste_prevention_-_estimates

23 Eurostat (2022): *Konsumausgaben der privaten Haushalte nach Verwendungszwecken.* https://ec.europa.eu/eurostat/databrowser/view/tec00134/default/table?lang=de

24 Euromonitor (2021): *Percent of consumer expenditures spend on food, alcoholic beverages and tobacce that were consumed at home, by selected countries, 2021.* https://www.ers.usda.gov/media/1r4nwtsu/data-on-expenditures-on-food-and-alcoholic-beverages-in-selected-countries.xlsx

25 Jabier Ruiz Mirazo, Bartosz Brzeziński, Hortense Merle et al. (2022): *Europa verschlingt die Welt.* World Wildlife Fund for Nature. https://www.wwf.de/fileadmin/fm-wwf/Publikationen-PDF/Landwirtschaft/bericht-europa-verschlingt-die-welt.pdf

26 Comvergence (2022): *Top 30 Global Advertisers 2021. Spotlight 10.* https://comvergence.net/wp-content/uploads/2022/07/COMvergence-spotlight-07-2022-1.pdf

27 Südwestrundfunk (2022): *Eckes-Granini aus Nieder-Olm gewinnt vor Gericht gegen Edeka.* https://www.swr.de/swraktuell/rheinland-pfalz/mainz/edeka-klagt-gegen-eckes-granini-aus-nieder-olm-100.html

28 Auf Anfrage der Autoren keine Antwort bis zur Drucklegung im April 2023.

29   Henryk Hielscher (2022): *Bahlsen, Dr. Oetker, Knorr: In diesen Tüten und Dosen ist mehr Luft als Produkt.* WirtschaftsWoche. https://www.wiwo.de/unternehmen/handel/verbraucherzentrale-untersucht-verpackungsinhalt-bahlsen-dr-oetker-knorr-in-diesen-tueten-und-dosen-ist-mehr-luft-als-produkt/28727620.html#7

30   Jacqueline Goebel (2022): *Shrinkflation im Snackregal: Jetzt essen alle weniger Chips – ob sie wollen oder nicht.* WirtschaftsWoche. https://www.wiwo.de/my/unternehmen/handel/shrinkflation-im-snackregal-jetzt-essen-alle-weniger-chips-ob-sie-wollen-oder-nicht/28793520.html

31   McKinsey (2023): *The lonely economy.* McKinsey Quarterly. https://www.mckinsey.com/featured-insights/asia-pacific/five-fifty-the-lonely-economy

32   Vantage Market Research (2023): *Sachet Packaging Market.* https://www.vantage-marketresearch.com/industry-report/sachet-packaging-market-1746

33   Stoler, Justin. (2017): *From curiosity to commodity: a review of the evolution of sachet drinking water in West Africa: Sachet drinking water in West Africa.* Wiley Interdisciplinary Reviews: Water. 4. https://doi.org/10.1002/wat2.1206

34   Organisation for Economic Co-operation and Development (2022): *Global Plastics Outlook: Policy Scenarios to 2060.* OECD Publishing. https://doi.org/10.1787/aa1edf33-en

35   Break Free From Plastic (2023): *Brand Audit Training.* https://brandaudit.breakfreefromplastic.org/brand-audit-training/

36   Break Free From Plastic (2022): *Brand Audit Report.* https://brandaudit.breakfreefromplastic.org/wp-content/uploads/2022/11/BRANDED-brand-audit-report-2022.pdf

37   Euromonitor (2022): *The Future of Plastic Packaging Amid Sustainability Pressures.* Euromonitor Passport.

38   Alice Delemare Tangpuori, George Harding-Rolls, Nusa Urbancic et. al. (2020): *Talking Trash. The corporate playbook of false solutions to the plastic crises.* Changing Markets Foundation. http://changingmarkets.org/wp-content/uploads/2021/01/TalkingTrash_FullVersion.pdf

39   The Coca-Cola Company (2020): *Business & ESG Report.* https://www.coca-colacompany.com/content/dam/journey/us/en/reports/coca-cola-business-environmental-social-governance-report-2020.pdf

40   Kira Schacht (2022): *European food firms break plastic promises.* Deutsche Welle. https://www.dw.com/en/european-food-companies-break-their-plastics-promises/a-62622509?utm_source=pocket_reader

41   Ellen MacArthur Foundation (2022): *The Global Commitment 2022.* https://emf.thirdlight.com/link/f6oxost9xeso-nsjoqe/@/download/3

42   Euromonitor (2022): *The Future of Plastic Packaging Amid Sustainability Pressures.*
     Euromonitor Passport.

Kapitel 3

1   Statistisches Bundesamt (2022): *6 Kilogramm mehr Verpackungsmüll pro
     Kopf im Corona-Jahr 2020.* https://www.destatis.de/DE/Presse/Pressemittei-
     lungen/2022/03/PD22_108_321.html

2   Statista Research Department (2022): *Müllsortieranlagen – Anzahl der Anlagen für
     Kunststoff- und Leichtverpackungen 2020.* https://de.statista.com/statistik/daten/
     studie/794283/umfrage/anzahl-der-muellsortieranlagen-fuer-kunststoff-und-
     leichtverpackungen-in-deutschland/

3   Anja Garms (2021): *Der gefährliche Methan-Ausstoß der Mülldeponien.* Welt.
     https://www.welt.de/wissenschaft/article235009154/Klimawandel-Der-gefaehr-
     liche-Methan-Ausstoss-der-Muelldeponien.html

4   Organisation for Economic Co-operation and Development (2022): *Global
     Plastics Outlook: Economic Drivers, Environmental Impacts and Policy Options.
     OECD Publishing.* https://doi.org/10.1787/de747aef-en

5   Thomas Lindhqvist (2000): *Extended Producer Responsibility in Cleaner
     Production: Policy Principle to Promote Environmental Improvements of Product
     Systems.* https://lup.lub.lu.se/search/files/4433708/1002025.pdf

6   Bundesgesetzblatt (1991): *Verordnung über die Vermeidung von Verpackungsab-
     fällen.* https://www.bgbl.de/

7   Agnes Bünemann, Jana Brinkmann, Stephan Löhle et al. (2020): *How Germany's
     EPR system for packaging waste went from a single PRO to multiple PROs with a
     register.* PREVENT Waste Alliance (GIZ). https://prevent-waste.net/wp-content/
     uploads/2020/09/Germany.pdf

8   European Commission (2021): *European Packaging Waste Management Systems –
     Main Report – Final Report. February 2001.* https://ec.europa.eu/environment/
     pdf/waste/studies/packaging/epwms.pdf

9   Extended Producers Responsibility Alliance EXPRA (2023): *Mission.* https://
     www.expra.eu/en/about/mission

10   Joachim Christiani, Sandra Beckamp (2020): *Was können die mechanische Aufbe-
     reitung von Kunststoffen und das werkstoffliche Recycling leisten?* In: Stephanie Thiel,
     Elisabeth Thomé-Kozmiensky, Peter Quicker et. al. (Hrsg.): Energie aus Abfall,
     Band 17. https://www.vivis.de/wp-content/uploads/EaA17/2020_EaA_139-152_
     Christiani.pdf

11 Bundesverband der deutschen Entsorgungs-, Wasser- und Kreislaufwirt-schaft (2020): *Brennpunkt: Batterie Informationen zur richtigen Sammlung und Entsorgung von Lithium-Ionen-Batterien und -Akkus.* https://www.bde.de/themen/brennpunkt-batterie/

12 Euwid Recycling and Waste Management (2021): *Veolia the largest player in the waste and water sector by far.* Euwid Recycling. https://www.euwid-recycling.com/news/business/top-ten-environmental-services-groups-veolia-by-far-the-market-leader/

13 Veolia (2022): *Veolia in brief.* https://www.veolia.com/en/veolia-group/profile

14 Rethmann (2023): *RETHMANN: Langfristiges Wachstum im Familienverbund.* https://www.rethmann-gruppe.de/

15 PreZero Deutschland (2023): *PreZero – die Unternehmensgruppe.* https://prezero.de/ueber-prezero/unternehmen

16 Manager Magazin (2014): *Maroder spanischer Baukonzern vereint die reichsten Männer der Welt.* https://www.manager-magazin.de/unternehmen/industrie/maroder-spanischer-baukonzern-vereint-die-reichsten-maenner-der-welt-a-1005424.html

17 Jesse Emspak (2022): *How Carlos Slim Built His Fortune. Investopedia.* https://www.investopedia.com/articles/investing/103114/how-carlos-slim-built-his-fortune.asp

18 Katherine Boudreau (2022): *The waste picker fighting for global recognition.* Politico. https://www.politico.com/newsletters/the-long-game/2022/04/13/the-waste-picker-fighting-for-global-recognition

19 Workplace Health Without Borders (2023): *Waste Workers Occupational Health and Safety.* https://whwb.org/waste-workers-occupational-health-and-safety/

20 Forbes (2021): *Die reichsten Schweizer 2021.* https://www.forbes.at/index.php/artikel/die-reichsten-schweizer-2021.html

21 Keegan Ramsden (2020): *Cement And Concrete: The Environmental Impact.* Princeton University. https://psci.princeton.edu/tips/2020/11/3/cement-and-concrete-the-environmental-impact

22 David Biello (2008): *Cement from CO2: A Concrete Cure for Global Warming?* Scientific American. https://www.scientificamerican.com/article/cement-from-carbon-dioxide/

23 Verband deutscher Zementwerke (2022): *Umweltdaten der deutschen Zementindustrie 2021.* https://www.bvse.de/dateien2020/2-PDF/01-Nachrichten/07-EBS-Holz-Bio/2022/0823-VDZ-Umweltdaten_Environmental_Data_2021.pdf

24 Holcim (2023): *Waste Management and Co-Processing.* https://www.holcim.com/what-we-do/applications/waste-management

25 Globaldata (2021): *Top 10 Cement Companies in the World in 2021 by Revenue.* https://www.globaldata.com/companies/top-companies-by-sector/construction/global-cement-companies-by-revenue/

26 Heidelberg Materials (2023): *Alternative Raw Materials and Fuels.* https://www.heidelbergmaterials.com/en/alternative-raw-materials-and-fuels

27 Bundesverband Sekundärrohstoffe und Entsorgung (2022): *Deutsche Zementindustrie verwendete 69,3 Prozent Alternative Brennstoffe in 2021.* https://www.bvse.de/verwertung/nachrichten-altholz-ersatzbrennstoffe-bioabfall/8854-deutsche-zementindustrie-verwendete-69-3-prozent-alternative-brennstoffe-in-2021.html

28 Renato Sarc, Le Korber, Roland Pomberger, et al. (2014): *Design, quality, and quality assurance of solid recovered fuels for the substitution of fossil feedstock in the cement industry.* Waste Management & Resarch 32. https://www.researchgate.net/figure/Thermal-substitution-rate-of-fossil-fuels-by-use-of-RDF-in-cement-industry-in-selected_fig1_263289754

29 Holcim (2020): *Umweltbericht 2020 Zement Lägerdorf.* https://www.holcim.de/sites/germany/files/documents/holcim_umweltbericht_2020_laegerdorf_02.pdf

30 Joe Brock, Yuddy Cahya Budiman, John Geddie et al. (2021): *Trash and Burn: Big brands' new plastic waste plan.* Reuters. https://www.reuters.com/article/environment-plastic-cement-idUSL8N2RN06B

31 Nestlé (2021*): Maintaining Plastic Neutrality: 18,000 Metric Tons and Counting.* https://www.nestle.com.ph/media/news/maintaining-plastic-neutrality

32 Joe Brock, Yuddy Cahya Budiman, John Geddie et al. (2021): *Trash and Burn: Big brands' stoke cement kilns with plastic waste as recycling falters.* Reuters. https://www.reuters.com/investigates/special-report/environment-plastic-cement

33 Interessengemeinschaft der Thermischen Abfallbehandlungsanlagen in Deutschland (2023): *Unsere Mitgliedsanlagen.* https://www.itad.de/ueber-uns/anlagen

34 Umweltbundesamt (2022): *Kraft-Wärme-Kopplung (KWK).* https://www.umweltbundesamt.de/daten/energie/kraft-waerme-kopplung-kwk#kwk-anlagen

35 Tagesspiegel (2008): *Bestechungsvorwürfe: Müllprozess: Bewährungsstrafen für Kölner Ex-Politiker.* https://www.tagesspiegel.de/politik/mullprozess-bewahrungs-strafen-fur-kolner-ex-politiker-1683214.html

36 Manager Magazin (2016): *China stemmt größte Übernahme in Deutschland.* https://www.manager-magazin.de/unternehmen/industrie/chinesen-stemmen-rekord-uebernahme-in-niedersachsen-a-1075686.html

37 Ecoprog (2023): *Waste to Energy* 2022/2023. https://www.ecoprog.com/publications/energy-management/waste-to-energy.htm

38 International Pollutants Elimination Network (2019): *Plastic Waste Poisons Indonesia's Food Chain.* https://ipen.org/sites/default/files/documents/indonesia-egg-report-v2_0-web.pdf

39 Interessengemeinschaft der Thermischen Abfallbehandlungsanlagen in Deutschland (2023): *Emissionen, Umwelt- und Gesundheitsschutz.* https://www.itad.de/wissen/emissionen-gesundheitsschutz

40 Stadt Wien (2023): *Behandlungsanlage für Verbrennungsrückstände.* https://www.wien.gv.at/umwelt/ma48/entsorgung/abfallbehandlungsanlagen/aba/verbrennungsrueckstaende.html

41 Dirk Asendorpf, Fritz Habekuß, Paul Middelhoff et al. (2018): *Für immer Dein.* Die Zeit. https://www.zeit.de/2018/17/plastikmuell-umweltverschmutzung-muellhandel-kunststoff-recycling

42 Greenpeace Schweiz (2020): *Holcim-Report: Eine Skandal-Recherche.* https://www.greenpeace.ch/static/planet4-switzerland-stateless/2020/11/6171a8d5-derholcimreport_greenpeaceschweiz_4nov2020.pdf

43 Michael Billig, Benedict Wermter (2021): *Das schmutzige Millionen-Geschäft: So lukrativ ist das Verbrennen von Müll für die Zementindustrie und darum wird so ein Geheimnis daraus gemacht.* Business Insider. https://www.businessinsider.de/wirtschaft/das-schmutzige-millionen-geschaeft-so-lukrativ-ist-das-verbrennen-von-muell-fuer-die-zementindustrie-und-darum-wird-so-ein-geheimnis-daraus-gemacht-c/

44 Bundesregierung (2022*): CO2-Preis für alle fossilen Brennstoffe.* https://www.bundesregierung.de/breg-de/service/gesetzesvorhaben/co2-preis-kohle-abfall-brennstoffe-2061622

45 Zero Waste Europe (2022): *ZWE welcomes the agreement on the municipal waste incinerators within the EU ETS.* https://zerowasteeurope.eu/press-release/zwe-welcomes-the-agreement-on-the-municipal-waste-incinerators-within-the-eu-ets/

46 DG Climate Action Europäische Kommission (2023): *EU Emissions Trading System* (EU ETS). https://climate.ec.europa.eu/eu-action/eu-emissions-trading-system-eu-ets_en#the-eu-ets-framework

47 European Parliament (2022): *Revision of the EU emission trading system (ETS).* https://www.europarl.europa.eu/legislative-train/package-fit-for-55/file-revision-of-the-eu-emission-trading-system-(ets)

48 Heidelberg Materials (2023): *Carbon Capture and Storage (CCS).* https://www.heidelbergmaterials.com/en/carbon-capture-and-storage-ccs

49 Global CCS Institute (2022): *IPCC Report Reaffirms Carbon Capture and Storage as a Critical Technology for Mitigating Climate Change.* https://www.globalccsinstitute.com/news-media/press-room/media-releases/ipcc-report-reaffirms-carbon-capture-and-storage-as-a-critical-technology-for-mitigating-climate-change/

50 Agnes Bünemann, Jana Brinkmann, Stephan Löhle et al. (2020): *How Germany's EPR system for packaging waste went from a single PRO to multiple PROs with a register.* PREVENT Waste Alliance (GIZ). https://prevent-waste.net/wp-content/uploads/2020/09/Germany.pdf

51 Bundesverband Sekundärrohstoffe und Entsorgung (2018): *Aus ELS Insolvenz müssen Konsequenzen gezogen werden.* https://www.bvse.de/recycling/recycling-nachrichten/3188-aus-els-insolvenz-muessen-konsequenzen-gezogen-werden.html

52 Joachim Christiani, Sandra Beckamp (2020): *Was können die mechanische Aufbereitung von Kunststoffen und das werkstoffliche Recycling leisten?* In: Stephanie Thiel, Elisabeth Thomé-Kozmiensky, Peter Quicker, Alexander Gosten (Hrsg.): Energie aus Abfall, Band 17. https://www.vivis.de/wp-content/uploads/EaA17/2020_EaA_139-152_Christiani.pdf

53 Veolia (2023): *Recycling nach dem URRC Verfahren.* https://www.veolia.de/veolia-pet-germany-gmbh-urrc-verfahren

54 Benedict Wermter (2021): *Wie aus deutschen Recyclinganlagen Mikroplastik in Flüsse und Meere läuft.* Focus Online. https://www.focus.de/perspektiven/gefaehrliches-mikroplastik-wie-aus-unseren-deutschen-recyclinganlagen-mikroplastik-in-fluesse-und-meere-fliesst_id_13424929.html

55 Euromonitor (2022): *The Future of Plastic Packaging Amid Sustainability Pressures.* Euromonitor Passport.

56 Zero Waste Europe (2022): *How Circular is PET?* https://zerowasteeurope.eu/wp-content/uploads/2022/02/HCIP_V13-1.pdf

57 Barfnaby J. Feder (1991): *Profits, and Problems, for Recycler.* The New York Times. https://www.nytimes.com/1991/01/08/business/profits-and-problems-for-recycler.html

58 Peggy Y. Lee (1993): *Patagonia Develops Jacket From Bottles.* Los Angeles Times. https://www.latimes.com/archives/la-xpm-1993-06-01-me-42253-story.html

59 James P. Miller (1995): *Bidding War Breaks Out for Used Plastic Soda Bottles.* Associated Press. https://apnews.com/article/e5770b1f5a6796e7e01599e45fa43055

60 Wellmann (2020): *Wellmann Officially Becomes One With PRET.* http://wellmanam.com/news/wellman-name-change/

61 Textile Exchange (2022): *Recycled and conventional polyester fiber as share of total production worldwide from 2008 to 2021.* Statista. https://www.statista.com/statistics/1250998/global-share-recycled-polyester-fiber/

62 Jodie Spragg (2021): *Waste into Wow!* Primark. https://www.primark.com/en-gb/a/inspiration/sustainable-fashion/waste-into-wow

63 Shein (2022): *SHEIN Launches evoluSHEIN, New Clothing Line Designed to Make Purposeful Products Accessible for All. PR Newswire.* https://www.prnewswire.com/news-releases/shein-launches-evolushein-new-clothing-line-designed-to-make-purposeful-products-accessible-for-all-301534882.html

64 Ikea (2021): *IKEA accelerates transformation towards recycled polyester.* https://about.ikea.com/en/newsroom/2021/02/03/ikea-accelerates-transformation-towards-recycled-polyester

65 Continental (2021): *Recycelte PET-Flaschen in Autoreifen.* https://www.continental-reifen.de/b2c/stories/recycled-pet-bottles-in-tires.html

66 Jorge L. Ortiz (2020): *Drive the plastic highway? How a California company's innovative repaving process could lead to the 'holy grail' of road construction.* USA today. https://www.usatoday.com/story/news/nation/2020/08/08/recycling-plastic-pet-bottles-repave-california-roads/3315815001/

67 Lego (2021): *Recycelte Materialien.* https://www.lego.com/de-de/sustainability/environment/recycledmaterials/

68 Bruna Angel, Andrew Brown, Salmon Aiden Lee (2020): *Bottle battle: the fight for recycled plastic supply is on.* WoodMackenzie. https://www.woodmac.com/news/opinion/bottle-battle-the-fight-for-recycled-plastic-supply-is-on/

69 Joshua Poole (2022): *Fair is fair: EU beverage industry demands rPET priority access amid cross industry free riding.* Packaging Insight. https://www.packaginginsights.com/news/fair-is-fair-eu-beverage-industry-demands-rpet-priority-access-amid-cross-industry-free-riding.html

70 Carsten Dierig (2022): *Der Kampf ums PET ist entbrannt. Gerolsteiner fordert Recht auf Erstzugriff.* Welt. https://www.welt.de/wirtschaft/article241984505/Kampf-ums-PET-ist-entbrannt-Gerolsteiner-fordert-Recht-auf-Erstzugriff.html

71 Nicolas Cayé, Anke Leighty (2021): *Bundesweite Erhebung von Daten zum Verbrauch von Getränken in Mehrweggetränkeverpackungen 2019.* Umweltbundesamt. https://www.umweltbundesamt.de/sites/default/files/medien/1410/publikationen/2021-08-04_texte_116-2021_mehrweggetraenkeverpackungen_2019.pdf

72 Zero Waste Europe (2022): *How Circular is PET?* https://zerowasteeurope.eu/wp-content/uploads/2022/02/HCIP_V13-1.pdf

73 Woulter Lox,, Patricia Fosselard, Nicholas Hodac (2021): *Stop downcycling our bottles: Why Europe's non-alcoholic beverage industry needs fair and necessary access to its recycled packaging*. Politico. https://www.politico.eu/sponsored-content/stop-downcycling-our-bottles-why-europes-non-alcoholic-beverage-industry-needs-fair-and-necessary-access-to-its-recycled-packaging/

74 EUR-Lex (2023): *Directive (EU) 2019/904 of the European Parliament and of the Council of 5 June 2019 on the reduction of the impact of certain plastic products on the environment* (Text with EEA relevance). https://eur-lex.europa.eu/eli/dir/2019/904/oj

75 Petcore Europe (2022): *PET Market In Europe State of Play 2022*. https://www.petcore-europe.org/news-events/409-pet-market-in-europe-state-of-play-2022.html

76 Sebastian Kahlert, Catharina R. Bening (2022): *Why pledges alone will not get plastics recycled: Comparing recyclate production and anticipated demand*. Resources Conservation and Recycling. https://www.researchgate.net/publication/359174924_Why_pledges_alone_will_not_get_plastics_recycled_Comparing_recyclate_production_and_anticipated_demand

77 International Pollutants Elimination Network (2021): *Widespread chemical contamination of recycled plastic pellets globally*. https://ipen.org/documents/widespread-chemical-contamination-recycled-plastic-pellets-globally

78 Lisa Zimmermann (2022): *Scientists identify most harmful food contact chemicals*. Food Packaging Forum. https://www.foodpackagingforum.org/news/scientists-identify-most-harmful-food-contact-chemicals

79 Ed Cook, Michiel Derks, Costas A. Velis (2023): *Plastic waste reprocessing for circular economy. A systematic scoping review of risks to occupational and public health from legacy substances and extrusions*. Science of The Total Environment. 859, 2. https://doi.org/10.1016/j.scitotenv.2022.160385

80 U.S. Food and Drug Administration (2020): *Recycled Plastics in Food Packaging*. https://www.fda.gov/food/packaging-food-contact-substances-fcs/recycled-plastics-food-packaging

81 Paula Leardini, Carolina Perujo Holland, Helen MacGeough (2020): *Ramp-up in food-grade recycled plastics necessary*. Recycling Today. https://www.recyclingtoday.com/news/icis-rampup-food-graded/

82 Christian Rung, Frank Welle, Anita Gruner et al. (2023): *Identification and Evaluation of (Non-)Intentionally Added Substances in Post-Consumer Recyclates and Their Toxicological Classification*. Recycling, 8. https://doi.org/10.3390/recycling8010024

83   Stina (2021): *Assessing the State of Food Grade Recycled Resin in Canada & the United States.* http://www.plasticsmarkets.org/jsfcode/upload/wd_492/20211201120602_9_jsfwd_492_q2_1.pdf

84   Bundesverband Sekundärrohstoffe und Entsorgung (2022): *Recyclateinsatzquoten: Der Teufel steckt im Detail.* https://www.bvse.de/gut-informiert-kunststoffrecycling/pressemitteilungen-kunststoffrecycling/8721-recyclateinsatzquoten-der-teufel-steckt-im-detail.html

85   Agnes Bünemann, Jana Brinkmann, Stephan Löhle et al. (2020): *Germany. How Germany's EPR system for packaging waste went from a single PRO to multiple PROs with register.* PREVENT Waste Alliance (GIZ). https://prevent-waste.net/wp-content/uploads/2020/09/Germany.pdf

86   Deutsche Welle (2003): *Kartellamt verhängt Bußgeld gegen DSD und Verbände.* https://p.dw.com/p/3CNL

87   Benedict Wermter, Isabelle Vanhoutte (2021): *Alles außer Grün: Wie der Grüne Punkt gegen den Umweltschutz der EU kämpft.* Correctiv. https://correctiv.org/aktuelles/artikel-aktuelles/2021/03/12/der-gruene-punkt-gegen-den-umweltschutz/

88   Stiftung Zentrale Stelle Verpackungsregister (2023): *Overview of systems and other contacts.* https://www.verpackungsregister.org/en/information-orientation/instructions-further-information/systems-overview?r=1

89   Stiftung Zentrale Stelle Verpackungsregister (2021): *Verwertungsmengen Verpackungen privater Endverbrauch 2018- 2021.* https://www.verpackungsregister.org/fileadmin/Auswertungen/ZSVR_Auswertung_Recyclingquoten_2018-2021.pdf

90   Conversio Market&Strategy et al. (2022): *Stoffstrombild Kunststoffe in Deutschland 2021: Zahlen und Fakten zum Lebensweg von Kunststoffen.* https://www.bvse.de/dateien2020/2-PDF/01-Nachrichten/03-Kunststoff/2022/Kurzfassung_Stoffstrombild_2021_13102022_1_.pdf

91   Conversio Market&Strategy et al. (2020): *Stoffstrombild Kunststoffe in Deutschland 2019: Zahlen und Fakten zum Lebensweg von Kunststoffen.* https://www.vci.de/ergaenzende-downloads/kurzfassung-stoffstrombild-kunststoffe-2019.pdf

92   Kunststoff Information (2022): *Stoffstrombild Kunststoffe in Deutschland 2021: Woher kommt das Material, wohin geht es – und wie viel wird im Kreis geführt?* https://www.kiweb.de/Default.aspx?pageid=169&docid=251383

93   Bundesministerium für Umwelt, Naturschutz und Nukleare Sicherheit (2020): *Verpackungen gesamt Verbrauch, Verwertung, Quoten 1991 bis 2018 (in Kilotonnen) in der Bundesrepublik Deutschland.* https://www.bmuv.de/fileadmin/Daten_BMU/Download_PDF/Abfallwirtschaft/datentabelle_verbrauch_verwertung_quoten_bf.pdf

94 Eurostat (2022): *Verpackungsabfälle nach Abfallbewirtschaftungsmaßnahmen.* https://ec.europa.eu/eurostat/databrowser/view/ENV_WASPAC__custom_4643720/default/table?lang=de

95 Rick Young, Laura Sullivan, Emma Schwartz, et al. (2021): *Plastic Wars.* Frontline PBS. https://www.pbs.org/wgbh/frontline/documentary/plastic-wars/

96 Woldemar d'Ambrières (2019): *Plastics recycling worldwide: current overview and desirable changes.* The journal of field actions, 19. https://journals.openedition.org/factsreports/5102#ftn2

97 United States Environmental Protection Agency (2023): *National Overview: Facts and Figures on Materials, Wastes and Recycling.* https://www.epa.gov/facts-and-figures-about-materials-waste-and-recycling/national-overview-facts-and-figures-materials#Trends1960-Today

98 Greenpeace USA (2022): *Circular claims fall flat again.* https://www.greenpeace.org/usa/wp-content/uploads/2022/10/GPUS_FinalReport_2022.pdf

99 Adam Smith (1776): *An Inquiry Into the Nature and Causes of the Wealth of Nations.* W. Strahan, T. Cadell, in the Strand. https://www.google.de/books/edition/An_Inquiry_Into_the_Nature_and_Causes_of/pOdBAQAAMAAJ?hl=en&gbpv=0

100 Fu Gu, Jiqiang Wang, Jianfeng Duo et al. (2020): *Dynamic linkages between international oil price, plastic stock index and recycle plastic markets in China.* International Review of Economics & Finance, 68. https://www.sciencedirect.com/science/article/abs/pii/S1059056020300678

101 Sebastian Kahlert, Catharina R. Bening (2022): *Why pledges alone will not get plastics recycled: Comparing recyclate production and anticipated demand.* Resources Conservation and Recycling, 181. https://www.researchgate.net/publication/359174924_Why_pledges_alone_will_not_get_plastics_recycled_Comparing_recyclate_production_and_anticipated_demand

102 Nadine Oberhuber (2018): *Recycling. Der neue Weg des Plastikmülls.* Die Zeit. https://www.zeit.de/wirtschaft/2018-07/recycling-deutschland-china-plastik-muell-grenzen-industrie-boom

Kapitel 4

1 Environmental Investigation Agency (2021): *The Truth Behind Trash.* https://eia-international.org/wp-content/uploads/EIA-The-Truth-Behind-Trash-FINAL.pdf

2 Woldemar d'Ambrières (2019): *Plastics recycling worldwide: current overview and desirable changes.* The journal of field actions, 19. https://journals.openedition.org/factsreports/5102#ftn2

3   Amy L. Brooks, Shunli Wang, Jenna R. Jambeck (2018): *The Chinese import ban and its impact on global plastic waste trade.* Science, 4. https://www.science.org/doi/10.1126/sciadv.aat0131

4   Plastics Europe (2021): *Plastics – The Facts 2021 – An analysis of European plastics production, demand and waste data.* https://plasticseurope.org/wp-content/uploads/2021/12/Plastics-the-Facts-2021-web-final.pdf

5   Jacqueline Goebel, Henryk Hielscher (2019): *Wie Plastikmüll von Aldi & Co. in Asien landet.* WirtschaftsWoche. https://www.wiwo.de/my/unternehmen/industrie/muellmafia-wie-plastikmuell-von-aldi-und-co-in-asien-landet/23985018.html

6   Joshua Goldstein (2021): *The other side of ›the Sword‹.* Resource Recycling. https://resource-recycling.com/recycling/2021/09/13/the-other-side-of-the-sword/

7   Will Flower (2016): *What Operation Green Fence has Meant for Recycling.* Waste 360. https://www.waste360.com/business/what-operation-green-fence-has-meant-recycling

8   David Bodamer (2017): *China Notifies WTO of Intent to Ban 24 Types of Solid Waste Imports.* Waste 360. https://www.waste360.com/recycling/china-notifies-wto-intent-ban-24-types-solid-waste-imports

9   Aditya Vedantam, Nallan C. Suresh, Khadija Ajmal et al. (2022*): Impact of China's National Sword Policy on the U.S. Landfill and Plastics Recycling Industry.* Sustainability, 14. https://www.mdpi.com/2071-1050/14/4/2456

10 Jacqueline Goebel, Henryk Hielscher (2019): *Wie Plastikmüll von Aldi & Co. in Asien landet.* WirtschaftsWoche. https://www.wiwo.de/my/unternehmen/industrie/muellmafia-wie-plastikmuell-von-aldi-und-co-in-asien-landet/23985018.html

11 Greenpeace Malaysia (2019): *The Recycling Myth. Malaysia and Broken Global Recycling System.* https://www.greenpeace.org/static/planet4-southeastasia-stateless/2019/04/7c9f822c-7c9f822c-the-recycling-myth-malaysia-and-the-broken-global-recycling-system.pdf

12 Mathea Schülke, Lara Straatmann, Susanna Zdrzalek et al. (2019): *Polen als Müllkippe Deutschlands: Das Geschäft mit dem illegalen Abfall.* ARD Monitor. https://www1.wdr.de/daserste/monitor/sendungen/pdf-1136.pdf

13 Ecoton (2023): *Home is Life.* https://ecoton.or.id/

14 Visinema Pictures, Kopernik, Akarumput, Watchdoc (2021): *Pulau Plastik. A documentary film.* https://pulauplastik.org/en

15 Global Alliance of Incinerator Alternatives (2019): *Discarded. Communities on the frontlines of the global plastic crisis.* https://drive.google.com/file/d/1YyeMdvO3-0icMl0A4L9mwp2DcMRkD1QH/view

16 Jacqueline Goebel (2019): *Wirtschaft von Oben #1 – Malaysia. Hier räumt Malaysia deutschen Plastikmüll weg.* WirtschaftsWoche. https://www.wiwo.de/technologie/wirtschaft-von-oben/wirtschaft-von-oben-1-malaysia-hier-raeumt-malaysia-deutschen-plastikmuell-weg/24524970.html

17 European Commission (2021): *Communication from the Commission to the European Parliament, the Council, The European Economic and Social Committee and the Committee of the Regions. Our waste, our responsibility: Waste shipments in a clean and more circular economy.* https://eur-lex.europa.eu/legal-content/EN/TXT/PDF/?uri=CELEX:52021PC0708

18 Secretariat of the Basel Convention (2023): *Questions and answers related to the Basel Convention Plastic Waste Amendment.* http://www.basel.int/Implementation/Plasticwaste/PlasticWasteAmendments/FAQs/tabid/8427/Default.aspx

19 George Monbiot (2021): *Britain through the looking glass: my dead goldfish is now a registered waste disposer.* The Guardian. https://www.theguardian.com/commentisfree/2021/dec/24/dead-goldfish-licensed-waste-disposer-system-falling-apart

20 Interpol (2020): *Strategic Analysis Report – Emerging criminal trends in the global plastic waste market since January 2018.* https://www.interpol.int/News-and-Events/News/2020/INTERPOL-report-alerts-to-sharp-rise-in-plastic-waste-crime

21 Tom Costello, Benedict Wermter (2022): *Die Recyclinglüge.* a&o buero für ARD. https://www.daserste.de/information/reportage-dokumentation/dokus/sendung/die-recyclingluege-100.html

22 Jacqueline Goebel, Benedict Wermter (2021): *Die dunkle Seite des Recyclings.* WirtschaftsWoche. https://www.wiwo.de/my/unternehmen/dienstleister/fragwuerdige-muellexporte-die-dunkle-seite-des-recyclings/27788706.html

23 Jakob Kluchert (2022): *Wo landet deutscher Plastikmüll?* Greenpeace Deutschland. https://www.greenpeace.de/publikationen/20221026_greenpeace_report_plastik_tracking.pdf

24 Jacqueline Goebel, Benedict Wermter (2021): *Die dunkle Seite des Recyclings.* WirtschaftsWoche. https://www.wiwo.de/my/unternehmen/dienstleister/fragwuerdige-muellexporte-die-dunkle-seite-des-recyclings/27788706.html

25 Jacqueline Goebel (2021): *Deshalb vergammelt deutscher Haushaltsmüll in der Türkei.* WirtschaftsWoche. https://www.wiwo.de/my/unternehmen/dienstleister/plastikabfall-aus-dem-gelben-sack-deshalb-vergammelt-deutscher-haushaltsmuell-in-der-tuerkei/27163628.html

26 Jacqueline Goebel (2021): *Plastikabfälle auf Irrfahrt. Von Deutschland in die Türkei und nach Vietnam.* WirtschaftsWoche. https://www.wiwo.de/unternehmen/ dienstleister/plastikabfaelle-auf-irrfahrt-von-deutschland-in-die-tuerkei-und-nach-vietnam/27800828.html

27 Environmental Investigation Agency (2021): *The Truth Behind Trash. The scale and impact of the international trade in plastic waste.* Environmental Investigation Agency. Rethink Plastic. https://eia-international.org/wp-content/uploads/ EIA-The-Truth-Behind-Trash-FINAL.pdf

28 Basel Action Network (2022): *The New Plastic Waste Amendments: A Compliance Report Card.* http://wiki.ban.org/images/6/6d/ENFORCE-6-Presentation.pdf

29 Alphaliner (2023): *Alphaliner Top 100. 12 Mar 2023.* https://alphaliner. axsmarine.com/PublicTop100/

30 CMA CGM (2022): *CMA CGM stops transporting plastic waste.* https://www.cma-cgm.com/news/4099/cma-cgm-stops-transporting-plastic-waste

31 Secretariat of the Basel Convention (2023): *Questions and answers related to the Basel Convention Plastic Waste Amendments.* http://www.basel.int/Implemen-tation/Plasticwaste/PlasticWasteAmendments/FAQs/tabid/8427/Default.aspx

32 Vivien Timmler (2019): *Meilenstein für den Schutz von Mensch und Natur.* Süddeutsche Zeitung. https://www.sueddeutsche.de/wirtschaft/plastik-muell-export-basler-konvention-1.4442430

33 Geneva Environmental Network (2021): *The Basel Plastics Amendments: The First Year Report Card.* https://www.genevaenvironmentnetwork.org/wp-content/ uploads/2022/06/13June2022_BRS_SideEvent_PlasticAmendments-compressed.pdf

34 Bundesverband der deutschen Entsorgungs-, Wasser- und Kreislaufwirtschaft, Verband Österreichischer Entsorgungsbetriebe (2021): *Europaspiegel. April 2021.* https://www.bde.de/documents/359/BDE_VOEB_Europaspiegel_April2021.pdf

35 Anlaufstelle Baseler Übereinkommen (2021): *Anlaufstellen-Leitlinien Nr. 12 deutsch.* https://www.umweltbundesamt.de/sites/default/files/medien/2503/ dokumente/anlaufstellen-leitlinien_nr._12_deutsch_03122021_003.pdf

Kapitel 5

1 Europäische Kommission (2018): *Kunststoffabfälle: eine europäische Strategie zum Schutz unseres Planeten und unserer Bürger und zur Stärkung unserer Industrie.* Pressemitteilung. https://ec.europa.eu/commission/presscorner/detail/de/IP_18_5

2 Deutschlandfunk (2018): *EU-Kommission plant Verbot von Plastikbesteck und Co.* https://www.deutschlandfunk.de/kampf-gegen-verschmutzung-eu-kommission-plant-verbot-von-100.html

3   Encyplopedia Britannica (2022): *lobbying, politics*. https://www.britannica.com/topic/lobbying

4   Alice Delemare Tangpuori, George Harding-Rolls, Nusa Urbancic et al. (2020): *Talking Trash. The corporate playbook of false solutions to the plastic crises.* Changing Markets Foundation. http://changingmarkets.org/wp-content/uploads/2021/01/TalkingTrash_FullVersion.pdf

5   Anna (Anya) Phelan, Katie Meissner, Jacquelyn Humprey et al. (2021): *Plastic pollution and packaging: Corporate commitments and actions from the food and beverage sector.* Journal of Cleaner Production, 331. https://doi.org/10.1016/j.jclepro.2021.129827

6   SourceWatch (2023): *Keep America Beautiful.* https://www.sourcewatch.org/index.php/Keep_America_Beautiful

7   Clean Europe Network (2023): *Membership.* https://cleaneuropenetwork.eu/en/membership/aug/

8   Thomas Hummel (2022): *Boris Palmer verliert gegen McDonald's im Tübinger Müllstreit.* Süddeutsche Zeitung. https://www.sueddeutsche.de/wirtschaft/verpackungssteuer-tuebingen-palmer-mcdonald-s-1.5557734

9   LobbyFacts (2023): *PlasticsEurope.* https://www.lobbyfacts.eu/datacard/plastics-europe-services-sprl?rid=454264611835-56

10 The New York Times (2005): *Englishwoman Sails Globe in 71 Days, a Record.* https://www.nytimes.com/2005/02/08/sports/othersports/englishwoman-sails-globe-in-71-days-a-record.html

11 TED (2015): *The surprising thing I learned sailing solo around the world | Dame Ellen MacArthur.* Youtube. https://www.youtube.com/watch?v=ooIxHVXgLbc

12 The New York Times (2005): *Englishwoman Sails Globe in 71 Days, a Record.* https://www.nytimes.com/2005/02/08/sports/othersports/englishwoman-sails-globe-in-71-days-a-record.html

13 Ellen MacArthur Foundation (2023): *Timeline.* https://ellenmacarthurfoundation.org/about-us/timeline

14 TED (2015): *The surprising thing I learned sailing solo around the world | Dame Ellen MacArthur.* Youtube. https://www.youtube.com/watch?v=ooIxHVXgLbc

15 Peter Brooks (1985): *Reading for the Plot: Design and Intention in Narrative,* Vintage Books. New York City.

16 Ellen MacArthur Foundation (2013): *Towards the circular economy.* https://www.mckinsey.com/~/media/mckinsey/dotcom/client_service/sustainability/pdfs/towards_the_circular_economy.ashx

17 Ellen MacArthur Foundation (2020): *The EU's Circular Economy Action Plan.* https://circulareconomy.europa.eu/platform/sites/default/files/eu-case-study-june2020-en.pdf

18 Philipp Schäfer (2021): *Recycling – ein Mittel zu welchem Zweck?* Springer Spektrum Wiesbaden https://doi.org/10.1007/978-3-658-32924-2

19 Ellen MacArtur Foundation (2023): *Timeline.* https://ellenmacarthurfoundation.org/about-us/timeline

20 World Economic Forum (2016): *The New Plastics Economy, Rethinking the future of plastics.* https://www3.weforum.org/docs/WEF_The_New_Plastics_Economy.pdf

21 Kemkominfo TV (2018): *Our Ocean Conference Bali – Our Ocean, Our Legacy #OurOceanOurLegacy Day 2.* Youtube. https://www.youtube.com/watch?v=jihsBrTmHmk&ab_channel=KemkominfoTV

22 United Nations Environment Programme: (2023): *The New Plastics Economy Global Commitment.* https://www.unep.org/new-plastics-economy-global-commitment

23 Ellen MacArthur Foundation (2022): *The Global Commitment 2022.* https://ellenmacarthurfoundation.org/global-commitment-2022/overview

24 World Economic Forum (2016): *The New Plastics Economy, Rethinking the future of plastics.* https://www3.weforum.org/docs/WEF_The_New_Plastics_Economy.pdf

25 Ellen MacArthur Foundation (2019): *Global Commitment 2019 Progress Report.* https://emf.thirdlight.com/link/d81jyzj5q3li-ico7uz/@/preview/1?o

26 Business Wire (2016): *Dow Joins Ellen MacArthur Foundation Circular Economy 100.* https://www.businesswire.com/news/home/20160518005780/en/Dow-Joins-Ellen-MacArthur-Foundation-Circular-Economy

27 Circular (2018): *P&G Joins Ellen MacArthur Foundation's Circular Economy 100.* https://www.circularonline.co.uk/news/pg-joins-ellen-macarthurs-circular-economy-100/

28 Ellen MacArthur Foundation (2022): *The Global Commitment 2022 Progress Report.* https://ellenmacarthurfoundation.org/global-commitment-2022/overview

29 Ellen MacArthur Foundation (2021): *Global Commitment 2021 Progress Report.* https://emf.thirdlight.com/link/n1ipti7a089d-ekf9l1/@/preview/1?o

30 Ellen MacArthur Foundation (2022): *Global Commitment 2022 Progress Report.* https://emf.thirdlight.com/link/f6oxost9xeso-nsjoqe/@/preview/3

31 Stephanie Baker, Matthew Campbell, Patpicha Tanakasempipat (2022): *Inside Big Plastic's Faltering $1.5 Billion Global Cleanup Effort*. Bloomberg. https://www.bloomberg.com/features/2022-exxon-mobil-plastic-waste-cleanup-greenwashing/

32 Alliance To End Plastic Waste (2019): *Global alliance to take on plastic waste in the environment*. National Geographic Partner Content. https://www.nationalgeographic.com/environment/article/partner-content-global-alliance-to-end-plastic-waste-environment

33 Siegfried Hofmann, Bert Fröndhoff (2019): *Chemieriesen bilden eine Allianz gegen Plastikmüll*. Handelsblatt. https://www.handelsblatt.com/unternehmen/industrie/henkel-basf-shell-chemieriesen-bilden-eine-allianz-gegen-plastikmuell/23855276.html

34 Charity Commission For England and Wales (2023): *Ellen MacArthur Foundation. Charity number: 1130306*. https://register-of-charities.charitycommission.gov.uk/charity-search/-/charity-details/5003211/financial-history

35 Alliance To End Plastic Waste (2019): *Return of Organization Exempt From Income Tax 2019, Form 990*. Pro Publica. https://projects.propublica.org/nonprofits/organizations/832463179/202043199349301144/IRS990

36 Alliance To End Plastic Waste (2021): *Return of Organization Exempt From Income Tax 2021, Form 990.*

37 Borealis (2021): *Borealis Commits to Major Expansion of Project STOP in Indonesia*. https://www.borealisgroup.com/news/borealis-commits-to-major-expansion-of-project-stop-in-indonesia

38 Alliance to End Plastic Waste (2022): *Alliance in Action. Progress Report 2021.* https://endplasticwaste.org/-/media/Project/AEPW/Alliance/Media-Page/AllianceInAction_ProgressReport_2021.pdf

39 Borealis (2022): *Kombinierter Geschäftsbericht 2021*. https://www.borealisgroup.com/storage/Borealis-Combined-Report-2021_Group_DE.pdf

40 Alliance to End Plastic Waste (2022): *Alliance in Action. Progress Report 2021.* https://endplasticwaste.org/-/media/Project/AEPW/Alliance/Media-Page/AllianceInAction_ProgressReport_2021.pdf

41 Pers Indonesia (2021): *Mengalami Kerugian Miliaran Pertahun, PT Systemic Audensi ke Komisi III DPRD Jembrana*. https://persindonesia.com/2021/09/20/mengalami-kerugian-miliaran-pertahun-pt-systemic-audensi-ke-komisi-iii-dprd-jembrana/

42 Joe Brock, John Geddie, Saurabh Sharma (2021): *Big Oil's flagship plastic waste project sinks on the Ganges*. Reuters. https://www.reuters.com/article/us-environment-plastic-insight-idUSKBN29N024

43 Alliance To End Plastic Waste (2021): *Catalysing Collective Action to End Plastic Waste through ALL_Thailand Initiative.* https://endplasticwaste.org/en/news/catalysing-collective-action-to-end-plastic-waste-through-all-thailand-initiative

44 SCG News Channel (2021): *FTI forged cooperation on PPP Plastics and AEPW by launching ALL_Thailand Project, piloting 3 sub-projects in Thailand to manage used plastics in a sustainable way.* https://scgnewschannel.com/en/scg-news/fti-forged-cooperation-on-ppp-plastics-and-aepw-by-launching-all_thailand-project-piloting-3-sub-projects-in-thailand-to-manage-used-plastics-in-a-sustainable-way/

45 SCG (2019): *Recycled Plastic Road.* https://www.scg.com/sustainability/circular-economy/en/collaboration-projects/recycled-plastic-road/

46 Stephanie Baker, Matthew Campbell, Patpicha Tanakasempipat (2022): *Inside Big Plastic's Faltering $1.5 Billion Global Cleanup Effort.* Bloomberg. https://www.bloomberg.com/features/2022-exxon-mobil-plastic-waste-cleanup-greenwashing/

47 Stephanie Baker, Matthew Campbell, Patpicha Tanakasempipat (2022): *Inside Big Plastic's Faltering $1.5 Billion Global Cleanup Effort.* Bloomberg. https://www.bloomberg.com/features/2022-exxon-mobil-plastic-waste-cleanup-greenwashing/

48 Thalia Bofiliou, John Willis, Neil Guessous et al. (2022): *Alliance to End Plastic Waste: Barely Credible.* Planet Tracker. https://planet-tracker.org/wp-content/uploads/2022/08/AEPW.pdf

49 Stephanie Baker, Matthew Campbell, Patpicha Tanakasempipat (2022): *Inside Big Plastic's Faltering $1.5 Billion Global Cleanup Effort.* Bloomberg. https://www.bloomberg.com/features/2022-exxon-mobil-plastic-waste-cleanup-greenwashing/

50 Heather McGuire Doyle (2019): *ACC: US chemical output expected to jump, key issue at Downstream 2019.* Reuters Events. https://www.reutersevents.com/downstream/supply-chain-logistics/acc-us-chemical-output-expected-jump-key-issue-downstream-2019

Kapitel 6

1 Anna (Anya) Phelan, Katie Meissner, Jacquelyn Humprey et al. (2021): *Plastic pollution and packaging: Corporate commitments and actions from the food and beverage sector.* Journal of Cleaner Production, 331. https://doi.org/10.1016/j.jclepro.2021.129827

2 Break Free From Plastic (2021): *Missing The Mark. Unveiling corporate false solutions to the plastic pollution crisis.* https://drive.google.com/file/d/1VWL78eU8VMDApX8H5mlvui_zJ3RhNvi8/view

3   Break Free From Plastic (2023): *Missing the Mark: Corporate False Solutions to the Plastic Crisis. Frequently Asked Questions.* https://docs.google.com/document/d/e/2PACX-1vQy0DUDF7Io13GBbSYngu8qi1hJ54U8SeKsnF-Op5h7k78lfAkyRQmkcK6OCGpZ5e3wkaSUvyyQxbtlD/pub

4   Sebastian Kempes, Christian Salewski und Greta Taubert (2022): *Trikots der Fußball-Nationalmannschaft. Was steckt da wirklich drin?* Zeit Online. https://www.zeit.de/2022/48/fussball-nationalmannschaft-trikots-adidas-greenwashing

5   TrademarkElite (2023): *Ocean Plastic.* https://www.trademarkelite.com/europe/trademark/trademark-detail/016767683/OCEAN-PLASTIC

6   Ferenc Ronkay, Béla. Monlár, Dániel Gere et al. (2021): *Plastic waste from marine environment: Demonstration of possible routes for recycling by different manufacturing technologies.* Waste Management, 119. https://doi.org/10.1016/j.wasman.2020.09.029

7   Christian Schmidt, Tobias Krauth, Stephan Wagner (2017): *Export of Plastic Debris by Rivers into the Sea. Environmental Science Technologie, 51.* http://dx.doi.org/10.1021/acs.est.7b02368

8   Sebastian Kempes, Christian Salewski und Greta Taubert (2022): *Trikots der Fußball-Nationalmannschaft. Was steckt da wirklich drin?* Zeit Online. https://www.zeit.de/2022/48/fussball-nationalmannschaft-trikots-adidas-greenwashing

9   The Ocean Cleanup (2023): *The great pacific garbage patch.* https://theoceancleanup.com/great-pacific-garbage-patch/

10   TED (2018): *The surprising solution to ocean plastic | David Katz.* Youtube. https://www.youtube.com/watch?v=mT4Qbp89nIQ&ab_channel=TED

11   Plastic Bank (2022): *Advancing Ocean Stewards. Sustainability Report 2021.* https://assets.plasticbank.com/wp-content/uploads/2022/09/13235738/PlasticBank-2021-Sustainability-Report-SmallerFile.pdf

12   BPJS Kesehatan (2023*): Dengan Kartu JKN, Berobat Gratis Tanpa Biaya.* https://www.bpjs-kesehatan.go.id/bpjs/post/read/2022/2512/Ruddy-Dengan-Kartu-JKN-Berobat-Gratis-Tanpa-Biaya

13   Plastic Bank (2022): *Advancing Ocean Stewards. Sustainability Report 2021.* https://assets.plasticbank.com/wp-content/uploads/2022/09/13235738/PlasticBank-2021-Sustainability-Report-SmallerFile.pdf

14   HelloFresh (2022): *HelloFresh stops 37,5 million plastic bottles from entering the ocean.* https://www.hellofreshgroup.com/en/newsroom/stories/hellofresh-stops-37-5-million-plastic-bottles-from-entering-the-ocean/

15   RePurpose (2023): *Get certified with us.* https://repurpose.global/

16 Radhika Sikaria (2022): *Plastic credit problems: Coca-Cola, Unilever and NGOs cast doubt on «band-aid» pollution solution.* Packaging Insights. https://www.packaginginsights.com/news/plastic-credits-problems-coca-cola-unilever-and-ngos-cast-doubt-on-band-aid-pollution-solution.html

17 Jacqueline Goebel (2018): *Deutsche Umwelthilfe. »Man versucht, mich persönlich zu vernichten«.* WirtschaftsWoche. https://www.wiwo.de/my/unternehmen/industrie/deutsche-umwelthilfe-man-versucht-mich-persoenlich-zu-vernichten/21015938.html

18 Deutsche Umwelthilfe (2012): *Verbrauchertäuschung von Aldi und Rewe mit angeblich kompostierbaren Einkaufstüten.* Presseportal. https://www.presseportal.de/pm/22521/2232340

19 European Bioplastic (2022): *Bioplastic Market Development Update.* https://docs.european-bioplastics.org/publications/market_data/2022/Report_Bioplastics_Market_Data_2022_short_version.pdf

20 Kantar Public (2021): *Repräsentative Umfrage zu Umweltauswirkungen von Bioplastik-Verpackungen.* https://www.duh.de/fileadmin/user_upload/download/Projektinformation/Kreislaufwirtschaft/Bioplastik/211118_KANTAR_repr%C3%A4sentative_Umfrage_Bioplastik_im_Auftrag_der_DUH.pdf

21 Jacqueline Goebel (2018): *Deutsche Umwelthilfe. »Man versucht, mich persönlich zu vernichten«.* WirtschaftsWoche. https://www.wiwo.de/my/unternehmen/industrie/deutsche-umwelthilfe-man-versucht-mich-persoenlich-zu-vernichten/21015938.html

22 Deutsche Umwelthilfe (2018): *Bioplastik in der Kompostierung. Ergebnis-bericht – Umfrage.* https://www.duh.de/fileadmin/user_upload/download/Projektinformation/Kreislaufwirtschaft/Verpackungen/180920_DUH_Ergebnis-bericht_Kompostierungsumfrage.pdf

23 BASF (2023*): ecovio (PBAT, PLA) – Certified Compostable Polymer With Bio-based Content.* https://plastics-rubber.basf.com/global/en/performance_polymers/products/ecovio.html

24 Jacqueline Goebel (2018): *Deutsche Umwelthilfe. »Man versucht, mich persönlich zu vernichten«* WirtschaftsWoche. https://www.wiwo.de/my/unternehmen/industrie/deutsche-umwelthilfe-man-versucht-mich-persoenlich-zu-vernichten/21015938.html

25 Lobbyfacts.eu (2023): *BASF SE.* https://www.lobbyfacts.eu/datacard/basf-se?rid=7410939793-88

26 InfluenceMap (2022): *Corporate Climate Policy Footprint. The 25 Most Influential Companies Blocking Climate Policy Action Globally.* https://influencemap.org/report/Corporate-Climate-Policy-Footprint-2022-20196

27 Jacqueline Goebel (2018): *Deutsche Umwelthilfe. »Man versucht, mich persönlich zu vernichten«.* WirtschaftsWoche. https://www.wiwo.de/my/unternehmen/industrie/deutsche-umwelthilfe-man-versucht-mich-persoenlich-zu-vernichten/21015938.html

28 Imogen E. Napper, Richard C. Thompson (2019): *Environmental Deterioration of Biodegradable, Oxo-biodegradable, Compostable, and Conventional Plastic Carrier Bags in the Sea, Soil, and Open-Air Over a 3-Year Period.* Environmental Science & Technology, 53. https://pubs.acs.org/doi/10.1021/acs.est.8b06984

29 Danielle Purkiss, Ayşe Lisa Allison, Fabiana Lorencatto et al. (2022): *The Big Compost Experiment: Using citizen science to assess the impact and effectiveness of biodegradable and compostable plastics in UK home composting.* Frontiers in Sustainability. https://doi.org/10.3389/frsus.2022.942724

30 Michael Kern, Falk Neumann, Hans-Jörg Siepenkothen et al. (2020): *Kunststoffe im Kompost. Praxisversuche zur Bestimmung der Polymerzugehörigkeit.* Müll und Abfall 5. https://doi.org/10.37307/j.1863-9763.2020.05.05

31 Deutsche Umwelthilfe (2023): *Bioplastik.* https://www.duh.de/bioplastik/

32 European Bioplastic (2022): *Bioplastic Market Development Update.* https://docs.european-bioplastics.org/publications/market_data/2022/Report_Bioplastics_Market_Data_2022_short_version.pdf

33 John Willis, Thalia Bofiliou, Arianna Manili et al. (2023): *The Greenwasing Hydra.* Planet Tracker. https://planet-tracker.org/wp-content/uploads/2023/01/Greenwashing-Hydra-3.pdf

34 European Commission (2023*): Initiative on substaintiating green claims.* https://ec.europa.eu/environment/eussd/smgp/initiative_on_green_claims.htm

35 Mathilde Crepy, Samy Porteron (2021): *Too good to be true? A study of green claims on plastic products.* Ecos. Rethink Plastic. Break Free From Plastic. https://ecostandard.org/wp-content/uploads/2021/07/ECOS-RPa-REPORT-Too-Good-To-Be-True.pdf

36 Rudy Sanchez (2020): *The History of Plastic. The Theft Of The Recycling Symbol.* The Dieline. https://thedieline.com/blog/2020/4/22/the-history-of-plastic-the-theft-of-the-recycling-symbol

37 Doug Clauson (2023): *Standardization News. Modernizing the Resin Identification Code.* ASTM International. https://sn.astm.org/features/modernizing-resin-identification-code-ja13.htm

38 Umweltbundesamt (2022): *Verpackungsabfälle.* https://www.umweltbundesamt.de/daten/ressourcen-abfall/verwertung-entsorgung-ausgewaehlter-abfallarten/verpackungsabfaelle#verpackungen-uberall

39   United States Environmental Protection Agency (2023): *National Overview: Facts and Figures on Materials, Wastes and Recycling.* https://www.epa.gov/facts-and-figures-about-materials-waste-and-recycling/national-overview-facts-and-figures-materials#Trends1960-Today

40   Ellen MacArthur Foundation (2022): *The Global Commitment 2022.* https://emf.thirdlight.com/link/f6oxost9xeso-nsjoqe/@/download/3

41   HansonBridgett (2022): *Legal Alert. Two New California Laws Expand Regulation of Greenwashing Claims.* https://www.hansonbridgett.com/Publications/articles/220207-3000-greenwashing-laws

42   State of California Departement of Justice (2022): *Attorney General Bonta Demands Manufacturers of Plastic Bags Substantiate Recyclability Claims.* https://oag.ca.gov/news/press-releases/attorney-general-bonta-demands-manufacturers-plastic-bags-substantiate

43   The Associated Press (2022): *Think those plastic bags are recyclable? AG Bonta launches investigation.* CBS. https://www.cbsnews.com/sanfrancisco/news/plastic-reusable-bags-recyclable-california-ag-rob-bonta-investigation/

44   State of California Departement of Justice (2022): *Attorney General Bonta Announces Investigation into Fossil Fuel and Petrochemical Industries for Role in Causing Global Plastics Pollution Crisis.* https://oag.ca.gov/news/press-releases/attorney-general-bonta-announces-investigation-fossil-fuel-and-petrochemical

45   Sabrina Valle, Valerie Volcovici (2022): *Exxon rejects California AG allegations on role in plastic pollution.* Reuters. https://www.reuters.com/world/us/exxon-rejects-california-ag-allegations-role-plastic-pollution-2022-04-29/

46   Kira Taylor (2022): *Definition of ›recyclability‹ takes centre stage in draft EU packaging law.* Euractiv. https://www.euractiv.com/section/energy-environment/news/definition-of-recyclability-takes-centre-stage-in-draft-eu-packaging-law/

47   Agence France-Presse (2023): *Klage wegen Plastikverbrauchs gegen Lebensmittelkonzern Danone.* Stern. https://www.stern.de/news/klage-wegen-plastikverbrauchs-gegen-lebensmittelkonzern-danone-33080770.html

48   ExxonMobil (2023): *ExxonMobil advanced recycling.* https://www.exxonmobilchemical.com/en/resources/library/library-detail/90763/1872_exxon_pyrolosis_plastics_regen_with_exxtend1?utm_source=pocket_reader

49   Frankfurter Rundschau (1995): *Plastik-Muell – Fuer Grosskonzerne ploetzlich ein obskures Objekt der Begierde.* 6, 11.

50   Peter Quicker, Mathias Seitz, Julia Vogel (2022): *Chemical recycling: A critical assessment of potential process approaches.* Waste Management & Research, 40. https://journals.sagepub.com/doi/10.1177/0734242X221084044

51 Denise Patel, Duon Moon, Neil Tangri et al. (2020). *All Talk and No Recycling: An Investigation of the U.S. »Chemical Recycling« Industry.* Global Alliance for Incinerator Alternatives. www.doi.org/10.46556/WMSM7198

52 The Consumer Goods Forum (2022): *Major Consumer Goods Companies Signal Shared Demand for 800.000 Tons of Chemically Recycled Materials.* https://www.theconsumergoodsforum.com/press_releases/major-consumer-goods-companies-signal-shared-demand-for-800000-tons-of-chemically-recycled-materials/

53 Eva Middendorf (2022): *Chemisches Recycling. Mars setzt Rezyklat zum Verpacken von Riegeln ein.* Plastverarbeiter. https://www.plastverarbeiter.de/verarbeitungsverfahren/kunststoffrecycling/mars-setzt-rezyklat-zum-verpacken-von-riegeln-ein-661.html

54 Ellen MacArthur Foundation (2020): *Enabling a circular Economy for chemicals with the mass balance approach.* https://www.basf.com/global/documents/de/sustainability/we-source-responsibly/EllenMacArthur_White%20Paper_2019_englisch.pdf

55 Alexandra Möck, Winfried Bulach, Johannes Betz (2022): *Climate impact of pyrolysis of waste plastic packaging in comparison with reuse and mechanical recycling.* Öko-Institut. Zero Waste Europe. Rethink Plastic alliance. https://zerowasteeurope.eu/wp-content/uploads/2022/09/zwe_2022_report_climat_impact__pyrolysis_plastic_packaging.pdf

56 BASF (2021): *Chemcycling, turning trash into treasure.* Youtube. https://www.youtube.com/watch?v=I-APoHv5AZ0&ab_channel=BASF

57 Bundesverband Sekundärrohstoffe und Entsorgung (2022): *Chemisches Recycling: Greenwashing oder Durchbruch?* https://www.bvse.de/gut-informiert-kunststoffrecycling/pressemitteilungen-kunststoffrecycling/9147-chemisches-recycling-greenwashing-oder-durchbruch.html

58 Jacqueline Goebel (2022): *Chemisches Recycling auf dem Prüfstand.* WirtschaftsWoche. https://www.wiwo.de/my/unternehmen/industrie/chemisches-recycling-revoluzzer-auf-bewaehrung/28744894-all.html

59 Shanar Tabrizi, Andrew Neil Rollinson, Merieke Hoffmann et al. (2020): *Die Umweltauswirkungen des chemischen Recyclings von Kunststoffen. Zehn Kritikpunkte an den vorliegenden Ökobilanzen.* Zero Waste Europe. EEB. Deutsche Umwelthilfe. Ecos. https://www.duh.de/fileadmin/user_upload/download/Pressemitteilungen/Kreislaufwirtschaft/Chemisches_Recycling/201218_Verb%C3%A4ndestudie_Die_Umweltauswirkungen_des_chemischen_Recyclings_von_Kunststoffen_final.pdf

60 Sphera (2020): *Evaluation of pyrolysis with LCA – 3 case studies. Update July 2020.* https://www.basf.com/global/en/who-we-are/sustainability/we-drive-susta- inable-solutions/circular-economy/mass-balance-approach/chemcycling/ lca-for-chemcycling/download-study.html

61 Quantis (2020): *Life Cycle Assessment of Plastic Energy Technology for the Chemical Recycling of Mixed Plastic Waste. Prepared for Plastic Energy.* https://plasticenergy. com/wp-content/uploads/2020/10/Plastic-Energy-LCA-Executive-Summary.pdf

62 Heather McGuire Doyle (2019): *ACC: US chemical output expected to jump, key issue at Downstream 2019.* Reuters Events. https://www.reutersevents.com/ downstream/supply-chain-logistics/acc-us-chemical-output-expected-jump-key- issue-downstream-2019

63 Ellen MacArthur Foundation (2020): *Enabling a circular Economy for chemicals with the mass balance approach.* https://www.basf.com/global/documents/de/ sustainability/we-source-responsibly/EllenMacArthur_White%20Paper_2019_ englisch.pdf

Kapitel 7

1 Organisation for Economic Co-operation and Development (2022): *OECD erwartet bis 2060 nahezu Verdreifachung der Kunststoffabfälle weltweit.* https:// www.oecd.org/berlin/presse/oecd-erwartet-bis-2060-nahezu-verdreifachung-der- kunststoffabfaelle-weltweit.htm

2 Joleah B. Lamb, Bette L. Willis, Evan A. Fiorenza (2018): *Plastic waste associated with disease on coral reefs.* Science, 359. https://www.science.org/doi/10.1126/ science.aar3320

3 Emily Higgins, Anna Metaxas, Robert E. Scheibling (2022): *A systematic review of artificial reefs as platform for coral reef research and conservation.* PLoS One, 17. https://doi.org/10.1371/journal.pone.02619644

4 Mine B. Tekmann, Bruno Andreas Walter, Corina Peter et al. (2022): *Impacts of plastic pollution in the oceans on marine species, biodiversity and ecosystems.* WWF Germany. Doi: 10.5281/zenodo.5898684. https://www.wwf.de/fileadmin/ fm-wwf/Publikationen-PDF/Plastik/WWF-Impacts_of_plastic_pollution_in_ the_ocean_on_marine_species__biodiversity_and_ecosystems.pdf

5 Tom S. Smith, Andrew E. Derocher, Rachel L. Mazur, et al. (2022). *Anthro- pogenic food: An emerging threat to polar bears.* Oryx. https://doi.org/10.1017/ S0030605322000278

6 Stefania D'Angelo, Rosaria Meccariello (2021): *Microplastics: A Threat for Male Fertility.* International Journal of Environmental Research and Public Health, 18. https://doi.org/10.3390/ijerph18052392

7   Shanna H. Swan, Stacey Colino (2020): *Count Down: how our modern world is threatening sperm counts, altering male and female reproductive development, and the imperiling the future of the human race.* Simon&Schuster.

8   United Nations (2023): *Net Zero Coalition.* https://www.un.org/en/climate-change/net-zero-coalition

Kapitel 8

1   Silpa Kaza, Lisa C. Yao, Perinaz Bhada-Tata et al. (2018): *What a Waste 2.0: A Global Snapshot of Solid Waste Management to 2050.* World Bank Publications. http://hdl.handle.net/10986/30317

2   Organisation for Economic Co-operation and Development (2022): *Global Plastics Outlook: Economic Drivers, Environmental Impacts and Policy Options.* OECD Publishing. https://doi.org/10.1787/de747aef-en

3   Bundesamt für Gesundheit (2022): *Vier-Säulen-Politik.* https://www.bag.admin.ch/bag/de/home/strategie-und-politik/politische-auftraege-und-aktionsplaene/drogenpolitik/vier-saeulen-politik.html

4   Ad Lansink (2017): *Challenging Changes. Connecting Waste Hierarchy and Circular Economy.* LEA. Nijmegen

5   European Commission (2023): *Waste Framework Directive.* https://environment.ec.europa.eu/topics/waste-and-recycling/waste-framework-directive_en

6   European Commission (2022): *European Green Deal: Putting an end to wasteful packaging, boosting reuse and recycling.* https://ec.europa.eu/commission/press-corner/detail/en/ip_22_7155

7   Larissa Copello, Gaëlle Haut, Frédérique Mongodin (2022): *Single Use Plastics Directive Implementation Assessment Report.* Zero Waste Europe. Surfrider Europe. Seas At Risk. https://seas-at-risk.org/wp-content/uploads/2022/09/SUP-Imple-metation-Assessment-Report.pdf

8   Zero Waste International Alliance (2018): *Zero Waste Definition.* https://zwia.org/zero-waste-definition/

9   Aimee Van Vliet (2018): *The story of Capannori. Case Study.* Zero Waste Europe. https://zerowastecities.eu/wp-content/uploads/2019/07/zero_waste_europe_cs1_capannori_en.pdf

10 Zero Waste Europe (2022): *Capannori becomes the first Zero Waste Certified City in Italy and the third in Europe.* https://zerowastecities.eu/capannori-becomes-the-first-zero-waste-certified-city-in-italy-and-the-third-in-europe/

11 Deutsches Verpackungsinstitut (2022): *1,7 Millionen Tonnen mehr Verpackung durch steigenden Konsum.* https://www.verpackung.org/aktuelles/news/1-7-millionen-tonnen-mehr-verpackung-durch-steigenden-konsum

12 Europäischer Wirtschaftsdienst (2021): *Eurostat: Aufkommen an Verpackungsabfall nimmt EU-weit zu, aber das Recycling ab.* https://www.euwid-recycling.de/news/international/eurostat-aufkommen-an-verpackungsabfall-nimmt-eu-weit-zu-aber-das-recycling-ab/

13 Rachel Karasik, Tibor Vegh, Zoie Diana, et al. (2020): *20 years of government responses to the global plastic pollution problem: The plastics policy inventory.* https://nicholasinstitute.duke.edu/sites/default/files/publications/20-Years-of-Government-Responses-to-the-Global-Plastic-Pollution-Problem-New_1.pdf

14 United Nations Environment Programme (2018): *Legal Limits on Single-Use Plastics and Microplastics: A Global Review of National Laws and Regulations.* https://www.unep.org/resources/publication/legal-limits-single-use-plastics-and-microplastics-global-review-national

15 Rachel Karasik, Tibor Vegh, Zoie Diana, et al. (2020): *20 years of government responses to the global plastic pollution problem: The plastics policy inventory.* Nicholas Institute. https://nicholasinstitute.duke.edu/sites/default/files/publications/20-Years-of-Government-Responses-to-the-Global-Plastic-Pollution-Problem-New_1.pdf

16 Nestlé (2023): *Nestle schafft Markt für recycelte Kunststoffe in Lebensmittelqualität und lanciert Fonds für Verpackungsinnovation.* https://www.nestle.de/medien/medieninformationen/nestle_schafft_markt_fuer_recycelte_kunststoffe_in_lebensmittelqualitaet_und_lanciert_fonds_fuer_verpackungsinnovation

17 Artur Cecil Pigou (1928): *The Economics of Welfare.* R.&R. Clark, Limited. Edinburgh. https://oll-resources.s3.us-east-2.amazonaws.com/oll3/store/titles/1410/0316_Bk_Sm.pdf

18 World Wide Fund For Nature (2021): *Plastics: The cost to society, environment and the economy.* https://www.wwfca.org/en/plasticsthecosttosociety/

19 European Commission (2021): *Plastics own resource.* https://commission.europa.eu/strategy-and-policy/eu-budget/long-term-eu-budget/2021-2027/revenue/own-resources/plastics-own-resource_en

20 KPMG (2021): *Plastic Tax Reduce, Reuse, Recycle.* https://kpmg.com/xx/en/home/insights/2021/09/plastic-tax.html

21 Matthias Runkel, Alexander Mahler (2017*): Steuerliche Subventionierung von Kunststoffen. Abschätzung des Subventionsvloumens der nicht-energetischen Verwendung von Rohbenzin und mögliche Abbaupfade.* Forum Ökologisch-soziale Marktwirtschaft. Bündnis 90 Die Grünen Bundestagsfraktion. https://foes.de/pdf/2017-01-FOES-Studie-Stoffliche-Nutzung-Rohbenzin.pdf

22 Grzegorz Peszko (2023): *Plastic taxes: a guide to new legislation in Europe.* International Tax Review. https://www.internationaltaxreview.com/article/2ba9a65l5p74ycisjwagw/plastic-taxes-a-guide-to-new-legislation-in-europe

23 Viola Kiel (2022): *Gut gemeint, aber nicht praxistauglich.* Die Zeit. https://www.zeit.de/green/2022-10/unverpackt-laden-verpackungsmuell-nachhaltigkeit

24 Christian Altmayer (2022): *Unverpackt in der Krise: Immer mehr Läden schließen.* SWR Aktuell. https://www.swr.de/swraktuell/rheinland-pfalz/trier/unverpackt-geschaefte-in-der-krise-region-trier-100.html

25 Michael Scheppe (2022): *Nur 0,1 Prozent Marktanteil – warum Konsumgüter zum Nachfüllen nicht ankommen.* Handelsblatt. https://www.handelsblatt.com/unternehmen/handel-konsumgueter/die-nachfuell-illusion-nur-0-1-prozent-marktanteil-warum-konsumgueter-zum-nachfuellen-nicht-ankommen/28681302.html

26 World Economic Forum (2021): *Future of Reusable Consumption Models Platform for Shaping the Future of Consumption. Insight Report. July 2021. Prepared with Kearney.* https://www3.weforum.org/docs/WEF_IR_Future_of_Reusable_Consumption_2021.pdf

27 Bundesregierung (2023): *Fragen und Antworten zum Verpackungsgesetz. Mehrweg fürs Essen zum Mitnehmen.* https://www.bundesregierung.de/breg-de/themen/klimaschutz/mehrweg-fuers-essen-to-go-1840830

28 Kira Taylor (2022): *EU's draft reuse targets for packaging meets barrage of criticism from industry.* Euractiv. https://www.euractiv.com/section/energy-environment/news/eus-draft-reuse-targets-for-packaging-meets-barrage-of-criticism-from-industry/

29 Verband kommunaler Unternehmen (2020): *Einwegplastik und Zigarettenkippen in der Umwelt kosten Kommunen jährlich 700 Millionen Euro.* https://www.vku.de/presse/pressemitteilungen/archiv-2020-pressemitteilungen/einwegplastik-und-zigarettenkippen-in-der-umwelt-kosten-kommunen-jaehrlich-700-millionen-euro/

30 Stern TV (2011): *Mit Leergut zum Wohnmobil: 13.000 € durch Flaschensammeln.* Youtube. https://www.youtube.com/watch?v=MKAafyxCAUM

31 Benedict Wermter, Isabelle Vanhoutte (2021): *Alles außer Grün: Wie der Grüne Punkt gegen den Umweltschutz der EU kämpft.* Correctiv. https://correctiv.org/aktuelles/artikel-aktuelles/2021/03/12/der-gruene-punkt-gegen-den-umweltschutz/

32 Nicolas Cayé, Anke Leighty (2022): *Bundesweite Erhebung von Daten zum Verbrauch von Getränken in Mehrweggetränkeverpackungen.* Umweltbundesamt. https://www.umweltbundesamt.de/sites/default/files/medien/479/publikationen/texte_131-2022_bundesweite_erhebung_von_daten_zum_verbrauch_von_getraenken_in_mehrweggetraenkeverpackungen.pdf

33   Ellen MacArthur Foundation (2020): *Upstream Innovation. A guide to packaging solutions.* https://emf.thirdlight.com/file/24/h_Pf1MahttEqT6h_OwchCrKU2/Upstream%20Innovation.pdf

34   Ellen MacArthur Foundation (2019): *Reuse, Rethinking Packaging.* https://emf.thirdlight.com/file/24/_A-BkCs_aXeX02_Am1z_J7vzLt/Reuse%20%E2%80%93%20rethinking%20packaging.pdf

35   Organisation for Economic Co-operation and Development (2022): *Global Plastics Outlook: Economic Drivers, Environmental Impacts and Policy Options.* OECD Publishing. https://doi.org/10.1787/de747aef-en

36   Conversio Market&Strategy et al. (2022): *Stoffstrombild Kunststoffe in Deutschland 2021: Zahlen und Fakten zum Lebensweg von Kunststoffen.* https://www.bvse.de/dateien2020/2-PDF/01-Nachrichten/03-Kunststoff/2022/Kurzfassung_Stoff-strombild_2021_13102022_1_.pdf

37   Plastics Recyclers Europe (2023): *Continued investments lead to exceptional 17% growth in EU plastic recycling capacity.* https://www.plasticsrecyclers.eu/news/continued-investments-lead-to-exceptional-17-growth-in-eu-plastic-recycling-capacity-tkbewx/

38   Arbeitsgemeinschaft Verpackung + Umwelt (2021): *Instrumente zur Steigerung des Rezyklatanteils in Kunststoffverpackungen.* https://www.agvu.de/wp-content/uploads/2021/06/Instrumente-zur-Steigerung-des-Rezyklatanteils-in-Kunststoff-verpackungen_AGVU_IK.pdf

39   Jenny Niederstadt (2016): *Bevor es Plastik gab.* Frankfurter Allgemeine Zeitung. https://www.faz.net/aktuell/wissen/physik-mehr/kunststoffchemie-bevor-es-plastik-gab-14182638.html

40   Lego (2018): *First sustainable Lego bricks will be launched in 2018.* https://www.lego.com/en-si/aboutus/news/2019/october/lego-plants-made-from-plants

41   Organisation for Economic Co-operation and Development (2022): *Global Plastics Outlook: Economic Drivers, Environmental Impacts and Policy Options.* OECD Publishing. https://doi.org/10.1787/de747aef-en

42   WELT Nachrichtensender (2022): »*World Clean Up Day*«: *Umweltministerin will Plastikindustrie bald an Müllkosten beteiligen.* Youtube. https://www.youtube.com/watch?v=XH8lE5AQY2w&ab_channel=WELTNachrichtensender

43   Imanuel Marcus (2022*): Berlin: Bettina Jarasch and Steffi Lemke Take Part in World Cleanup Day.* Berlin Spectator. https://berlinspectator.com/2022/09/17/berlin-bettina-jarasch-and-steffi-lemke-take-part-in-world-cleanup-day/

44   Anne-May Nagel (2023): *World Cleanup Day 2022: nearly 15 million from 190 countries participated despite challenging circumstances, also in*

Ukraine. World Cleanup Day. https://www.worldcleanupday.org/post/
world-cleanup-day-2022-nearly-15-million-from-190-countries-participated-
despite-challenging-circumstances-also-in-ukraine

45 Helena Läks (2017): *Estonia leading a World Cleanup Day — staying stubborn and
uniting people. Let's clean up the World.* Estonia. https://estonia.ee/estonia-leading-
a-world-cleanup-day-staying-stubborn-and-uniting-people/

46 Roland Geyer, Jenna R. Jambeck, Kara Lavender Law (2017*): Production, use,
and fate of all plastics ever made.* Science Advances, 3. https://www.science.org/
doi/10.1126/sciadv.1700782

47 Deutscher Bundestag (2023): *Gesetz zur Umsetzung von Artikel 8 Absatz 1 bis 7
der Richtlinie (EU) 2019/904 des Europäischen Parlaments und des Rates vom 5.
Juni 2019 über die Verringerung der Auswirkungen bestimmter Kunststoffprodukte
auf die Umwelt.*

48 Tine Naja Berg (2021): *Potentially harmful chemicals found in plastic toys.*
Technical University of Denmark. https://www.dtu.dk/english/news/all-news/
nyhed?id=%7BB39F695A-FE5C-4F23-B3B4-EDD9D9F7C8EE%7D

49 Nicolò Aurisano, Lei Huang, Llorenç Milà i Canals et al. (2021): *Chemicals
of concern in plastic toys.* Environmental International, 146. https://doi.
org/10.1016/j.envint.2020.106194

50 Kim Overstreet (2021*): How Hasbro is Phasing Out Plastic Packaging.* Packaging
World. https://www.packworld.com/news/sustainability/article/21330722/
how-hasbro-is-phasing-out-plastic-packaging

51 Arthur Neslen (2022): *EU unveils plan for ›largest ever ban‹ on dangerous chemicals.*
The Guardian. https://www.theguardian.com/environment/2022/apr/25/
eu-unveils-plan-largest-ever-ban-on-dangerous-chemicals

52 Alexandra Maertens, Emily Golden, Thomas Hartung (2021): *Avoiding
Regrettable Substitutions: Green Toxicology for Sustainable Chemistry.* ACS Sustainable Chemistry&Engineering. 9. https://pubs.acs.org/doi/pdf/10.1021/
acssuschemeng.0c09435

53 European Commission (2020): *Opening remarks by Executive Vice-President
Timmermans at the press conference on the Chemicals Strategy for Sustainability.*
https://ec.europa.eu/commission/presscorner/detail/en/SPEECH_20_1915

54 European Commission (2022): *Commission Staff Working Document Restrictions
Roadmap under the Chemicals Strategy for Sustainability.* https://ec.europa.eu/
docsroom/documents/49734?fbclid=IwAR0Ftb0aCg9_umH4lMvPBAuwekVQ-
ZiqGrL4jnOD7urUYAwz3nT6o8FHUd8E

55 European Environmental Bureau (2022): *The Great Detox. Europe's plan to rapidly ban notorious families of toxic chemicals still widely used in consumer products.* Media Briefing. https://eeb.org/wp-content/uploads/2022/05/Chemicals-Restriction-Roadmap_Media-briefing.pdf

56 Ellen MacArthur Foundation (2023): *Recycling and the circular economy: what's the difference?* https://ellenmacarthurfoundation.org/articles/recycling-and-the-circular-economy-whats-the-difference

57 The Consumer Goods Forum (2021): *Golden Design Rules for optimal plastic design, production and recycling.* https://www.theconsumergoodsforum.com/wp-content/uploads/2021/07/2021-Plastics-All-Golden-Design-Rules-One-Pager.pdf

58 Schwarz Unternehmenskommunikation (2023): *REset Plastic: Reduzieren und Recyceln.* https://reset-plastic.com/plastikstrategie

59 World Bank (2022*): Where Is the Value in the Chain? Pathways out of Plastic Pollution.* https://openknowledge.worldbank.org/handle/10986/37285

60 United Nations Environment Program (2018): *How smuggling threatens to undermine Kenya's plastic bag ban. Story.* https://www.unep.org/news-and-stories/story/how-smuggling-threatens-undermine-kenyas-plastic-bag-ban

61 AFP News Agency (2022): *UN agrees to create binding global treaty on plastic trash.* Youtube. https://www.youtube.com/watch?v=rFXstwZ5X0k&ab_channel=AFPNewsAgency

62 United Nations Environment Programme (2022): *Recycled plastic gavel brought to signify plastic pollution agreement.* https://www.unep.org/news-and-stories/story/recycled-plastic-gavel-brought-signify-plastic-pollution-agreement

63 United Nations Environment Assembly of the United Nations Environment Programme (2022): *UNEP/EA.5/Res.14.* https://wedocs.unep.org/20.500.11822/40597

64 United Nations Environment Programme (2022): *Historic day in the campaign to beat plastic pollution: Nations commit to develop a legal binding agreement.* https://www.unep.org/news-and-stories/press-release/historic-day-campaign-beat-plastic-pollution-nations-commit-develop

65 BBC News (2017): *Paris climate deal: Trump pulls US out of 2015 accord.* https://www.bbc.com/news/world-us-canada-40127326

66 Intergovernmental Panel on Climate Change (2022): *Climate Change 2022: Impacts, Adaptation, and Vulnerability. Contribution of Working Group II to the Sixth Assessment Report of the Intergovernmental Panel on Climate Change.* Cambridge University Press. doi:10.1017/9781009325844

67 UN News (2023): *Ozone layer recovery is on track, due to success of Montreal Protocol.* https://news.un.org/en/story/2023/01/1132277

68 United Nations Environment Programme Ozone Secretariat (2023): *Montreal Protocol.* https://ozone.unep.org/treaties/montreal-protocol

69 Bundesministerium für Umwelt, Naturschutz, nukleare Sicherheit und Verbraucherschutz (2023): *Die Minamata-Konvention.* https://www.bmuv.de/themen/gesundheit-chemikalien/chemikalien/minamata-uebereinkommen

70 United Nations Environment Programme (2019): *Minamata Convention on Mercury.* https://www.mercuryconvention.org/sites/default/files/2021-06/Minamata-Convention-booklet-Sep2019-EN.pdf

71 Center for International Environmental Law (2023): *Call for written submissions – proposed responses on the potential options for elements towards an international legally binding instrument by the Center for International Environmental Law (CIEL).* https://apps1.unep.org/resolutions/uploads/230113_center_for_international_environmental_law_ciel.pdf

72 Systemiq, The Pew Charitable Trusts (2020): *Breaking the Plastic Wave: A Comprehensive Assessment of Pathways Towards Stopping Ocean Plastic Pollution.* https://www.systemiq.earth/wp-content/uploads/2020/07/BreakingThePlasticWave_MainReport.pdf

73 Center for International Environmental Law (2023): *Call for written submissions – proposed responses on the potential options for elements towards an international legally binding instrument by the Center for International Environmental Law (CIEL).* https://apps1.unep.org/resolutions/uploads/230113_center_for_international_environmental_law_ciel.pdf

74 High Ambition Coalition to End Plastic Pollution (2023): *End Plastic Pollution by 2040.* https://hactoendplasticpollution.org/

75 People's Republic of China (2023): *Call for written submissions – INC on Plastic Pollution.* https://wedocs.unep.org/bitstream/handle/20.500.11822/41768/Chinasubmission.pdf?sequence=1&isAllowed=y

76 Ellen MacArthur Foundation (2022): *Global Businesses & NGOs Endorse a Common Vision for an Ambitious Global Plastic Treaty.* https://emf.thirdlight.com/file/24/uiwtaHvuiUt.ZY5uiS-kuixqf9Q/Press%20Release.pdf

77 United States of America (2023): *Submission by the United States of America. February 13, 2023.* https://wedocs.unep.org/bitstream/handle/20.500.11822/41810/USsubmission.pdf?sequence=1&isAllowed=y

78 Valerie Volcovici (2022): *Countries split on plastics treaty focus as U.N. talks close.* Reuters. https://www.reuters.com/business/environment/countries-split-plastics-treaty-focus-un-talks-close-2022-12-03/

79 Center for International Environmental Law (2023): *Toward a New Instrument Addressing the Full Life Cycle of Plastics. Overview of the Typology of International Legal Instruments.* https://www.ciel.org/wp-content/uploads/2022/01/Toward-a-New-Instrument-Addressing-the-Full-Life-Cycle-of-Plastics.pdf

80 ABC News (2022): *UN agrees to roadmap for global plastic pollution treaty.* Youtube. https://www.youtube.com/watch?v=OQI1DkzFkTQ&ab_channel=ABCNews%28Australia%29

FOTOVERZEICHNIS

Europäischer Klimaplan

Jonas Beer

Artensterben und Klimawandel sind die größten und drängendsten Probleme unserer Zeit. Beide Phänomene werden das Leben der Menschheit fundamental verändern und Wohlstand, Gesundheit und Möglichkeiten zukünftiger Generationen massiv beeinträchtigen – es sei denn, es gelingt uns, aus der Spirale immer weiter steigender CO2-Emissionen und aus dem Niedergang der Biodiversität auszubrechen. Dieses Buch will Wege aufzeigen, wie dem Klimawandel und dem Artensterben entgegengewirkt werden kann. Der Autor stellt ein von ihm entwickeltes stabiles Preissystem für den Emissionshandel vor, das die Folgen des Klimawandels und des Artensterbens berücksichtigt. Weitere riesige Chancen bieten der Einsatz von Stammzellen, Vertical Farming und Insekten-Farming. Sie zeigen: Die Lösungen für die Menschheit stehen längst bereit, es braucht nur ein Umdenken in gewissen Bereichen und eine konsequente Umsetzung.

192 Seiten | Softcover | 18,00 € (D) | 18,60 € (A) | ISBN 978-3-95972-627-6

Revolution des Denkens

Heussinger, Görner, Wilk, Cremer

Eine neue Epoche hat begonnen: Künstliche Intelligenz, Biotechnologie und das anstehende Weltraumzeitalter verändern die Welt so schnell wie nie zuvor. Die Zukunft ist fantastisch und bedrohlich zugleich. Zwischen Pandemien, Klimawandel, Massenflut an Informationen und Konflikten geht der Blick für das Wesentliche verloren, der einzelne Mensch gerät aus dem Fokus. Wir verlieren uns zwischen Konsum und gesellschaftlichem Wandel. In diesem Spannungsfeld stellen sich die entscheidenden Fragen: Was macht uns als Menschen einzigartig? Was hat uns zu dem gemacht, was wir sind? Was sind wir morgen? Und: Wie bleiben wir frei und selbstbestimmt?

Die Autoren bieten einen Blick hinter die Kulissen der Menschheitsgeschichte und machen mit den geistigen Werkzeugen vertraut, die es braucht, um die Freiheit des Menschen aufrechtzuerhalten.

304 Seiten | Hardcover | 25,00 € (D) | 25,80 € (A) | ISBN 978-3-95972-550-7

Der Stoff, aus dem die Zukunft ist

Markus Petruch, Dominik Walcher

Wir sind an einem Punkt angelangt, an dem sich die heiße Affäre mit dem schwarzen Gold Kohle, Öl und Gas in eine »toxic relationship« verwandelt hat. Höchste Zeit, uns wieder dem erneuerbaren Kohlenstoff aus nachwachsenden Quellen zuzuwenden. Dass dieser Wandel möglich ist und eine biobasierte Zukunft schon heute beginnen kann, beweisen Markus Petruch und Dominik Walcher mit diesem Buch. Sie beschreiben die große Vielfalt an nachwachsenden Rohstoffen aus Pflanzen, Pilzen, Algen, Bakterien und Reststoffen und erklären, wie die Materialwende aussehen könnte. Ob Neuinterpretationen von altem Wissen oder Hightech-Innovationen – die 101 vorgestellten Produkte, Materialien und Ideen zeigen auf geniale Weise, dass biobasierte, kreislauffähige und klimafreundliche Lösungen entweder schon heute verfügbar oder zum Greifen nah sind.

304 Seiten | Softcover | 25,00 € (D) | 25,80 € (A) | ISBN 978-3-95972-625-2